John Grinder, Judith DeLozier

Der Reigen der Daimonen

Vorbedingungen persönlichen Genies

Reihe
Pragmatismus & Tradition
Band 46
Herausgegeben von
Thies Stahl

John Grinder, Judith DeLozier

Der Reigen der Daimonen

Vorbedingungen persönlichen Genies

Aus dem Amerikanischen von
Vukadin Milojevic

Junfermann Verlag • Paderborn
1995

Originaltitel: Turtles All The Way Down – Prerequisites to Personal Genius.
Übersetzung aus dem Amerikanischen: Vukadin Milojevic
Cover-Gestaltung: Petra Friedrich

Satz: La Corde Noire – Peter Marwitz, Kiel

Die Deutsche Bibliothek – CIP-Einheitsaufnahme
Grinder, John:
Der Reigen der Daimonen: Vorbedingungen persönlichen Genies / John Grinder; Judith DeLozier. Aus d. Amerikan. von Vukadin Milojevic.
– Paderborn: Junfermann, 1995.
(Reihe Pragmatismus & [und] Tradition; Bd. 46)
Einheitssacht.: Turtles all the way down <dt.>
ISBN 3-87387-135-1

NE: DeLozier, Judith

ISBN 3-87387-135-1

Unserem früheren Lehrer

Gregory Bateson

Wir hoffen, er wäre wenigstens belustigt.

John Grinder *Judith DeLozier*

Vernünftige Menschen passen sich der Welt an,
unvernünftige Menschen versuchen, die Welt sich anzupassen.
Das ist der Grund, warum jeder Fortschritt
auf unvernünftige Menschen angewiesen ist.

– *George Bernard Shaw*

Ein Anfang

William James gilt allgemein als Vater der amerikanischen Psychologie. Er wurde einmal gebeten, in Harvard eine Vorlesungsreihe zu einem Thema eigener Wahl zu halten. Diese Vorlesungen wurden im Freien abgehalten und waren insofern ungewöhnlich, als nicht nur Studenten und Lehrkörper, sondern auch das allgemeine Publikum zu ihnen zugelassen war. Nach reiflicher Überlegung traf James eine kühne Wahl und gab seiner ersten Vorlesung den Titel: *„Können wir die Existenz Gottes beweisen?"* – ein Thema, das in New England zu Beginn dieses Jahrhunderts einiges Stirnrunzeln auslösen mußte.

Er war daher nicht ganz frei von Bedenken, als er beobachtete, wie das Publikum in den Vorlesungssaal strömte und – wie nicht anders zu erwarten – im allerletzten Moment stürmte eine alte Dame den Mittelgang hinunter und ließ sich genau in der Mitte der ersten Reihe nieder.

Professor James stellte sein Thema mit gewohntem Witz und Charme dar. Im Verlauf der Vorlesung fiel ihm auf, daß die alte Dame sehr interessiert und vergnügt schien – auch wenn sie, wie ihm nicht entging, an manchen Stellen lachte, an denen sonst niemand zu lachen schien. Trotzdem schien soweit alles in Ordnung.

Am Ende seiner Ausführungen, die eine sehr gute Aufnahme fanden, bildete sich die unvermeidliche Schlange von Zuhörern vor dem Rednerpult. James war nicht überrascht, am Ende der Schlange die kleine alte Dame zu sehen. Als sie an die Reihe kam, blickte sie James vergnügt an und sprach:

„Dr. James, Ihre Vorlesung hat mir sehr gefallen. Ich habe allerdings noch eine Frage."

„Ich bitte Sie, gnädige Frau, stellen Sie Ihre Frage", erwiderte William James auf liebenswürdige Weise.

„Nun, Dr. James", erwiderte sie mit funkelnden Augen, „wenn es keinen Gott gibt, wer sorgt dann dafür, daß die Welt nicht herunterfällt."

James überdachte kurz seine Möglichkeiten – er dachte an erklärende Begriffe, wie zentripetale Kraft, gravitationale Systeme ..., aber traf dann die weise Entscheidung, so zu antworten, daß er etwas von der alten Dame lernen könnte. Er wandte sich ihr wieder zu und sagte: „Gnädige Frau, ich möchte Ihre Frage gerne beantworten, aber sagen Sie mir zunächst, was Ihrer Meinung nach die Welt daran hindert herunterzufallen?"

„Das ist sehr einfach, Dr. James, die Welt ruht auf dem Rücken einer riesigen Schildkröte!"

James dachte einen Augenblick über diese ungewöhnliche Antwort nach und stellte dann, mit einer Spur des Triumphs in seiner Stimme, die naheliegende Frage: „Was ist es dann, Madame, das die Schildkröte daran hindert herunterzufallen?"

„Nein! Nein! Nein, Dr. James", antwortete die kleine alte Dame, „so kriegen Sie mich nicht – jede Schildkröte steht auf der nächsten, bis ganz nach unten." („It's turtles all the way down![*,1]")

---

[*] Titel der amerikanischen Originalausgabe: *Turtles all the way down.*

Vorwort

Der unmittelbare Kontext

Im März 1986 führten wir, John Grinder und Judith DeLozier, in San Francisco, Kalifornien, ein Seminar mit dem Titel „Prerequisites to Personal Genius" (Voraussetzungen für die Entwicklung persönlichen Genies) durch, das von Teilnehmern aus Nord- und Süd-Amerika, Europa und Afrika besucht wurde.

Wir haben zusammen über fünfundzwanzig Jahre lang Menschen gemodelt, die in unserer Gesellschaft als Genies gelten. Dabei begegneten wir immer wieder, ganz gleich ob das Genie ein Meister-Hypnotiseur, ein Wirtschaftskapitän, ein Tänzer oder Verhandlungsführer war, bestimmten persönlichen Fertigkeiten, die vom Inhalt unabhängig waren. Dabei handelte es sich um formale Prinzipien, die zwar einfach, aber nicht leicht waren. Unsere Aufgabe bestand darin, den Seminar-Teilnehmern dabei zu helfen, für sich die Vorbereitungen zu treffen, die notwendig waren, um diese Kompetenzen zu entwickeln und zu integrieren – die Vorbedingungen für die Entwicklung persönlichen Genies. Dieses Dokument ist das Ergebnis dieses Seminars in San Francisco und es hat die gleiche Absicht. Es ist jedoch wichtig, zu verstehen, daß zwischen einem Seminar mit Kommunikation von Angesicht zu Angesicht und einem schriftlichen Dokument tiefgreifende Unterschiede bestehen. Der wichtigste Unterschied hängt mit der Tatsache zusammen, daß der größte Teil der Kommunikation in einem Seminar nonverbal ist und ein schriftliches Dokument sich ausschließlich auf Sprache verlassen muß.

Wir stehen daher vor der Herausforderung, ein ausgewogenes Dokument zu entwickeln, das die Erfahrungen aus dem Seminar zuverlässig wiedergibt und gleichzeitig einen ausschließlich linearen verbalen Code verwendet. Um unser Ziel zu erreichen, haben wir Zusätze eingefügt, die dieses Dokument allgemein verständlich machen, die Beteiligung des Lesers fördern und die Lücken füllen sollen, die im Seminar durch nonverbale Kommunikation ausgefüllt waren. Das Dokument, das Sie lesen werden, ist daher zum Teil ein wörtliches Transkript des Seminars und zum Teil eine Übersetzung von Teilen der nonverbalen Kommunikation aus dem Seminar in den verbalen Code.

Auch wenn das Seminar selbst nach fünf Tagen beendet war, so war und ist es in einem tieferen Sinn sowohl für uns wie für die Teilnehmer noch nicht abgeschlossen – der Prozeß ist in Bewegung gesetzt worden: in ähnlicher Weise ist dieses geschriebene Dokument unabgeschlossen. Möge es in Ihrer Neurologie ausgiebig widerhallen.

Der geschichtliche Kontext

Was hat es nun mit diesen Schildkröten auf sich?

Der Abendländer des 20. Jahrhunderts ist stolz auf die Fülle der Wahlmöglichkeiten, die ihm zur Verfügung stehen. Mit genügend Geld kann er z.B. zwischen einem Chevrolet Blazer, einem Toyota 4-Wheel Drive Pickup und möglicherweise einem Ford Mustang wählen – doch was noch wichtiger ist, er hat sogar die Wahl: kein Automobil zu besitzen.

Entsprechend kann der moderne Abendländer zwischen einer empirischen, einer spirituellen oder sogar einer nihilistischen Epistemologie wählen – doch was noch wichtiger ist, *er kann sich nicht entscheiden, keine Epistemologie zu haben*. Sie mögen keine wollen – Sie mögen sogar mit allen Ihnen zur Verfügung stehenden Mitteln einer bestimmten Epistemologie widerstehen, doch der Widerstand selbst wäre in einem solchen Fall ein epistemologischer Akt.

Vor ungefähr einem Vierteljahrhundert erkannte und beschrieb Gregory Bateson eine bedeutende Tatsache im Zusammenhang mit menschlicher Kommunikation, eine Tatsache, die so offensichtlich war, daß sie sehr fähigen Forschern im Bereich menschlichen Verhaltens jahrhundertelang entgangen war. Wenn zwei Mitglieder unserer Gattung sich von Angesicht zu Angesicht gegenüberstehen, der eine dem anderen eine Kommunikation anbietet und alle anderen Aspekte der Situation normal sind (d.h. die angebotene Kommunikation erreicht die Sinneskanäle der anderen Person, usw.), dann kann die zweite Person nicht *nicht* kommunizieren. Natürlich gibt es viel Spielraum und die zweite Person hat eine Reihe von Wahlmöglichkeiten dafür, mit welcher Art von Kommunikation sie reagieren will – ob mit Worten, Gesten, Tönen oder Bewegungen, welche die erste Person berechtigterweise als Reaktionen auf ihre ursprüngliche Kommunikation wahrnehmen wird. Selbst der Grenzfall, eine Weigerung zu reagieren, ist eine Kommunikation. Wenn Ihnen jemand sagt, daß er oder sie nicht mit Soundso kommunizieren kann, so ist die Position dieser Person in epistemologischer Hinsicht nicht korrekt. Was sie damit meint, ist, daß sie bisher nicht in der Lage war, in diesem betreffenden Soundso die Reaktionen hervorzurufen, die sie sich wünscht.

Kommunikation und Epistemologie sind sich in dieser Hinsicht ähnlich – sie sind unvermeidbar. Man kann nicht nicht kommunizieren und man kann nicht ohne eine Epistemologie sein – sie kann unbewußt, unerwünscht oder für den Betreffenden vollkommen verborgen sein, doch sie äußert sich präzise in dem Verhalten der Person.

Epistemologie ist die menschliche Disziplin, die systematisch die Möglichkeit menschlicher Erkenntnis erforscht – angefangen mit Fragen wie: „Was können wir wissen?“ und: „Wie kommen wir zu dem Wissen, das wir zu haben glauben?“, schreitet die Epistemologie zu der Frage weiter, ob wir überhaupt etwas wissen können. Die Tatsache, daß Abendländer Epistemologie für esoterisch halten, ist ein deutlicher Hinweis darauf, wie unüberprüft die Grundlage für unsere eigenen Glaubenssätze, Werte und Wahrnehmungen ist und – noch entscheidender – wie unüberprüft die Grundlage für das Verhalten ist, das aus unseren Glaubenssätzen, Werten und Wahrnehmungen folgt.

Abendländer sind meist belustigt, wenn sie zum ersten Mal der ironischen Definition eines Pessimisten und eines Optimisten begegnen. Ein Pessimist ist jemand, der in seiner Wahrnehmung, seinem Urteil und Verhalten auf ein zu 50% mit Flüssigkeit gefülltes Gefäß als halbleer reagiert, während ein Optimist, wie wir hören, in seinen Wahrnehmungen, seinem Urteil und Verhalten so auf das Gefäß reagiert, als sei es halbvoll.

Etwas weniger belustigend sind Anekdoten, wie die zu dem „Head Start“-Experiment, das vor einigen Jahrzehnten in New York durchgeführt wurde. Eine Gruppe gleichaltriger Kinder wurde im Zufallsverfahren in zwei Gruppen, A und B, aufgeteilt. Diese Gruppen wurden dann einer Anzahl von Intelligenz- und Leistungstests unterzogen: die Unterschiede in den Testergebnissen zwischen den beiden Gruppen waren vernachlässigbar. Als nächstes wurde dann Lehrern, die im bevorstehenden Schuljahr für den Unterricht – die Ausbildung – dieser Kinder verantwortlich sein würden, mitgeteilt, Gruppe A zeige den Testergebnissen zufolge eine hohe und Gruppe B eine unterdurchschnittliche Lernbegabung. Als beide Gruppen nach sechs Monaten einem Nachtest mit der gleichen Test-Batterie unterzogen wurden, zeigten die Ergebnisse, daß es Kindern und Lehrern gelungen war, dieses Urteil wahrzumachen. Gruppe A zeigte tatsächlich hohe und Gruppe B unterdurchschnittliche Lernbegabung.

Vollkommen unkomisch sind schließlich die Berichte, die in spärlicher Zahl durch das Reduktionsventil fließen, das wir unsere nationale Presse nennen und die die

Unfähigkeit unserer politischen Führer dokumentiert, gerechte Lösungen für die Auseinandersetzungen zu finden, die täglich in Zentral-Amerika, Afghanistan und im Mittleren Osten stattfinden und in denen Männer, Frauen und Kinder getötet werden, die lediglich in Frieden leben wollen. Jede dieser Auseinandersetzungen läßt sich schnell und ohne Mühe auf epistemologische Unterschiede zurückführen, die nicht untersucht worden sind.

Dieses Dokument ist so stark von der Arbeit Gregory Batesons angeregt worden, daß wir glauben, es wäre nützlich für den Leser, den Kontext zu kennen, auf den Bateson reagierte. Bateson war ein sehr kreativer, synthetischer Denker. Mit synthetisch meinen wir die Fähigkeit, unabhängig von Inhalt und Kontext Muster zu erkennen und in atemberaubenden Denkschritten Material auf überzeugende Weise zusammenzubringen, das zuvor vollkommen unverbunden war und auf diese Weise ein tieferes und befriedigenderes Muster zu enthüllen. Was waren also die herausragenden epistemologischen Positionen, auf die er reagierte?

Die zwei klassischen, einander entgegengesetzten epistemologischen Positionen des 18. Jahrhunderts können recht gut an Hume in der britischen, empirischen Tradition und Kant in der deutschen, idealistischen Tradition veranschaulicht werden. Wir möchten diese Positionen kurz darstellen.

Das grundlegende Organisationsprinzip der empirischen Tradition war verdächtig einfach:

> Alles, was der Geist enthält, ist von den Sinnen aufgenommen worden.

Eine solche Position erscheint, wenn sie so kühn präsentiert wird, beunruhigend unvollständig – zu recht, denn es fehlt der Kontext, in dem sie formuliert wurde. Wenn Sie in einer Umgebung aufgewachsen wären, in der gelehrte Männer erregt diskutierten, wie viele Engel auf einer Nadelspitze tanzen könnten, wäre Ihnen die oben aufgeführte empirische Position wie eine frische Brise erschienen. Die Schwierigkeit mit dieser Position besteht darin, daß sie Menschen eine aktive Rolle in der Gestaltung ihres Erlebens abspricht. Wichtiger noch, sie kann eine der elementarsten Erfahrungen der menschlichen Existenz nicht erklären: Zwei Menschen, die das gleiche Ereignis in der äußeren Welt beobachten, werden danach unterschiedliche Beschreibungen des Ereignisses geben, und diese Unterschiede werden zunehmen, wenn man detailliertere Beschreibungen verlangt.

Auf der anderen Seite dieser Kontroverse war Kant, der mit seinem Vorhaben mehr abgebissen hatte als gekaut oder verdaut werden konnte. Die berühmte Kantsche Lösung bestand darin, jedem Menschen eine Reihe angeborener, genetisch bestimmter Kategorien zuzuweisen, durch die wir die Welt erleben – wir werden diese im weiteren Verlauf dieses Buches *Wahrnehmungsfilter* nennen. Kant erkannte mit seinen angeborenen Wahrnehmungskategorien ohne Zweifel den enormen Beitrag, den Menschen zu ihrem Erleben beisteuern. Unglücklicherweise sind jedoch die Kosten sehr hoch: wenn unsere Erfahrungen das Resultat tief verwurzelter, angeborener Filter sind, von der realen Welt unabhängig, dann wird sich unsere Fähigkeit, die Welt zu erkennen, rapide verschlechtern und die Welt selbst wird uns bald recht zweifelhaft erscheinen.

Es ist amüsant zu beobachten, daß Kants Position, was das Thema unterschiedlicher Wahrnehmungen betrifft, an dem bereits Hume scheiterte, auf individueller Ebene zu ebenso unattraktiven Konsequenzen führt. Kant kann die Unterschiede in der Wahrnehmung zwischen verschiedenen Personen entweder auch nicht erklären oder muß sie auf eine neurologische Fehlentwicklung der angeborenen Kategorien zurückführen. Wir glauben, daß Bateson in beiden Fällen von „schludriger Epistemologie" gesprochen hätte.

Beide epistemologischen Positionen sind in zwei Bereichen nicht zufriedenstellend. Erstens lassen beide wenig Raum für persönliche Verantwortung. Ob die reale Welt der individuellen Neurologie aufgrund der physischen Eigenschaften eines Stimulus bestimmte Empfindungen „aufdrückt" oder ob die Stimulus-Empfindungen, die wir erleben, allein eine Funktion angeborener perzeptueller Kategorien sind, die Frage nach der persönlichen Verantwortung ist in beiden Fällen irrelevant.

Der zweite Bereich betrifft die Art, in der diese Positionen zu der Körper-Geist-Teilung Stellung nehmen. Hume und seine Gefolgschaft sind dazu verdammt, alle und nur die Erfahrungen zu machen, die durch ihre Sinne vermittelt werden, während Kant und seine Truppe reglos, in ihren eigenen (individuellen) Neurologien gefangen dasitzen. Hume und die Empiriker stehen vor der Aufgabe, sich von der Tyrannei einer ausschließlich sensorischen Welt zu befreien, während Kant und seine Idealisten, in ihren mentalen Kategorien gefangen, versuchen müssen, einen Weg in die reale Welt hinaus zu finden. Diejenigen der Leser, die beruflich Erfahrungen mit psychiatrischen Patienten gemacht haben, werden diese zwei Positionen als charakteristische Syndrome von Patientenpopulationen wiedererkennen. Im Hinblick auf die Körper-

Geist-Frage müssen die Empiriker sich damit begnügen, ausschließlich Muster in der physischen Welt zu erkennen – Psychologie verschwindet in der Physik –, während die Idealisten für jede einzelne Verbindung zwischen ihrem Ausgangspunkt, dem Geist, und der Welt kämpfen und diese begründen müssen, wenn sich eine solche Verbindung überhaupt demonstrieren lassen kann (woher können wir das wissen?); die mentalistische Position hat in der Geschichte dazu geneigt, unbelastet von jeder Verankerung zur physischen Welt, in Richtung Spiritualismus abzuheben.

Das beschreibt das allgemeine intellektuelle Klima, das Bateson vorfand. Der Trick besteht nun darin, die zwei entgegengesetzten und offensichtlich überzogenen Positionen der Empiriker und der Idealisten zusammenzufügen. Aufgrund seiner Herkunft begann er mit der empirischen Position und fand einen Weg, sie wieder auszugleichen. Er verstand sehr genau, daß die im 19. und 20. Jahrhundert erfolgte methodologische Verführung der Psychologie durch die außerordentlich erfolgreichen physikalischen Wissenschaften eine historische Tragödie war – eine Verwirrung ungeheuren Ausmaßes – ein Fehler der logischen Typisierung und der logischen Ebenen. Seine Aufgabe jedoch bestand darin, zu demonstrieren, daß fundamentale Unterschiede zwischen den Mustern der physischen, wahrnehmbaren Welt und den Mustern in der Welt des Geistes bestehen, ohne in Mystizismus zu verfallen. Er führte sein Argument auf verschiedene Weisen aus. Er hatte z.B. nur geringe Toleranz für die Art krausen Denkens, die für die unkritische Übernahme des physikalischen Energiebegriffs in die Diskussion über den Geist bezeichnend ist. Wenn Billardkugel A mit einer bestimmten Geschwindigkeit, Masse, unter einem bestimmten Winkel auf Billardkugel B trifft und die Reibungscharakteristik der Oberfläche bekannt ist, dann läßt sich folgendes bestimmen:

1. Die Endposition von A und B.
2. Unabhängig von Masse, Geschwindigkeit, Einfallswinkel von A und B kann man mit Gewißheit sagen, daß dem zweiten Gesetz der Thermodynamik genügt werden wird, d.h. die vor dem Aufprall in der rollenden Billardkugel enthaltene Energie wird beim Zusammenstoß nicht verlorengehen.

Mit anderen Worten: in einem unbelebten System wird Energie konserviert – ein Muster, das allgemein gültig zu sein scheint. Vergleichen Sie das mit einer entsprechenden Interaktion lebender Systeme. Wenn ich Ihnen Ausgangsposition, Geschwindigkeit, Masse und den Aufprallwinkel zwischen meinem Fuß und meinem Hund Spirit angebe, werden Sie damit nicht viel vorhersagen können. Es steht nicht einmal fest, daß mein Fuß überhaupt noch am Ende meines Beines sein wird und nicht z.B. in Spirits Schnauze, in einiger Entfernung vom Rest meines Beines. Um diese nicht-konservierende Interaktion, die für lebende Systeme typisch ist, von ihrem Gegenstück in der physikalischen Welt zu unterscheiden, nannte Bateson sie „kollaterale Energie".

Ein weiterer seiner brillanten Einblicke bestand darin, daß sowohl Darwin wie auch Lamarck Recht hatten – Darwins evolutionäre Konstrukte passen für die zur Zeit bekannte Welt biologischer Formen, und Lamarcks evolutionäre Konstrukte sind ein Motor in der kulturellen Welt der Ideen – ein weiteres Beispiel dafür, daß er unermüdlich darauf hinwies, daß in der Welt der Physik und der des Geistes verschiedene Muster wirken. Auch wenn Bateson unerschütterlich zu seiner Wahrnehmung stand, daß die Muster und Gesetze, die die Struktur der Welt des Geistes beschreiben, andere sind als die der physischen Welt, so formulierte er nie einen Mechanismus, der erklären sollte, wie dieser Unterschied entstanden war. Batesons These wird durch einen seiner Zeitgenossen stark gestützt – einen Mann, der allgemein als der führende Physiker des 20. Jahrhunderts gilt.

> Ich sehe auf der einen Seite die Gesamtheit der Sinnen-Erlebnisse, auf der anderen Seite die Gesamtheit der Begriffe und Sätze, die in den Büchern niedergelegt sind. Die Beziehungen zwischen den Begriffen und Sätzen untereinander sind logischer Art, und das Geschäft des logischen Denkens ist strikt beschränkt auf die Herstellung der Verbindung zwischen Begriffen und Sätzen untereinander nach festgelegten Regeln, mit denen sich die Logik beschäftigt. Die Begriffe und Sätze erhalten „Sinn" bzw. „Inhalt" nur durch ihre Beziehung zu Sinnes-Erlebnissen. Die Verbindung der letzteren mit den ersteren ist rein intuitiv, nicht selbst von logischer Natur. Der Grad der Sicherheit, mit der diese Beziehung bzw. intuitive Verknüpfung vorgenommen werden kann, und nichts anderes, unterscheidet die leere Phantasterei von der wissenschaftlichen „Wahrheit". Das Begriffssystem ist eine Schöpfung des Menschen samt den syntaktischen Regeln, welche die Struktur der Begriffssysteme ausmachen. – *Albert Einstein*

Einstein weist Logik und Syntax explizit der Welt der Geisteshandlungen zu, die in keiner Weise Ereignisse der physischen Welt widerspiegeln, noch durch Ereignisse in der psychischen Welt gerechtfertigt werden können. Er gibt eine präzise Begründung für solche mentalen Handlungen:

> Über die Art und Weise, wie wir Begriffe zu bilden und zu verknüpfen haben, und wie wir sie den Sinneserlebnissen zuzuordnen haben, läßt sich nach meiner Ansicht a priori nicht das Geringste aussagen. Nur der Erfolg bezüglich der Herstellung einer Ordnung der Sinneserlebnisse entscheidet. – *Albert Einstein*

Oder:

> … all unser Denken ist von dieser Art eines freien Spiels mit Begriffen; die Berechtigung dieses Spiels liegt in dem Maße der Übersicht über die Sinneserlebnisse, die wir mit seiner Hilfe erreichen können. Der Begriff der „Wahrheit" kann auf ein solches Gebilde noch gar nicht angewendet werden. – *Albert Einstein*

Das vorliegende Buch ist zum Teil eine Aufzeichnung unserer Bemühungen, die hervorragende Arbeit von Gregory Bateson auszudehnen und expliziter zu machen und insbesondere einen sehr präzisen Mechanismus zu formulieren, der diese ungeheuer wichtige Unterscheidung ohne Bezug auf Mystizismus begründen kann. Dieser Mechanismus, der eng mit der Syntax natürlicher Sprachsysteme verbunden ist, wird in einer heiteren Anekdote während des fünften Tages vorgestellt und diskutiert.

Wie Bateson, so erkannte auch Einstein die große Gefahr, die von einem syntaktischen System ausgeht, das vom Kontext losgelöst ist.

> Anfangs mögen die Worte direkt den Eindrücken entsprechen. Später geht diese direkte Verbindung verloren, insofern als manche Worte Beziehungen zu Wahrnehmungen wiedergeben. Dann nehmen Wortgruppen und nicht mehr nur einzelne Worte Bezug auf Wahrnehmungen. Wenn Sprache auf diese Weise zum Teil von dem größeren Hintergrund der Eindrücke unabhängig wird, gewinnt man eine größere innere Kohärenz.
>
> Nur in dieser späteren Entwicklung, in der häufiger Gebrauch von sogenannten abstrakten Konzepten gemacht wird, wird Sprache zu einem Instrument des Denkens im wahren Sinne des Wortes. Doch das ist auch die Entwicklung, die Sprache zu einer gefährlichen Quelle von Irrtum und Täuschung macht. Alles hängt von dem Maß ab, in dem Worte und Kombinationen von Worten der Welt der Eindrücke entsprechen. – *Albert Einstein*

Dieses Thema wird in diesem Buch regelmäßig wiederkehren. Bateson diskutierte auf sehr elegante Weise die Konsequenzen, die eintreten, wenn man einen sehr verzerrenden, linearen verbalen Code gebraucht, um die komplexe, rekursive, kybernetische natürliche Welt wiederzugeben, wie z.B. in seiner Interpretation solcher Sätze wie:

Der Mann fällte den Baum mit der Axt.

Dieser Satz soll eine komplexe Interaktion zwischen drei relativ stabilen Elementen repräsentieren: einem Mann, einem Baum und einer Axt. Die englische Syntax codiert die Idee der Verursachung oder Kausalität in bestimmte Klassen von Verben – und schreibt damit dem Verb, das die Subjektposition einnimmt (wenn das Verb im aktiven Genus ist), die Verursachung zu. Es ist jedoch wichtig zu bemerken, daß es eine Reihe anderer verbaler Codierungen dieser Interaktion gibt, die von einem epistemologischen Gesichtspunkt aus genauso interessant sind. Nehmen Sie an, wir würden die linguistische Repräsentation grob paraphrasieren und das Verb entblättern, um es stärker herauszustellen:

Der Mann verursachte das Fällen des Baumes,
indem er als Werkzeug eine Axt verwendete.

Ein anderer Weg, um Batesons Warnung zu würdigen, besteht darin, diese Interaktion funktionell zu betrachten.

f(x) –> y
wobei
x der in dem ursprünglichen Satz erwähnte Mann
und
y die Axt und der Baum ist.

Diese Notation impliziert, daß, wenn die Bewegungen und Handlungen von x, dem Mann, bekannt sind (entweder durch Beobachtung oder Festlegung), die Konsequenzen für den Baum und die Axt vorhergesagt werden können. Wie Bateson hervorhob, trifft es auch zu, daß ich, wenn ich die Bewegungen der Axt kenne, die Bewegungen und Handlungen des Mannes und des Baumes vorhersagen kann (wenigstens in dem eng umschriebenen Kontext des ursprünglichen Satzes). Mit anderen Worten, die Axt kann als unabhängige Variable (x), der Mann und der Baum als abhängige Variable (y) aufgefaßt werden.

Beachten Sie, als Übung in epistemologischer Flexibilität, daß, wenn ich die Kerbe im Baum nach dem ersten Schlag zur unabhängigen Variable (x) mache, die Handlungen und Bewegungen des Mannes und der Axt in ähnlicher Weise vorhersagbar werden.

Uns gefällt R.D. Laings feine Codierung von Verdrängung als „vergessen, daß man vergessen hat". Unser verbaler Code hat in seiner untergründigen, verdeckten

Eigenschaft eine ähnliche Qualität. Wir möchten hier nicht behaupten, daß der erste Satz falsch ist – nur, daß die Syntax der natürlichen Sprache einige wichtige epistemologische Wahlmöglichkeiten entzieht, was zu einer, wie wir es nennen, Dohlen-Epistemologie führt – einem Glaubenssystem, das auf einer einzelnen, unveränderbaren Wahrnehmungsposition beruht. Es erscheint uns offensichtlich, daß zumindest eine der gebräuchlichen Praktiken, die lokale Umweltkrisen verursacht haben, unmöglich wäre, wenn wir gewohnheitsmäßig im Verlauf unserer Entscheidungsfindungsprozesse verschiedene Wahrnehmungspositionen einnehmen würden (die Bedingung der Dreifach-Beschreibung wird im weiteren dargestellt werden). Am wichtigsten ist, wie wir glauben, die Beobachtung, daß die Struktur des Codes, den wir gewöhnlich in der Vermittlung unseres Erlebens für uns selbst und in unseren Interaktionen mit der Welt verwenden, bereits eingebaute Entscheidungen enthält, die tief epistemologisch sind und derer wir uns nicht bewußt sind. Bateson warnt uns, daß wir, wenn kein korrektiver Ausgleich dieser Verzerrungen erfolgt, die ein Teil der Struktur der Sprache sind, schon recht bald als Gattung, wie man so sagt, „weg vom Fenster" sein werden.

Wenn wir vom 20. Jahrhundert auf die klassische empirische Position des 18. Jahrhunderts zurückschauen, ist es recht einfach, den Fehler sowohl in der logischen Typisierung wie in den logischen Ebenen zu verstehen, den die Empiriker begangen haben – sie verwechselten die Regeln, die die Operationen der physischen Welt bestimmen, mit den Regeln, die die Operationen in der Handlung, die physische Welt zu repräsentieren, bestimmen. Die Regeln, die in der physischen Welt gelten, gelten nicht notwendigerweise bei der Repräsentation der physischen Welt.

Unser zentrales Interesse in der Untersuchung von Epistemologien liegt darin, zu sehen, wie sie die alltägliche Situation erklären, daß bei gleichen Erlebnissen in der realen Welt zwei Leute absolut unterschiedlich darüber berichten, was passiert ist. Wie dieses Thema behandelt wird, bestimmt in starkem Maße die Frage der persönlichen Verantwortung und der sogenannten Körper-Geist-Trennung. Wir möchten Ihre Aufmerksamkeit noch einmal auf einen Teil des Einsteinzitats lenken:

> Die Begriffe und Sätze erhalten „Sinn" bzw. „Inhalt" nur durch ihre Beziehung zu Sinnes-Erlebnissen. Die Verbindung der letzteren mit den ersteren ist rein intuitiv, nicht selbst von logischer Natur. Der Grad der Sicherheit, mit der diese Beziehung bzw. intuitive Verknüpfung vorgenommen werden kann, und nichts anderes, unterscheidet die leere Phantasterei von der wissenschaftlichen „Wahrheit". – *Albert Einstein*

Im Grunde warnt Einstein, daß wir, solange diese „intuitive Kombination" – die Verbindung von Konzepten und Sinneseindrücken – nicht expliziert worden ist, genaugenommen nicht zwischen Einbildung und Tatsache unterscheiden können und unsere Epistemologien auf sehr schwachen Beinen stehen. Batesons vielleicht wichtigster Beitrag zu diesem Vorhaben liegt in seiner überraschend einfachen Idee des „Transforms". Wenn die menschliche Neurologie bestimmte Signale durch ein peripheres Sinnessystem empfängt, transformiert es diese Information aus der physischen Welt in eine Reihe von Transforms, tilgt und verzerrt sie mit jedem weiteren Schritt, bis sie schließlich das zentrale Nervensystem erreicht und als Realität akzeptiert wird. Epistemologie ist somit eine wohldefinierte Aufgabe: die spezifischen Transformationsregeln zu bestimmen, denen Informationen auf ihrem langen Weg von der Welt zum Bewußtsein unterzogen werden. Das war seine Hoffnung – das ist die Aufgabe, die er uns stellte. Batesons Transforms – die in der Zukunft einmal vollständig expliziert werden sollen – werden die Verbindung sein, durch die die westliche Trennung von Körper und Geist überwunden wird. Das Neurolinguistische Programmieren ist eine Technologie, die mit einer Explikation der von Einstein beschriebenen „intuitiven Kombination" – der Batesonschen Transforms – begonnen hat. Die Prozeßinstrumente des Viertupels, der Repräsentationssysteme, der Synästhesie-Muster, der Meta-Modelle der Sprache usw. sind Eckpfeiler in der Exploration des Terrains zwischen Sinneseindrücken und Konzepten. Solange diese Arbeit nicht weiter fortgeschritten ist, werden die Entscheidungen, die wir notwendigerweise machen müssen, um Unterschiede aufzulösen, auf Gewalt zutreiben. Dieses Buch stellt einen ersten Schritt in diesem Vorhaben dar.

Ein Rat für den Leser

Wir möchten einen Rat geben, wie der Leser dieses Buch am besten nutzen kann. Die Seminar-Teilnehmer fanden dieses Format hilfreich und wir hoffen, es wird für den Leser eine ähnliche Wirkung haben. Wir haben jeden Tag die gleichen Themen umkreist, an einem Tag in verbal expliziter, an einem anderen Tag in metaphorischer Form. Wir schöpften aus einer großen Zahl persönlicher sowie kultureller Metaphern. Wenn der Leser Beispielen oder Metaphern begegnen sollte, die ohne Relevanz für den gerade behandelten Punkt zu sein scheinen, so möchten wir ihn drängen, in der Gewißheit weiterzulesen, daß der gleiche Punkt entweder implizit oder explizit mehrmals an diesem Tag wiederholt werden wird. Fahren Sie also unbeirrt fort. Dem Leser mag auffallen, daß Bewegung als Teil der Integration ein wichtiger Aspekt dieses Seminars war und wir jeden Tag tanzten, musizierten und sangen – unterstützt von TaTitos Sompa, TaMbemba, TaMalonga aus dem Kongo und Fred Simpson aus Kalifornien.

Danksagungen

Wir möchten den folgenden Personen danken: den Teilnehmern – dem anderen Ende der Schleife:

C.E. Asherbranner
Suzanne Bailey
Nancy Beplat
Jean Blair
Larry Burnett
Georgene Burton
Britt Burton
Cosette Carter
Consuelo Casula
Susan Connors
Peggy Dean
Carmel Decroos
Skip Ellis
Carole Ellison
Rosalie Fedoruk
Judy Francis
Francis Friedmann
Sherrie Funk
John Funk
Amber Goldstein
George Greenberg
Sharon Grimm
Thomas Grinder
Allan Harris
Christian Hart
Kari Lyn
Jerry Mader
Stephanie Mader
Thomas Malloy
Susan Marcus
Diane Marshall
Robert McDonald
Philip Milroy
Pauline Monson
Jane Monteleone
Patricia Moore
Marshall Nechtow
David Pounds
Del Powell
Alan Power
Vera Reichenfeld-Tay
Jose Rodriguez
Marne Ryan
Antonio Santos
Steven Silverman
John Simmonds
Steve Smolinsky
Jane St. Sauveur
John Stone
James Taylor

Poppy Hawkins
Jack Hawley
Phil Herman
Kirk Hughes
Murray Johannsen
Janece Kline
Bob Kurtz
Phyllis Murray Linhart
Catherine Long
Joel Teague
Sylvia Topel
Maureen Toth
Mumtaz Vishal
Karen Weihs
Richard Zarro
Marilyn Zatkin
Deborah Ziegler

Matundu Mamingi, unseren Trommler- und Tänzer-Freunden aus Afrika und Amerika

TaTitos Sompa
TaMbemba
TaMalonga
Fred Simpson

Unser Dank geht an Gary-Michael Bean für seine Anregungen und seine Arbeit.

Wir möchten unseren Mitarbeitern danken:

Laura Grinder
Mark Carroll
Stephanie Mader
Jerry Mader

Wir danken unseren Freunden, die mit ihren Kommentaren eine so wichtige Rolle gespielt haben:

Bob Dilts
Don Steiny
Susan Marcus

Vorbedingungen für die Entwicklung persönlichen Genies

Erster Tag

John: Guten Morgen, Gruß und Willkommen. Es wäre in Übereinstimmung mit der Art von Weisheit, der Art von Berücksichtigung des Kontexts, die wir in den nächsten fünf Tagen zu unserem Schwerpunkt machen wollen, gleich von Anfang an vollständige Aufmerksamkeit von euch zu verlangen. Und ich denke dabei an wenigstens zwei Arten von Aufmerksamkeit, wenn ich von voller Aufmerksamkeit spreche. Es gibt das, was wir gemeinhin Bewußtsein nennen, diesen dynamischen Prozeß, Teile der Welt auszuwählen, die wir in unsere Aufmerksamkeit lassen wollen. In Castanedas Werk wird das „erste Aufmerksamkeit" genannt.

Dann gibt es einen zweiten, weniger zugänglichen Teil von uns, der, zumindest potentiell, die Art von Weisheit enthält, die ich im Rahmen dessen, was wir hier zusammen tun werden, weiter entwickeln möchte, und das hat den Namen „zweite Aufmerksamkeit"...

Judy: ... oder Unbewußtes ...

John: ... und wir brauchen die Zustimmung dieser beiden Aufmerksamkeiten, um das zu tun, was wir in den nächsten fünf Tagen vorhaben. Dieses Seminar wird anders sein als Seminare, die ihr bisher mit uns gemacht habt – dieses ist kein technisch orientiertes Seminar.

Es ist eher ein Fest. Wir sind alle zu einem Bankett gekommen und Judy und ich sind verantwortlich dafür, den Tisch zu decken, und ich versichere euch, daß alle wichtigen Nahrungsgruppen vertreten sein werden. *(Lachen)* Nun, eure Aufgabe bei diesem Bankett besteht darin, Entscheidungen zu treffen; ihr braucht nicht alles zu essen. Einige Dinge kennt ihr bereits und einige Sachen werdet ihr essen wollen, weil ihr sie kennt und sie köstlich sind. Andere Sachen habt ihr nie zuvor probiert. Ihr könnt ein bißchen probieren und sehen, ob ihr es mögt. Eure Verantwortung ist also die Verantwortung, die ein guter Gast bei einem Festessen hat. Ihr dürft nicht zuviel essen. Ich möchte auf jeden Fall, daß ihr ausgiebig probiert.

Die Absicht dieses Seminars besteht darin, in uns und in euch, den Teilnehmern an diesem Seminar, die strukturellen und dynamischen Arrangements durchzuführen, die eine Voraussetzung für das Erblühen des persönlichen Genies in jedem einzelnen von uns sind.

Judy: Wir werden das Thema künstlerischen Schaffens ansprechen. Jeder künstlerische Akt setzt ein bestimmtes Niveau von Fertigkeit voraus, das man erreichen muß. Wenn man diese Fertigkeiten, diese Techniken, beherrscht, kennt man die Regeln. Und wenn man die Regeln kennt, kann man sie auf wohlgeformte Weise verbiegen und das ist Kunst. Wenn man sich durch die Technik bewegt, bewegt man sich in Richtung auf Kunst – und damit auf Ökologie. Man bewegt sich in Richtung auf tiefere und vielschichtigere Repräsentationen und das ist das, was wir hier tun wollen.

John: Kinder bieten uns, vor allem um die Zeit des Spracherwerbs, oft sprachliche Repräsentationen, die uns poetisch erscheinen. Sie bringen in der syntaktischen Struktur eines Satzes Dinge zusammen, denen wir, zumindest in unserer erwachsenen Erfahrung, nie begegnen. Sie schreiben der Welt eine Belebtheit zu, die in dem erwachsenen Bewußtsein zu fehlen scheint. Sie haben ein Gefühl der vollen Teilnahme, der Identifikation mit der Welt, die uns an die Möglichkeiten erinnert, die wir als Erwachsene möglicherweise vergessen haben. Das Kind, indem es Worte in syntaktischen Konstruktionen zusammenbringt, die wir, selbst als Erwachsene, niemals in einer Verbindung erwogen hätten, ist eine witzige Art von Dichter. Oft ist das, was es sagt, das Resultat einer weitgehend anderen Wahrnehmung, und nicht nur eine Folge davon, daß es noch dabei ist, linguistische Kompetenz zu erwerben. Und manchmal löst die Juxtaposition von Worten zufällig Repräsentationen im erwachsenen Zuhörer aus, die in Zuständen normaler Wahrnehmung nicht möglich sind.

Judy: Für das was wir tun ist es wichtig, beide Arten von Aufmerksamkeit in Betracht zu ziehen. Wir werden mit euch eine Diskussion entwickeln, eine Serie von Erfahrungen, die bestimmte Beziehungen zwischen erster und zweiter Aufmerksamkeit nahelegen. Respektvolle Beziehungen, Kommunikation, das Erkennen, welche Funktionen für erste Aufmerksamkeit angemessen sind und welche Funktionen am besten durch zweite Aufmerksamkeit ausgeführt werden können. Die zweite Aufmerksamkeit enthält Reichtümer, die wir gewöhnlich in der ersten Aufmerksamkeit nicht berücksichtigen – Welten an Möglichkeiten, die in gewöhnlichen Bewußtseinszuständen nur angedeutet werden. Die erste Aufmerksamkeit ist in der Regel sehr zweckdienlich, eher zielgerichtet, sehr resultatorientiert und nicht besonders weise. Wir suchen Modelle, die für diese komplexe Beziehung zwischen erster und zweiter Aufmerksamkeit geeignet sind. Ein Bereich, der eine Fülle an Anregungen enthält, sind traditionelle Kulturen.

John: Bedenkt was geschieht, wenn Kontakt zwischen zwei Kulturen hergestellt wird, einer technischen und einer traditionellen. Typischerweise sind die repräsentativen Personen der Techno-Kultur sehr, sehr zielorientiert in ihrem Verhalten, sehr stark auf erste Aufmerksamkeit ausgerichtet. Kurzfristig wird bei einem Zusammentreffen zwischen erster und zweiter Aufmerksamkeit auf einer kulturellen Ebene, die erste Aufmerksamkeit dominieren und Erfolg haben. Und das Gefühl des Verlusts, der Schmerz über die Zerstörung des Unterschieds, den die traditionellen Völker bieten, ist eine Demonstration der Erkenntnis in zweiter Aufmerksamkeit, darüber, welcher Mangel an Weisheit in der ersten Aufmerksamkeit besteht. Diejenigen von euch, die klinisch oder pädagogisch arbeiten oder Beratung im Unternehmensbereich durchführen, können erkennen, wie wesentlich ein Gleichgewicht zwischen erster und zweiter Aufmerksamkeit für die Gesundheit und das Wohlbefinden von dir selbst und anderer ist. Wie die Verbindung zwischen erster und zweiter Aufmerksamkeit gestaltet wird, hat enorme Rückwirkungen sowohl auf Gruppen- wie auf individueller Ebene.

Judy und ich hatten vor einigen Jahren das Glück, für ein paar Jahre zusammen mit einigen bemerkenswerten Leuten auf einem Stück Land zu leben. Genauer gesagt mit einer ganzen Menge von Leuten. Einer dieser bemerkenswerten Menschen, dessen Weg sich mit unserem kreuzte, war ein hochgewachsener Engländer mit hängenden Schultern, namens Gregory Bateson. Er spazierte meist auf dem Grundstück herum, studierte sorgfältig die Welt, machte seine eigenen Beobachtungen – ein Genie, dessen Bekanntschaft gemacht zu haben ich wirklich schätze. Während der Inhalt dieses Seminars von Judith DeLozier und mir ist, haben wir sehr, sehr stark aus Gregorys Arbeit geschöpft …

Judy: … um sie etwas zu erweitern … um einige Lücken zu füllen. Ich möchte gern etwas aus einem Artikel von Gregory Bateson vorlesen, mit dem Titel „Stil, Grazie und Information in primitiver Kunst“ [1].

Aldous Huxley sagte immer, daß das zentrale Problem der Menschheit die Suche nach *Grazie* (grace) sei. Dieses Wort gebrauchte er so, wie er auch meinte, daß es im Neuen Testament verwendet werde. Er erklärte das Wort jedoch in seinem eigenen Sinne. Er argumentierte – wie Walt Whitman –, daß Kommunikation und Verhalten von Tieren eine Naivität und Einfachheit haben, die dem Menschen verlorengegangen sind. Das menschliche Verhalten ist korrumpiert durch Täuschung – sogar Selbsttäuschung –, durch Zwecksetzung und durch Selbstbewußtsein.

So wie Aldous die Sache sah, hat der Mensch die „Grazie“ verloren, die den Tieren noch eigen ist. Im Sinne dieses Kontrasts vertrat Aldous die These, daß Gott eher den Tieren als dem Menschen gleicht: Er ist ideell unfähig zu täuschen, und zu inneren Verwirrungen nicht in der Lage.

In der Gesamtskala der Lebewesen ist der Mensch sozusagen beiseite gerückt, ihm fehlt die Grazie, die den Tieren eigen ist und die Gott hat.

Ich behaupte, daß die Kunst ein Teil jener Suche des Menschen nach Grazie ist; manchmal seine Ekstase im teilweisen Erfolg, manchmal seine Wut und seine Qual beim Versagen.

Ich behaupte auch, daß es innerhalb der Hauptgattung viele Arten der Grazie gibt; und daß es viele Formen des Versagens, der Enttäuschung und der Abweichung von der Grazie gibt. Zweifellos hat jede Kultur ihre charakteristischen Arten der Grazie, nach der ihre Künstler streben, und ihre eigenen Arten des Versagens.

Einige Kulturen können einen negativen Zugang zu dieser schwierigen Integration begünstigen, eine Vermeidung von Komplexität durch krasse Bevorzugung entweder totalen Bewußtseins oder totalen Unbewußtseins. Ihre Kunst wird aller Wahrscheinlichkeit nach nicht „groß“ sein.

Ich werde so argumentieren, daß das Problem der Grazie grundsätzlich ein Problem der Integration ist, und was integriert werden soll, sind die verschiedenen Teile des Geistes – besonders jene vielfältigen Ebenen, deren eines Extrem „Bewußtsein“, das andere „Unbewußtes“ genannt wird. Zur Erreichung von Grazie müssen die Gründe des Herzens mit den Gründen des Verstandes verbunden werden.

John: Wir möchten vorschlagen, daß Gesundheit ein Zustand ist, der anzeigt, daß der betreffende Organismus sehr sorgfältig war, keine seiner oder ihrer internalen Kreisläufe zu durchkreuzen. Das Thema, um das es hier geht, ist Integrität. Alkoholiker z.B.

sind Menschen, die eine Linie innerhalb ihrer eigenen Kreisläufe gezogen und einen Teil dissoziiert haben, den sogenannten alkoholischen Teil. Aus erster Aufmerksamkeit erkennen sie sich nicht selbst in diesem Teil. Die Linie, die sie gezogen haben, kreuzt Kreisläufe, die für ihre eigene Integrität intakt sein müssen, damit eine integrierte, ökologische Lösung der Abhängigkeit erfolgt. Wenn wir die Linien, die uns selbst definieren, ohne Rücksicht auf die Integrität der Kreisläufe ziehen, die wir z.B. für Feedback brauchen, begeben wir uns formal in die gleiche Position, in der der Alkoholiker sich befindet. Wir möchten das Thema des Chunking präzisieren, um die Integrität eurer Kreisläufe und der anderer Personen zu respektieren, mit denen ihr euch bei verschiedenen Gelegenheiten zum Zweck des gemeinsamen Handelns und Erlebens vereinigen werdet.

John: Bateson beschreibt auf wirklich aufschlußreiche Weise, wo das Selbst für einen Blinden ist. Ein Blinder benutzt in der Regel einen Stock, wenn er sich in der Welt bewegt. Und Gregorys Frage lautet: Wo zieht der Blinde die Grenzen seines Selbst? Wo zieht ihr diese Grenze? Ist sie an dem Schnittpunkt zwischen Hand und Stock?

Judy: Ist sie in der Mitte des Stockes? Ist sie am Ende des Stockes?

John: Diejenigen von euch, die Motorrad- oder Autorennen gefahren sind oder Flugzeuge geflogen haben, wissen genau, daß sich euer Selbst in einem Rennwagen bis zu dem Kontaktpunkt mit dem Medium hin ausdehnt, auf dem ihr fahrt oder durch das ihr euch bewegt, bis zu dem Punkt, wo der Reifen die Straße berührt.

Judy: Und die Grenzen des Selbst haben sich verändert. Nehmen wir Reiten als Beispiel. Hier ist Judy, hier ist das Pferd und dann ist da Judy plus Pferd und jede dieser Einheiten hat verschiedene Grenzen. Wir möchten eure zweite Aufmerksamkeit auffordern aufzuwachen, um uns und euch in den nächsten fünf Tagen als Leader dienen zu können. Jeder von uns hat eine eigene persönliche Ökologie, eine eigene Weisheit, die, wenn sie respektiert werden, die Grundlage oder, wie der Titel dieses Workshops ankündigt, die Voraussetzungen für persönliches Genie bieten werden. Was wäre ein Beispiel dafür, die Definition eures Selbst zu schrumpfen? In welchem Kontext könnte das nützlich sein?

Mann: Schmerz.

John: Schmerz, unbedingt. In uns besteht eine natürliche Neigung dazu, uns mit anderen Organismen und Gattungen zu identifizieren. Wenn ich also Larry ansehe, fällt es mir nicht schwer, mich mit ihm als mit einem anderen Menschen zu identifizieren, der sich in einer ähnlichen Situation befindet wie ich. Ich kann mich leicht mit ihm identifizieren – sogar meine Sinne so ausdehnen, daß sie ihn miteinschließen. Wenn Larry nun etwas Katastrophales zustoßen sollte und ich wäre die einzige verfügbare Person, die ihm helfen könnte – wenn er z.B. einen Unfall mit seinem Wagen hat und verletzt ist – dann ist es sehr wichtig, daß ich in der Lage bin, meine Identifikation mit ihm zeitweise aufzuheben, um nicht in den gleichen Zustand reduzierter Ressourcen hineingezogen zu werden, in dem er aufgrund des direkten physischen Traumas ist. Wenn ich es zulassen würde, wäre ich sehr wahrscheinlich nicht in der Lage, mit der Effektivität zu reagieren, die nötig ist, damit ich eingreifen und mein Bestes für meinen Mitmenschen tun kann und seine Verletzung versorgen kann. Für Menschen, die in Notaufnahmen arbeiten, ist es eine berufliche Voraussetzung, daß sie sowohl in der Lage sind sich auszudehnen, um dem anderen zu zeigen, daß er in guten Händen ist, und gleichzeitig ihr Selbst zurückziehen zu können, damit der Identifikationsprozeß nicht so stark ist, um die Ressourcen zu beeinträchtigen, die sie brauchen, um medizinisch angemessen zu reagieren.

Judy: Der Ausdruck „Definition des Selbst" ist in gefährlicher Weise irreführend – das Selbst ist kein starrer Gegenstand; es ändert sich ständig. Daher werden wir von dem Selbst im Sinne von Funktion sprechen und nicht im Sinne von Identität.

John: Ich bin in den letzten sechs Monaten von einer Reihe von engen Freunden und Bekannten besucht worden, alles sehr gut ausgebildete, sehr fähige, kreative Personen, die buchstäblich Meister in der Technologie sind, die Judy, ich selbst und eine Reihe anderer Leute maßgeblich formuliert oder explizit dargestellt haben. Sie stießen, wie einer von ihnen es ausdrückte, auf jedem Schritt mit der Welt zusammen. Sie waren erfolgreich und sehr fähig, was das Erreichen kurzfristiger Ziele angeht. Doch es war, als gäbe es langfristig einen Mangel an Weisheit in der Art der Entscheidungen, die sie trafen. Die Technologie gab ihnen gewissermaßen die Fähigkeit, in bestimmten Bereichen Erfolg zu haben, wo sie, ohne die Technologie, ein bestimmtes Ziel oder einen bestimmten Weg nicht gewählt hätten. Was mir auffiel, während ich mit diesen begabten Leuten arbeitete, war ein allgemeiner Mangel an Ästhetik, ein Mangel an künstlerischer Qualität und vor allem eine Überbetonung der ersten Aufmerksamkeit. Ein großer Teil von dem, was wir hier vorstellen werden, hat damit zu tun, wieder ein Gleichgewicht herzustellen und einen ästhetischen Rahmen um die Werkzeuge zu legen, die ihr kennengelernt habt, um die Technologie des Neurolinguistischen Programmierens (NLP).

Judy: Dieser Workshop soll die Technologie namens NLP in einen größeren historischen Kontext stellen – den Kontext der Epistemologie. Wo paßt NLP in die Geschichte des Denkens und in die Reihe anderer Arbeiten, die in diesem Bereich durchgeführt wurden, und inwieweit ist NLP eine Fortführung dieses Wissens? Mir ging es nicht darum Experimente durchzuführen, um herauszufinden: „Schauen erfolgreiche Menschen wirklich nach rechts oben, wenn sie Erfolg haben?“ Ich weiß es nicht. Vielleicht tun sie es, vielleicht nicht, aber das war nicht die Art von Weisheit, an der ich interessiert war.

John: Welche Begründung hat ein Mann oder eine Frau in der Regel, wenn sie Anthropologie als Beruf wählen? Seit ich ein kleines Kind war und in einer sehr starken Kultur aufwuchs, die meine Ursprungsfamilie für mich geschaffen hatte, schien es mir offensichtlich, wie diese Begründung lautet. Jedesmal, wenn ich zur Schule ging oder mit einem neuen Schulfreund nach Hause ging, war es ein Fest für mein Nervensystem, in meiner Wahrnehmung die Unterschiede zu dem zu entdecken, was es vorausgesehen, was es erwartet hatte.

Judy: Laut Gregory Bateson ist Information der Unterschied, der einen Unterschied ausmacht. Wenn ich sage, von nichts kommt nichts ... Was ist dieses wunderbare Ereignis, das stattfindet, wenn ihr Menschen von anderen Kulturen trefft oder Bücher über andere Kulturen lest? Es ist der Unterschied. Gregory spricht davon, daß nichts von nichts kommt. Denkt nur an unsere Neurologie – im Grunde sprechen wir über Doppelbeschreibungen; wir stellen die Frage: „Woher kommt neue Information?“ Nehmen wir das binokulare Sehen als Beispiel: Der Unterschied zwischen der Information, die die eine Retina bietet, und der Information, die die andere Retina bietet, erzeugt neue Information – es entsteht Information über Tiefe. Also selbst auf der Ebene der Neurologie kommt nichts von nichts. Doppelbeschreibung ist das Vehikel für neue Information.

John: Könnt ihr das? Könnt ihr ein Auge schließen und eine flache Welt vor euch sehen? Macht's! Ich bin neugierig. Nehmt ein Auge nach dem anderen, weil ihr in der Regel mit dem einen Auge einen anderen Effekt haben werdet als mit dem anderen Auge. Von hier, wo ich sitze, kann ich, wenn ich ein Auge schließe, euch alle in gleicher Entfernung von mir sehen. Wie viele von euch können das? Wie vielen von euch steht diese veränderte Wahrnehmung zur Verfügung? Versteht ihr, in welchem Sinne die Leute, die diese Wahrnehmungserfahrung zurückgewinnen können, „wahrer" sehen als der Rest von uns.

Judy: Wie einige von euch wissen, schlagen wir oft als eine Flexibilitätsübung zur Exploration von Realitätsstrategien vor, eure Wahlmöglichkeiten so weit zu entwickeln, daß ihr euren Hund oder eure Katze mit dem gleichen visuellen Wirklichkeitswert halluzinieren könnt, mit dem ihr mich jetzt seht. Wenn ihr eure Repräsentationsfähigkeiten zu diesem Niveau entwickelt habt, stellt sich gewöhnlich die Frage, wie man zwischen gemeinsamer Realität und individuell erzeugter Realität unterscheiden kann. In der Regel wählt der Betreffende instinktiv Doppelbeschreibungen als Ausweg – in diesem Fall würde er seine Hand ausstrecken und die halluzinierten Objekte durch Anfassen von den tatsächlichen Objekten unterscheiden und sich so durch Vergleich vergewissern, indem er die Information aus einem anderen Sinnessystem verwendet. Shakespeare beschreibt diese Situation in „Macbeth".[2]

> Ist das ein Dolch, was ich vor mir erblicke,
> Der Griff mir zugekehrt? Komm, laß dich packen.
> Ich faß dich nicht, und doch seh ich dich immer.
> Bist du, Unglücksgebild, so fühlbar nicht
> Der Hand gleich wie dem Aug? Oder bist du nur
> Ein Dolch der Einbildung, ein nichtig Blendwerk,
> Das aus dem heißgequälten Hirn erwächst?
> Ich seh dich noch, so greifbar von Gestalt
> Wie der, den jetzt ich zücke.
> Du gehst mir vor den Weg, den ich will schreiten,
> Und ebensolche Waffe wollt ich brauchen.
> Mein Auge ward der Natur der andern Sinne
> Oder mehr als alle wert. Es ist nicht wirklich da …
> *(Macbeth, 2. Akt, 1. Szene, übersetzt von Friedrich Schlegel)*

John: Ihr wißt, was im Italien des 13. Jahrhunderts geschehen ist ... *(Lachen)* Eine Menge ist im 13. Jahrhundert passiert ... *(Lachen)* Eine der Sachen, die im 13. Jahrhundert in Italien passiert ist und an der ich interessiert bin, ist, daß, wenn ihr euch die visuelle Kunst anschaut, die es davor gab ...

Marne: (unterbricht) Ich bin nicht sehr gut, was Zeitlinien und solche Dinge angeht, aber ich glaube, das war die Zeit, als die Tiefenwahrnehmung in Gemälden entdeckt worden ist.

John: Perspektive. Sie fanden einen Weg – hört genau zu –, die Beziehungen, die sie durch Messen in der dreidimensionalen Welt gefunden hatten, auf mechanische Weise auf eine zweidimensionale Oberfläche zu verzerren. Der Zweck dieser mechanischen Verzerrung ist, die Verzerrungen dem menschlichen visuellen Nervensystem so anzupassen, daß das zweidimensionale Ergebnis dreidimensional erscheinen würde. Von drei Dimensionen auf zwei zu übertragen ist ein gutes Beispiel für die Reduktion durch erste Aufmerksamkeit, die erfolgt, wenn erste Aufmerksamkeit versucht, einen zweite Aufmerksamkeit-Prozeß zu würdigen, nachzuvollziehen. Was haben sie getan? Habt ihr gehört, was ich gesagt habe? Beide Aufmerksamkeiten.

Ich stand einmal auf einem kleinen Hügel in Athen, Philopappus, und schaute auf einen größeren Hügel in einiger Entfernung, es waren die zwei bedeutendsten Hügel in der Gegend, der zweite Hügel war die Akropolis, und ein Bauwerk zog mein Auge an, als ich zu der Akropolis hinüberschaute. Es war der Parthenon, der jetzt vor allem aus einer Reihe von Säulen, einem teilweise erhaltenen Dach und einem Fundament besteht, weil die Griechen so unvernünftig waren, dort Munition zu lagern, während sie mit den Türken Krieg führten, die es dann auch in die Luft gejagt haben. Als ich auf den Gipfel des Philopappus stieg und den Kilometer zum Parthenon hinüberschaute ... war es, als finge mein Körper in diesem Moment an zu singen. Meine visuelle Erfahrung hatte etwas so Kongruentes, daß Seh-Fühl-Schaltkreise in mir aktiviert wurden. Es war, als hätte mein Körper ein tiefes, natürliches Lied gefunden, das ich singen konnte, ein Lied, das in diesem Augenblick dorthin gehörte. Das Verblüffende daran ist, daß, wenn man jetzt diese Reise macht, wenn man jetzt den Philopappus hinuntergeht, zur Akropolis hinaufsteigt und mit einem Bandmaß die Entfernung zwischen den Säulen und dem tatsächlichen Umfang der Säulen zu messen beginnt, ihre Verjüngung nach oben hin – so lange, bis die Wärter kommen und einen hinauswerfen – ... wenn ihr diese Messungen anstellt, werdet ihr erkennen, daß, wie im Fall Italiens im 13. Jahrhundert, die Griechen ein Wissen hatten, das irgendwann verlorengegangen ist. Sie haben die objektive Realität des Parthenon so verzerrt, daß sie mit den visuellen Verzerrungen des menschlichen Nervensystems übereinstimmt.

Judy: Die Säulen haben nicht die gleiche Größe und die Abstände zwischen ihnen sind auch nicht die gleichen und doch, wenn man sie anschaut, sagt einem der eigene Körper, daß diese objektive Information falsch ist. Es hat etwas so Richtiges, was die Griechen da mit dem Parthenon gemacht haben. Diese Jungs hatten ihre epistemologischen Hausaufgaben gemacht. Bateson betont immer wieder die Bedeutung kybernetischen Denkens, d.h. auf eine Weise zu chunken, die den gesamten Feedbackkreis*, die Beziehungen respektiert und nicht nur einzelne Bögen des Feedbackkreises. Die Art und Weise, in der wir Erfahrung „chunken", kann zu enormen epistemologischen Irrtümern in unserem Denken führen. Gregory behauptet, daß der gesamte Planet verlorengehen könnte, wenn wir nicht lernen kybernetisch zu denken.

John: Dieses Phänomen des epistemologisch nicht korrekten Denkens tritt sowohl auf individueller wie auf gesellschaftlicher Ebene auf. Wir werden ein Wohlgeformtheitskriterium entwickeln, das es Einzelpersonen und Gesellschaften erlaubt, bestimmte epistemologische Irrtümer in unserem Denken zu korrigieren, insbesondere wenn es darum geht, unsere Erfahrung der Welt zu zerlegen, um Phänomene zu untersuchen, die wir verstehen wollen. Die Komponenten, die wir untersuchen, müssen selbst einen funktionierenden Feedbackkreis darstellen und dürfen nicht nur ein Bogen in einem Feedbackkreis sein. Wissenschaft allgemein und Psychologie insbesondere haben monumentale Fehler im Zerlegen des Erlebens zu Forschungszwecken gemacht. Typischerweise wird ein faszinierender Teil der Welt ausgemacht und ein Untersuchungsdesign bestimmt. Dabei wird viel zu häufig so vorgegangen, als ob das komplexe Phänomen, der Feedbackkreis, in logische Variablen, Bögen, aufgeteilt werden könnte, von denen jeder einzeln untersucht werden kann, Muster erkannt und dann die logischen Variablen wieder zusammengesetzt werden können, als ob die Generalisierungen, die Muster in den Bögen bezeichnen, zusammengenommen die Muster des gesamten Feedbackkreises bezeichneten.

* In den deutschen Ausgaben von Batesons Büchern wurde *circuit* mit „Kreislauf" übersetzt. Wir finden *Feedbackkreis* und *Feedbackkreise* (im Sinne eines Netzwerks) angemessener – Anm. d. Hrsg.

Das komplexe Phänomen der Abhängigkeit kann z.B. nicht, wie Bateson zeigt, auf nützliche Weise, nur auf die Untersuchung des Alkoholikers oder, noch schlimmer, der Alkoholikerpersönlichkeit allein zurückgeführt werden; es kann auch nicht nur auf eine Untersuchung der beteiligten chemischen Substanz, unabhängig von der Person, beschränkt werden.

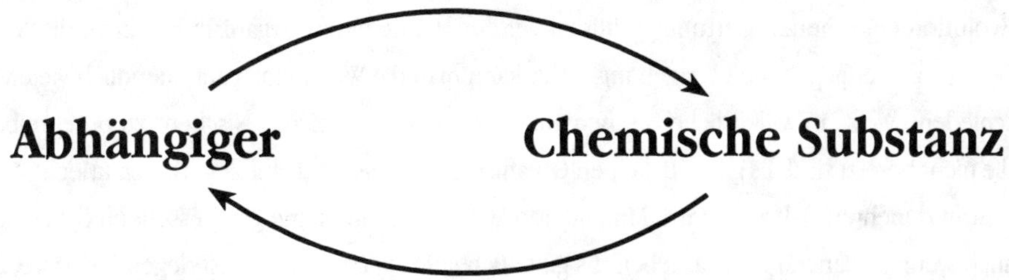

Eine solche Zerlegung des Phänomens Abhängigkeit wird unter Garantie verhindern, daß interessante und nützliche Muster entdeckt werden. Solche Programme bleiben, bestenfalls, zur Irrelevanz verdammt. Schlimmstenfalls werden die Forscher, die als Folge der Untersuchung einzelner Teile von Beziehungen, stark variierende „Muster" gefunden haben – sich in Polemik auf der nächsthöheren logischen Stufe einlassen und sich darüber streiten, wessen Worte die besseren sind – zum Leidwesen der Menschen, die sich mit der Schleife des Alkoholismus in der wirklichen Welt auseinanderzusetzen haben, und zum Entsetzen derjenigen, die erkennen, welche Verschwendung menschlicher und finanzieller Ressourcen es darstellt. Das Ergebnis dieses Vorgehens ist bestenfalls, die pathologische Seite der Dissoziationsfähigkeit zu erforschen, die unsere Gattung hat: Erfahrung ohne Empfinden für die natürlich wirkenden Feedbackkreise zu zerlegen und dann zu glauben, die zerlegten Bögen hätten irgend etwas mit der Welt zu tun. Bedenkt folgende Parallele aus der Biologie[3]:

> Das Konzept der Anpassung oder Adaptation impliziert eine bereits bestehende Welt, die ein Problem stellt, das durch Anpassung gelöst wird. Ein Schlüssel wird einem Schloß angepaßt, indem er geschnitten und gefeilt wird: ein elektrisches Gerät wird durch einen Transformator an verschiedene Stromspannungen angepaßt. Auch wenn die physikalische Welt mit Sicherheit älter ist als die biologische, hat die Evolutionstheorie große Schwierigkeiten, wenn sie diese Welt für den Evolutionsprozeß definieren will. Die Schwierigkeit liegt in der Definition der „ökologischen Nische", d.h. der Beschreibung der vollständigen Umgebung und Lebensweise eines Organismus. Diese Beschreibung enthält physische Merkmale, wie z.B. Temperatur und

Feuchtigkeit, biologische Faktoren, wie z.B. Art und Menge der Nahrungsquellen und natürlichen Feinde und Verhaltensfaktoren des Organismus selbst, wie z.B. seine soziale Organisation, seine Bewegungsmuster und seine täglichen und jahreszeitlichen Verhaltenszyklen.

Die erste Schwierigkeit besteht darin, daß wenn Evolution als der Prozeß der Anpassung eines Organismus an eine Nische beschrieben wird, die Nische bereits vor der Gattung bestehen muß, die sich ihr anpaßt. D.h. es muß leere Nischen geben, die darauf warten, durch die Evolution einer neuen Gattung gefüllt zu werden. Ohne einen Organismus, der in direktem Bezug zu einer gegebenen Umgebung steht, kann man die Welt jedoch auf unendlich viele verschiedene Weise in willkürliche Nischen aufteilen. Es ist sehr leicht, „Nischen" zu beschreiben, die nicht besetzt sind. Es gibt z.B. keinen Organismus, der Eier legt, auf dem Boden kriecht, Gras frißt und mehrere Jahre alt wird. Mit anderen Worten, es gibt keine grasfressenden Schlangen, auch wenn Schlangen im Gras leben. Es gibt auch keine warmblütigen, eierlegenden Tiere, die ausgewachsene Blätter von Bäumen fressen, obwohl Vögel in Bäumen leben. Für jede Beschreibung einer ökologischen Nische, die durch einen wirklichen Organismus bewohnt wird, lassen sich eine endlose Zahl unbewohnter Nischen beschreiben, indem man einfach eine beliebige Spezifizierung hinzufügt. Ohne eine natürliche Methode, die Welt in Nischen aufzuteilen, verliert das Konzept jeden vorhersagbaren oder erklärenden Wert.

Eine weitere Schwierigkeit mit der Spezifizierung leerer Nischen, an die sich Organismen anpassen, besteht darin, daß diese die Rolle der Organismen selbst während der Schaffung der Nische außer acht lassen. Organismen erleben ihre Umgebung nicht passiv, sie schaffen und definieren die Umgebung, in der sie leben. Bäume verändern den Boden, indem sie wachsen, indem sie Blätter verlieren und Wurzeln treiben. Grasende Tiere verändern die Weiden, auf denen sie leben, durch abfressen, ausscheiden und indem sie den Boden aufwühlen. Organismus und Umgebung stehen in einem ständigen Zwischenspiel, so daß, auch wenn natürliche Auslese den Organismus an bestimmte Umweltbedingungen anpassen mag, die Evolution des Organismus selbst diese Bedingungen wiederum verändert. Letztlich bestimmen Organismen durch ihr Verhalten selbst, welche äußeren Faktoren ein Teil der Nische sein werden. Ein Vogel baut sein Nest, und macht so die Verfügbarkeit von getrocknetem Gras zu einem wichtigen Teil der Nische und gleichzeitig das Nest zu einer wichtigen Komponente der Nische.

Judy: Bedenkt nun eine andere Art von epistemologischem Fehler, einen Fehler, bei dem eine perzeptuelle Einheit, das menschliche Kinn, als angemessene Untersuchungseinheit in der Evolutionsbiologie ausgewählt wird, es sich dann aber herausstellt, daß kein zugrundeliegender Feedbackkreis besteht, um es als eine kohärente Einheit für ein Experiment zu stützen.

... Probleme, die bei der Entscheidung für eine angemessene Beschreibung der ökologischen Nische ohne den Organismus entstehen, entstehen auch, wenn man versucht, den Organismus selbst zu beschreiben. Ist das Bein eine evolutionäre Einheit, so daß auf die adaptive Funktion des Beins geschlossen werden kann? Wenn ja, wie steht es dann mit einem Teil des Beins, z.B. dem Fuß oder einem einzelnen Zeh, oder dem Knochen in einem Zeh? Die Evolution des menschlichen Knies ist ein lehrreiches Beispiel. Die menschliche morphologische Entwicklung kann allgemein als „neotenische" Progression beschrieben werden. D.h. menschliche Säuglinge und Erwachsene ähneln der fötalen und frühen Form von Affen stärker als erwachsenen Affen; es ist, als ob Menschen in einer früheren Phase der körperlichen Entwicklung geboren werden als Affen und nicht so weit auf dem Entwicklungsweg des Affen voranschreiten. Die relative Proportion der Schädelgröße zur Körpergröße ist bei neugeborenen Menschen und Affen die gleiche, während erwachsene Affen im Verhältnis zu ihren Köpfen viel größere Körper haben als wir; ihre Körper „gehen weiter".

Die Ausnahme zu der Regel der menschlichen Neotenie ist das Kinn, das im Verhältnis bei Menschen größer ist, während sowohl neugeborene und erwachsene Affen kein Kinn haben. Versuche, das menschliche Kinn als eine besondere Adaptation zu erklären, die für stärkeres Wachstum ausgewählt wurde, waren wenig überzeugend, und schließlich erkannte man, daß es das Kinn in einem evolutionären Sinne gar nicht gibt! Es gibt zwei Wachstumsgebiete im unteren Kinn: das dentale Feld, welches die Knochenstruktur des Kiefers darstellt, und das alveolare Feld, in dem sich die Zähne befinden. Beide, sowohl das dentale wie das alveolare Feld zeigen Neotenie. Sie sind beide in der menschlichen Entwicklung kleiner geworden. Das alveolare Feld ist jedoch etwas schneller geschrumpft als das dentale Feld, mit dem Ergebnis, daß als Konsequenz der relativen Regressionsgeschwindigkeit des Wachstumsfeldes ein „Kinn" erscheint. Mit der Erkenntnis, daß das Kinn eher ein mentales Konstrukt als eine evolutionäre Einheit ist, verschwindet das Problem einer adaptiven Erklärung.[4]

John: Nun, wenigstens demonstrieren solche Irrtümer die Flexibilität unserer Gattung: wer sonst könnte natürlich auftretende Feedbackkreise – natürliche Musterbildung – in Komponenten zerlegen, die so unhandlich und inkohärent sind, daß wir uns selbst gründlich verwirren und unverbundene Erfahrungsteile zusammenfügen und uns dabei so verhalten, als gäbe es eine natürliche Basis für eine solche Verbindung? Nebenbei bemerkt, wenn ihr als Kinder des wissenschaftlichen Zeitalters etwas zum Nachdenken haben wollt, bedenkt die Weisheit mehrfacher Beschreibungen der Welt einerseits und das Beharren wissenschaftlicher Forscher auf einzelnen

Beschreibungen – auch Wissenschaft genannt – andererseits. Bedeutet das, daß wissenschaftliches Vorgehen ein grundlegend fehlerbehaftetes menschliches Unterfangen ist, wenn es voraussetzt, daß es eine einzige Beschreibung gibt, auf die es hinarbeitet?

NLP war von Anfang an als Epistemologie gedacht und wie Judy und ich gesagt haben, sind die Aussagen, die wir in den nächsten fünf Tagen machen werden und die Arten von Erfahrungen, an denen ihr mit uns teilhaben werdet, schon seit langem überfällig, um NLP mit den in der westlichen Zivilisation verfügbaren epistemologischen Traditionen zu verbinden.

Judy: Ich möchte kurz das Ausmaß persönlicher Alternativen, das Ausmaß menschlicher Möglichkeiten ansprechen. In genetischer Hinsicht stehen eine Menge von Dingen vermutlich fest. Ich weiß nicht, welche Dinge das sind und auf welcher logischen Ebene sie spezifiziert sind und wie fest sie uns im Griff haben. Aber nehmen wir einfach an, daß es tatsächlich einige Beschränkungen in dem gibt, was wir tun können.

John: Wir werden so tun, als ob die genetische Struktur, der genetische Code, eine absolute Grenze für den Spielraum an Variationen setzt, innerhalb derer ein Organismus mit diesem genetischen Code tatsächlich operieren kann. Ich weiß nicht, ob das wahr ist. Um diese vereinfachende Annahme zu rechtfertigen, würde ich sagen, daß wir nicht einmal damit begonnen haben, den Spielraum an persönlichen Alternativen oder menschlichen Möglichkeiten innerhalb dieser genetischen Beschränkungen zu erforschen. Meine Antwort auf das Argument der durch den genetischen Code auferlegten Beschränkungen und des durch den genetischen Code bestimmten Spielraums, innerhalb dessen ich meine eigenen somatischen Commitments variieren kann, ähnelt meiner Antwort auf die Frage nach sogenannten übersinnlichen Kräften: Ich habe keine blasse Ahnung, denn ich habe mein eigenes Sinnessystem, die fünf Sinne, die ich bereits kenne, immer noch nicht vollkommen verfeinert. Es gibt Welten über Welten, die ich noch zu entdecken habe und das nur im Rahmen dessen, von dem ich bereits weiß, das es mir als Teil meines Erbes als menschlichem Wesen zur Verfügung steht.

Judy: Wenn ich an andere Kulturen denke, denke ich daran, was sie an menschlichen Möglichkeiten bieten: eine Fülle verschiedener Wege, die Welt zu sehen, zu hören und zu fühlen, die potentiell auch in meiner Neurologie wiederhallen könnten, einem Ort, wo die Nachricht von Unterschieden darauf wartet entdeckt zu werden. Es gibt eine

Fülle von Möglichkeiten da draußen. Wie kann ich lernen, sie anzusteuern und besser kennenzulernen und auch herausfinden, welches Potential ich als menschliches Wesen habe? Welche persönlichen Alternativen kann ich entwickeln und wie kann ich sie hinsichtlich der Feedbackkreise, hinsichtlich der Ökologie respektieren und es vermeiden, Feedbackkreise zu durchkreuzen?

John: Wenn ihr ein Kind eines beliebigen genetischen Hintergrunds nehmt, ein Kind beliebiger Eltern, an einem beliebigen Ort dieser Welt geboren, und dieses Kind in den Kontext einer beliebigen Kultur und Sprache stellt, so wird dieses Kind die Kultur und Sprache, in die es gestellt wurde, genauso schnell meistern, wie die Kinder, deren Eltern seit Jahrhunderten in dieser Kultur und Sprache gelebt haben, deren Stammbaum in ununterbrochener Linie in dieser Kultur und Sprache verläuft. Das Kind wird nicht nur mit der gleichen Geschwindigkeit die Sprache und kulturellen Gebräuche dieser Menschen lernen, es wird auch die gleiche Art von „Fehlern" im Erwerb der Sprache machen, es wird die gleiche Art von „Fehlern" im Erwerb kultureller Gebräuche machen, die auch die Kinder machen, deren Stammbaum in ununterbrochener Linie in dieser Kultur und Sprache verläuft.

Ein Beispiel: Einige von euch sind vielleicht der Information über Kreolen und Pidgin begegnet. Für mich ein beeindruckendes Beispiel für ein relevantes Stück linguistischer Forschung. *(Lachen)* Ich glaube, das war genauso beeindruckend für mich wie die Information selbst. Vor mehreren Jahren veröffentlichte ein Mann namens Blickerton, der über Pidgins und Kreolen forscht, im *Scientific American*[5] einen Bericht über seine Arbeit. Eine Reihe von Definitionen: Pidgin ist keine Sprache, es ist ein sprachlicher Kommunikationscode, der entsteht, wenn zwei verschiedene linguistische und ethnische Gruppen in Kontakt kommen, typischerweise unter Bedingungen der Zwangsarbeit, wo sie kooperieren müssen, um bestimmte Aufgaben zu erledigen – ein Produktionsniveau zu erreichen, das ihnen ausreichend Nahrung und Schutz zum Überleben bietet. Es gibt eine Fülle von Orten auf der Welt, wo diese Situationen entstanden sind. Hawaii, Louisiana, Haiti. Das ist das, was passiert, wenn man einen Erwachsenen nimmt, der Sprache A spricht, und einen Erwachsenen, der Sprache B spricht, und sie Bedingungen der Zwangsarbeit aussetzt. Sie entwickeln einen linguistischen Code, der keine Sprache darstellt, weil er keine Zeitformen und keinen Aspekt hat – er hat keine Syntax. Es ist ein sprachlicher Code, der dazu dient Aufgaben zu erledigen. Welchen verbalen Code sprechen nun die Kinder von Pidgin-sprechenden

Eltern? Die technische Antwort lautet: sie sprechen kreolisch. Und was ist kreolisch? Nun, es stellt sich heraus, daß es eine vollwertige gesprochene Sprache ist, mit Syntax, Zeitformen, Aspekten ... Und zuletzt – und das ist das Faszinierende – woher kommt dieses Kreolisch, das die Kinder Pidgin-sprechender Eltern sprechen? Da wir uns hier mit Epistemologie befassen, wollen wir spezifisch sein: „Wie würden wir erkennen, woher das Kreolische stammt?" Wie werden wir das entscheiden? Welche Art von Evidenz werden wir verwenden? Syntax ist eine Möglichkeit. D.h. wenn wir die syntaktische Struktur des Kreolischen untersuchen und sie mit der syntaktischen Struktur der Kandidatensprachen vergleichen – den sprachlichen Codes, die als Vorlage für das Kreolische gedient haben könnten –, können wir zu einer vernünftigen Beurteilung ihrer Herkunft gelangen. Was sind nun die Kandidaten? Wir können Pidgin unmittelbar ausschließen, da Pidgin im Vergleich zum Kreolischen keine vollständige Sprache ist. Da wären die vollständigen Sprachen der Elterngeneration – was immer diese waren – und dann ist da natürlich die Sprache der herrschenden Klasse, welche die Arbeit der Pidgin-Sprecher ausbeuten. Nun stellt es sich, laut Blickerton, heraus, daß in den Fällen, die er analysiert hat, die Syntax des Kreolischen weder eine Beziehung zu der Syntax der Sprachen der Elterngeneration noch zu der Sprache der herrschenden Klasse hatte. Woher kommt also dieses Sprachsystem – ein System, das so komplex ist, daß kein Linguist oder Team von Linguisten bisher in der Lage war, seine regelgeleitete Struktur zu beschreiben. Es gibt keine geeigneten äußeren Modelle, woher also, wenn nicht aus diesem bemerkenswerten Teil unseres menschlichen Erbes, dem menschlichen Nervensystem. Seit einigen Jahren hat ein Linguist am Massachusetts Institute of Technology, Noam Chomsky, argumentiert, daß Menschen als Organismen gesehen werden sollten, die bereits wenn sie ankommen eine Fülle von Entscheidungen darüber getroffen haben, welche Arten von Erfahrungen sie in der Welt haben werden. Wenn ihr darüber hinaus die syntaktischen Formen berücksichtigt, die die bisher untersuchten menschlichen Sprachen vor allem in kybernetischer Hinsicht zeigen – mit anderen Worten, wie kommt es, daß aus all den logischen Möglichkeiten, die die menschliche Sprache und vor allem Syntax verwenden konnte, nur so wenige ausgewählt wurden? – kommt ihr zu der Schlußfolgerung, daß hier sehr massive Filterprozesse stattfinden. Und diese Filterprozesse finden an der gleichen Stelle statt, die für das Kreolische verantwortlich ist. Insbesondere Chomsky schlägt eine Reihe von Feedbackkreisen vor, den „Language Acquisition Device" oder LAD, die Teil der

Definition dessen sind, was es bedeutet, ein Mitglied unserer Gattung zu sein. Bickerton argumentiert, daß Kreolisch die vollständigste offene Repräsentation der Konsequenzen der LAD genannten Reihe von Feedbackreisen ist. Da ein angemessenes stabiles Sprachmodell in ihrer Umgebung fehlt, externalisieren die Kinder von Pidgin-sprechenden Eltern die präspezifizierten Feedbackkreise, die den linguistischen Teil unseres menschlichen Erbes bestimmen – in syntaktischer Hinsicht sprechen sie etwas, das der Tiefenstruktur recht nahe kommt.

Judy: Übrigens, wenn es zu dem, wovon wir hier reden, irgendwelche Fragen gibt, wäre es angebracht, minimale Hinweise darauf zu geben, um zusätzliche Information über ...

Frau: Was ist die Definition von Syntax?

John: *(schreibt an die Tafel)*

Die Katze jagte die Ratte.

... ist ein wohlgeformter englischer Satz.

Die Ratte jagte die Katze.

... ist ein weiterer englischer Satz – ebenfalls wohlgeformt. Als fließend Englisch Sprechende wißt ihr, daß diese zwei Sätze Repräsentationen zweier deutlich verschiedener Ereignisse in der Welt sind – vorausgesetzt, es handelt sich um wahre Beschreibungen. Ich habe diese beiden Sätze an die Tafel geschrieben und ich möchte euch nun bitten, den Unterschied aufzuzeigen. Jeder, der fließend Englisch spricht oder dessen Muttersprache Englisch ist, würde ohne weiteres zustimmen, daß die Bedeutungen dieser beiden Sätze sehr deutlich sind. Und ich möchte euch bitten, den Unterschied aufzuzeigen. Ihr seid ratlos. Es gibt keine bestimmte Stelle, auf die ihr in einem der beiden Sätze weisen könnt, um ihr den Unterschied in der Bedeutung zwischen diesen Sätzen zuzuschreiben. Ja, Marne.

Marne: Die Reihenfolge ist anders.

John: Und die Reihenfolge ist in der Tat das einzige, was zwischen den beiden Sätzen anders ist. D.h. wenn Sätze einer Sprache ungeordnete Anordnungen von Konzepten wären, würden diese beiden Sätze das gleiche bedeuten. Doch sie sind keine ungeordneten Anordnungen von Konzepten. Die Bedeutung von Worten, die in dem Satz verwendet werden, trägt nicht nur zu der allgemeinen Bedeutung bei; die Reihenfolge, in der diese Worte erscheinen, spielt ebenfalls eine Rolle. Es ist offensichtlich keine einfache Situation, denn

Die Katze jagte die Ratte.

und

Die Ratte wurde von der Katze gejagt.

haben die Substantive nicht in der gleichen Reihenfolge, aber haben ungefähr die gleiche Bedeutung, während die Sätze, mit denen ich begonnen habe, recht verschiedene Bedeutungen haben. Syntax untersucht also zum Teil, welchen Beitrag die Reihenfolge für die Bedeutung leistet. Wir sind die einzige bekannte Gattung, die einen auf Syntax beruhenden Kommunikationscode haben. Nebenbei bemerkt, muß diese Aussage mit wichtigen Einschränkungen versehen werden, wie z.B.: Woher zum Teufel können wir das so genau wissen? Wann habt ihr das letzte Mal erfolgreich mit einer Ameise kommuniziert? Es ist wichtig, diese Einschränkungen im Hinblick auf die enormen Wahrnehmungsfilter zu sehen, die wir haben. Als ich ein Kind war, gab es diese kleinen Kartenspiele, die auf jeder Karte, gewöhnlich in der rechten unteren Ecke – wenn man sie richtig hielt – kleine Kratzer hatten. Und wenn man sich Karte a anschaute, würde man denken: „Ich habe keine Ahnung was das ist", man sieht sich Karte n an, man sieht sich Karte p an, man sieht sich Karte s an; doch wenn man die Karten schnell riffelte, sah man etwas, das vorher nicht da war. Denn die verschiedenen Kratzer mußten dem zentralen Nervensystem, dem visuellen Nervensystem, innerhalb eines bestimmten Zeitrahmens dargeboten werden, damit man die richtige Klasse von Bildern, die vermittelt wurden, mit dem occipitalen Kortex assimilieren konnte. Wenn wir nur Zeit als Quantifikator nehmen, dann gibt es Ereignisse, die im Zeitraum zwischen den letzten zwei Buchstaben im letzten Wort, das ich gesprochen habe, stattgefunden haben, die in der physischen Welt monumental sind, von denen wir aber nie erfahren werden. Sie spielen sich in Intervallen von Nanosekunden ab. Das heißt nicht, daß sie unser Erleben nicht beeinflussen. Es heißt nur, daß wir nichts davon mitbekommen.

Teilnehmer: Ein Beispiel für Kommunikationsgeschwindigkeit sind die Gesetze aus den fünfziger Jahren, die subliminale Verfahren, unterhalb der 24 Bilder pro Sekunde, die man sehen kann, verboten haben.

John: Wenn ihr euch das elektromagnetische Spektrum anschaut, breitet es genau vor euch aus ... *(macht eine Armbewegung)* ... eure Augen sind auf einen Bereich des Spektrums eingestellt, eure Ohren auf einen anderen Bereich des Spektrums, eure Haut auf wieder einen anderen – und wer weiß, worauf andere Teile eurer Anatomie reagieren, aber wir kennen zumindest diese drei. Wenn ihr es euch also anschaut, werdet ihr große Lücken entdecken, wo es kein Sinnessystem gibt, das die Ereignisse, die dort stattfinden, vermitteln kann.

Teilnehmerin: Wieso hat sich NLP nie mit diesen Lücken befaßt?

John: Hm, ich weiß nicht, ob NLP sich damit befaßt hat, wir haben uns damit befaßt. Erinnerst du dich an den 4-Tupel? Bist du dem je begegnet?

Judy: Erinnerst du dich an den 4-Tupel? Wer hat „Ja" gesagt?

John: Ja, na gut.

Vern: Ja, ich glaube, ich erinnere mich daran, ja.

John: Ok, Vern.

Judy: Ok, Vern.

John: *(schreibt auf der Tafel)* Hier ist es.

4-Tupel

$$A_d \ll A_t, K, V, O \gg$$

Judy: Ta-taa!

John: „O" steht für olfaktorisch.

Teilnehmerin: Als ich es gelernt habe, war es nicht da.

Judy: *(mit gespielter Entrüstung)* Oh, nein.

Teilnehmerin: Aber meine Nase war da.

Judy: Aber deine Nase war da.

John: Du hast es also die ganze Zeit schon besser gewußt. Es liegt eine gewisse Weisheit in deiner Reaktion auf NLP.

In dem Buch „The Worlds of a Massai Warrior" von Tepilit Ole Saitoti[6] beschreibt ein Stammesangehöriger seine erste Fahrt mit einem motorbetriebenen Fahrzeug. Dem Krieger wurde übel und er mußte aus dem Lastwagen steigen und gehen. Was war hier passiert? Bedenkt den Kontext – von frühester Jugend an hatte er gelernt zu jagen, seine Beobachtungsgabe ständig zu verfeinern. Er lernte einen geknickten Grashalm zu erkennen, das Fehlen von Geräuschen im Dickicht, den Geruch eines frisch erlegten Wilds. Und diese Fähigkeiten wurden als Teil der Muster, mit denen er die Welt wahrnahm und inventarisierte, verfeinert und automatisiert. Plötzlich bewegt ihr diesen hochgeschulten, sensorisch wachen Organismus mit einer Geschwindigkeit durch die Umgebung, die mindestens doppelt so hoch ist, wie die Geschwindigkeit, die er bis dahin gekannt hat. Das Ergebnis ist voraussagbar – der Organismus ist durch die Information, die durch seine Sinneskanäle rast, überwältigt –, er hat nicht gelernt, wie er bei dieser Geschwindigkeit filtern kann.

Judy: In der europäischen Geschichte galt Jonglieren als Magie. Bis vor etwa hundert Jahren hatten Menschen noch keine visuellen Scanning-Fähigkeiten entwickelt, die schnell und fein genug waren, um – im buchstäblichen Sinne – sehen zu können, was der Jongleur machte.

John: Achtet nur darauf, wie schnell sich unsere Welt bewegt – in den nächsten fünf Tagen werdet ihr selbst etwas lernen, was noch vor hundert Jahren eindeutig als Magie galt.

Frau: Werden wir jonglieren lernen?

John: Selbstverständlich.

John: Wenn ihr die BaMbuti, Pygmäen aus den Ituri-Regenwäldern aus Zentralafrika, aus dem Wald herausnehmt, wird ihnen übel. Was passiert, wenn die BaMbuti den Regenwald verlassen? Der Regenwald ist eine vertikale Welt. Und wenn die BaMbuti, die in diesem Schoß geboren werden und ihr ganzes Leben dort verbracht haben – ihr Wort für Schoß ist das gleiche wie ihr Wort für Wald, der sie umringt, der ihnen Schutz bietet und so stark durch Vertikalität gekennzeichnet ist –, wenn sie diese vertikale Welt verlassen, wird ihnen übel und einige brechen zusammen und werden nach einer Zeit krank, wenn sie nicht in den Regenwald zurückgebracht werden.

John: Ihr Sicherheitsgefühl ist sehr eng mit der Stimulation der Rezeptoren für diese vertikalen Linien in ihrem visuellen Wahrnehmungssystem verbunden – damit, daß sie an einem Ort sind, von dem sie wissen, wie sie ihn wahrzunehmen haben. Colin Turnbull gibt uns eine reizende Beschreibung davon, wie sein Freund Kenge versucht, die ungewohnte Savannen-Landschaft zu verstehen[7]:

> Kenge konnte nicht glauben, daß es die gleichen Berge waren, die er vom Wald aus gesehen hatte; von dort waren sie ihm nur wie große Hügel erschienen. Ich versuchte zu erklären, was Schnee war – er glaubte, es sei eine Art weißer Fels. Henri sagte, es sei Wasser, das eine weiße Farbe bekam, wenn es in großer Höhe sei, aber Kenge wollte wissen, warum es nicht bergab floß wie Wasser das gewöhnlich tut. Als Henri ihm sagte, daß es in großer Höhe auch fest würde, schaute Kenge ihn lange nachdenklich an und sagte: „Bongo yako!" (spricht mit einem Oklahoma-Akzent) – „Lügner!"

John: War er aus Oklahoma?

> Mit typischer Pygmäen-Philosophie akzeptierte er, was er nicht verstehen konnte und kehrte den Bergen seinen Rücken zu, um sich genauer anzusehen, was es um ihn herum gab. Er nahm eine Handvoll Gras, schmeckte es und roch daran. Er sagte, es sei schlechtes Gras, und daß der Schlamm auch schlecht sei. Er roch die Luft und sagte, es sei schlechte Luft. Es sei überhaupt, wie er bereits anfangs erklärt habe, eine sehr schechte Gegend. Der Führer wies auf die Elephanten, in der Hoffnung, daß er sich bei ihrem Anblick heimischer fühlen würde. Doch Kenge war nicht beeindruckt. Er fragte, wozu sie gut seien, wenn es nicht erlaubt sei sie zu jagen. Henri zeigte auf die Antilopen, die nähergekommen waren und sagte, daß sie ein ganzes Lager monatelang mit Futter versorgen könnten. Dann sah er die Büffel, die immer noch faul einige Meilen entfernt im Tal grasten und sagte: „Was sind das für Insekten?"
>
> Zuerst verstand ich kaum; dann wurde mir klar, daß im Wald die Sehentfernung so beschränkt ist, daß es keinen großen Bedarf gibt, die Entfernung beim Einschätzen von Größenverhältnissen automatisch mit zu berücksichtigen. Hier in der Ebene jedoch blickte Kenge zum erstenmal über scheinbar endlose Meilen ungewohnten Graslandes hinweg, ohne auch nur einen Baum, der diesen Namen verdient hätte, den er als Grundlage für einen Vergleich hätte heranziehen können. Das Gleiche geschah später, als ich auf ein Boot in der Mitte des Sees zeigte. Es war ein großes Fischerboot, mit einigen Menschen darin, aber Kenge

weigerte sich zunächst, das zu glauben. Er glaubte, daß es sich bloß um ein Stück Treibholz handelte.

Als ich Kenge erzählte, daß die Insekten Büffel seien, brüllte er vor Lachen und sagte mir, ich sollte nicht solche dummen Lügen erzählen. Als Henri, der vollkommen verblüfft war, ihm das gleiche sagte und erklärte, daß Besucher im Park ständig einen Führer bei sich haben müßten, weil es so viele gefährliche Tiere gebe, konnte Kenge ihm immer noch nicht glauben, aber er strengte seine Augen an, um besser zu sehen und fragte, welche Art von Wasserbüffel so klein sei. Ich sagte ihm, daß sie manchmal doppelt so groß würden wie ein Waldbüffel und er zuckte mit den Schultern und sagte: „Wir würden nicht hier draußen so ungeschützt stehen, wenn sie tatsächlich so groß wären. Ich versuchte ihm zu erklären, daß sie möglicherweise genauso weit entfernt seien wie Epulu von dem Dorf Kopu, das noch hinter Eboyo liegt. Er begann den Lehm von Armen und Beinen zu schaben, ohne weiteres Interesse an solchen Phantasien.

Die Straße führte hinunter bis ungefähr eine halbe Meile an den Ort, wo die Herde graste, und als wir uns näherten, müssen die „Insekten" immer größer ausgesehen haben. Kenge, der jetzt außen saß, hielt seine Augen starr auf das Fenster gerichtet, das er um nichts in der Welt heruntergekurbelt hätte. Ich mußte sogar mein Fenster schließen, um ihn zufriedenzustellen. Ich konnte nie herausfinden, was seiner Meinung nach vorging – ob er glaubte, daß die Insekten sich in Büffel verwandelten, oder daß sie Miniaturbüffel waren, die schnell wuchsen, als wir uns näherten. Seine einzige Bemerkung war, daß es keine richtigen Büffel seien und er nicht aus dem Wagen steigen würde, solange wir nicht den Park verlassen hätten.

Judy: Da ist noch eine Geschichte aus den „Forest People", die ich erwähnen möchte[8]. Es handelt von einem jungen Mann und einer jungen Frau, sie waren erst seit kurzem verheiratet und gerieten wegen irgend etwas in Streit, ich kann mich nicht erinnern, ob Turnbull überhaupt erwähnt, was es ist, jedenfalls gibt es einen kulturell vorgegebenen Weg, zu heiraten und dann gibt es einen kulturell vorgegebenen Weg, sich zu trennen und die Art, wie das bei den BaMbuti geschieht ist, daß die Frau anfängt die Hütte auseinanderzubauen, Blatt für Blatt, und wenn sie zum letzten Blatt gelangt und ihr Kochgeschirr zusammenpackt, ist es aus. Unwiderruflich. Sie hatten also einen Streit, eine Auseinandersetzung, und ihr müßt wissen, daß das Wichtigste für die BaMbuti der Erhalt der Jagdgemeinschaft ist; sie können es nicht zulassen, daß unnötige Konflikte in der Gruppe entstehen, weil das die gesamte Jagdgemeinschaft gefährden könnte. Die Frau ist also dabei, die Hütte Blatt für Blatt auseinanderzunehmen, sie ist in Tränen aufgelöst und ihr Mann sitzt beim Feuer und denkt: „Was kann ich tun? Wie kann ich es aufhalten?“ Ihm fällt nichts ein, sie nimmt die Blätter herunter, Blatt für Blatt, er ringt seine Hände, marschiert auf und ab... plötzlich geht er zur Hütte hinüber nimmt ein Blatt ab und sagt: „Ja, prima Idee, laß uns zum Bach hinuntergehen und die Blätter waschen.“ Und sie antwortet: „Was?“ Er sagt: „Nun, es ist eine gute Idee, die Blätter sind schmutzig, es ist eine gute Idee sie abzunehmen. Laß sie uns gemeinsam waschen.“ Und sie sagt: „Ah!“ Es ist wirklich interessant, denn Turnbull sagt, daß er im folgenden Monat beobachtete, wie in diesem Lager Paare die Blätter abnahmen und zum Bach gingen, um sie zu waschen. Er hatte dieses Verhalten in dieser Gruppe nie zuvor und auch danach nie wieder beobachtet.

Die !Kung San[9] oder Buschmänner der Kalahari sind ein leidenschaftlich egalitaristisches Volk, genau wie die BaMbuti aus dem Ituri-Regenwald, da die Bewahrung eines kooperativen Rahmens in beiden Kulturen wichtig ist, um die Aufrechterhaltung der Jagdgemeinschaft zu gewährleisten. Die Förderung symmetrischer Beziehungen zwischen Einzelpersonen gewährleistet, daß keine Machtkonzentration entsteht, die eine negative Wirkung auf die Gruppe haben könnte und sorgt dafür, daß nicht zuviel Verantwortung für das Ausführen umfangreicher und komplexer sozialer Aufgaben einer einzelnen Person zufällt. Zwei sehr wichtige Rollen bei den !Kung San sind die des Jägers und die des Fleischverteilers. Der Jäger hat große Verantwortung für die Beschaffung von Fleisch. Seine Verantwortung ist so groß, daß ein erfolgreicher Jäger, wenn er ins Lager zurückkehrt, gewöhnlich etwas niedergeschlagen und bedrückt wirkt. Wenn er nach den Ereignissen des Tages gefragt wird, spricht er abfällig von seinem Können als Jäger und beklagt sein Ungeschick und seine Dummheit. Jedoch, wird er sagen, er habe etwas gesehen – vermutlich nichts Bedeutendes, wahrscheinlich nicht einmal essenswert. Durch diese Art des Austauschs gewinnen die Leute im Lager wichtige Informationen über Art und Zahl der Beute. Dann werden Entscheidungen über die Zahl der Jäger und der notwendigen Geräte getroffen.

Da der Fleischverteiler und der Jäger so wichtige Rollen in der Kultur sind, würden wir einen Mechanismus erwarten, der diese Rollen trennt, um die Bewahrung der Symmetrie, die Verteilung der Macht und den kooperativen sozialen Rahmen zu garantieren. Wenn sie nach der Verantwortung des Jägers gefragt werden, antworten die !Kung San, daß das recht einfach sei: „Der Besitzer des Pfeils ist der Besitzer des Fleischs.“ Auf den ersten Blick erscheint dieses Sprichwort der Trennung von Jäger- und Verteiler-Rollen zu widersprechen. Doch ein kluger Anthropologe, der eines Abends beim Lagerfeuer an einem der !Kung San-Wasserlöcher in der Kalahari saß, beobachtete die Jäger dabei, wie sie ihre Pfeile für die Jagd am nächsten Tag vorbereiteten. Er fragte: „Wessen Pfeil ist das?“ „Oh, das ist ihr Pfeil“, sagte der Jäger und zeigte auf eine der älteren Frauen in der Jagdgruppe. Auf das beharrliche Nachfragen des Anthropologen machte er ein Inventar für jeden einzelnen der Pfeile in seinem Köcher, und zur großen Überraschung des Anthropologen gehörte nicht ein einziger Pfeil dem Jäger selbst. Dieses Inventar bot eine Fülle ganz neuer Möglichkeiten. Ein Jäger der !Kung San benutzt nicht notwendigerweise seine eigenen Pfeile, wenn er jagt. Nun nimmt das Sprichwort eine ganz andere Bedeutung an und ermöglicht uns ein tieferes Verständnis der Kultur. Da der Jäger so große Verantwortung für den Erwerb des Fleisches hat, wird von ihm nicht erwartet, auch die Rolle des Verteilers auszufüllen. Aus anderen Darstellungen wissen wir, daß verschiedene Giftpfeile verwendet werden, um verschiedene Arten von Wild zu töten. Die Entscheidungen darüber, welche Tiere gejagt werden sollen und welche Gifte daher angebracht sind, werden am Lagerfeuer am Abend vor der Jagd getroffen. Das bedeutet, daß bereits lange vor der Jagd wichtige Entscheidungen über die Besitzer der Pfeile und Besitzer des Fleisches getroffen werden. Das sind sehr weitreichende Entscheidungen über soziale Verantwortungen, Gleichheit und das Bewahren der Jagdgemeinschaft.

Ich hoffe, daß euch das ein Verständnis für das Gleichgewicht zwischen erster und zweiter Aufmerksamkeit bietet, da die erste, bewußte Überlegung, „der Besitzer des Pfeils ist der Besitzer des Fleisches“, uns eine einfache Einstellung bietet, die wiederum viel ausgewogenere und komplexere Beziehungen für die !Kung San impliziert. Zweitens wird uns eine neue Beschreibung dafür geboten, wie ein Gleichgewicht innerhalb komplexer sozialer Beziehungen entwickelt wird.

John: Wenn ihr an eine Kultur denkt, welche Merkmale, glaubt ihr, unterscheiden sie und das alltägliche Leben ihrer Mitglieder von der Situation, wie ihr sie in diesem sozialen System hier seht? Was sind eure Erfahrungen? Was sind eurer Meinung nach die wichtigen Unterschiede zwischen unserem Alltag und dem einer Person, die in eine noch kohärente Kultur eingebettet ist, noch nicht durch die Begegnung mit einer technologischen Gesellschaft und die Erfahrungen, die ihr jeden Tag in unserem sozialen System macht, entwurzelt worden ist. Ja.

Teilnehmerin: In unserer Gesellschaft muß man in vielen Situationen entscheiden, was das angemessene Verhalten ist, doch in einer Kultur weiß man das ...

John: ... es ist festgelegt.

Judy: Es ist von außen festgelegt und jeder hält sich daran.

John: Nehmt die Blätter z.B.; Judy hat darauf hingewiesen, daß das Auseinandernehmen der Hütte, Blatt für Blatt, durch die Frau eine Kohärenz hat, denn ein großer Teil der Kommunikation – sowohl zwischen dem Paar und dem Rest des Lagers wie auch zwischen dem Mann und der Frau in dem Paar – erfolgt z.B. ohne jegliche verbale Kommunikation. Die Einladung der Frau zu sexuellem Verhalten z.B. wird durch eine bestimmte Anordnung der Blätter signalisiert. Es wird nie darüber gesprochen, doch der Mann, der sehr aufmerksam für solche Signale ist, wird dieses bestimmte Arrangement der Blätter auf der Hütte als Einladung für diesen Abend erkennen. Der Schoß der Mutter, die Hütte, das Lager im Wald, der Wald selbst, sind mehrschichtige Repräsentationen der Sicherheit, die die BaMbuti während ihres Lebens umschließen. Jede einzelne davon bietet Kommunikationssignale, in der Weise, die du angesprochen hast. In einer kohärenten Kultur gibt es bestimmte traditionelle Verhaltensmuster, auf die Menschen sich verlassen können, um ihre Ziele zu erreichen. In vielen Fällen ist keine erste Aufmerksamkeit nötig.

Teilnehmerin: Andererseits kann man in einer Gesellschaft seine eigene Struktur bestimmen.

Judy: In einer Gesellschaft.

John & Judy: Ding, ding, ding! Sie dürfen nun das große Glücksrad drehen. Das ist genau das, um was es hier geht.

John: Es ist wichtig, etwas über den Unterschied zwischen einer kohärenten Kultur und einer Gesellschaft nachzudenken. Wir werden traditionelle kohärente Kulturen als Modell verwenden, um zu diskutieren, wie wir unsere eigene Kultur schaffen können. Wir können untersuchen, welche Unterschiede bestehen, einiges davon werden wir übernehmen wollen, einiges werden wir nicht nachahmen wollen, wenn wir unsere eigene persönliche Kultur bilden. Das Kommunikationssystem der BaMbuti z.B. ist ungeheuer reichhaltig und in vielen Fällen ikonisch und auf zweite Aufmerksamkeit ausgerichtet, im Gegensatz zu unserer Kultur, die sehr auf erste Aufmerksamkeit ausgerichtet ist; es hat eine viel höhere Voraussagbarkeit. Sobald TaTitos Sompa, den ihr heute nachmittag kennenlernen und mit dem ihr arbeiten werdet, mit der Beziehung, die er zu euch herstellen wird, zufrieden ist, wird er zu einem Instrument der Entropie werden. Wir werden viel Wert auf Musterunterbrechung legen, auf Unterbrechung normaler Zustände, auf Unterbrechung von Wahrnehmungsfiltern – alles innerhalb der Grenzen des Respekts zwischen zwei Personen. Diese Kultur hat viel Ausgleichendes – Ritual und Formen sind in einem Maße festgelegt, daß die Einzelnen wissen, mit welchen Wahlmöglichkeiten sie auf eine bestimmte Situationen reagieren können – ob sie feststecken – wie das Paar in Judys Beispiel – oder gute Alternativen haben. Diese Frage ist vor allem ästhetischer Natur, d.h. welche Wahlmöglichkeit werden sie, im Sinne einer kunstvollen Reaktion auf die Situation, in der sie sich befinden, als die angemessenste wählen.

John: Aus einer westlichen Position, vor allem aus einer amerikanischen Position, erscheint das wie eine Einschränkung der Verhaltensmöglichkeiten. „Wir haben nur diese Wahlmöglichkeiten? Wer sagt das?" Denkt jedoch daran, daß in diesem Ritual, von dem wir gerade sprechen, ein entropisches Prinzip wirkt. Das ist ein wichtiges Design-Element – auf welchen logischen Ebenen besteht man auf Stabilität und auf welchen besteht man auf Entropie?

Teilnehmerin: Meine Frage lautet: In unserer Kultur, in der es so viele Alternativen gibt, in der man seine eigene Kultur schaffen kann, passiert da nicht das Gegenteil, weil Sicherheit so schwer zu erreichen ist. So daß jemand, der eine Konvention bricht, die ohnehin schon unsicher ist, häufig nicht geachtet wird, weil dadurch diese Sicherheit in Frage gestellt wird.

John: Das klingt wie eine sprachliche Codierung vieler Erfahrungen, die ich gehabt habe – die Person zu sein, die einen, wie ich glaubte, kreativen Akt ausführte, sehr zur Qual aller Beteiligten, die durch die Aussicht darauf, noch eine weitere Alternative berücksichtigen zu müssen, stark beunruhigt waren. Ich war auch auf der anderen Seite, wenn Personen in einer Weise Alternativen zu dem, was gerade geschah, vorgeschlagen haben, die, wie ich fand, außerhalb der Grenzen des Respekts den Beteiligten gegenüber lagen.

Judy: „Ich bin kreativ, du bist flexibel, er ist sprunghaft."

John: Ob das in mir einen Mangel an Sicherheit ausgelöst hat, weiß ich nicht.

Judy: Du warst unsicher?

John: Ziemlich. Das war lange Zeit ein Problem von mir – das und Bescheidenheit. In einer Gesellschaft wie der unseren also, erhält man nicht notwendigerweise die Bestätigung von der Außenwelt, während das in einer Kultur der Fall ist.

Patricia: Ich glaube, ich habe eine etwas andere Perspektive. Ich denke, daß jeder von uns seine eigenen Symbole hat, wie in der Analogie mit der Frau, die die Blätter in einem bestimmten Muster anordnet, was eine bestimmte Bedeutung hat. Das Problem liegt darin, daß die Symbole unsere eigenen sind und wir viel Zeit damit zubringen müssen, sie auszusenden, und unser Gegenüber empfängt sie nie ganz vollständig, weshalb wir versuchen, die Symbole anderer, die wir empfangen, zu interpretieren.

John: Kennst du Paare, in denen beide aus verschiedenen Kulturen stammen? Es ist sehr lehrreich. In einer Streßsituation wird ein Engländer oder eine Engländerin außerordentlich höflich werden, um nicht die ohnehin schon schwierige, belastende Situation zu verschlimmern. Wenn ihr aus einer mediterranen Kultur stammt, ist das jedoch ein unwiderlegbarer Beweis dafür, daß sie sich gerade aus der Beziehung zurückgezogen haben. Dabei könnte nichts der englischen Absicht fernerliegen, wenn sie auch diese Höflichkeit zeigen. Sie sagen damit: „Die Situation ist so schwierig geworden, daß ich nicht weiß, was ich tun soll, um die Spannung aufzuheben, außer höflich zu sein und zu hoffen, daß Zeit und unsere guten Absichten die Schwierigkeiten, die wir gerade erleben, verringern werden." In einer mediterranen Kultur wird das als ein Mangel an Interesse gesehen – ein Zeichen dafür, daß die Beziehung vorbei ist.

José: Ich dachte an die Spiele, die wir spielen, vor allem Kinderspiele. Sie haben einen Zweck.

John: Gehen wir noch einmal zum Regenwald zurück. In den Lagern gibt es einen besonderen Platz, in der Mitte des Lagers, in dem Kinder spielen. Kinder zwischen zwei Jahren und dem Pubertätsalter kommen im *Bopi*, wie es genannt wird, zusammen und spielen. Und wenn ihr ihre Spiele sehr aufmerksam verfolgt, wie Colin Turnbull es in den zwei Jahren getan hat, die er mit ihnen gelebt hat, werdet ihr einige verblüffende Dinge beobachten. In dieser Kultur ist die Unversehrtheit der Jagdgemeinschaft der höchste Wert. Notwendigerweise, weil man ohne sie sterben würde – eine bestimmte Größe und ein bestimmtes Gleichgewicht der Jagdgruppe ist nötig, um auf der Ebene der Nahrungsbeschaffung und des Überlebens erfolgreich zu sein.

In dem Bopi findet ein Spiel statt, bei dem die Kinder auf einen Baum steigen, einen etwa zehn Meter hohen jungen Baum. Je mehr auf den Baum steigen, umso stärker biegt sich der Baum, bis er schließlich einen halben bis einen Meter vom Boden entfernt ist. Ungefähr ein halbes Dutzend Kinder haben es also geschafft, sich zusammen in einem kooperativen Rahmen zu bewegen und den Baum in eine Entfernung vom Boden zu bringen, von der aus sie sicher abspringen können. Die Kinder hängen zusammen in der Baumkrone und singen und an einer bestimmten Stelle im Lied springen sie alle gleichzeitig ab.

Judy: Übrigens, die BaMbuti haben das gleiche Wort für geschlechtliche Vereinigung, Tanzen und das Kinderspiel, das wir gerade beschrieben haben.

John: Als ich dieses Beispiel zum ersten Mal gelesen habe, dachte ich mir: „Wo habe ich in meiner Kindheit ähnliche Bezugserfahrungen für Kooperationen bekommen?"

Judy: Was geschieht mit dem Kind, das sich sagt: „Oh, ich mach einfach was anderes und bleibe bis zur allerersten Sekunde, damit alle anderen vor mir abspringen?" *(Lachen)*

John: Dieses Kind lernt von der Welt, nicht von den anderen Kindern, eine wichtige Tatsache im Zusammenhang mit kooperativem Verhalten. Es wird durch die Luft geschleudert und landet irgendwo im Wald. Als Judy und ich uns das erste Mal über dieses hervorragende Beispiel unterhalten haben, war unser erster Gedanke: „Warum führen wir dieses Spiel nicht in unsere Gesellschaft ein?" Die Tatsache, daß ihr recht lange nach Bezugserfahrungen für Kooperation in eurer Kindheit suchen müßt, ist für mich ein Zeichen dafür, daß wir im Bereich Kooperation/Wettbewerb unausgeglichen sind.

Judy: Denkt nur daran, wie viele im Managementbereich Teams bilden müssen.

Frau: Ich hatte diese Erfahrung, weil ich aus einer großen Familie stamme.

John: Ich auch, ich stamme auch aus einer großen Familie.

Frau: „Four Bags on the Mill“, „Red Rover“ *(amerikanische Kinderspiele; Anmerk. d. Übers.).*

John: Stellt euch vor, wir würden dieses Kinderritual auf einen amerikanischen Spielplatz verpflanzen. Die Erwachsenen wären das Problem. Denn was passiert, wenn dieses Kind etwas zu lange am Baum hängt und durch die Luft fliegt? Nun, im *Bopi* sind die Erwachsenen nah genug, um den „Abflug“ verfolgen zu können, aber sie zeigen nicht, daß sie es verfolgen. Sie vergewissern sich nur, daß das Kind nicht verletzt ist und lassen es in Ruhe. Niemand läuft hin, um es zu trösten. Und wenn das Kind dann wieder zurückkommt, um sich den anderen Kindern anzuschließen, die in dem *Bopi* spielen, dann wird es von diesen eine Zeitlang nicht aufgenommen.

Judy: Sie geben ihm u.U. für eine Weile sogar Spitznamen wie „Wartet-zulange-mit-dem-Sprung“ oder etwas ähnliches.

John: Wenn etwas Zeit vergangen ist, wird das Kind wieder in die Spielgruppe aufgenommen. Und danach gibt es kein Nachtragen und keine Diskriminierung. Die Gruppe hat angemessen reagiert und nun ist es als vollwertiger Teilnehmer wieder ins Spiel einbezogen.

Judy: Das ist der gleiche Mechanismus, der Erwachsenen gegenüber verwendet wird, um den kooperativen Rahmen in der Kultur zu bewahren, wenn eine Regel gebrochen wird.

John: Was würde auf einem amerikanischen Spielplatz geschehen? Nun, das Problem wären die Erwachsenen. Denn wenn eines dieser Kinder durch die Luft fliegen würde, wären alle Erwachsenen darum versammelt. Der sekundäre Gewinn, der in der Aufmerksamkeit enthalten ist, die diesem Kind auf diese Weise entgegengebracht wird, würde genau das Verhalten verstärken, das durch das Spiel ausgeglichen werden soll.

Marne: Die Apparatur würde verboten werden. Das Spiel würde „ausgemerzt“.

Judy: Die Schule würde verklagt werden; sie müßte schließen.

John: „Verboten" – Marne hat genau das richtige Wort gewählt. In einer traditionellen Kultur werden die internalen Repräsentationen, mit denen ich mein Verhalten leite, beständig von der Struktur der Kultur, in der ich lebe, widergespiegelt. Das ist in eurem Alltag nicht der Fall.

Judy: Wie geschieht es hier? Gesetze!

John: Legislative Manöver und Gesetze sind der blasse Widerschein und das entfernte Echo einer kohärenten Kultur. Man kann die Kohärenz von Kulturen einschätzen, indem man sich anschaut, auf welche Weise sie mit deviantem Verhalten umgehen. In einer kohärenten Kultur regeln Lächerlichmachen, Auslachen und Spott die meisten Situationen, die auftreten. Warum? Warum wirkt das dort und nicht hier? Wenn wir Mitglieder einer kohärenten Kultur wären, wüßte ich, daß die internalen Repräsentationen der anderen Stammesmitglieder meinen eigenen entsprechen und die kulturellen Gebräuche so strukturiert sind, daß ein ständiger Verstärkungskreislauf dieser Werte erfolgt. Und wenn jemand ein Mitglied meiner Kultur ist, kann ich mich darauf verlassen, daß diese Werte da sind. Daher brauche ich nur Lachen und Spott so einzusetzen, daß ich in ihm die gleichen Repräsentationen aktiviere, die ihn dann dazu führen werden, sein Verhalten zu ändern, es wieder in den Rahmen dessen zurückzuführen, was in unserer Kultur akzeptabel ist. In dem Maße, in dem Zwang, Polizei, Militär und legislative Mittel nötig sind, um deviantes Verhalten in Schach zu halten, fehlt der inneren Kultur eine Entsprechung in äußeren Formen. Und das führt zu einem Verlust an Kohärenz innerhalb des sozialen Systems.

Teilnehmerin: In unserer Gesellschaft werden Lächerlichmachen und Spott als unangemessenes Verhalten gesehen. Man hört Leute oft sagen: „Kinder sind grausam", und dabei tun sie genau das, was sie in eurem Beispiel getan haben, doch Kindern wird dann gesagt, es sei nicht in Ordnung „grausam" zu sein.

John: Redet statt dessen mit eurem Anwalt. Mein Anwalt verhaut dann deinen Anwalt.

Teilnehmer: Darf ich eine Frage stellen? Bringen die Kinder sich dieses rituelle Spiel selbst bei oder zeigt ihnen ein Erwachsener wie es geht?

John: Die Kinder bringen es sich selbst bei. Die gesamte Rekrutierung findet innerhalb der Gruppe statt. Richard?

Richard: Das ist ein großer Unterschied. Ich bin in einer großen Familie aufgewachsen und die Interaktion zwischen meiner Mutter und meinem Vater war stark strukturiert; doch nach dem Abendessen taten wir etwas, das diese Struktur veränderte – wir spielten Musik. Dabei war es so, als würde Vater ein Teil der Gruppe. Einer meiner Brüder spielte Schlagzeug, ein anderer die Ziehharmonika, ein anderer die Gitarre und wieder ein anderer das Klavier. Da wurde etwas vermittelt, was sonst nicht vermittelt wurde. Es erlaubte Zugang zu meinen Eltern in einer Weise, in der ich vorher keinen Zugang zu ihnen hatte. Sie konnten den falschen Ton treffen, sich verspielen, genau wie ich. Und zusammen klang es recht gut. Wenn die Musik vorüber war galten andere Regeln. „Zeit ins Bett zu gehen." Das war's. Und Rituale, religiöse Rituale, schienen einen Rahmen mit Archetypen und dem ganzen Rest zu bieten, in dem – nach der katholischen Lehre – der Vater mit Gott und die Mutter mit der Heiligen Jungfrau verbunden wurde.

John: Was ich nie genau verstehen konnte. Ich meine, mein Vater war ein Zimmermann, aber ich wußte, daß meine Mutter keine Jungfrau war. *(Lachen)*

Judy: Die Musik bot einen Rahmen, in dem sich die Kybernetik der Familie zeitweise verändern konnte.

Richard: Es war äußerst schwierig. Es war wie Tag und Nacht. Denn wenn es vorbei war, platzte die Seifenblase und dann war es wieder eine vollkommen andere Welt.

Judy: Und die lieferte noch eine andere Beschreibung.

John: Oh, ja.

Judy: Von nichts kommt nichts.

John: Nach Gregory setzt jeder Unterschied, den wir wahrnehmen, eine Doppel-Beschreibung voraus. Einige der Plains-Indianer haben als Metapher das Medizin-Rad. Wenn wir einen Köcher oder einen Pfeil in das Zentrum eines Menschenkreises legen und sie auffordern, ihn in der Art eines sorgfältigen Zeugen-Berichts zu beschreiben, wie er in Heinleins Begriff des Zeugen in „Stranger in a Strange Land"[10] erscheint, so daß sie eine Gelegenheit haben, in sinnesspezifischen Begriffen ohne Bewertung zu beschreiben was sie sehen, wenn sie auf den Pfeil schauen. Diese Beschreibungen werden sich allein schon durch die Geometrie der Situation unterscheiden.

Judy: Jeder hat eine andere Perspektive.

John: Jeder von ihnen ist in einem anderen räumlichen Verhältnis zu dem Pfeil. Und wie es in den „Seven Arrows“[11] geschrieben steht, wenn wir etwas nicht Konkretes, wie z.B. Ehrlichkeit nehmen – was ein recht seltenes Konzept geworden ist –, nimmt die Variation in den Repräsentationen zu.

Judy: Die kleinste Einheit des Geistes ist Unterschied. Woher kommt neue Information? Sie entsteht aus Unterschied, genau wie z.B. Tiefenwahrnehmung, die aus zwei konvergierenden Bildern entsteht. Aus der Synthese zweier verschiedener Beschreibungen entsteht eine neue Klasse von Information. Eine der Wohlgeformtheits-Bedingungen, auf denen wir auf unserem Weg zu persönlichem Genie bestehen werden, ist, daß ihr mindestens zwei Beschreibungen habt, bevor ihr handelt.

John: Du hast Musik erwähnt. Du hast das als Beispiel für eine zweite Beschreibung eines Familiensystems gebraucht. Die erste waren die üblichen Gebräuche in der Familie. Eine dritte waren, wie du erwähnt hast, die religiösen Praktiken. Es gab also mindestens drei Beschreibungen der Familienstruktur. Religiöse Praktiken würden, glaube ich, eher die üblichen Praktiken in der Familie widerspiegeln, wenn es darum ging, wer Gott war und wer nicht. *(Lachen)* In einer traditionellen Kultur gibt es selten Musik ohne Tanz und selten Tanz ohne Musik oder Singen.

Teilnehmerin: Ich glaube, der Unterschied zwischen Kulturen und Gesellschaften ist, daß es in Kulturen eine höhere Kraft zu geben scheint, die entscheidet, was für die Mitglieder der Kultur von Vorteil ist. Es wird durch Gesetze, Religion, Tabus, usw. vermittelt, während das in einer Gesellschaft kurzlebiger zu sein scheint und fast nur genauso lange lebt wie die Mitglieder selbst, und sie müssen individuell entscheiden, was für sie gut ist, wobei das in einer Kultur für einen entschieden wird.

Judy: Nun, ich denke, wenn du eine Person in eine Umgebung stellst, muß sie ihr Verhalten ständig als Reaktion auf diese Umgebung und auf das, was passiert, verändern. Das geschieht ganz natürlich, nicht wahr? Wenn ihr mündliche Traditionen habt, die von Generation zu Generation weitergegeben werden, werden die Transforms, die diese Information durchlaufen, den Veränderungen entsprechen, die der Stamm während seiner Co-Evolution mit der Umgebung durchgemacht hat – daher werden sie zeitgemäß sein. Es wird verständlich sein, es wird auf kohärente Weise Sinn machen. Wenn ihr diese mündliche Tradition außerhalb der menschlichen Neurologie stellt, sie niederschreibt und sie auf diese Weise statisch macht, wird sie beständig interpretiert werden. Sie wird in der Regel hinter dem herhinken, was für die betreffende Zeit wirklich angemessen ist.

John: In einer mündlichen Tradition erfolgt kein bewußtes Editieren früherer Traditionen, da die mündliche Tradition in der Neurologie der Mitglieder gespeichert wird …

Judy: … somatische Speicherung …

John: … was impliziert, daß während einer Veränderung der Umgebung oder der sozialen Organisation des Stammes, die zweite Aufmerksamkeit die orale Tradition automatisch editieren wird, so daß sie mit dem aktuellen Stand der Dinge übereinstimmt – es sei denn, die Veränderungen erfolgen zu schnell.

Man kann sogar noch präziser in bezug auf den zweiten Fall sein, wo man einen zusätzlichen somatischen Speicher hat, in dem man es aufschreibt. Mit der Zeit wird eine interessante Entwicklung einsetzen: Fragmentation, Aufsplitterung. Die Grundlage dafür ist, daß ihr eine fundamentalistische Position einnehmt *(Lachen)* und eine Interpretation, die besagt, wir müssen das Geschriebene aktualisieren. Wenn ihr nun über das gesamte System noch einen Rahmen legt, der besagt, daß dies das erleuchtete Wort des jeweiligen höchsten Prinzips ist, auf das ihr euch auch berufen könnt … (Lachen)

Judy: … dann braucht ihr eine Institution, die es verteidigt, denn es muß jemand geben, der entscheidet, welche Information zulässig ist und wer sie gegebenenfalls verändern kann – d.h., ihr habt eine Institution, die bewußt das ausführt, was unsere Wahrnehmungsfilter unbewußt tun. In der mündlichen Tradition dagegen wird die Neurologie das Aktualisieren automatisch vornehmen. Das Editieren wird auf natürliche Weise erfolgen … *(Pause)* … Die West-Afrikaner sprechen oft davon, „den Kreis zu schließen".

John: Wenn eine Gruppe von Kindern keinen Zugang zu den Eltern ihrer Eltern hat, wird der Kreis unterbrochen und zwar in zwei Richtungen. Es gibt natürliche Allianzen zwischen Kindern und Großeltern. Was ist der Gewinn für beide Seiten? Nun, die Kinder können durch die Beziehung zu ihren Großeltern zu einem Verständnis in zweiter Aufmerksamkeit davon gelangen, wie ihre Eltern so geworden sind wie sie sind.

Judy: Die Beziehung gibt dem Kind eine zweite Beschreibung davon, wie seine Eltern zu den Personen geworden sind, die sie sind – indem es den Kontext ihrer Entwicklung aufzeigt.

John: Und zweitens – und das ist genauso wichtig – werden die Großeltern der verjüngenden Wirkung dieser neuen Neurologien ausgesetzt, die auf der Ebene zweiter Aufmerksamkeit ihre eigenen Generalisierungen über die verblüffende und auf komplexe Weise reichhaltige Welt um sie herum formen. Für die ältere Generation hat es also diesen verjüngenden Effekt. Sie bleiben auf diese Weise offen für die neue Klasse an Erfahrungen, mit denen Kinder sich auseinandersetzen.

Teilnehmerin: Der andere Unterschied zwischen Kultur und Gesellschaft besteht darin, daß in Kulturen die natürliche physische Umgebung in die Kultur eingeschlossen ist und nicht außerhalb der Kultur besteht, während es meiner Erfahrung nach in dieser Gesellschaft eine Trennung zwischen natürlicher und sozialer Umgebung gibt.

Judy: Das ist ein Feedbackkreis, der in unserer Gesellschaft unterbrochen worden ist. Erinnert euch an die Puritaner, als sie anfangs in den späteren Vereinigten Staaten eingetroffen sind. Sie wußten nicht, wie sie in dieser Umgebung überleben konnten und bauten daher ihre kleinen Forts, schlugen alles innerhalb des Forts nieder, bauten Wände und innerhalb dieser Wände waren sie sicher und außerhalb dieser Wände, nun, da draußen konnten sie umkommen. Wenn ihr euch die Literatur dieser Zeit anseht, findet ihr immer wieder die Repräsentation der „roten Teufel". Nun, interessanterweise wußten diese „roten Teufel", wie sie da draußen in der Wildnis überleben und nicht umkommen konnten. Nach und nach verließen einige die Gruppe innerhalb der Forts, um mit den Indianern zu leben. Es passierte jedoch nicht in umgekehrter Richtung, es kamen keine Indianer, die fragten, ob sie in den Lagern leben konnten. *(Lachen)* Und dann gab es nach und nach Leute wie Daniel Boone, die in der Wildnis leben konnten, und damit setzte diese Entwicklung im Denken ein, die „roten Teufel" wurden zu den „noblen Wilden".

John: Ein Beginn von Weisheit. Die Beziehung, die Menschen mit dem Kontext haben, in dem sie leben, ist eine Reflexion ihrer kollektiven Weisheit. Und dieser Kontext kann natürlich intellektuell und künstlerisch sein und er kann umweltbezogen sein im Sinne der unmittelbaren physischen Umgebung. Wir haben in der Geschichte nicht immer über die technische Macht verfügt, die wir heute haben. Menschen haben ihren Kontext in physischer Hinsicht immer verändert, sie haben in Höhlen gelebt, sie haben Häuser gebaut, usw. Doch mit der industriellen Revolution und den nachfolgenden Jahrhunderten kam es zu einer Konzentration technischer Macht, die es uns erlaubt, unsere Umgebung sehr weitreichend zu verändern und auf diese Weise die Weisheit der Interaktion mit der natürlichen Umgebung, in der wir uns ursprünglich entwickelt haben, zu verlieren. Daher glaube ich, daß eine Komponente von Weisheit die Würdigung der Tatsache ist, daß die Feedbackkreise, die unser eigenes Wohlbefinden bestimmen, die Umgebung, sowohl unsere innere wie auch die äußere Umgebung, als einen wesentlichen Teil einschließen müssen.

Roger Fisher[12] erzählte mir einmal folgende Geschichte: Eine Bomberbesatzung während des zweiten Weltkriegs war ausgesucht worden, um ein neues Flugzeug zu testen. Die Mannschaft war mit den Ergebnissen der verschiedenen Tests, die sie durchführte, sehr zufrieden. An einem Nachmittag flogen sie das Flugzeug auf 40.000 Fuß Höhe und führten Tests durch, um zu bestimmen, wie gut sich die Flugzeugmotoren in der Luft wieder starten ließen. Der Pilot und der Ko-Pilot stellten nacheinander jeden der vier Motoren ab, warteten eine Weile und starteten ihn dann wieder. Als das klappte, stellten Pilot und Ko-Pilot zwei Motoren gleichzeitig ab und starteten sie wieder. Dann stellten sie drei der vier Motoren ab und starteten sie wieder – auch das mit Erfolg. Schließlich stellte der Pilot alle vier Motoren ab. Es folgte eine betäubende Stille. Fast zur gleichen Zeit erinnerten sich der Pilot und Ko-Pilot an eine interessante Stelle in dem Handbuch, die darauf hinwies, daß ein Motor nur gestartet oder wieder gestartet werden kann, wenn

a. einer der anderen Motoren läuft oder
b. ein externer Stromerzeuger oder eine Startrakete verwendet wird.

An diesem Punkt drehte sich der Ko-Pilot zu dem Piloten und sagte: „Junge, bist du in Schwierigkeiten!" *(Lachen)* ...

Doch es ist nicht sehr lange her, daß im normalen Geschäftsgebrauch das Wasser, mit dem die Fabriken gekühlt und die Abwässer der Produktionsvorgänge abtransportiert werden, die Luft, in die wir die Abfallstoffe abführen, die als Nebenprodukt des Fertigungvorgangs anfallen, als „äußere Faktoren" galten. Sie waren äußere Faktoren, weil sie nicht auf der Bilanz als Teil der Produktionskosten aufgeführt werden mußten. Das zeigt einen Mangel an Weisheit – ausschließlich erste Aufmerksamkeit.

Judy: Aber wenn ihr es euch überlegt, das ist genau der Sinn von erster Aufmerksamkeit – kurzfristige Ziele erreichen.

Teilnehmerin: Man kann das in Indien am Tabu gegen das Töten von Kühen erkennen. Der heilige Status der Kuh entstand aus der Kosten/Nutzen-Beziehung, die Kuh während ausgedehnter Trockenperioden zu essen, oder hungrig zu bleiben und das Tier zu behalten, damit man es wieder in der Landwirtschaft einsetzen konnte, wenn es wieder zu regnen begann. Schließlich wurde das durch die Hindu-Religion in das kulturelle Wissen übernommen, und es entstand das Tabu gegen das Töten von Kühen.

John: In biologischen Systemen, lebenden Systemen, ist es wichtig, daß der Auslösemechanismus für jedes wichtige Verhalten innerhalb unserer Physiologie, nicht ein Mangel des gleichen Phänomens sein darf, das der Feedbackkreis versorgen soll. Der Atemzyklus, der in den meisten Fällen für uns unbewußt ist, wird nicht durch einen Mangel an Sauerstoff ausgelöst. Ein solcher Kreislauf wäre ohne Weisheit. Er wird durch einen Überfluß an CO_2 ausgelöst. Das automatische Signal in dem System, das dafür sorgt, daß wir wieder atmen, ist nicht das Fehlen des Elements, das wir brauchen, sondern das Vorkommen eines komplementären Elements, das durch den Gasaustausch in den Lungen erzeugt wird. Das ist wichtig, denn wenn ihr als einen Teil eures Designs das Defizit einer wichtigen Variablen als Auslöser für das Wiederauffüllen habt, kann es passieren, daß tödliche Werte dieser Variable erreicht werden, bevor korrektive Reaktionen einsetzen.

Das ist die harte Nuß. In Indien besteht ein Ungleichgewicht zwischen Bevölkerung und Nahrung. Das ist nun das Rätsel logischer Ebenen: Wir sagen uns: „Die Menschen in Indien verhungern und wir haben Unmengen – riesige Lagerhallen für Getreide und Mais und sie sind alle voll." Also erstens, wir haben die Ressourcen und zweitens, wir haben einige natürliche Strategien, wie ich eben erwähnt habe, ich kann herüberschauen und Larry sehen und mir denken: „Da ist ein Mitmensch." Ich kann mich mit ihm identifizieren – es ist eine natürliche Tendenz. Wir schauen zum anderen Ende der Welt und sehen, daß in Indien Menschen verhungern und sagen uns: „Wir haben Nahrung – das sind Menschen wie du und ich. Laßt uns zeigen, daß wir sie nicht vergessen haben, indem wir ihnen Nahrung schicken.“ Was wäre die Kritik dieser Haltung aus einer kybernetischen Position?

Teilnehmerin: Was fehlt, ist, daß sie es selbst erzeugen können.

John: Daß sie selbst Nahrung produzieren können. Die meisten Wohlfahrts-Programme, ob innerhalb dieses Staates oder zwischen verschiedenen Staaten, sprechen nicht die Beziehung an zwischen den Menschen, die die Hilfe empfangen und dem Kontext des Problems. Man verletzt eine Wohlgeformtheitsbedingung, indem man auf der falschen logischen Stufe interveniert.

Schaut euch diesen Feedbackkreis an – ihr könnt sehen, daß in dieser Schleife jede zahlenmäßige Erhöhung am Bevölkerungsende der Schleife wenigstens eine entsprechende Erhöhung auf der Nahrungsseite erfordert. Doch auch die Umkehrung trifft zu – jede Steigerung der Verfügbarkeit von Nahrung führt zu einer Steigerung am Bevölkerungsende der Schleife. Wenn man einer Bevölkerung, die bereits über ihre eigenen Produktionsmöglichkeiten lebt, Nahrung zur Verfügung stellt, schafft man genau die Bedingungen für einen Bevölkerungszuwachs – und verstärkt damit das Ungleichgewicht mit den Nahrungsmitteln noch weiter – ein eskalierender Zyklus.

John: Es fällt mir schwer zu sagen, welche praktische Verantwortung wir in diesem Bereich haben, doch es scheint mir, daß wir die Wohlgeformtheitsbedingung, die sich auf eine Intervention auf der angemessenen logischen Ebene in diesem Bereich bezieht, ernstnehmen müssen. Ich möchte euch ein Beispiel geben, das mir näher liegt. Es gibt einen Stamm, der in den südlichen Wüsten Äthiopiens und den nördlichen Ebenen Kenias lebt. Wie die Masai, sind auch diese Menschen stolze Viehzüchter.[13]

Das Vieh ist zugleich das symbolische wie auch das praktische Maß des persönlichen Erfolges wie auch des Erfolges des Stammes. Das ist ihre Reserve – ihr Fort Knox. Und sie identifizieren sich sehr stark mit ihrem Vieh. Aber die europäischen Planer haben gerade Linien auf der Landkarte gezogen und diesen Kontinent mit Namen Afrika dort, wo dieser Stamm lebt, in verschiedene Teile aufgeteilt, so daß die Weidegründe des Stammes in drei verschiedenen Ländern liegen: Uganda, Äthiopien und Kenia. Sie werden nun durch diese Nationalstaaten in ein Gebiet gedrängt, das nur für knapp ein Fünftel ihres Viehs Weidemöglichkeiten bietet.

Judy: Was passiert?

John: Hier ist also eine Gruppe von Menschen, die sich an ihre Umgebung hervorragend angepaßt hatten, bis zu dem Moment, als es einen sehr plötzlich ausgeübten Druck gibt sich zu verändern. Das Bemerkenswerte ist, daß die Veränderungsgeschwindigkeit, die notwendig ist um sich anzupassen, wegen der tiefliegenden kulturellen Commitments ihre jetzige Flexibilität übersteigt. Gibt es einen Ausweg – außer die Vernichtung dieser Kultur zu akzeptieren? Nicht notwendigerweise die der Menschen. Die Menschen könnte man herausholen. Sie könnten als Menschen überleben, doch die Kultur ist angesichts der geopolitischen Situation, in der sich diese Menschen zufällig befinden, beendet.

Judy: Und wie Britt vorhin erwähnt hat, wenn es sich hier um einen langfristigen und langsamen Druck gehandelt hätte, könnte man fast erraten, wie die Kultur sich hätte ändern und weiterentwickeln müssen, um ihre Investition in ihre kulturellen Praktiken aufrechtzuerhalten. Doch wenn die Investition groß und der Zeitdruck enorm ist – etwa so wie die Investition der Wale in Wasser und die der Elefanten in Land – kann der Gesamtdruck so groß sein, daß sie nicht überleben. Wenn die Erde von Wasser bedeckt wäre, würden die Elefanten nicht überleben, und wenn die Meere austrockneten, würden die Wale nicht überleben.

John: Der Stamm scheint die tödliche Natur der Situation, in der er sich befindet, nicht zu erkennen. Die Menschen wissen, daß es schlecht steht, darüber kann es keinen Zweifel geben, weil die Menschen verhungern. Doch es geht hier um die Investition auf der Ebene ihrer perzeptuellen Filter. Im Falle des Stammes mit seinen ungeheuren Investitionen in Viehzucht als dem wichtigsten Konzept, um das herum ihre Kultur organisiert war – der Grundlage ihrer Identität als einem Volk – werden sie nicht wahrnehmen, daß tödliche Werte des Abgrasens erreicht sind, bis es zu spät ist. Ihr Vieh wird in dem beschränkten Raum, den sie haben, weiter grasen, bis das Land so verbraucht ist, daß es sich nicht mehr regenerieren kann. Ich rede von perzeptuellen Filtern, die sich bis auf die peripheren Sinnesorgane erstrecken. Erickson[14] beschreibt solche Filterprozesse in seiner Arbeit mit veränderten Bewußtseinsprozessen – z.B. hypnotischer Taubheit. Ich kann nun José bitten, so zu tun als sei er taub, und er kann bestimmte Reaktionen auf unerwartete Geräusche unterdrücken, vor allem wenn sie von Geräuschquellen kommen, die er nicht sehen kann. Und er kann darin recht gut werden. Eine zweite, höhere Stufe hypnotischer Taubheit liegt vor, wenn er zwar seinen Zustand ändert, aber in einer Weise, wo er nur die Reaktion verhindert, d.h. das Geräusch geht durch das periphere Sinnesorgan und erreicht das zentrale Nervensystem, wo die Hemmung erfolgt – es findet keine beobachtbare Reaktion auf das Geräusch statt. Wenn ich eine sehr genaue Beobachtungsgabe habe, kann ich wahrscheinlich sehen wie seine Pupillen kontrahieren, wenn jemand plötzlich hinter ihm ein lautes Geräusch macht – doch es wird z.B. keine Orientierungsreaktion geben. Die dritte Stufe hypnotischer Taubheit betrifft das, wovon ich im Zusammenhang mit tiefen Glaubenssystemen und kulturellen Commitments gesprochen habe und was Judy mit Investition meint ...

Judy: ... an der Peripherie ...

John: ... Das ist der Fall, wenn man seine Neurologie soweit verändert hat, daß das Signal nie bis zu dem zentralen Nervensystem gelangt. Der Filter liegt außen an der Schnittstelle zwischen Welt und Person – an den peripheren Sinnesorganen.

Judy: Man kann nicht sehen, was man nicht sehen kann – und man kann nicht wissen, was man nicht wissen kann.

John: In einem Seminar, das ich vor einigen Monaten gegeben habe, war eine Frau, die mich bat, ihr dabei zu helfen, die folgenden persönlichen Arrangements zu machen. Sie war mit einem Mann verheiratet, mit dem sie soweit ganz zufrieden war. Er hatte einige ärgerliche Gewohnheiten oder Inkongruenzen, die sie nicht gerade ansprechend fand. Sie wollte also einen perzeptuellen Filter, der zwei Dinge leisten sollte: Erstens sollte er die lästigen Eigenarten, die dieser Mann in seinem Denken und in seinem Verhalten hatte, ihrem Bewußtsein vorenthalten. Zweitens wollte sie, daß dieser perzeptuelle Filter diese Information verbannte, so daß sie nie ihr zentrales Nervensystem erreichte, sondern statt dessen an einem sicheren Ort verwahrt wurde und die Inkongruenzen ihr erst, wenn sie einen bestimmten kumulativen Wert erreichten, plötzlich bewußt wurden.

Judy: Bestimmte Schwellenwerte.

John: Ich sah sie an und sagte: „Und das ist die Geschichte ihrer Beziehungen mit Männern." D.h. sie hat nicht nur für kurze Zeit diese idyllischen Beziehungen mit Männern, sondern wenn der Schwellenwert überschritten wird, findet ein Wechsel zwischen Figur und Hintergrund statt, und die idyllische Existenz, die sie sechs Monate lang mit diesem Mann geführt hat, erweist sich plötzlich als eine Lüge – und zwar in ihrer Gesamtheit. Es findet also ein kompletter Umschwung statt. Die Gefahr liegt hierbei darin, daß wenn man seine Schwellenwerte zu hoch legt, wie im Fall des Stammes, es zu einem Zustand des Runaway führen kann, also des Overgrazing, d.h. der Akkumulation von Unsinn unterhalb des Schwellenwertes. Ganz gleich, wie sehr man bewußt das Richtige tun will, das ökologisch Angemessene, wenn die Schwellenwerte eures Sinnesapparats zu hoch gestellt sind, kann man einen destruktiven oder sogar tödlichen Wert in einer Variablen erreichen, bevor der Schwellenwert überschritten ist und man es wahrnimmt.

Bateson hat die Behauptung aufgestellt, daß unser Gastspiel auf diesem Planeten sehr begrenzt sein könnte, wenn wir nicht lernen, kybernetisch zu denken. Das betrifft Punkte wie z.B., die Feedbackkreise so anzuordnen, daß ihre Integrität gewahrt bleibt, wie man Schwellenwerte bestimmt, und wie sich die Definition des Selbst dem Kontext gemäß ändern läßt. Wenn vor der industriellen Revolution jemand etwas seltsam wurde, so war das ein lokales Problem – die Familie und das Dorf mögen manchmal so damit umgegangen sein, daß sie das Verhalten inkorporiert haben, wer weiß? Das stellte kein Problem dar, weil diese Person nicht genug technische Mittel zur Verfügung hatte, um den Rest der Familie, des Stammes oder der Gruppe in der sie lebte, zu beeinflussen. Der Mangel an Weisheit bei einem oder mehreren der Organismen in einer Gruppe wurde durch die Gruppe ausgeglichen. Mit den ungeheuren technischen Mitteln, die unserer Gesellschaft zur Verfügung stehen, kann ein Fehler, ein Mangel an Kontakt mit dem Kontext, das Versagen der Weisheit bei einem Organismus, einen enormen Einfluß nicht nur auf die lokale Umgebung, sondern auf den ganzen Planeten haben.

> Wir glauben, daß das Bewußtsein eine Rückkoppelung auf den Rest des Geistes und damit eine Auswirkung auf das Handeln hat. Aber die Auswirkungen dieser Rückkoppelung sind nahezu unbekannt und müssen dringend erforscht und nachgewiesen werden.
>
> Gewiß trifft zu, daß der Inhalt des Bewußtseins keine zufällige Auswahl aus Berichten über Ereignisse ist, die im Rest des Geistes auftreten. Eher wird der Inhalt des Schirms des Bewußtseins systematisch aus der enorm großen Überfülle geistiger Ereignisse selektiert. Aber über die Regeln und Präferenzen dieser Selektion ist nur sehr wenig bekannt. Die Sache muß erforscht werden. Entsprechend müssen auch die Einschränkungen der verbalen Sprache untersucht werden.[15]

John: Überlegt euch mal, wo hier Repräsentationssysteme hineinpassen. Überlegt euch, wo das Meta/Milton-Modell hier hineinpaßt. Uns steht eine Technologie zur Verfügung, die diese Art von Fragen mit einiger Präzision untersuchen kann.

Ich fahre fort:

> Es scheint jedoch, als sei das System der Selektion von Informationen für den Schirm des Bewußtseins in bedeutender Weise mit „Zweck", „Aufmerksamkeit" und ähnlichen Phänomenen verwandt, die ebenfalls definiert und aufgeklärt werden müssen …
>
> Wenn das Bewußtsein eine Rückkopplung auf den Rest des Geistes hat und wenn das Bewußtsein nur mit einer schiefen Auswahl aus den Ereignissen des gesamten Geistes befaßt ist, dann muß ein systematischer … Unterschied zwischen den bewußten Ansichten vom Selbst und von der Welt und der wahren Natur des Selbst und der Welt bestehen. Ein solcher Unterschied muß die Prozesse der Anpassung verzerren.
>
> In diesem Zusammenhang besteht ein tiefer Unterschied zwischen den Prozessen des kulturellen Wandels und denen der phylogenetischen Entwicklung. Bei der letzteren nimmt man an, daß in ihr die Weismannsche Sperre zwischen Soma und Keimplasma vollkommen undurchlässig ist.

John: Es gibt eine Standard-Lehre in der Biologie, die eine asymmetrische Beziehung zwischen der genetischen Struktur und der tatsächlichen Form eines Individuums postuliert. In der uralten Kontroverse zwischen Lamarck und Darwin ist Darwin zumindest in diesem Punkt als Sieger erklärt worden. Lamarck behauptete, daß wenn ich ein technischer Kletterer würde und dabei ungeheure Kraft in meinem Oberkörper entwickelte und – nachdem ich diese physischen Merkmale erworben hätte – nun ein

Kind zeugte, diese Merkmale sich auf meine Nachkommenschaft übertragen könnten. Es gibt keine Fakten, die diese Behauptung stützen. Lamarck hatte zwar recht, aber im falschen Aussagenbereich. Lamarcksche Evolution ist der Selektionsprozeß im Lernen und in der Kultur, während die Darwinsche Evolution das Modell für Genetik in biologischen Systemen ist. Die Weismann-Schranke ist eine Hypothese, die besagt, daß kein Teil der somatischen Ausstattung eines Phänotyps, eines individuellen Organismus, je hinter die Schranke – Weismanns Schranke – zur genetischen Struktur zurückgehen könnte. „Weismanns Schranke" verhindert, daß die Anpassung in einer Generation genetisch codiert wird.

> Es besteht keine Verbindung von der Umgebung zum Genom. In der kulturellen Evolution und im individuellen Lernen ist die Verbindung über das Bewußtsein gegenwärtig, unvollständig und wahrscheinlich verzerrend.
>
> Es wird angenommen, daß die spezifische Natur dieser Verzerrung so beschaffen ist, daß *die kybernetische Natur des Selbst und der Welt dazu tendiert, für das Bewußtsein nicht wahrnehmbar zu sein*, sofern die Inhalte des „Schirms" des Bewußtseins durch zweckgerichtete Erwägungen determiniert sind. Das Argument der Zwecksetzung tendiert dazu, folgende Form anzunehmen: „D ist wünschenswert; B führt zu C; C führt zu D; also kann D über B und C erreicht werden." Wenn aber der gesamte Geist und die äußere Welt im allgemeinen nicht diese geradlinige Struktur haben, dann werden wir, indem wir ihnen diese Struktur aufzwingen, blind für die kybernetischen Kreisläufe des Selbst und der äußeren Welt. Unsere bewußte Auswahl von Daten wird keine ganzen Kreisläufe enthüllen, sondern nur Bögen von Kreisläufen, die durch unsere selektive Aufmerksamkeit von ihrer Matrix abgeschnitten sind. Insbesondere wird der Versuch, eine Veränderung in einer gegebenen Variablen herbeizuführen, die entweder im Selbst oder in der Umgebung lokalisiert ist, wahrscheinlich ohne Verständnis für das homöostatische Netzwerk um diese Variable herum unternommen werden. ... Es kann für die Weisheit wesentlich sein, daß die enge, zweckgerichtete Sicht irgendwie korrigiert wird.
>
> Die Funktion des Bewußtseins in der Verkoppelung zwischen dem Menschen und dem homöostatischen System um ihn herum ist natürlich kein neues Phänomen. Drei Umstände machen jedoch die Untersuchung dieses Phänomens zu einer dringlichen Angelegenheit.
>
> Erstens hat der Mensch die Gewohnheit, eher seine Umgebung als sich selbst zu verändern. Angesichts einer veränderlichen Variablen (z.B. Temperatur) innerhalb seiner selbst, die er kontrollieren sollte, kann der Organismus *entweder* Veränderungen in sich selbst *oder* in der äußeren Umwelt vornehmen. Er kann sich an die äußere Umgebung anpassen oder sich die

Umgebung anpassen. In der Geschichte der Evolution war die große Mehrzahl der Schritte Veränderungen im Organismus selbst. Einige Schritte waren Zwischenformen, in denen die Organismen dadurch eine Veränderung der Umgebung erreichten, daß sie den Ort wechselten. In einigen wenigen Fällen haben andere als menschliche Organismen eine modifizierte Mikroumgebung um sich herum geschaffen, z.B. die Nester von Hauflüglern und Vögeln, konzentrierte Nadelbaumwälder, Pilzkolonien, (Korallenriffe) usw.

In all diesen Fällen geht die Logik des evolutionären Fortschritts in Richtung auf Ökosysteme, die *nur* die herrschende, umwelt-kontrollierende Spezies sowie ihre Symbionten und Parasiten ernähren.

Der Mensch, dieser herausragende Veränderer der Umgebung, schafft entsprechend mit seinen Städten Ökosysteme für nur eine Spezies, aber er geht einen Schritt weiter, indem er spezielle Umgebungen für seine Symbionten einrichtet. Diese werden gleichermaßen zu Ökosystemen für eine einzige Gattung: Getreidefelder, Bakterienkulturen, Geflügelbatterien, Kolonien von Laboratoriumsratten und ähnliches.

Zweitens hat sich das Machtverhältnis zwischen zwecksetzendem Bewußtsein und der Umgebung in den letzten einhundert Jahren rapide verändert, und das *Maß* der Veränderung in diesem Verhältnis nimmt gewiß mit dem technologischen Fortschritt weiterhin rapide zu. Der bewußte Mensch, als ein Veränderer seiner Umgebung, ist nun vollends in der Lage, sich selbst und diese Umgebung zu zerstören – und das mit den allerbesten bewußten Absichten.

Drittens ist in den letzten einhundert Jahren ein besonderes soziologisches Problem aufgekommen, das möglicherweise droht, die bewußte Zielsetzung von vielen korrektiven Prozessen zu isolieren, die sich aus weniger bewußten Teilen des Geistes ergeben können. Die soziale Szene ist heutzutage durch die Existenz einer großen Anzahl von sich selbst maximierenden Einzelwesen charakterisiert, die etwa den gesetzlichen Status von „Personen" haben – Kartelle, Handelsgesellschaften, politische Parteien, Vereine, kommerzielle und finanzielle Agenturen, Nationen und ähnliches. Als biologische Tatsache sind diese Einzelwesen gerade *keine* Personen und sogar noch nicht einmal Aggregate von *Teilen* von Personen. Wenn Herr Schmitt das Konferenzzimmer seiner Gesellschaft betritt, dann wird von ihm erwartet, daß er sein Denken strikt auf die spezifischen Zwecke der Gesellschaft oder auf die des Teils der Gesellschaft einengt, den er „repräsentiert". Glücklicherweise ist ihm das nicht ganz möglich, und einige der Entscheidungen werden durch die Erwägungen beeinflußt, die aus weiteren und weiseren Teilen des Geistes hervorgehen. Aber im Idealfall wird von Herrn Schmitt erwartet, daß er als reines und unberichtigtes Bewußtsein agiert – ein entmenschlichtes Geschöpf.

John: Ein Teil von dem, was wir hier vorhaben ist, Strategien zu entwickeln, die eine Reihe korrektiver Weisheiten neben dem absichtsgeleiteten Bewußtsein ermöglichen, das ein so entscheidender Teil unseres Funktionierens in einer fragmentierten Gesellschaft ist – einer Gesellschaft, in der wir uns nicht auf die Resonanz zwischen unseren internen Werten und denen der Menschen in unserer unmittelbaren Umgebung verlassen können.

Teilnehmer: Wenn wir uns einig sind, daß es ein erstrebenswertes Ziel für Menschen ist, sich der symbiotischen Beziehung zwischen Mensch und Umwelt bewußt zu werden, und daß das Bewußtsein dazu neigt, dieses Erkennen zu verhindern, weil es so absichtsgeleitet und eng ist, dann scheint es mir wichtig zu sein, um sich dieser Beziehung bewußt zu werden, etwas zu finden, das eine unbewußte Absicht hat. Als ich jünger war, bin ich ohne bewußte Absicht in Bergen und Wäldern gewandert. Ich hatte nur das Gefühl, daß ich es aus irgendeinem Grund tun wollte. Und wenn ich dann in dieser Umgebung war, vollkommen ohne von Menschen geschaffene Strukturen, habe ich ein viel klareres Verständnis davon gewonnen, was es bedeutet zu sagen, daß ich ein Teil der Erde, des Windes und der Bäume bin – ich fühlte mich als Teil von allem. Vielleicht liegt also eine Antwort darin, Menschen solche Erfahrungen machen zu lassen und unbewußte anstelle von bewußten Absichten zu haben.

John: Mir fallen dazu die Übergangsrituale ein, bei denen es um die Fähigkeit geht, sich mit lebenden Systemen zu identifizieren, indem man sich in sie verwandelt. Wenn ich mir eine Metapher für das einfallen lassen sollte, was ich tue, dann wäre es die, daß ich sehr gut darin bin, neues Territorium zu erkunden. Und es gibt eine Reihe von Entscheidungen, die ich jedesmal treffen muß, wenn ich mich auf ein neues Territorium einlasse. Einige dieser Entscheidungen haben damit zu tun, ob ich versuchen werde, mit der Umgebung zu verschmelzen, oder ob ich eine autonome Einheit bleibe, meine eigene Verpflegung, Ausrüstung usw. mitnehme. Und außer, wenn ich mich in einen Teil der Welt begebe, in dem zur Zeit keine Menschen leben, wähle ich immer die erste Alternative. Indem ich mich auf dieser partizipatorischen Ebene einlasse, verändere ich mich selbst auf tiefgehende Weise. Ein solches Übergangsritual für die Menschen in dieser Gesellschaft würde diese Art von Ereignissen auf sehr nützliche Weise verdeutlichen. Macht eine Pause. Während der Pause könnt ihr euch zwei Dinge durch den Kopf gehen lassen:

Judy: Zuerst ein Rätsel: Welche Beziehung besteht zwischen Abhängigkeit und Akklimatisierung?

John: Und zweitens, beginnt mit Hilfe der zweiten Aufmerksamkeit herauszufinden, wo in den NLP-Technologien bereits ein Bezug zum Kontext – Weisheit – eingebaut ist. Welches sind die Technologien, die in dem Prozeß der Musterbildung, der NLP genannt wird, angeboten werden, die sich auf zweite anstatt auf erste Aufmerksamkeit beziehen? Welche beziehen sich auf die verzerrende Wirkung der Sprache? Welche stellen Fragen und mögliche Techniken hinsichtlich der Schnittstellen zwischen erster und zweiter Aufmerksamkeit dar?

Judy: Fragen der Ökologie.

Teilnehmer: Persönlich oder global?

Judy: Global und persönlich. Es geht hier um logische Ebenen.

John: Kommt in zehn Minuten wieder.

Pause

John: Akklimatisierung und Abhängigkeit. Gibt es hier jemanden, der auf über 8.000 Fuß (ca. 2.700 Meter) Meereshöhe lebt? Jemand aus Colorado? Bemerkt ihr hier einen Unterschied in eurem Atmen? Welchen Unterschied bemerkt ihr, wenn ihr sozusagen auf Meereshöhe seid?

Teilnehmerin: Ich atme nicht so viel.

John: Du atmest nicht so viel. Welchen Unterschied erlebst du in deinem Empfinden?

Teilnehmerin: Es ist langsamer und tiefer.

John: Langsamer und tiefer. Ich glaube, daß alle von euch, die nicht ihre Hand gehoben haben, schon einmal die Erfahrung hatten, von einem Ort auf Meereshöhe auf über 7.000 oder 8.000 – oder sogar 10.000 oder 12.000 Fuß zu gehen. Es gibt da eine Reihe minimaler Zeichen. *(Lachen)* Die Physiologie verändert sich mit der Höhe.

Hier nun das erste Rätsel. Welche Beziehung besteht zwischen Abhängigkeit und Akklimatisierung? In welcher Hinsicht ähneln sich die Prozesse, die ein Drogenabhängiger durchmacht, und die jemand erlebt, der von Meereshöhe auf 12.000 Fuß geht? Was sind die Unterschiede? Stellt euch selbst diese Frage – wir werden gleich darauf zurückkommen. Wir möchten euch gern dazu einladen, über den Unterschied zwischen einer Kultur und einer Gesellschaft nachzudenken. Was ist der Unterschied zwischen Los Angeles und Joghurt? Gut, Stephanie, sag's ihnen.

Stephanie: Es braucht keine Pointe zu sein, oder?

John: Selbstverständlich nicht, denn Joghurt hat Kultur. Aber das spielt keine Rolle, einige meiner besten Freunde haben in L.A. gelebt.

Marshall: Man kann sich ent-akklimatisieren. Ich meine, man kann ... Abhängigkeit ist etwas, das man schwer loswerden kann. Man kann seine Muskeln verlieren, wenn man sie nicht gebraucht.

John: Was passiert, wenn ihr von Meereshöhe auf über 10.000 Fuß geht?

Teilnehmerin: Man paßt sich an.

Teilnehmer: Man bekommt Rapport zu den Veränderungen in der Umgebung.

John: Was sind die ersten Manöver, die euer Körper durchläuft, um „Rapport mit der Umgebung herzustellen"? Tachykardie und dann später eine Veränderung in der Fähigkeit des Blutes, Hämoglobin zu transportieren; doch das passiert nicht sofort. Tachykardie tritt sofort ein.

Judy: Die erste Reaktion ist eine Streßreaktion. „Achtung! Etwas in der Umgebung hat sich verändert." Dann durchläuft der Körper eine Zeitlang eine Reihe tiefgreifender Veränderungen, somatischer Veränderungen ...

John: Worin liegt hier die Weisheit?

Teilnehmer: Der Körper hat eine Position, die er bewahren will, und wenn er den notwendigen äußeren Stimulus nicht bekommt, muß er tun was er kann, um sich so anzupassen, daß wieder ein Gleichgewicht hergestellt ist.

Judy: Er will eine Homöostase bewahren – der Körper ist im Grunde eine konservative Einheit.

John: Er möchte Gleichgewicht bewahren. Und das Problem, das der menschliche Körper zu lösen hat, wenn man auf größere Höhen steigt, ist das der Hypoxie – die Gewebe erleben einen Sauerstoffmangel und die erste Klasse an Reaktionen ist relativ vorhersagbar: Hyperventilation und Begleiterscheinungen, z.B. Tachykardie. Der Läufer oder Sportler ist damit vertraut, der Körper weiß bereits, daß dies die ersten Anpassungserscheinungen sind. Wenn ich mich jetzt aber umdrehe und da ein Bär in den Bergen steht und ich bereits einen hohen Puls habe und schwer atme, werde ich keine Reserven haben, keine Notfall-Kreisläufe, die ich einsetzen kann, um dafür zu sorgen, daß der Bär und ich auf respektvolle Weise weiter unsere getrennten Wege gehen … und daß nicht ein Teil von mir mit ihm geht … *(Lachen)*

Judy: … und du dich über das ganze Gebirge verteilst.

John: Die Weisheit des Körpers liegt in diesem Fall darin, daß er unmittelbar die notwendige Anpassung durchführt und dann sagt: „Das ist eine enorme Ausgabe, eine ineffektive Ausgabe von etwas, das wir unter Umständen für unser Überleben dringend brauchen werden." An dieser Stelle greifen dann tiefere somatische Prozesse ein. Jose erwähnte die hämoglobintransportierende Eigenschaft des Blutes – wieviel Sauerstoff das Blut transportieren kann. Und so greifen dann eine Reihe tieferer somatischer Prozesse ein – zusätzlich zu den Prozessen, die den an das Hämoglobin gebundenen Sauerstoff im Blut transportieren:

- pulmonare Ventilation,
- pulmonare Diffusion von Sauerstoff,
- Gewebediffusion,
- verstärkter Herz-Kreislauf Output.[16]

(Pause) … Was passiert darüber hinaus noch?

Teilnehmerin: Ist die Abhängigkeit nicht auch z.T. eine Anpassung an die Umgebung?

Teilnehmer: Nur besteht jetzt eine Situation, bei der Grenzen eine Rolle spielen. Man verändert etwas innerhalb seiner eigenen Grenzen. Es besteht keine Verbindung zur Umgebung.

John: Doch, natürlich. Ist das nicht genau der Unterschied zwischen homöopathischer und traditioneller westlicher Medizin? Homöopathische Medizin verwendet Substanzen, die zunächst äußerlich zugeführt werden, um natürliche Körperfunktionen zu stimulieren, welche wiederum diese gleichen heilenden Substanzen innerlich erzeugen können ... äußerlich zugeführte Substanzen, mit denen der Körper dem äußeren Stimulus gegenüber autonom werden kann. Dieser Fall, homöopathische Medizin, wäre also ein Argument für deine Auffassung. Aber meine Behauptung ist, daß genau das bei Abhängigkeit nicht der Fall ist. Der Abhängige wird gezwungen, in der gleichen Weise, in der die Höhe eine Person zwingt, die eine Akklimatisierung durchläuft, neue homöostatische Stufen aufrechtzuerhalten. Die ständige Zuführung eines äußeren Elementes – in diesem Fall der Droge – ist notwendig, genauso wie eine für große Höhen typische konstante Umgebung mit reduziertem Sauerstoffgehalt notwendig ist, um den homöostatischen Zustand aufrechtzuerhalten, den man schließlich nach 18 Monaten der Akklimatisierung, oder wann immer man von der betreffenden Höhe abhängig geworden ist, erreicht.

Judy: Es treten eine Reihe somatischer Veränderungen ein, die der Körper aufrechterhalten will, da im Verlauf der Zeit eine somatische Investition stattgefunden hat.

John: Weder bei der Akklimatisierung noch bei der Abhängigkeit gibt es eine Autonomie des Selbst. Beide sind von der Anwesenheit und Zuführung kontextueller Elemente abhängig, in dem einen Fall reduzierter Luftdruck und verringerter Sauerstoffgehalt in der Luft bei größeren Höhen, in dem anderen Fall Kokain, Heroin ... oder jede beliebige andere Droge ...

Judy: ... Alkohol ... sobald eine somatische Investition über einen bestimmten Zeitraum stattgefunden hat, sei es in bezug auf Meereshöhe oder auf Drogen, wird der Körper, da er nun mal konservativ ist, diese Homöostase bewahren wollen.

Pauline: Ich möchte etwas zu den Unterschieden sagen. Bei der Akklimatisierung gewinnt man Wahlmöglichkeiten, mehr Wahlmöglichkeiten, als man zu Beginn des Prozesses hatte, während man bei Abhängigkeit seine Wahlmöglichkeiten einschränkt und bestimmte Dinge nicht mehr tun kann ...

John: Ich würde eher folgendes behaupten – einer der Gründe, warum der „gesunde Menschenverstand" dem Abhängigen vorschreibt, wieder etwas zu nehmen oder noch einen Schluck zu trinken, liegt darin, daß das neue homöostatische Niveau, das durch die Abhängigkeit oder die Akklimatisierung erreicht worden ist, durch die gleiche oder eine höhere Menge des äußeren Stimulus, ob Droge oder Meereshöhe, aufrechterhalten werden muß. Aus der Wahrnehmungsposition des Abhängigen hat das Fehlen der Droge ernste negative Rückwirkungen, weil es seine Wahlmöglichkeiten einschränkt. Daher ist es für den Abhängigen einfach „gesunder Menschenverstand", sich noch einen Schuß zu setzen oder noch ein Glas zu trinken, weil er Wahlmöglichkeiten verliert, wenn er es nicht tut. Aus der Wahrnehmungsposition des Abhängigen liegt in bezug auf Wahlmöglichkeiten genau die gleiche Situation vor wie im Fall der Akklimatisierung.

Der menschliche Körper ist ein ausgesprochen konservativer Organismus – entschieden rechtslastig –, so daß man jedesmal, wenn man die enorme Anstrengung und Investition unternimmt, eine neue Homöostase zu finden … Ich habe mir neulich eine dieser albernen Beilagen angeschaut, die sie in die Sonntagszeitungen legen, wo es darum geht, sein Streßniveau einzuschätzen …

Judy: … Streßpunkte …

John: … und man bekommt genausoviele Streßpunkte dafür, eine neue Beziehung zu beginnen wie eine alte zu beenden. Soviel Weisheit hatte dieser Test also immerhin. Eine neue Ehe einzugehen oder eine Ehe durch Scheidung zu beenden, sind wegen der Anpassungen, die durchgeführt werden müssen, um ein neues homöostatisches Niveau zu erreichen, gleichermaßen stressig.

Teilnehmerin: Aber man braucht zwei Flügel, um zu fliegen.

Judy: Das wußte ich …

John: Es gibt tiefreichende Unterschiede zwischen lebenden und nichtlebenden Systemen. Einer der Unterschiede hat damit zu tun, daß das zweite Gesetz der Thermodynamik – die Konservierung von Energie – uneingeschränkt auf die Welt mechanischer, nicht-lebender Systeme zutrifft – es sind dazu bis heute keine Ausnahmen bekannt. Die grundlegendste Einheit, mit der man also ein mechanisches System erfassen kann, ist Energie, in dem physikalischen Sinn von Energie – nicht in dem Sinn, in dem es in Santa Cruz gebraucht wird.

Judy: ... das ist kosmische Energie, das ist etwas anderes ...

John: Es ist etwas ganz entschieden anderes. Doch im Fall lebender Systeme ... Wenn ich z.B. meinen Hund trete, passieren zwei Dinge. Auf der Ebene der physikalischen Körper John und Spirit – mein Hund – wird mein Hund sich körperlich bewegen, wenn ich ihn trete, und der erste Teil der Bewegung wird, außer, wenn er es hat kommen sehen, im Sinne physikalischer Gesetze vollkommen vorhersagbar sein. D.h. es gibt einen bestimmten Energiebetrag, den ich in den Tritt hineingebe, ein bestimmter Energiebetrag wird empfangen, es kommt an der Berührungsstelle zu Reibung und der Körper des Hundes bewegt sich über eine bestimmte Entfernung ...

Judy: Ich bin damit nicht ganz einverstanden.

John: Oh, ja?

Judy: Es tut mir leid, aber ich bin damit wirklich nicht einverstanden. Wenn du einen Ball treten würdest, würde ich sagen, daß die Gesetze der Physik Anwendung finden. Aber weil Spirit ein lebendes System ist, besteht einfach ein bestimmtes Maß an Unvorhersehbarkeit.

John: ... und woher stammt diese Unvorhersehbarkeit?

Judy: Von der Tatsache, daß du nicht weißt, in welche Richtung Spirit laufen wird. Und nicht nur das, das Prinzip der Energiebewahrung wird verletzt. Hunde bewegen sich immer weiter, als der Tritt allein sie bewegt hätte. *(Lachen)*

John: Das ist nur allzu wahr. Wenn ich einen Ball trete, haben wir es mit einem deterministischen System zu tun. Wenn ich ein anderes Lebewesen trete, wird das System non-deterministisch. Nehmt z.B. das berühmte Krocket-Spiel, an dem Alice teilnahm. Die Regeln des Krocket-Spiels sind bekannt und insofern die Personen, die sich auf den Interaktionsrahmen eingelassen haben, der als Krocket bekannt ist, damit einverstanden sind, sich an diese Regeln zu halten, haben wir ein deterministisches System – d.h. für jede Situation, die legitimerweise während des Spiels auftreten kann, gibt es spezifische Prozeduren, die den nächsten Schritt bestimmen. Es gibt verschiedene logische

Ebenen von Regeln. Auf der elementarsten Ebene werden bestimmte Elemente des Spieles als beweglich definiert, der Krocket-Ball, die Schläger, die Spieler. Andere Elemente sind unbeweglich, die Pfosten und Reifen, die Oberfläche, auf der das gesamte Spiel stattfindet ... und natürlich auch komplexere Regeln ... wenn der Ball von Spieler A vor dem Ball von Spieler B durch den Reifen n geht, dann wird ein Strafstoß erteilt ... Aber was sollte die arme Alice tun, als sie plötzlich mit einem Flamingo einen Igel treffen sollte? Energie hat in lebenden Systemen eine andere Funktion und wird hier kollaterale Energie genannt. Die Entfernung, die der Igel rollt, läßt sich einfach nicht aufgrund der Messung der Richtung und Energie vorhersagen, mit der Alice den Flamingo schwingt!

Judy: Wie kann also eine Person eine Aussage machen, die unter Umständen die Welt verändert?

John: Rußland ist im zweiten Jahrzehnt dieses Jahrhunderts durch enorme Veränderungen gegangen. Wenn ihr die Energietransaktionen, die stattgefunden haben, auf die Energie hin untersucht, die in der russischen Revolution eingesetzt wurde, und sie mit dem Betrag an Energie vergleicht, den Karl Marx aufgebracht hat, um in der britischen Bibliothek die Worte zu schreiben, die jene Verhaltensweisen ausgelöst haben, dann werdet ihr verstehen, daß das Konservieren von Energie kein angemessener Weg ist, um die Welt des Geistes, die Welt lebender Systeme zu organisieren. Der Begriff der kollateralen Energie bedeutet, daß die interagierenden Einheiten des Geistes ihre eigenen Energiequellen haben und das Konservieren von Energie nichts mit dem zu tun hat, was an diesem Punkt der Interaktion zwischen lebenden Systemen geschieht.

Teilnehmerin: Wer sagt das?

John: Ich sage das.

Teilnehmerin: Ich bin da anderer Auffassung ... Ich stimme soweit überein, daß ich meine eigene Energiequelle habe, aber ich stimme nicht damit überein, daß Energie nicht konserviert wird. Allein schon, um eine funktionierende Einheit zu sein, besteht für mich ein Teil des Gleichgewichts darin, wie Energie Wirkungen erzielt ... wie Energie ...

John: Laß mich jetzt den Teil herauskitzeln, auf den ich eure Aufmerksamkeit vor allem lenke möchte. Wenn wir die Schallwellen hätten messen können, die Energie in den Schallwellen der Worte, die auf dein Ohr trafen ... auf der physikalischen Ebene wurden da n Einheiten an Energie geboten. Der Betrag an Energie, der für dich nötig war, um diesen gedanklichen Prozeß zu durchlaufen, um deine Gedanken zu formulieren, um deinen Körper während der Kommunikation zu bewegen, wird größer sein als die Energie, die du erhalten hast und die der „Stimulus" für dein Verhalten war.

Teilnehmerin: Du bist aber nicht die Quelle meiner Gedankenenergie.

John: Das ist genau der Punkt, den ich verdeutlichen will. Es gibt somit keine Konservierung von Energie über die Schnittstelle zwischen uns hinaus. Es mag da ein Ausgleichen und eine Eleganz in dem geben, wie du wahrnimmst, speicherst und die Energie schließlich innerhalb deiner eigenen kollateralen Quellen gebrauchst. Das alles bedeutet lediglich, daß ich dich treten könnte und du dich möglicherweise überhaupt nicht bewegen würdest. Oder ich könnte die Worte sagen: „Ich werde dich treten", und eine gewaltige Reaktion auslösen – aber diese Entscheidung liegt bei dir. Die Art und Weise, in der du entscheidest, deine kollaterale Energie einzusetzen, das ist etwas, über das du zumindest teilweise Kontrolle hast. Doch an der Stelle, an der Billiardkugel *A* mit einer bestimmten Wucht, unter einem bestimmten Winkel und mit einer bestimmten Energie, Billiardkugel *B* trifft, sind die letztlichen Ruhepositionen dieser beiden Billiardkugeln vorhersagbar, wenn die Oberfläche bekannt ist, auf der sie zusammenprallen. Wenn ein Fuß einen Hund trifft, läßt sich weder die letztliche Position des Fußes noch die des Hundes vorhersagen.

Teilnehmerin: Was hat das mit dem Konservieren von Energie zu tun?

John: Du kannst, wenn es sich um lebende Systeme handelt, nicht aufgrund der Messung der Energie, die in einem Stimulus enthalten ist, vorhersagen, wieviel Energie, wenn überhaupt, in dem daraus resultierenden Verhalten aufgewendet werden wird.

Tom: Hier spielt auch noch eine andere Größe eine Rolle. Ich glaube, es gibt Materie, Energie und dann auch Muster oder Information oder Geist oder wie immer man es nennen will. Wir haben lange daran gearbeitet ..., Newton hat viel mit Materie gearbeitet und dabei Energie entdeckt. Dann hat Einstein gesagt: „OK, wir können Materie und

Energie nach bestimmten Gesetzen gegeneinander austauschen." Und ein weiterer Teil dieses Dreiecks sind die Muster, in denen die Energie und die Materie angeordnet sind, was wir Information nennen. Computer sind nicht wegen der Energie interessant, die durch sie hindurchgeht, oder wegen der besonderern Glas- und Plastikteile, aus denen sie bestehen. Sie sind interessant wegen der Muster. Und in meinem Verständnis reden wir hier von der Möglichkeit der nächsten Einsteinschen Revolution, die sich mit der Frage befassen würde, wie wir Muster oder Geist und Materie und Energie gegeneinander austauschen könnten. Ich weiß nicht, ob es dabei Konservierung gibt oder nicht, aber da Konservierung mit Materie und Energie zu tun hat, und da wir uns mit Geist befassen und der Frage, wie sich diese Größen ineinander überführen lassen, da wir wissen, daß Geist Materie und Energie beeinflußt und umgekehrt.

Judy: Die grundlegende Bestandseinheit in nicht-lebenden, physikalischen Systemen ist Energie, und die grundlegende Bestandseinheit in lebenden Systemen – oder des Geistes – ist Unterschied. Konfigurationen von Unterschieden sind Muster. Daher ist die nächste logische Ebene, um die Welt des Geistes zu verstehen, die der Muster und der Redundanz, was nahezu synonyme Begriffe sind. Im Körper besteht eine inhärente Konservativität, die besagt, daß wenn schon der Aufwand getrieben wird, die Anpassung an die Veränderung der Höhe oder des chemischen Milieus vorzunehmen, dann ist es nur „gesunder Menschenverstand", die Stimulation durch die Variablen, die diese Anpassungen verursacht haben, verstärken oder aufrechterhalten zu wollen. Ja, James.

James: Bei Akklimatisierung kann man ohne weiteres auf große Höhen gehen und dann wieder auf Meeresniveau zurückkehren. Das kann man bei Abhängigkeit nicht. Und eure Pygmäen könnten sich nicht an die äußere Welt anpassen, sie würden krank werden usw., aber wenn sie zu ihrem Regenwald zurückkehrten, würde das sofort wieder einen Zustand des Wohlbefindens erzeugen.

Georgine: Es gibt in all dem ein bestimmtes Maß an Flexibilität, denn ich weiß, wenn ich in der Höhe hinauf- oder heruntergehe – ich lebe z.B. eine Zeitlang auf Meeresniveau und gehe dann in meine Berge zurück …

John: Es wird immer leichter.

Georgine: ... sehr viel leichter und ich nehme an, das gleiche gilt auch für Abhängigkeit. Wenn man einmal anfängt, eine Substanz einzunehmen, wird es immer leichter, auf andere überzugehen und der Körper adaptiert ...

Judy: ... der Körper lernt auf einer anderen logischen Ebene, wenn die Feedbackkreise benutzt worden sind, und der Körper lernt auch, wie er das schneller machen kann. Man lernt also zu lernen.

John: ... wie Leinsamen-Öl meinst du? Wenn man zwei Proben Leinsamenöl, A und B, gleichen Ursprungs nimmt und Probe A in die Sonne stellt, wird sie zähflüssig werden. Dann nimmt man sie aus der Sonne und nach einiger Zeit stellt man beide Proben in die Sonne, und rate mal was passiert ... Probe A zeigt, daß sie Gedächtnis hat und gelernt hat zu lernen, denn sie wird deutlich schneller zähflüssig werden als Probe B.

Judy: ... wie unappetitlich ... *(Lachen)*

Patricia: Geht es bei der Konservierung von Energie darum, daß ihr versucht habt, das Muster vorherzusagen, um zu wissen, wieviel Energie ihr wo einzusetzen habt, um das gewünschte Resultat zu erzielen?

John: Wir haben mehrere Absichten damit verfolgt, als wir dieses Thema angesprochen haben. Eine Absicht besteht darin, daß Energie in der Diskussion mentaler Aktivitäten ein ubiquitäres und dabei vollkommen irrelevantes Konzept ist. Freuds Arbeit ist von einer industriellen Metapher beeinflußt. Der ungeheure Erfolg der Physik verführte das Denken in der Psychologie, so daß die meiste Arbeit auf Quantifizierung entfallen ist. Schaut euch den Unsinn an, der in den Zeitschriften publiziert wird ... ich möchte eine noch stärkere Behauptung aufstellen: Das Versäumnis, diesen qualitativen Unterschied zu erkennen, hat die Psychologie zu einer Wissenschaft des Mittelmaßes gemacht. Jedesmal, wenn man menschliche Leistung quantitativ erforscht, indem man den Durchschnitt über mehrere Personen berechnet, verwischt man genau die Unterschiede, die das Thema überhaupt erst für die Forschung interessant machen.

Vor etwa hundert Jahren gab es in Österreich und Deutschland Psychologen, die große Schlachten über „bildhafte“ und „bildlose“ Gedanken führten.[17] Die Methodologie, die sie wählten, um diese Untersuchungen durchzuführen, enthält eine Reihe wichtiger Anregungen für uns.

Die Vertreter der österreichischen Schule nahmen eine Reihe von Leuten, die ihre inneren Repräsentationen recht gut beschreiben konnten und brachten ihnen bei, diese Fähigkeit zu vervollkommnen. Als sie dann ihre ausgebildeten Versuchspersonen hatten, keine Erstsemester sondern ausgebildete Versuchspersonen, die einen beachtlichen Betrag an somatischer Flexibilität in diese Aufgaben investiert hatten, begannen sie, die Muster internaler Repräsentationen zu erforschen, die Kontroverse zwischen bildhaftem und bildlosem Denken. Damit zeigten sie uns genau das, was wir vergessen haben, was wir in der modernen Forschung nicht weitergeführt haben. In der Psychologie verwendet man nur selten trainierte Versuchspersonen. Aber mit trainierten Versuchspersonen können wir die Grenzen menschlicher Fähigkeiten erforschen und weiter ausdehnen, nicht indem wir Erstsemester nehmen und aufgrund des Durchschnitts beschließen, zu welcher halbgaren Leistung wir in der Lage sind. In diesem Sinne ist die Psychologie zur Wissenschaft des Mittelmaßes geworden.

Judy: *(während der Regen draußen in einen Guß übergeht)* Die Welt stimmt dir zu. *(Lachen).*

John: Ich habe dem nichts weiter hinzuzufügen. *(Lachen)*

Judy: ... bestimmte Emanationen des Außen resonieren mit bestimmten Emanationen des Innen ... *(Lachen)*

Teilnehmer: Im Zusammenhang mit dem, was du gesagt hast ... die Psychologie hat ihre Modelle immer in Anlehnung an die neuesten Maschinen gebaut. Freud hatte Dampfmaschinen und Abflußrohre.

John: Er hätte Draino *(Abflußfrei; Anmerk. d. Übers.)* gebraucht.

Teilnehmer: Und dann kamen die Behavioristen ... und mit ihnen das Telephon ...

Judy: Sie haben nur vergessen zu fragen, ob jemand am anderen Ende der Leitung war.

Teilnehmer: Und nun haben wir Computer und damit schließlich eine Psychologie, bei der ... aber niemand bisher ein Modell formuliert hat, das auf lebenden Systemen beruht. Vielleicht sollte die Erde selbst das Modell sein oder irgendeine andere Art von ...

Karen: Du hast den Ausdruck gebraucht „ihren gesunden Menschenverstand eingesetzt“ (common sense), als du von dem Drang sprachst, Homöostase in der Abhängigkeit zu bewahren. Ich würde gern etwas mehr über den Drang sprechen, sich von der Homöostase fortzubewegen, und woher dieser Drang kommt.

John: Ein Akt des Willens. Ich habe „gesunden Menschenverstand“ in zweifacher Weise gebraucht. Ich habe es in positivem Sinne gebraucht, um die Überschneidung zwischen deinen repräsentationalen Systemen zu bezeichnen, also dem Sehen, dem Hören, dem Riechen und Schmecken … die Art von gesundem Menschenverstand, den wir gewöhnlich als Grundlage für erste Aufmerksamkeit wählen. Es gibt eine andere Bedeutung von gesundem Menschenverstand, die ich gebraucht habe, als ich von Abhängigkeit sprach: wenn du auf lineare Weise denkst – bewußtes, absichtsvolles, erste Aufmerksamkeits-Verhalten – und du bist abhängig oder akklimatisiert, wirst du dich schlecht fühlen, wenn der äußere Kontext oder Stimulus entfernt wird. Es ist nur „gesunder Menschenverstand“, so wie ich es jetzt gebrauche, linear zu denken und sich zu sagen: „Ah, ich weiß genau, was mir jetzt helfen wird“, ohne zu verstehen – wie auch der viehzüchtende Stamm wegen seiner perzeptuellen Filter nicht verstehen konnte –, was die langfristige, eskalierende Natur dieser Art von gesundem Menschenverstand ist im Gegensatz zu der Weisheit, mehrere Schritte in der Zukunft voraussehen zu können und tatsächlich zu bemerken, daß der Weg in einiger Entfernung eine Kurve macht und wieder hierhin zurückführt und der Kreis sich schließt. Und wenn man lernen kann, in Feedbackkreisen und Schleifen zu denken … *(John beginnt mit Pauline zu tanzen.)* Wenn wir zusammen tanzen, gibt es eine Schleife. Ihr könnt zwar aufgrund unserer kulturellen Tradition sagen, daß John führt und Pauline folgt, aber ich glaube nicht, daß ihr das sagen würdet, wenn ihr uns beide über längere Zeit beim Tanzen beobachtet … ihr könntet jedenfalls diesen Feedbackkreis so verstehen, daß ich führe oder sie führt. Bei den besten Tänzern ist diese Ambiguität vollkommen.

Judy: Wenn er nun einen Teil dieses Feedbackkreises unterbricht …

John: … wenn ich sie nicht hier halte *(nimmt seine rechte Hand von Paulines Hüfte)* und wir es nicht gewohnt sind, nur mit diesem Teil des Feedbackkreises zu tanzen, dann ist der Feedbackkreis unterbrochen. Die Schwierigkeit, mit Anmut zusammen zu tanzen, wenn ein Teil des Feedbackkreises unterbrochen worden ist, ist nicht zu unterschätzen. Ich behaupte, daß „gesunder Menschenverstand“ nun sagen würde, wenn ich mit ihr tanze und eine neue Bewegung machen muß: „Oh, ich weiß schon, ich gebe diesen Berührungspunkt auf ihrer Seite auf und nun kann ich diese kleine Bewegung hier ausführen und wieder zurückkommen.“ *(Lachen)* Während dieser Bewegung habe ich einen Teil des Feedbackkreises verloren, den ich brauche, um zu wissen wo sie ist. Denn sie gibt mir Signale, genau wie ich ihr mit der Hand Signale dafür gebe, wohin wir uns meiner Meinung nach als nächstes bewegen sollten. Und wir müssen in diesem Tanz einen interessanten Weg finden, uns darüber zu einigen. Das sind für mich zwei verschiedene Arten, auf die man gesunden Menschenverstand gebrauchen kann. In dem Kontext von dem ich sprach, Abhängigkeit, bedeutet „gesunder Menschenverstand“ Schritt-für-Schritt-Denken, erste Aufmerksamkeit, lineares Denken; und das kann euch umbringen. Das kann euch auf Dauer umbringen.

Teilnehmerin: Ich bin froh, daß du die anderen hinzugefügt hast, denn hoffentlich gelingt es uns, so etwas zu entwickeln wie …

John: … gesunden Menschenverstand …

Teilnehmerin: … einen etwas umfassenderen gesunden Menschenverstand.

Judy: Das wäre Pferdeverstand. *(Lachen)*

John: Zu dem zweiten Thema, über das ich euch während der Pause nachzudenken bat: Wie paßt das NLP-Material, das ihr bereits gemeistert habt, in diesen historischen Kontext hinein, den wir hier entwickelt haben? … *(Pause)* … Was bedeutet z.B. die Nominalisierung „Verstehen“? Wer kann das für mich definieren? Was ist „Verstehen“? Na los, ihr seid alle ausgebildet, jetzt macht schon. Allen, leg los.

Allen: Etwas Neues mit dem in Verbindung zu setzen, was ich bereits weiß.

John: Nein, das beschreibt, wie man nicht lernt.

Britt: Erfahrungen, die man hatte, auf neue Situationen anzuwenden und versuchen herauszufinden, was die neue Situation ist. Man faßt sie also in Begriffe, die man bereits „verstehen“ oder auf die man sich bereits beziehen kann …

John: ... interessant. Ich wollte in eine ganz andere Richtung als diese beiden. *(Lachen)* Und etwas daran ist wirklich wichtig. Achtet darauf, daß sie in gewisser Weise ihre Fähigkeit zerstören, etwas Neues zu lernen – sie werden alles verstehen und an Langeweile sterben. Wie oft seid ihr mit jemandem zusammen gewesen, der darauf bestand, alles, was ihr vorbrachtet, mit etwas in Beziehung zu bringen was ihr schon kanntet? Diese Menschen haben eine Meta-Strategie gewählt, die ihre Fähigkeit zerstören wird, sich mit Hilfe von Unterschieden zu verändern. „Du sagst also mit anderen Worten ...", „Ist das nicht das gleiche wie ..." Nun, wenn es das gleiche wäre, hätte ich es gleich so gesagt. Der Umstand, daß es nicht genau das gleiche ist, macht es gerade interessant. Ich schlage vor, daß ihr euch von eurer früheren Erfahrung dissoziiert, daß ihr überhaupt nichts wißt und ganz frisch darauf zugeht. Das ist übrigens ein Teil der Anweisung für das, was ihr heute nachmittag mit TaTitos Sompa machen werdet. Ihr werdet in eine Welt eingeladen, mit der die meisten von euch bisher keine Erfahrungen haben. Ich schlage euch vor, zu dissoziieren und euch einen veränderten Bewußtseinszustand zu schaffen, in dem die afrikanische Erfahrung, die er euch bieten wird, nicht mit Dingen verbunden ist, die ihr bereits wißt. Denn wenn ihr das nicht tut, nehmt ihr dem, was euch angeboten wird, einen Teil seiner Frische.

Gloria: Ich würde sagen, Verstehen kommt von der Analyse, Rationalisierung, Interpretation von Dingen, und wirkliches Verstehen kommt von Erfahrung.

John: OK. Aber laß uns noch etwas präziser sein. Woher weißt du ... Wenn ich sage: „Ich verstehe, was du gerade gesagt hast ..." anstatt: „Ich verstehe nicht, was du gerade gesagt hast", was sind die inneren Ereignisse? Marshall, rette mich. *(Lachen)*

Marshall: Wenn man etwas versteht, kann man es so benutzen, als gehöre es einem selbst und dann neue Beispiele dafür entwickeln.

Christian: Ich weiß nicht, ob das deine Frage beantwortet. Um das NLP-Modell zu gebrauchen, bedeutet es, ein klares Bild zu haben, ein Gefühl das konvergiert. In meiner eigenen Erfahrung ist es auf der Submodalitäten-Ebene, glaube ich, so, daß ich etwas verstehe, wenn ich das Gefühl habe, es zu verstehen. Es läuft also im Grunde darauf hinaus, zunächst ein klares Bild zu haben oder zu fühlen, daß ich etwas verstehe, zu fühlen, daß ich es erklären könnte, wenn ich müßte oder eine Repräsentation davon machen könnte.

John: Ich behaupte, daß es zwei Dimensionen von Verstehen gibt. Und das, wovon ihr redet, ist Erste-Aufmerksamkeits-Verstehen. Daran ist nichts verkehrt. Ich weise nur darauf hin, daß es Erste-Aufmerksamkeits-Verstehen ist, weil es sich so ausdrückt: „Ich habe ein klares Bild", „Ich habe ein Gefühl dafür", „Es sind bestimmte Töne damit verbunden", „Es sind bestimmte Worte, möglicherweise bestimmte Gerüche oder Geschmacksempfindungen damit verbunden", d.h. ich habe Viertupel, auditive, visuelle, kinästhetische und olfaktorisch-gustatorische Repräsentationen. In jedem meiner Repräsentationssysteme habe ich Repräsentationen, die ich eine nach der anderen untersuchen kann; ich kann sie in das Erste-Aufmerksamkeits-Bewußtsein bringen, sie untersuchen und sagen: „Mmh-hmm, ich habe Bilder, ich habe Klänge, ich habe Worte, ich habe Gefühle, ich habe Gerüche, ich habe Geschmacksempfindungen." Aber noch wichtiger als nur das – das ist eine notwendige, aber keine ausreichende Bedingung – außer Repräsentationen in allen wichtigeren Repräsentationssystemen zu haben, müssen diese Repräsentationen auch miteinander kongruent sein.

Einige Formen der Schizophrenie sind das Ergebnis perfekt korrellierter Erfahrungen, die nicht miteinander kongruent sind. Das ist horizontales Verstehen. Das ist Erste-Aufmerksamkeits-Verstehen. Ihr wißt, wie das geht. Ob ihr dieses Instrument gebraucht, hängt von eurer eigenen persönlichen Kompetenz und eurer persönlichen Disziplin ab. Das ist die Stelle, wo Weisheit beginnt. Ich sage jetzt, daß das Verstehen in der ersten Aufmerksamkeit ist. Doch auf einer tieferen Ebene braucht ihr auch vertikales Verstehen, um eure Fähigkeiten mit Weisheit einsetzen zu können. Mit vertikalem Verstehen meine ich, daß ihr diese koordinierte Erfahrung, die ihr mit der ersten Aufmerksamkeit gewonnen habt, nehmt und ihre Tiefe entdeckt – ihr versteht sie nicht, bevor ihr sie nicht in bezug zu dem Kontext setzen könnt. Vertikales Verstehen setzt also horizontales Verstehen voraus und ist in der Weise mit dem Kontext verbunden, daß ihr eine Schleife zwischen eurem horizontalen Verstehen und dem Kontext finden könnt, in dem es erfolgt.

Virginia Satir sagt: „Folgt eurem Bauch!" Wenn man jedoch nicht gerade ihren Bauch hat, läuft man dabei Gefahr verloren zu gehen. Ihr könnt der beste Kartenspieler in Las Vegas sein, doch solange ihr nicht innerhalb des Kontexts herausgefunden habt, wann es für euch angezeigt ist, diese Fertigkeiten einzusetzen, werdet ihr in irgendeinem Hinterhof enden. Wir behaupten, daß Kontextualisierung der Beginn von Weisheit ist.

Carol: Wäre das z.B. so, als lernte man die NLP-Fertigkeiten im Practitioner-Training, das wäre der Kontext, aber wirkliches Lernen wäre es ohne den Kontext – und die Aufgabe besteht darin, es auf den Kontext zu übertragen, indem man es auf ökologische Weise einsetzen kann?

John: Das kann man im Training erreichen. Und man kann Anregungen dafür bekommen, weil man dort bereits Beziehungen mit anderen Leuten herstellt, den Trainern und den anderen Angehörigen des Teams. Doch bis man das horizontale Verstehen, das man gewonnen und eingeübt hat, nicht in die Klasse von Kontexten übertragen hat, in denen man lebt, versteht man nicht.

Britt: Ist das der Grund, warum Schulbildung Mittelmaß erzeugt, weil wir horizontal lernen …

John: Bestenfalls.

Britt: Bestenfalls.

Judy: Bestenfalls. *(Lachen)*

John: Auf dem Höhepunkt des Behaviorismus gab es in Berkeley einen Menschen mit Namen Tolman[18], der sich sagte: „Soll das ein Scherz sein? Wollt ihr mir weismachen, daß alles durch Muskelzuckungen erklärt werden kann?“ Er machte dann einige außergewöhnliche Sachen. Er nahm ein Labyrinth und trainierte Ratten darin, das Labyrinth zu durchqueren. Dann füllte er das Labyrinth mit Wasser und stellte fest, daß die Ratten ohne Mühe zu der Schachtel mit dem Futter schwimmen konnten. Das war eine absolute Widerlegung der bestehenden behavioristischen Theorie, die besagte, daß sie den Weg aufgrund bestimmter Muskelspannungen gelernt hatten. Die Muskelspannungen beim Schwimmen und Laufen sind verschieden.

Selbst viel früher als Watson seine ersten Experimente durchführte[19] – Watson ist der Mensch, der in diesem Land am stärksten mit der Entwicklung des Behaviorismus in Verbindung gebracht wird – beobachtete er, daß er, wenn er Ratten in einem Labyrinth trainiert hatte und dann das Labyrinth um 90° oder 180° in dem Raum drehte, in dem sie trainiert worden waren, die Ratten auf einmal gegen die Wand liefen; sie versuchten, wegen der Änderung in ihrer Orientierung auf bestimmte Stimuli, die Ecken zu schneiden, was selbst in seinen ursprünglichen Experimenten nichts mit kinästhetischer Repräsentierung zu tun hatte. Am witzigsten ist jedoch die Untersuchung, bei der ein Versuchsleiter[20] die Ratten in Zwangsjacken steckte ...

Judy: ... und sie auf kleine Züge setzte ...

John: ... und durch ein Labyrinth fuhr. Und wenn sie an bestimmte Abschnitte des Labyrinthes kamen, zu einem Entscheidungspunkt, verpaßte er ihnen einen elektrischen Stromstoß – das war ein „schlechter" Platz. Und dann wurden sie zu einem Futternapf gefahren, wo sie belohnt wurden. Und dann gab es noch eine dritte, eine sogenannte „neutrale" Wahlmöglichkeit. Es gab also schlechte Plätze, gute Plätze und neutrale Plätze. Wenn man nun eine trainierte Ratte an einen Entscheidungspunkt zwischen einem schlechten und einem guten Platz stellte ...

Judy: Kein Problem. Welchen würde sie wohl wählen?

John: Den guten natürlich.

Judy: Doch was glaubt ihr, welchen Platz sie wählen würde, wenn man sie vor die Wahl zwischen einem neutralen und einem guten Platz stellte?

John: Den neutralen.

Judy: Neugier ist, genau wie Spiel, ein umfassenderer Rahmen – eine höhere logische Ebene.

John: Und das konnten die Behavioristen nicht verstehen. Genauso wie die Politiker nicht verstehen können, daß wir alle vier Jahre die gleichen Probleme haben. Die logischen Ebenen sind nicht respektiert worden. Man kann einem Tier nicht antrainieren, neugierig oder nicht neugierig zu sein. Man kann ihm antrainieren, sich Plätze zu merken, die mit bestimmten Erfahrungen, Nahrung oder Schock verbunden sind, aber wenn sie die Wahl zwischen einer Belohnung und einem Platz haben, an dem sie noch nie zuvor waren, kommt selbst bei einer Ratte eine Variable höherer logischer Ordnung ins Spiel, genannt Explorationslust oder Neugier. *(Lachen)* Und wenn man den Unterschied in logischen Ebenen nicht würdigt und Menschen auf diese Weise behandelt, was sonst soll dabei herauskommen als genau der Scherbenhaufen, den wir geschaffen haben? Es ist verblüffend, daß diese logischen Ebenen in der Klasse von Verstärkern, die zwischen Menschen gebraucht werden, nicht erkannt werden.

José: Wie genial wäre Einstein bei den Pygmäen gewesen?

John: Gute Frage. *(Lachen)*

Judy: Man würde sicher eine Zweifachbeschreibung bekommen.

John: Er weist auf etwas sehr Kybernetisches hin. Genie setzt in fast allen Fällen eine tiefgehende Interaktion mit der Umgebung voraus, ansonsten wird es nicht anerkannt. Ich meine jedoch, daß wir mit dem Begriff „Genie“ vorsichtig sein müssen. Ich habe Männern und Frauen bei solchen Tätigkeiten wie Nähen und Teppichknüpfen zugesehen und mir gedacht: „Das ist brillant – das ist genial.“ Genie ist also nicht notwendigerweise nur die Klasse „Genie“, die durch soziale Anerkennung definiert ist.

José: Du sprichst mit anderen Worten von Kontext und Verstehen. Es geht nicht um Anerkennung durch die Pygmäen, sondern darum, wie Einstein bei den Pygmäen von sich selbst als Genie denken würde.

John: Ich habe deine Frage verstanden. Natürlich ist es eine rhetorische Frage, daher werde ich sie nicht beantworten. Aber es ist eine Frage, die es sich zu bedenken lohnt. Ich glaube, daß Milton Erickson in jedem anderen Beruf Hervorragendes geleistet hätte, vor allem deshalb, weil er in seinen Strategien so viel Wert auf Feedback legte. Ich bin mir nicht sicher, ob das in Einsteins Fall auch zutraf. Große Teile der Feedbackkreise, die er verwendet hat, um sich als Genie zu etablieren, setzten kein Feedback von der Außenwelt voraus. Er war in vielen seiner Strategien eine autonome, selbstgenügsame Einheit im Gegensatz zu Erickson, der viel Feedback von der Welt genutzt hat, um zu bestimmten Einsichten und Erkenntnissen zu kommen.

Ich hoffe, daß ihr zu einer Würdigung der Interaktion gelangt – der Feedbackkreise – zwischen Individuum und Umwelt. Einer der Unterschiede zwischen einer Gesellschaft und einer Kultur besteht darin, daß ihr in einer Gesellschaft keine äußere Unterstützung für eure Werte habt. Ihr könnt euch für euer Gleichgewicht nicht auf äußere Unterstützung verlassen. In einer fragmentierten Gesellschaft, in der es keine Kultur gibt, die dieses Gleichgewicht stützt, wird es sehr wichtig, wohlgeformte Design-Prinzipien zu benutzen, um eine persönliche Kultur zu schaffen. Wir werden, während wir das mit euch gemeinsam entwickeln, eine sehr spezifische Struktur für innere, persönliche Kultur vorschlagen. Sie wird inhaltsfrei sein, dafür aber strukturell sehr spezifisch. Sie beschäftigt sich mit solchen Themen wie z.B. Daimonen ... Ich will eure Daimonen ... Wacht auf! Alle hier im Saal. Denn ich will, daß sie für das, was wir vorhaben, zur Verfügung stehen. Ich will diese Daimonen auch in Käfigen, und in der Metapher, die wir hier verwenden, ist der Käfig der Kontext, in dem der Daimon frei wirken darf. Daimonen – jeder hat seine Daimonen ... in einigen von uns schlummern die Daimonen, in anderen sind sie vollkommen wach und außer Kontrolle. Es kann daher keinen überraschen, daß es uns hier um Gleichgewicht gehen wird – es ist besser, schlafende Daimonen liegenzulassen, als sie ohne die angemessenen Vorkehrungen zu wecken – die Pflege, das Füttern und das Training von Daimonen ... wo schafft man Stabilität und wo fördert man Entropie ... Michael Colgrass hat vor einigen Jahren einen Pulitzer-Preis für Komposition gewonnen – er hat einen sehr entwickelten Daimon für Komposition. Michael sagt, wenn er sich entschieden hat, wenn er zu seinem Daimon geworden ist, dann kann er genauso leicht auf dem Times Square komponieren wie in einer Hütte in den Blue Ridge Mountains. Und er weist darauf hin, daß es schwerwiegende Folgen haben kann, wenn die Daimonen zur falschen Zeit freigesetzt werden. Michael Colgrass bekam einmal einen Anruf, am Abend bevor er von Toronto aus in Urlaub nach Florida reisen wollte. Der Anrufer wollte mit Michael eine Arbeit besprechen, die er ihm in Auftrag geben wollte. Im Verlauf der Jahre hat Michael eine Fähigkeit entwickelt, die geschäftliche Seite des Komponistendaseins zu erledigen. Solche Fragen wie z.B. das Thema einer Komposition, die Orchestrierung, Solisten, die Zeit bis zur ersten Probe, die Finanzierung sind einige der Punkte, die er gelernt hat zu erfragen, bevor er eine Entscheidung trifft. Er erzählt, daß es nicht ungewöhnlich für ihn sei, bereits die ersten Takte der Komposition zu hören, sobald er diese Informationen hat. Zu seiner Verblüffung war er bald tiefer in die Diskussion verstrickt, als er vorgesehen hatte ... und bevor er den Prozeß unterbrechen konnte, hatte der Daimon bereits die Information, damit auch eine positive Entscheidung getroffen und bot ihm den Beginn der Komposition an. Nun, der arme Michael tat so, als ob alles in Ordnung sei und flog nach Florida. Er beschreibt, wie er dort am Strand lag und vorgab, die merkwürdigen Erzeugnisse des Daimonen nicht zu bemerken – er sagte, daß es ungefähr so gewesen sei, als hätte ein Kind ständig an seiner Kleidung gezupft ... und wie ein Kind ließ sich auch der Daimon nicht abweisen – Michael versteht sich übrigens ausgezeichnet mit seinem Daimon – sie sind alte Freunde. Seid vorsichtig, welche Arrangements ihr mit euren Daimonen eingeht ... und trefft diese Arrangements, bevor ihr eure Daimonen weckt. Der Controller des Daimons hat eine zweifache Verantwortung, erstens den Kontext für den Daimon zu definieren und darauf zu bestehen, daß der Daimon diese Grenzen respektiert, zweitens sicherzustellen, daß der Daimon absolut ungestört ist, wenn er in dem Kontext wirkt, für den er volle und oberste Verantwortung erhalten hat.

Teilnehmerin: Wirst du darauf eingehen, wie diese Struktur implementiert werden kann?

John: Oh, mit Präzision ...

Judy: ... bis hinab zu den winzigsten Feedbackkreisen.

John: Ein Teil eurer Fähigkeit, euer persönliches Genie auszudrücken, ist eure Fähigkeit, sich in dem Gerüst in euch auf eine Weise zu bewegen, daß ihr, sobald die Arrangements für Gleichgewicht getroffen worden sind und eine Lifeline sicher angebracht ist, im Grunde nach unten in eure Kreisläufe absteigen und zu dem Daimon werden könnt, der ihr in diesem Kontext sein wollt.

Judy: Das Selbst wird somit zu einer dynamischen Funktion anstatt zu einer statischen Definition. John und ich und Richard haben uns mit Gregory Bateson unterhalten und er schaute uns an und sagte: „Der Begriff der Nominalisierung ist hervorragend." Denn ihr müßt wissen, er hatte Zeit und Mühe eingesetzt, um nachzuweisen, daß die kleinste Einheit des Geistes der Unterschied sei und dann noch mehr desselben für die Behauptung, daß Unterschied eine Zweifach-Beschreibung voraussetzt. Alle von euch, die das Meta-Modell gelernt haben, werden jetzt hoffentlich denken: „Natürlich setzt Unterschied eine Zweifach-Beschreibung voraus, denn das Wort ‚Unterschied' ist eine Nominalisierung, die auf eine Beziehung zurückgeht, in der es ein Subjekt und ein Objekt gibt." Von der linguistischen Struktur selbst wißt ihr, daß es da zumindest zwei Relata gegeben hat, d.h. zwei Dinge, deren Beziehung zueinander dieses Ding mit Namen „Unterschied" war. Wir werden also ausführen, daß einer der Unterschiede, der einen tiefgehenden Unterschied macht, die Flexibilität ist. Flexibilität, die ihr braucht, um euch mit Teil-Feedbackkreisen in euch zu identifizieren – sobald die Vorkehrungen im Bezug zu die Lifeline getroffen worden sind, so daß ihr während dieser Zeit nichts außer dem wißt, was ihr wissen müßt, um eine bestimmte

Aufgabe zu erledigen – und daß in der ganzen Struktur Weisheit und Gleichgewicht besteht.

John: In neurologischer Hinsicht werden einige interessante Dinge passieren. Aus diesem Grunde sind Träume auch ein entscheidender Teil von dem, was wir hier tun.

Judy: ... und das ist die Integration, von der wir eben gesprochen haben, als wir den Artikel von Gregory Bateson vorlasen. Wenn die Kultur eine Kunst hervorbringt, die vollkommen bewußt ist, oder wenn eine Kultur eine Kunst hervorbringt, die vollkommen unbewußt ist, wird es in beiden Fällen keine große Kunst sein, denn Kunst spricht immer mehrere Ebenen an. Große Kunst spricht immer mehrere Ebenen an und auch ihre Integration ...

John: ... wir haben zwei Aufgaben, die wir heute behandeln möchten und die für euch erkennbar sein werden. *(Lachen)* Die eine ist „die Welt anzuhalten". Diese Metapher kommt von Carlos Castaneda. Die zweite kommt von einer erstaunlichen Frau mit Namen Viola Legere, einer Akadierin. Akadier sind Menschen französischer Abstammung, die in Kanada lebten, als England und Frankreich Mitte des 18. Jahrhunderts gerade einen Krieg führten, den England gewann.

Judy: Könnt ihr euch an das Gedicht von Evangeline erinnern? Es ist ein Gedicht, das an eine der Tragödien der Akadier erinnert, als sie britische Untertanen wurden, nachdem Frankreich den Krieg gegen England verloren hatte.

John: Sie sind allesamt in den Teil Nord-Amerikas umgesiedelt worden, der jetzt New England heißt. Etwas später ist ungefähr die Hälfte dieser Gruppe nach Louisiana verfrachtet worden, das sind die Cajuns geworden, während die andere Hälfte zurück in eine Provinz gezogen ist, die heute New Brunswick genannt wird.

Viola Legere war eine akadische Schullehrerin und leitete eine Theatertruppe. Einer ihrer Freunde ist ein berühmter Dramatiker in Kanada und er hat ein Stück geschrieben mit dem Titel „La Segouine" ...

Judy: ... es handelt von einer fünfundsiebzig Jahre alten Frau ...

John: ... mit dreizehn Kindern ...

Judy: … von denen zehn starben, weil sie im Winter geboren wurden …

John: … und zwei Stunden lang ist sie ganz allein auf der Bühne. Die künstlerische Vollendung und das Commitment, das diese Frau zeigt, sind beeindruckend; sie verändert sogar ihre Körperform. Sie hat selbst nie ein Kind gehabt und doch – diejenigen von euch, die physiologische Veränderungen wie z.B. die abdominale Distension wahrnehmen können, die typisch ist für Frauen, die viele Kinder gehabt haben, werden das schätzen können –, ihr Körper verändert seine Form und weist diese Distension auf. Wenn sie La Segouine wird, gibt es keine Ambiguität – sie ist diese Frau. Und sie redet von jenseits ihres Zaunes zu euch und bei Gott, Larry, sie redet zu dir und es ist sonst niemand da. Natürlich redet sie gleichzeitig zu dir, David, und auch du weißt, daß niemand sonst da ist. Ihre Präsenz ist unglaublich. Viola Legere ist einer der ausgeglichensten Menschen, die ich je das Vergnügen hatte, kennenzulernen.

Am nächsten Morgen fragte mich ein französischer Kanadier namens André: „Was ist der Unterschied zwischen Viola Legere, wenn sie La Segouine spielt, und jemandem, der in einer psychiatrischen Anstalt wegen Wahnvorstellungen behandelt wird?" Und ich habe geantwortet: „Es besteht ein ungeheurer Unterschied zwischen beiden. Sie ist eine Künstlerin. Ihr Wahn ist daher vollendet künstlerisch." Der Wahn von jemandem in einer Anstalt hat gewöhnlich nicht viel Künstlerisches, noch respektiert er den Kontext; das ist La Segouine. Doch Viola Legere ist auf vollendete, künstlerische Weise verrückt, wenn sie diese Sachen macht; und das ist auch der Grund, warum Theater Vorhänge und Drehbücher letzte Sätze haben und dann zu Ende sind …

Judy: … und Regisseure …

John: … während der Vorstellung anwesend sind …

Judy: Legere hat John mit einigen Aufgaben getestet, bevor sie in eine Demonstration ihrer Fertigkeiten eingewilligt hat. Die Sachen, die sie von John verlangt hat, zeigten ihr, ob die kontextuellen Marker stabil genug waren, um sicher eine andere Welt zu betreten – also ihre Art zu sagen: „Du wirst mein Regisseur sein und ich möchte sicher sein, daß du mich zurückbringen kannst, denn ich werde zu La Segouine werden …"

John: „… ich werde auf vollendete Weise verrückt werden …"

Judy: „… innerhalb dieses Rahmens …"

John: „... und deine Aufgabe ist es, den Rahmen aufrecht zu erhalten, damit ich wieder zurückkommen kann."

Teilnehmerin: Das ist auch die Funktion der Gruppe bei schamanistischen Reisen.

John: Diese Idee der Lifeline erinnert mich auch an John Rosen. John Rosen war ein Psychiater, der in den dreißiger und vierziger Jahren, laut Schefflin, einer der wenigen Psychiater in diesem Land war, der Erfolg mit institutionalisierten Patienten hatte.

Judy: Er begegnete ihnen so gekonnt in ihrer Realität, daß er sie ihnen verdarb. Er machte sich in der Nische des Patienten so breit, daß der Patient sich einen anderen Platz suchen mußte.

John: Unglücklicherweise war Dr. Rosen nicht als Schauspieler ausgebildet. Er war offensichtlich ein natürliches Talent, aber er war nicht ausgebildet. Deshalb vergaß er laut Schefflin, seinem Eckermann, einmal alle drei oder vier Jahre, zurückzukommen und mußte dann selbst institutionalisiert werden, und es war dann ein regelrechter Kampf, ihn wieder zurückzubekommen. Vergleicht dazu das Gleichgewicht, das diese Frau Viola Legere hat. Rosen war ein mutiger Mann, weil er es ohne Absicherung tat. Aber das ist verrückt – und so endete es schließlich auch.

Ich werde eine Behauptung aufstellen und ich möchte, daß ihr sie in euren Herzen selbst überprüft und entscheidet, ob sie wahr ist. Geht von der Annahme aus, daß ihr in der Lage seid, persönliches Genie zu erreichen und der wichtigste Grund, der die meisten von euch daran hindert, dieses persönliche Genie zu verwirklichen, besteht darin, daß persönliches Genie ein 100prozentiges Commitment an den Augenblick und den Kontext voraussetzt. Wenn ihr euch daher darüber Gedanken macht, ob ihr wieder zurückkommen werden könnt, wird das eine Inkongruenz schaffen, die ihr mit eurer zweiten Aufmerksamkeit wahrnehmen werdet und die eure Bemühungen, persönliches Genie zu erreichen, zunichte machen wird.

Teilnehmerin: Es gibt ernste Folgen.

Judy: Außer der Segouine hat Viola Legere eine Rolle in einem Ein-Personen-Stück, in der sie wie Lilly Tomlin *(amerikanische Schauspielerin; Anmerk. d. Übers.)* ihre Persönlichkeit sechs- oder siebenmal wechselt. Sie dreht sich einfach um und wenn sie zurückkommt, ist sie eine andere Person. Sie wird oft gefragt: „Mein Gott, ist das nicht furchtbar schwer? Ist es nicht schwer, diese Veränderungen zu machen?" Und sie antwortet: „Nein. Das Schwierige ist, das Niemandsland zwischen Viola Legere und einer anderen Rolle zu überqueren. Sobald ich da bin, kann ich die Rolle beliebig oft wechseln."

John: Was meinte sie damit, als sie von dem Unterschied in der Anstrengung sprach? Logische Ebenen. Mit anderen Worten, innerhalb der gleichen logischen Ebene hat man viel Freiheit, sich zu bewegen. Von einer logischen Ebene zur nächsten zu wechseln setzt viel Mühe und …

Judy: … Können voraus …

John: … und ein enormes persönliches Commitment.

Karen: So wie ich euch verstehe, sagt ihr, daß jeder von uns eine Kernwirklichkeit und eine Reihe von Verbindungen mit der Welt hat, die wesentlich sind. Glaubt ihr, daß das von Person zu Person verschieden ist?

John: Absolut.

Karen: So, daß manche nicht sehr viele dieser Verbindungen haben oder sie sie auf andere Weise organisiert haben?

John: Ja, das sind die interessanten Unterschiede zwischen uns.

Judy: Absolut.

John: Und worin besteht der Unterschied? Der Unterschied besteht darin, den Kontext zu kennen.

Georgine: Nein …

John: O doch!

Georgine: Na, das mag schon sein, aber das ist …

John: Wenn du den Wahnsinn, den du bei verschiedenen Gelegenheiten in deinem Leben an den Tag gelegt hast, gesammelt hättest und ihn in den angemessenen Kontext gelegt hättest, würde man dich als Genie verehren.

Georgine: Damals waren sie schon in dem angemessenen Kontext.

John: Das weißt du nicht. Und du hast eine Menge Feedback von der Welt bekommen, das darauf hinweist, daß es nicht der angemessene Kontext war, soweit die Wahrnehmungen anderer betroffen waren.

Georgine: Aber soweit unsere Resultate betroffen waren …

John: Jetzt redest du von erster Aufmerksamkeit. Resultat ist wie „Absicht", ist wie „Ziel". Du kannst alles erreichen, was die Gruppe einstimmig für deine Absicht hält, doch wenn die Methoden, die du verwendest, nicht den Kontext respektieren, wirst du nicht das Wohlwollen der Welt gewinnen.

Georgine: Aber wen kümmert das?

John: Einige Genies tun es und andere nicht. Gregory gesteht in seinen Schriften, daß er kein Mensch war, der ohne Feedback arbeiten konnte. Einstein war so ein Mensch. Er arbeitete jahrzehntelang allein, mit nur wenig oder ohne Anerkennung und auf einmal, *Päng*. Das ist einer der Unterschiede, über die wir im Zusammenhang mit Karens Frage gesprochen haben. Ich behaupte nicht, daß man den Kontext respektieren muß. Ich behaupte, daß Weisheit z.T. darin besteht, entweder den Kontext zu respektieren oder die Konsequenzen zu akzeptieren, die eintreten, wenn man den Kontext nicht respektiert.

Georgine: Aber wenn man über Grenzen hinausgeht, wenn man Grenzen überschreitet, wird man in Bereiche kommen, die für andere Menschen nicht akzeptabel sind, weil sie noch nicht dagewesen sind. Man geht also über ihre Grenzen hinaus und bedroht damit die Realität einer Menge von Menschen um einen herum.

Judy: Und auf einmal schreien sie: „Autsch."

John: Ich bin bereit, einige Präsuppositionen des Kontextes zu verletzen. Die Art, in der ich das tue, kann sogar ökologisch sein. Wenn ich z.B. mit einer Gruppe von Psychiatern spreche, werde ich sie auf die eine oder andere Weise wütend machen. Wenn ich das tue und mit Respekt vorgehe – in der Überzeugung, daß sie Organismen sind, die immer noch etwas Neues lernen können – kann es sein, daß sie mich am Ende zwar nicht mögen, aber ich gehe ja auch nicht zu einem Popularitätswettbewerb.

Wenn ich einen Teil ihrer Feedbackkreise durch meine Darbietung verändert habe, ist mir das als Ergebnis meiner Arbeit lieber als Applaus. Ich habe also meine eigenen Qualitätsnormen dafür, um was es mir geht, und das mag vielen gegen den Strich gehen. Ich würde mir nicht die Mühe machen, wenn ich nicht glaubte, daß die Organismen, denen es gegen den Strich geht, Intelligenz besäßen. Ich würde an ihnen wie an einem Stein vorbeigehen. Ich bin mir also dessen bewußt, daß man auch noch eine andere Klasse kontextueller Entscheidungen zu treffen hat. Wenn ich mich entscheiden sollte, KiSwahili zu lernen, wird es im Verlauf meines Spracherwerbs Phasen geben, in denen ich wie ein Idiot stammeln werde. Ich werde möglicherweise aus Versehen Poesie fabrizieren, doch ich bin kein Poet, ich bin an diesem Punkt ein Kind. Ich werde zu einem Poeten, wenn ich die Sprache so gut beherrsche, daß ich, wenn ich die Regeln breche, weiß, welche Regeln ich breche. Gregory sagt, wenn man eine Krabbe anschaut, bemerkt man, daß sie eine große und eine kleine Schere haben. Die Schönheit der Krabbe und die Tatsache, daß sie ein lebendes System ist, ist in dem geschaffenen Muster enthalten – Symmetrie wird angedeutet und dann verweigert. Es schlägt eine Regel vor, die überall befolgt wird – außer hier. Und das, was es interessant macht, ist, daß es nun die Regel bricht, die es selbst eurem Wahrnehmungsapparat vorgeschlagen hat.

Judy: Wodurch? Durch Größe.

John: Durch Maßstab.

Judy: Das ist der interessante Teil.

John: Man muß die Regeln beherrschen und dann kann man sie auf ästhetisch interessante Weise brechen.

Judy: Es gibt da einen sehr interessanten Artikel, den Gregory Bateson geschrieben hat, mit dem Titel „Menschen sind Gras".

John & Judy: Alle Menschen sind sterblich.
Sokrates ist ein Mensch.
Sokrates ist sterblich.

Menschen sterben.
Gras stirbt.
Menschen sind Gras.

Judy: Das ist die Logik der zweiten Aufmerksamkeit. Ich verstehe das sehr gut.

John: Jeder Dichter versteht das.

Judy: Das ist für mich die Grundlage der Poesie. Ich sage mir: „Oh ja, Gras ist lebendig, ich bin lebendig, Menschen sind Gras. Kein Problem." Das ist auch die Grundlage des Wahnsinns.

John: Der Unterschied zwischen dem Dichter und jemandem, der eingesperrt wird, weil er syllogistische Zweite-Aufmerksamkeitsformen verwendet, liegt darin, den Kontext zu verstehen. Der Dichter schafft Wahrnehmungen der Welt, die der ersten Aufmerksamkeit nicht zur Verfügung stehen. Und wenn der Dichter Erfolg hat, ruft unsere zweite Aufmerksamkeit: „Bravo!" Doch der Dichter kannte die Verhaltensregeln und beschloß, sie auf spezifische Weise zu brechen, auch wenn er oder sie sich dieses Mechanismus nicht bewußt ist. Jemand, der eingesperrt ist, hat dagegen den Kontext verloren, in dem diese Syllogismen ein primäres Werkzeug seines Vortrags waren, das ist alles.

Carol: Du hast mehrmals von logischen Ebenen gesprochen, und ich verstehe nicht, was das bedeutet.

John: Es ist wesentlich für den Konstruktionsprozeß, den wir hier leisten werden. Wer kann mir ein Beispiel für logische Ebenen geben?

Richard: Ich möchte ein Beispiel aus einer Geschichte erzählen, die von einem Mann handelt, der Schulden hatte, zu einer Zeit, als man dafür noch eingesperrt wurde. Dieser Mann hat eine Tochter. Eines Tages kommt also der Gläubiger und schlägt eine sehr logische Lösung für die Situation vor. Er wird zwei Kieselsteine in einen kleinen Beutel tun: wenn sie den weißen Kieselstein zieht, ist die Schuld vergessen und die Tochter ist frei, doch wenn sie den schwarzen Kieselstein zieht, muß sie ihn heiraten. Das logische Vorgehen hier wäre zu sagen, daß es drei offensichtliche, logische Möglichkeiten gibt. Die erste wäre den weißen Kieselstein zu ziehen, die zweite den schwarzen Kieselstein zu ziehen und die dritte, sich zu weigern einen Kieselstein zu ziehen. Es gibt noch eine andere Lösung, die sich ergibt, wenn man sich außerhalb des Problems stellt, und sie setzt ein bestimmtes Maß an Flexibilität voraus. Die Tochter willigt also ein und als der Mann nun zwei Kieselsteine aufsammelt, bemerkt sie, daß er zwei schwarze Kieselsteine nimmt und in den Beutel tut. Nun ist sie also mit anderen

Möglichkeiten konfrontiert, als sie sich dem logischen Denken bieten würden. Sie könnte ihn als Betrüger bloßstellen usw., usw. Ihre Lösung des Problems bestand darin, in den Beutel zu greifen, einen Kieselstein zu wählen und den gewählten Kieselstein wie aus Versehen fallen zu lassen. „Oh", sagte sie, „ich habe den Kieselstein fallenlassen. Aber wir können ja herausfinden, welchen Stein ich gewählt habe, wenn wir nachsehen, welche Farbe der andere hat."

Judy: Nicht schlecht.

John: Logische Ebenen. Eine der Funktionen der ersten Aufmerksamkeit besteht darin, die zweite Aufmerksamkeit zu modeln. Bei multiplen Persönlichkeiten gibt es Teile der Persönlichkeit, die von den anderen Teilen wissen, und Teile, die nicht von ihnen wissen. Eine hierarchische Struktur in einer Organisation ist ein Beispiel für logische Ebenen. Im Kontext der Diskussion über den Menschen in der Gesellschaft, sind Familie, Verwandtschaft und schließlich der Stamm logische Ebenen der Organisation. Logische Ebenen sind also durch Beziehungen der Zugehörigkeit definiert. Die Zahl „eins" z.B. ist einfach ein Integer, ein natürlicher Integer. Sie ist Teil einer Menge mit dem Namen „Menge der natürlichen Integer", die wiederum eine Menge in der Menge rationaler Zahlen ist, welche wiederum ... d.h. jede Menge wird durch die Teilmengen, die zu ihr gehören, definiert. Wir werden spezifischer darauf eingehen, wenn wir beginnen, die Struktur des persönlichen Organisationsmodells zu bauen. Ein Daimon z.B. ist auf einer niedrigeren logischen Ebene als der Controller für diesen Daimon. Das ist zwangsläufig so. Sonst würde man alle möglichen merkwürdigen Ergebnisse bekommen. OK. Ich glaube, wir haben jetzt zwei Aufgaben zu erledigen.

Teilnehmer: Es ist schon nach eins.

Judy: O weh.

Das Anhalten der Welt mit Lifelines

John: Die zwei Aufgaben, die ich erfüllen möchte, bevor ich euch heute nachmittag um drei Uhr dreißig in die sehr fähigen Hände von TaTitos Sompa übergebe, sind erstens, „die Welt anzuhalten" und zweitens, Lifelines einzurichten und zu benutzen. Beide Aufgaben sind in einer Übung verbunden.

Judy: Ihr kennt alle das „Anhalten der Welt" von ...

John: ... Castaneda. Das Abstellen des inneren Dialogs ...

Es gibt zwei Mindestvoraussetzungen, um diesen Zustand – „die Welt anhalten" – zu erreichen. Erinnert ihr euch an die Diskussion über Verstehen und wie ihr versteht, indem ihr Erfahrungen mit dem verbindet, was ihr bereits wißt? Das ist einer der Mechanismen, durch den ihr eure Welt aufrechterhaltet. Wenn jeder neue Input umcodiert wird – vor allem, wenn das geschieht, bevor er das zentrale Nervensystem und Bewußtsein erreicht – in etwas umcodiert wird, das ihr bereits kennt, dann gibt es einerseits keine Störung des homöostatischen Niveaus, und andererseits lernt ihr nichts Neues. Die andauernde verbale Beschreibung der Welt ist also eine Art, die Welt aufrechtzuerhalten, die ihr bereits kennt, sie zu kategorisieren und umzucodieren. Die zweite ist foveales Sehen. Es gibt 160.000.000 Stäbchen und Zäpfchen in der Retina. Es gibt um ein Vielfaches weniger Bahnen in den optischen Nerven. Und wenn man weiter geht zu dem optischen Chiasma und dann noch weiter, gibt es auf jeder Ebene, bei jeder Synapse einen Reduktionsmechanismus. Transformation, Transformation, Transformation, Transformation ...

Ihr seht nicht mich; ihr seht Ereignisse auf eurem hinteren Hirnlappen.

Judy: Ich hasse das. *(Lachen)*

John: Bateson sagt, daß der Baum, den ich mit geschlossenen Augen sehe, in einem sehr viel wirklicheren Sinne meiner ist als der Baum, den ich mit offenen Augen sehe. Da es kein äußeres Muster gibt, das auf dieses Ereignis auf dem hinteren Hirnlappen einwirkt, das wir „den Baum sehen" nennen, ist es leichter, für mich den Baum zu verändern, wenn da draußen nichts ist, das ich koordinieren muß. Die Gnade und die Gefahr bei der menschlichen Neurologie ist, daß man seine perzeptuellen Filter so weit an die Peripherie verschiebt, daß man nicht weiß, was man tilgt. Die kognitive Strategie, die Allen und Britt vorgeschlagen haben, die in unserer Kultur gesunder Menschenverstand genannt wird, ist, unsere Filter an die Peripherie hinaus zu verlegen, so daß Unterschied zerstört wird, bevor er je irgendeinen Status in unserem zentralen Nervensystem erhält. Unsere Neurologie tut das bereits in einem unglaublichen Ausmaß. Die Tatsache, das es 160.000.000 Zäpfchen und Rezeptoren in der Retina gibt und um ein Vielfaches weniger Bahnen im optischen Nerv, sagt uns bereits, daß das, was wir sehen, nicht das ist, was da draußen ist. Es ist eine interessante Transformation des Lichtmusters, das vom Gegenstand auf die Retina reflektiert wird.

Was sind die Erwartungen? Wer von euch hat den Hintergrund, uns zu erklären, was die Verbindungen zwischen afferenten und efferenten Nerven sind? Wenn meine Hand oder mein Fuß etwas Heißes außerhalb meines Sehfeldes berührt, werde ich diesen Teil meines Körpers zurückziehen, bevor das Signal mein zentrales Nervensystem erreicht. Diese Schleife ist in der Wirbelsäule. Und das ist sehr sinnvoll, um Verletzungen des Organismus zu verhindern. Doch wenn wir unsere Vorurteile mit Hilfe des gleichen Mechanismus von Gebrauch und Vernachlässigung, Atrophie und Spannung der Muskeln an die peripheren Organe hinausschieben, werden wir zu einem selbst-bestätigenden, undurchdringlichen System, das nicht lernen kann, weil wir Unterschied bereits an der Peripherie vernichten. Von fovealem zu peripherem Sehen und von innerem Dialog zu Stille zu wechseln wird daher ungeheuer wichtig, um in einer Weise einen Zugang zur zweiten Aufmerksamkeit herzustellen, die es uns erlauben wird, die Art von Designs, die wir in diesem Workshop vorhaben, auf ästhetische Weise durchzuführen.

Es gibt viele Möglichkeiten, diese Art des fokussierten Zustandes zu erreichen, in dem man – in Castanedas Worten – „die Welt anhält" – kein innerer Dialog, kein foveales Sehen. Man könnte das durch Trancearbeit erreichen, wenn man dazu in der Lage ist, und in der Technologie der zweiten Aufmerksamkeit unterrichtet worden ist, die wir das Erickson-Modell nennen. Ihr könnt ein Verfahren wie das Reframing verwenden …

Judy: … und damit eine Beziehung herstellen …

John: … zwischen erster und zweiter Aufmerksamkeit und von der ersten Aufmerksamkeit aus vorschlagen, daß ihr diese Klasse von Erfahrungen haben wollt und die Annahme dieses Vorschlags mit einem unwillkürlichen Signal durch die zweite Aufmerksamkeit bestätigen lassen.

Judy: Oder ihr könnt euch an eine Zeit erinnern, in der ihr tatsächlich so fokussiert wart, daß ihr keinen inneren Dialog hattet …

John: … und diesen Zustand wiederherstellen …

Judy: ... und ankern ...

John: ... vollständig. Laßt diese Möglichkeiten, zusammen mit einem Dutzend anderer, die euch, wie ich hoffe, noch einfallen werden, einfach während des Mittagessens auf euch wirken. Ihr müßt verstehen, daß wir euch nicht auffordern werden, die Übung zu machen, bevor ihr die angemessenen Lifeline-kontextuellen Marker-Arrangements getroffen habt, so daß ihr es in vollkommener Sicherheit tun könnt. Mit Sicherheit ist dabei gemeint, daß ihr wieder zurückkehren werdet. Ich habe keine Garantien dafür, was euch begegnen wird, wenn ihr in die zweite Aufmerksamkeit geht. Darum ist es so wichtig, daß ihr selbst geht. Das ist auch der Grund, warum es so wichtig ist, einen Zeugen zu haben, der euch als Beistand begleiten wird – um diese Lifeline zurückzuziehen, aus dem gleichen Grund, warum Viola Legere auf Vorhängen, Drehbüchern und Regisseuren besteht.

Teilnehmerin: Wenn du von fovealem Sehen sprichst, meinst du damit das gleiche wie Phobie?

John: Möglicherweise ... Schau auf diesen Kreis auf der Wand ... so daß du ohne Schwierigkeiten sehen kannst, wie sich meine Hand bewegt. Die Peripherie deines Auges ist so gebaut, daß sie Bewegung erkennt. Das foveale Sehen ist so ausgerichtet, daß es Farben erkennt. Mit dem peripheren Sehen sieht man vornehmlich Grautöne. Es gibt also genaugenommen zwei Systeme; es gibt sogar bestimmte Augenerkrankungen, bei denen man entweder das foveale oder das periphere Sehvermögen verliert, was zeigt, daß es verschiedene Bahnen gibt. Eine andere Möglichkeit, das zu demonstrieren, sind bestimmte Arten veränderter Bewußtseinszustände, in denen man Tunnelblick bekommt, daß heißt, man hat nur noch foveales Sehvermögen, das periphere Sehvermögen verschwindet.

Judy: Don Juan sagt, daß nach dem „Anhalten der Welt" der nächste Schritt darin besteht zu „sehen", was er definiert als „auf die Wahrnehmungsanforderungen einer Welt reagieren, außerhalb der Beschreibung, die wir gelernt haben Wirklichkeit zu nennen".

Teilnehmerin: Als du davon sprachst, eine Lifeline einzurichten, hast du damit gemeint, daß wir das selbst tun sollen?

John: ... Ja, mit Anleitung unsererseits und einem kybernetischen Feedback zwischen erster Aufmerksamkeit und zweiter Aufmerksamkeit, Vorschlag, Nachfrage, Vorschlag, Nachfrage, womit ihr zu einer Bestätigung gelangen könnt, daß ihr, bevor ihr den Schritt zum „Anhalten der Welt“ unternehmt, eine sichere Lifeline habt, die ihr nur sanft zu zupfen braucht, um sicher zurückzukommen. Das ist der Grund, warum ihr euch während dieser Experimente mit einem Zeugen zusammentut und möglicherweise ein Signal vereinbart, wann er euch zurückbringen soll.

Maureen: Ich glaube, ich habe bereits so etwas, doch es gerät sehr schnell in Panik und reißt mich wieder heraus.

John: Genau. Die Panik-Reaktion ist also eine Funktion in dir, die sagt: „Aha! Du könntest dich hier verirren.“ Du bist früher Rennwagen gefahren? Wenn du Rennwagen gefahren bist, bist du dieses vollkommene Daimon-Commitment eingegangen. Du mußtest gut sein. Dein Bewußtsein hat sich in diesen Kontext zurückgezogen und dir erlaubt, deine Definition des Selbst auf die Reifen auszudehnen. Die Grundlage jedes ästhetischen Aktes ist Fertigkeit. Und es ist deine Verantwortung, dafür zu sorgen, daß dir die notwendigen Instrumente zur Verfügung stehen, damit in der Zeit, in der du diese Übungen machst, die Panikfunktion sagen kann: „Ich sitze hier, bereit, den Knopf zu drücken und dich herauszuholen, aber ich habe Kriterien, auf die wir uns geeinigt haben und die festlegen, wann – unter welchen spezifischen Bedingungen – ich eingreife.“ Das wird dir die Freiheit geben, in den Zustand zu gehen und ihn zu erforschen, ohne sofort wieder zurückgeholt zu werden. Das ist eine wichtige positive Funktion in dir, und ich würde auf keinen Fall mit ihr herumspielen. Ich würde sie darüber aufklären wollen, unter welchen spezifischen kontextuellen Bedingungen sie den Knopf drücken soll.

Maureen: Die für mich wichtigste Erfahrung – eine Erfahrung, von der ich glaube, daß sie für mich notwendig war, um meine Fähigkeiten als Rennfahrerin zu erweitern – war, die Kontrolle über den Wagen zu verlieren. Und es war erst, nachdem ich in der Ausbildung die Kontrolle über den Wagen verloren hatte, daß mir der Ausbilder sagte: „Sie können fahren“, und ich schaute ihn an und sagte: „Sie sind verrückt!“

John: Aber er hatte recht.

Maureen: Nach dieser Erfahrung war es so offensichtlich für mich.

Judy: Es gibt das Konzept der „kontrollierten Torheit" in Castanedas Schriften. Man kann solange kein volles Commitment eingehen, solange man nicht die schlimmste mögliche Konsequenz kennt und bereit ist, sie zu akzeptieren. Deine Fähigkeit, die Kontrolle über den Wagen zu verlieren und das zu überleben, war das letzte Detail, das du noch kennenlernen mußtest, um ein volles, leidenschaftliches, hundertprozentiges Commitment für diese Betätigung einzugehen. Du hattest bereits alles gemacht, d.h. du hattest bereits Außergewöhnliches in dieser Form erreicht. Es ist eine Art von persönlichem Genie und auch ein wirklich gutes Beispiel für die Ausdehnung des Selbst.

John: Es gibt bestimmte Teile von mir, die sagen, daß eine Ausdehnung des Selbst im Augenblick auch Nahrung einbeziehen sollte. Anderthalb Stunden. Seid bitte pünktlich und bringt bequeme Kleidung mit, damit ihr euch frei bewegen könnt und an den Aktivitäten teilnehmen könnt, die heute nachmittag um drei Uhr dreißig beginnen.

Mittagspause

Deborah: Du sagtest ... eine der Sachen, die du gesagt hast, habe ich sorgfältig übersetzt, aber ich bin mir nicht sicher, ob es ganz richtig ist, und das ist die Beschreibung, des wie ich es genannt habe „full-view", F-U-L-L-Bindestrich-V-I-E-W". *(Lachen)* Sehen und, äh ...

Judy: Foveal *(schreibt das Wort an die Tafel).* Aber „full-view" gefällt mir. Doch wie alle Übersetzungen aus der ersten Aufmerksamkeit ist es vollkommen irreführend. *(Lachen)* Die Fovea und die Peripherie des Auges ermöglichen verschiedene Arten von visuellen Erfahrungen. Halte zwei Finger ungefähr auf Armeslänge von dir weg. Schließe nun dein linkes Auge. Fokussiere mit dem rechten Auge auf den linken Finger und – langsam – ohne deinen Blick zu ändern, so daß dein rechtes Auge immer noch auf deinen linken Finger schaut, nimm den rechten Finger weg. Wenn sie ungefähr zehn Zentimeter auseinander sind, müßte die Fingerspitze verschwinden. Wenn du das nicht siehst, geh über diesen Punkt hinweg und komm dann zurück. Nein, nein, das ist zuviel. Du wirst es ungefähr in dieser Entfernung finden.

Teilnehmerin: Ich beobachte meinen linken Finger.

John: Du beobachtest deinen linken Finger …

Judy: … mit deinem rechten Auge …

John: … nur mit deinem rechten Auge, nur mit einem Auge. Und wenn du den Finger bewegst, gibt es eine Stelle, wo die Spitze des rechten Zeigefingers verschwindet … und dann wiederkommt. Ist das nicht erstaunlich?

Judy: Wohin ist sie verschwunden?

John: Ich bin dankbar dafür, daß sie wieder erscheint. *(Lachen)*

Judy: Oh weh!

John: Was ihr nun durch diese einfache, kleine Demonstration entdeckt, ist ein Teil eures Erbes als einem menschlichen Wesen. Es ist euer blinder Fleck. Wo die Nervenbahnen von der Retina die Retina verlassen, ist verständlicherweise ein blinder Fleck. Beachtet, daß wir diesen blinden Fleck so automatisch ausfüllen, daß wir unser Erleben sorgfältig untersuchen müssen, indem wir monokulares anstelle von binokularem Sehen verwenden.

Judy: Da habt ihr es nun, neue Information in eurer Fingerspitze.

John: Und auch der blinde Fleck. Je nachdem, in welche Richtung ihr euch bewegt. Foveales Sehen gebraucht also die Klasse der Rezeptoren, die im Zentrum des Auges angeordnet sind, in der Regel die Zäpfchen. Die Stäbchen, die den größten Teil der anatomischen Struktur in der Peripherie des Auges ausmachen, sind die wichtigsten Elemente, wenn ihr die Welt durch peripheres Sehen erfahrt.

Judy: Wie John vorhin erwähnt hat … wenn ihr auf die Tafel hier fokussiert, wo im Raum seht ihr dann Bewegung? Es wird in eurem peripheren Sehen sein.

John: Und wenn ihr glaubt, daß es dort ist, schaut euch im Raum um, und ihr werdet bemerken, daß es sich plötzlich verschiebt. Es gibt eine Fülle von Beispielen in unserer Alltagserfahrung, anhand derer wir die Klasse von Transformationen überprüfen können, die an der Schnittstelle zwischen der Welt und uns stattfinden – das, was wir unsere Sinnesorgane nennen – und dem, was wir schließlich für unsere Welt halten, so wie sie durch diese Transformationen in unseren Repräsentationssystemen bewußt konstruiert wird.

Judy: So, wie sie buchstäblich ausgefiltert wird.

John: Wir möchten euch vorschlagen, daß ihr von nun an, wenn ihr euch in der Welt bewegt, diese nächste Übung als Prototyp benutzt – richtet kontextuelle Marker im Sinne von Viola Legere und eine Lifeline ein. Haltet dann die Welt an. Achtet darauf, daß das, was passiert ist, als ihr die Welt angehalten habt, zum Teil eine Funktion der Methodologie ist, die ihr gebraucht, um die Welt anzuhalten. Wenn ihr eine tiefe, tiefe Trance gebraucht und dann nach innen geht und diese Gesuche an eure zweite Aufmerksamkeit stellt, eine Bestätigung bekommt und dann aus der Trance heraus in den veränderten Bewußtseinszustand kommt, in dem ihr die „Welt angehalten habt", werdet ihr bestimmte Erfahrungen haben. Sie werden in der Regel grundlegend verschieden sein von dem was passiert, wenn ihr die „Welt anhaltet", indem ihr Zugang zu einem sehr konzentrierten Zustand findet, in dem ihr tatsächlich einmal früher „die Welt angehalten" habt und nun diese Physiologie und diese Erfahrung im Zusammenhang mit diesem Zustand aus eurer persönlichen Geschichte wieder hervorholt. Es wird in der Regel bestimmte Inhalte aus der ursprünglichen Umgebung geben, aus dem Kontext, in dem ihr die Welt vorher „angehalten" habt, die sich bemerkbar machen werden. Zwischen diesen beiden Zugängen wird es Unterschiede geben.

Judy: In Castanedas Beschreibung des „Anhaltens der Welt" spricht er von Kindern ... er verwendet das Konzept des „Sehens"; wenn man den inneren Dialog anhält und das foveale Sehen stoppt und nur mit peripherem Blick sieht, erscheint die Welt erstaunlich anders. Er spricht von der Spannweite menschlicher Möglichkeiten und davon, daß in jeder Kultur nur eine kleine Zahl dieser Möglichkeiten widerhallt – wobei es eine Übereinstimmung zwischen den inneren und äußeren Emanationen gibt. Das ist so fließend, daß wir, um es zu stabilisieren, Kindern Sprache beibringen. Sie werden beständig mit Sprache verstärkt, um diesen Punkt zu stabilisieren und zu fixieren. Er spricht davon, daß Kinder „Seher" seien und die Eltern dann mit Beschreibungen der Welt beginnen und ihnen erzählen, wer sie seien – sie lernen Sprache und damit stabilisiert sich die Welt. Es ist eine andere Beschreibung.

George: Ich hätte gern eine Referenzerfahrung dafür, nur peripheres Sehen zu haben.

John: Halte deinen Finger so vor dir und schau mich an. Wieviele Finger siehst du? Zwei, stimmt's? Den Raum zwischen diesen beiden Fingern gibt es nur als Artefakt deiner Neurologie, stimmt's? Du kannst das demonstrieren, indem du deinen Finger anschaust. Wieviele Male siehst du mich?

George: Zweimal.

John: Wenn du jetzt einen Gegenstand wählst, auf den du deine Aufmerksamkeit richten möchtest und dann über diesen Gegenstand hinausschaust, so daß er verschwommen wird – so wie ich jetzt über meinen Finger hinausschaue und dich klar sehe, aber mein Finger unscharf ist – so würdest du einen Prozeß beginnen, bei dem du lernst, wie du jemanden anschauen und dabei den fovealen Blick aufgeben kannst, vor allem, wenn du auf die Kinästhetik deiner Augen achtest.

George: Ich habe eine Referenzerfahrung für etwas wie das, was Deborah „full-range"-Sehen genannt hat, wo ich über sehr weite Entfernungen sehen kann. In der Mitte verschwindet nichts, außer wenn ich meine Augen schließe.

John: Ich schlage vor, daß du auf diesen Punkt schaust, um dein foveales Sehen zu beschäftigen und auf das achtest, was in deinem fovealen Blick vorgeht; das wird das gleiche erreichen. Wenn du deinem fovealen Sehen nichts Interessantes gibst, verändert es sich nicht; es ermüdet von selbst. Das sind einige der Möglichkeiten, wie man diese besondere Art der visuellen Erfahrung erreichen kann.

Judy: Stell dir vor, daß dieses kleine Auge sich zwanzigmal in der Sekunde bewegt. Denn wenn es stehenbliebe, würde es ermüden.

George: Ja, aber das tut es nicht.

Judy: Genau, es bewegt sich immer weiter.

John: In einer Untersuchung ist ein kleiner miniaturisierter Projektor auf eine Kontaktlinse montiert worden ...

Judy: Es war ein ganz winzig kleiner ... *(Lachen)*

John: Die Bilder sahen jedoch groß aus. Aber sie dauerten nur einige wenige Sekunden, denn die Kontaktlinse reagierte auf diese Bewegung, die das Auge zwanzigmal pro Sekunde ausführt – euer Auge kann aus einer einzelnen perzeptuellen Position nicht sehen, es ist in ständiger Bewegung. Wir sind uns dessen genauso wenig bewußt wie unseres blinden Flecks. Doch da in diesem Fall, da die Kontaktlinse auf diese Augenbewegungen reagierte, blieb der Projektor, der darauf montiert war, in der gleichen Beziehung zu den Rezeptoren auf der Retina, auch wenn das Auge seine Bewegung fortsetzt. Das Lichtmuster, das das Auge erreicht, fällt daher immer auf die gleichen Rezeptoren ... nach einigen Sekunden verschwindet die Wahrnehmung des Bildes... dann kommt sie wieder, wenn sich die Nerven erholt haben, verschwindet, kommt wieder, verschwindet ...

Die Weisheit, die darin enthalten ist, geht weit über den Teil von euch hinaus, der Bewußtsein oder erste Aufmerksamkeit genannt wird. Es gibt einige Disziplinen und Praktiken, die das Bewußtsein, die erste Aufmerksamkeit, meistern muß, um seinen Teil der Beziehung mit der zweiten Aufmerksamkeit aufrechtzuhalten. Erickson verglich die Beziehung zwischen Bewußtsein und Unbewußtem mit der zwischen Reiter und Pferd. Der Reiter kann einen Ort auswählen, an den er gelangen will. Wenn er diesen dann dem Pferd vorschlägt, gilt die Regelung zwischen ihnen, daß das Pferd zustimmen muß, damit sie gemeinsam dorthinkommen. *(Lachen)*

Judy: Das war das erste.

John: Das zweite war, daß, sobald es eine Abmachung zwischen Pferd und Reiter darüber gab, wohin sie wollten, es arrogant und töricht von dem Reiter wäre ...

Judy: ... dem Pferd vorschreiben zu wollen, wie es ...

John & Judy: ... jeden einzelnen Schritt auszuführen hätte.

John: Es wäre klug, diese Detailebene dem Pferd zu überlassen, seiner Kraft, seinem Gleichgewicht und seiner Power zu vertrauen. Und wie man die zweite Aufmerksamkeit um Unterstützung bittet, ist eine der wichtigsten Sachen, die ihr hier lernen könnt. Es gibt so etwas wie Wohlgeformtheitsbedingungen, die zeigen, wie man ein Gesuch vorbringen kann, ohne zu spezifisch zu werden. Wenn ich also zu meinem Unbewußtsein sage: „Bitte, schaffe eine Situation, in der ich die Dinge wahrnehme, die für die momentane Aufgabe relevant sind ..." und dann die Aufgabe nenne, habe ich mich, was die Beziehung zwischen erster und zweiter Aufmerksamkeit angeht, auf angemessene Weise verhalten. Und ich nutze die Kraft und das Gleichgewicht und die Weisheit der zweiten Aufmerksamkeit auf respektvolle Weise, indem ich die Substanz der Erfahrung nicht überspezifiziere.

Die einzige Sache, die wir nicht besprochen haben, bezieht sich darauf, welche Arrangements ihr für eure Lifeline zu treffen habt. Das ist entscheidend. Und wenn ihr schon einmal in diesem Bereich gearbeitet habt, werdet ihr bemerkt haben, daß viele Teile von euch, zu eurem eigenen Schutz, euren Prozeß unterbrechen werden. Maureen hat das Beispiel genannt, daß, wenn sie in bestimmte veränderte Bewußtseinszustände geht, eine Panikreaktion einsetzt und sie sofort zurückgerissen wird. Diese Panikreaktion ist ein wichtiger Verbündeter auf der Ebene der zweiten Aufmerksamkeit, der ihr sagt: „Du hast nicht die notwendigen Vorkehrungen getroffen, daher bist du in dieser Art von Situationen nicht sicher."

Judy: Erinnert ihr euch noch daran, was Carlos die ganze Zeit machen mußte?

John: Mitschreiben?

Judy: Genau. Schreiben. „Schreib besser noch weiter." Don Juan bestand darauf, daß Carlos zu seinem eigenen Besten weiterschreiben sollte.

John: Die Verantwortung des Zeugen – Larry und ich sind jetzt ein Team. Und er wird in seinen besonderen Zustand gehen, in dem er die Welt anhält. Ihr werdet gleich auch in Paaren arbeiten, so wie Larry und ich. Ich bin also sein Schutzengel, sein Zeuge – wie immer ihr diese Beziehung nennen wollt. Ich möchte, daß ihr euren Partner in dieser Übung auf zwei Arten unterstützt. Sie sind beide nonverbal.

Bei der ersten handelt es sich um folgendes: Ihr steht hinter eurem Partner und legt eure Hände fest um seinen Solar Plexus herum – behutsam aber fest und achtet dabei auf den Rhythmus seiner Atmung – und ihr werdet merken, wie Larry es jetzt gerade gemerkt hat, daß das etwas sehr Angenehmes ist, was man für einen Menschen tun kann.

Wir können es beide wahrnehmen, stimmt's?

Larry: Ja.

John: Ein zweiter Weg, um euren Kollegen zu unterstützen, besteht darin, ihn zu schaukeln – wenn es angemessen ist. Ob ihr ihn dabei von Seite zu Seite oder vor und zurück schaukelt, spielt keine Rolle. Es wäre natürlich schön, wenn das Schaukeln mit der Atmung der Person koordiniert wäre. Wenn die Person auf dem Boden liegt, dann könnt ihr sie sehr behutsam auf dem Boden schaukeln. Danke, Larry. Eure Rolle ist auf diese zwei Interventionen beschränkt. Unsere gesamte Diskussion heute morgen über den Unterschied zwischen Kultur und Gesellschaft bedeutet, daß ihr euch nicht darauf verlassen könnt – wie ihr das in diesem Workshop tun könnt –, bei anderen die gleichen Werte und Repräsentationen zu finden. Das ist der Unterschied zwischen einer Gesellschaft und einer Kultur. Aus diesem Grund wird es sehr wichtig, daß ihr in eurer Position als Zeuge nicht übermäßig aktiv seid. Ich will nicht, daß ihr die Person, die die Übung macht, um ihre Erfahrung bringt, indem ihr zu hilfreich seid. Das ist ein Arrangement, das zwischen euch und der anderen Person explizit sein muß. Wenn ich mit Larry arbeite, dann findet er für sich einen netten, ausgeglichenen, stabilen Ressourcezustand, in dem ihm sowohl erste wie zweite Aufmerksamkeit zur Verfügung stehen, den ich dann ankere. Er sagt: „Das ist der Zustand, in den du mich zurückbringen sollst, wenn du mich nachher zurückbringst", und ich ankere ihn. Wenn wir beide uns zu unserer Zufriedenheit vergewissert haben, daß der Anker funktioniert – wir könnten den Zustand unterbrechen und ich könnte die Wirksamkeit des Ankers überprüfen, und wenn wir beide darin übereinstimmen, daß er sauber funktioniert –, dann können wir die Übung mit einem weiteren Signal beginnen und zwar: „Larry, was wird deine zweite Aufmerksamkeit tun, um mir zu zeigen, daß ich eine dieser unterstützenden Interventionen ausführen soll?" Larry hat mir gerade ein Signal gegeben. Achtet nun darauf, daß er sich, als ich die Frage gestellt habe, des Signals bewußt gewesen sein mag oder auch nicht, auf alle Fälle hat er mir eines angeboten. Für diejenigen von euch, die es nicht sehen konnten, es war ein Anheben und dann Fallenlassen der Hände. Ich bestätige dann das Signal; ich bekomme eine Bestätigung, eine nette unbewußte Kopfbewegung, die er mir gerade gegeben hat. „Ja, das war tatsächlich richtig, John." Wenn das Signal bestätigt worden ist, lade ich Larry dazu ein, „die Welt anzuhalten" und zwar mit jeder Methode, die ihm gefällt. Wenn er eine zusätzliche Ressource-Person möchte, wenn er also möchte, daß ich ihm dabei helfe, in einen anderen Bewußtseinszustand zu gehen oder etwas ähnliches, dann ist das eine Verhandlungssache zwischen Larry und mir. Das hat nichts mit der Struktur dieser Übung zu tun. Es ist eine persönliche Verhandlung zwischen den zwei Partnern.

Nun werdet ihr dabei einen sicheren Weg zurück haben. Ganz im Sinne der Autonomie, die wir herstellen wollen, der Integrität eurer eigenen Kreisläufe, möchte ich, daß ihr innerlich die gleichen Arrangements durchführt. Ich will, daß ihr in einer Interaktion zwischen erster und zweiter Aufmerksamkeit entscheidet, was für euch ein internales oder externales Signal der Umgebung darstellen wird, aus dem „Stop die Welt"-Zustand zurückzukehren. Ich möchte, daß ihr die Freiheit habt, dort zu bleiben, bis sich etwas ereignet, das in diese Kategorie fällt. Es könnte der Geruch von Rauch sein, es könnte sein, daß ihr in der Peripherie eures Blickfeldes euren Zeugen nicht mehr sehen könnt, d.h. derjenige, der eure Lifeline halten soll, ist fort – das wäre für mich ein Signal dafür sofort zurückzukommen – es könnte der Anker sein, die Berührung, die ihr mit eurem Kollegen vereinbart habt. Es könnte zeitlich festgelegt sein: „Bring mich in sieben Minuten, nach dieser Uhr, zurück." Ihr bekommt ein unwillkürliches Signal, das „Ja" bedeutet, und ihr macht euch auf den Weg. Kontextuelle Marker wie die Vorhänge auf der Bühne, das Ende des Drehbuches und der Regisseur können euch als Prototypen dienen, wenn ihr etwas ausführlichere Arrangements in bezug auf Lifelines treffen wollt. Die Reihenfolge sieht so aus, daß ihr zuerst eure Lifeline festlegt, dann eine Methode bestimmt, mit der ihr in den Zustand gelangt, in dem ihr die Welt anhaltet, dann Rückzugs-Arrangements mit eurem Zeugen trefft, damit dieser euch herausholen kann, falls es nötig ist. Alles klar? Seid in einer halben Stunde wieder hier – fünfzehn Minuten für jeden von euch. An die Arbeit.

Pause

John: Die Struktur dieses Seminars besteht aus vier Teilen, und ich möchte von euch die Zusage als Teilnehmer, daß ihr alle vier durchführen werdet. Ihr habt ungefähr vier oder fünf Stunden pro Tag mit Judith und mir. Um drei Uhr dreißig findet jeden Tag ein außerordentliches Ereignis mit TaTitos Sompa statt, das eineinhalb Stunden dauert. Wir werden daran teilnehmen, genauso wie ihr auch. Diese beiden Elemente des Workshops sind wesentlich. Es geht nicht darum, daß wir euch zu Tanz, Trommeln und Gesang einladen wollen – es handelt sich dabei um einen wesentlichen Teil dieses Seminars.

John: Eine Bemerkung dazu, wie eure Teilnahme aussehen soll: Einige von euch haben sich ihre körperlichen Fähigkeiten bewahrt, ihre Gelenkigkeit, ihre Kraft. Andere haben das nicht. Jeder von uns ist in dieser Hinsicht anders. Es wäre vollkommen inkongruent mit dem, was wir hier tun, wenn ihr an dem Tanzen und Singen in einer Weise teilnehmen würdet, bei der ihr Feedback mißachtet und euch verletzt. Das wäre absurd. Es wäre eine klare Aussage darüber, daß ihr nicht die Art von Sensibilität und Feedback habt, die notwendig ist, um an diesem Seminar überhaupt erst teilzunehmen; das wäre die gleiche Art von Selbstbezogenheit, die jemand zeigt, wenn er unter Streß seinen Zustand nicht halten kann. Das sind gewissermaßen Voraussetzungen dafür, um die Art evolutionärer Arbeit zu leisten, für die dieses Seminar entwickelt worden ist. Ich appelliere daher an eure zweite Aufmerksamkeit, euch während dieses Workshops unzweideutige Signale zu senden. Ihr könnt auf vielen verschiedenen Ebenen teilnehmen. Wenn ihr ein Signal bekommt, das besagt: „Oh-oh, mein Kreuz braucht jetzt etwas Zeit, um sich zu entspannen und etwas auszuruhen!", oder eure Waden sagen: „Laß es jetzt gut sein!", dann bedeutet das, daß ihr ab dann in einer anderen Rolle an der Zeremonie teilnehmt. Das heißt, die Signale, die ihr bekommt, können euch veranlassen, an die Seite zu gehen und wieder zu Atem zu kommen, oder euch zu entspannen und bestimmte Muskeln wieder weich werden zu lassen, während der Tanz weitergeht. Eure Stimme und euer Klatschen sind als Zeichen dafür, daß ihr mitmacht, daß euer Geist sich mit dem der anderen Teilnehmer verbindet, genauso wichtig, um das hier zu einem Beispiel für Gleichgewicht und Harmonie zu machen, was einige der Merkmale der Gemeinschaft und des Modells persönlicher Kultur sind, die unserer Meinung nach persönlichem Genie zugrundeliegen.

Judy: Wenn ihr zu einer traditionellen Gemeinschaft geht, werdet ihr sehen, daß nicht jeder tanzt, nicht jeder singt, aber jeder in irgendeiner Weise mitmacht, um die Veranstaltung zu unterstützen.

John: Die ersten beiden Elemente dieses vierteiligen Workshops sind also die tägliche Arbeit – die vier oder fünf Stunden mit Judy und mir und ein oder zwei Stunden mit Titos. Abends werden wir euch an verschiedene Orte in der Stadt schicken. Ihr könnt auch morgens vor dem Seminar gehen, wenn ihr möchtet. Wir werden euch mit Anweisungen dafür losschicken, wie ihr eure Wahrnehmungen und Zustände organisieren sollt, wenn ihr euch diesen Teilen der Stadt nähert. An vierter – und sicher nicht an unwichtigster – Stelle steht das Träumen. Wir werden euch Anweisungen dafür geben, wie ihr euer Träumen vorbereiten sollt. Eure Aufgabe besteht darin, eure persönliche Disziplin einzusetzen, um sicherzustellen, daß ihr diese Anweisungen entweder ausführt oder alternative Anweisungen findet, die genauso wirksam sind, um eure Träume vorzubereiten. Wenn wir das erreichen wollen, was wir in unserer Arbeit hier für das Minimum halten, dann brauchen wir die volle Kooperation eurer zweiten Aufmerksamkeit was das Träumen anbelangt.

Judy: Eure Hausaufgabe für heute Nacht besteht darin, über die Golden Gate-Brücke zu gehen.

Teilnehmerin: Ha.

John: Ihr sollt hinübergehen in dem Bewußtsein, daß es in mehrfacher Hinsicht eine Brücke ist – sie verbindet zwei Dinge, die sonst getrennt bleiben würden – und sie tut das nicht als eine rigide Struktur, sondern indem sie sich vielmehr im Wind bewegt und auf den Druck, der von allen Seiten einwirkt, reagiert. Ihr sollt die Brücke in einer Richtung in jedem beliebigen Geisteszustand überqueren, doch wenn ihr wieder über die Brücke zurückkommt, möchte ich, daß ihr die Welt anhaltet. Ihr werdet das zu zweit machen, genauso wie ihr das heute nachmittag getan habt, mit einem Babysitter, damit ihr etwas außerhalb von euch selbst habt, auf das ihr zurückgreifen könnt, um sicherzustellen, daß ihr diese besondere Reise sicher beenden werdet. Das wird euch eine Freiheit geben, die ihr sonst nicht haben würdet. Euer Ziel dabei ist es, das am Ende der fünf Tage allein zu machen, doch heute abend möchte ich, daß ihr mit einem Babysitter geht.

George: Ist das nicht … ich bin nicht so vertraut mit der Golden Gate-Brücke, ich meine was …

John: Man kann sie kaum übersehen, George.

George: Ist das ein angenehmer Ort? Ist es sicher dort?

John: Es ist wundervoll.

George: In New York kann man an manche Plätze …

John: Ich weiß. Ich würde euch nicht über die Brooklyn Bridge schicken.

Teilnehmer: Alle, die aus New York kommen, haben schon einen automatischen Ökologie-Check eingebaut.

Georgine: Aber wenn mein Partner und ich beide das gleiche tun …

John: Nein, jeweils nur einer gleichzeitig. Richtig. Ich will, daß ihr beide zwei Durchgänge habt.

Jeder ästhetische Akt, jede Kunstform setzt eine hochentwickelte Fähigkeit voraus. Jemand, der Ballett oder afrikanische Tänze oder Jazztanz macht, läßt es leicht aussehen. Das ist Teil der Kunst. Das heißt nicht, daß es leicht ist. Das heißt, sie beherrschen die Kunst so, daß sie ihren Geist innerhalb des Rahmens der Form freisetzen können. Und das, was ihr seht, ist, wie ihr Geist ihren Körper bewegt; ihr seht freie Bewegung und Entspannung. Eines der Zeichen dafür, daß ihr etwas gemeistert habt, ist, daß ihr ein Minimum an Anstrengung aufwendet, um es auszuführen.

Judy: Jede Kunst setzt Fertigkeit voraus, und wenn ihr die Fertigkeit erlernt habt und die Regeln kennt, dann könnt ihr diese Regeln brechen. …

John: … und auf diese Weise eine bestimmte Art von Kreativität erreichen. Gut. Träumen. Ich möchte euch noch einmal daran erinnern, wie ihr eure Träume vorbereiten sollt. Gegenstand der Träume soll natürlich das Thema des heutigen Tages sein. Jeder von euch hat anders auf das reagiert, was Judith Ann und ich hier vorgestellt haben. Ihr werdet verschieden auf TaTitos und die anderen Leute reagieren, die hier sind, um uns in der nächsten Phase zu unterstützen. Eure Fähigkeit, die zweite Aufmerksamkeit auswählen zu lassen, ist ein wichtiges Merkmal einer gesunden Beziehung zwischen erster und zweiter Aufmerksamkeit, bewußter und unbewußter Performanz. Nehmt euch daher ein paar ruhige Minuten, nach eurer Hausaufgabe und vor dem Einschlafen, in denen ihr eure zweite Aufmerksamkeit dazu einladet, euch Symbole vorzuschlagen – in der Form eines Bildes zu dem, was hier passiert ist, einer bestimmten Bewegung, die ihr von einem der Tänzer gesehen habt, oder etwas, das ihr gehört habt, oder ein Gefühl, das als Reaktion auf die Ereignisse des heutigen Tages aufgetaucht ist – Symbole, die als Auslöser, als Ausgangspunkt für eure Träume dienen können. Diese Repräsentation soll euch als letzte Repräsentation der ersten, bewußten

Aufmerksamkeit dienen, bevor ihr heute Nacht einschlaft. Ihr könnt es verstärken, indem ihr von dem Repräsentationssystem aus, in dem ihr das Symbol erhaltet, in entsprechende Repräsentationen in den anderen Systemen überlappt. Wenn ich als Symbol von meiner zweiten Aufmerksamkeit ein Bild davon bekomme, wie sich einer der Tänzer bewegt, dann kann ich es verstärken, indem ich den Rhythmus der Trommeln höre und dann alle anderen Repräsentationssysteme einsetze, während ich allmählich einschlafe.

Judy: Eine zweite Methode, um das zu erreichen, ähnelt dem, womit wir in dieser Übung gespielt haben. Bittet darum, daß die zweite Aufmerksamkeit sich in der von John eben beschriebenen Weise um das Träumen kümmert. Solange das Signal unwillkürlich ist, könnt ihr euch da nichts vormachen. Drittens, nutzt einige der Milton-Modell-Fertigkeiten, geht in eine Tieftrance, in der ihr das angemessene Symbol identifiziert, mit dem ihr euer Träumen beginnen wollt, mit der Bitte an eure zweite Aufmerksamkeit, aus dieser Tieftrance in einen normalen Schlaf mit den entsprechenden Traumphasen überzugehen.

Mumtaz: Wähle ich das Symbol oder …

John: Nein, du erbittest es von deinem Unbewußten. Du hast nicht die Kompetenz, ein Symbol zu wählen. Du lebst dieses Leben bloß, OK. *(Lachen)* Gut. Wenn du in dem Traum bist – und auch hier wird sich jeder von euch auf verschiedenen Ebenen bewegen – möchte ich, daß du in der Lage bist, eine sehr einfache Aufgabe auszuführen, eine Aufgabe, die in Carlos Buch beschrieben wird: Ich möchte, daß ihr in der Lage seid, eure Hände anzuschauen und zu sehen. Ich kann jetzt bereits das Unbewußte einiger von euch sagen hören: „Es werden nicht die Hände sein."

Judy: Und das ist in Ordnung.

John: Es kann ein anderer Teil des Körpers sein. Der Trick besteht darin, diesen Körperteil zu sehen und dann schnell wegzuschauen, wieder hinzuschauen und wieder wegzuschauen, während ihr die Umgebung betrachtet, in der ihr euch in euren Träumen befindet. Diese Art, langsam die Kontrolle in dieser anderen Wirklichkeit zu übernehmen, sollte auf keinen Fall dem Traum, den wir vorbereitet haben, in die Quere kommen. Wenn euch das gelungen ist, möchte ich, daß ihr euch von außen sehen könnt, nachdem ihr eure Hände gesehen habt. Ich möchte, daß ihr in der Lage seid, zu einer dissoziierten Wahrnehmungsposition zu wechseln. Das sind syntaktische Übungen, die euch eine Vorstellung von den Möglichkeiten während des Träumens geben werden, und sie sollen dem Trauminhalt untergeordnet werden.

Teilnehmerin: Wenn du „außen" sagst, meinst du dann damit während des Träumens – daß man sich also beim Träumen zuschaut?

Judy: Ja, aus einer dissoziierten Position.

John: Denkt daran, ihr beginnt in der integrierten Position, ihr seht eure Hände aus dieser Position, und dann könnt ihr nach außen gehen.

Teilnehmerin: Sollen wir wieder zurückkommen?

John: Ihr sollt wieder zurückkommen.

Teilnehmer: Sehe ich mich in dem dissoziierten Traum wie ich schlafe und träume oder sehe ich mich in dem Traum?

Judy: Gute Frage nach den logischen Ebenen.

John: Wenn du nur eines von beiden siehst, dann das letztere. Sieh dich in dem Traum. Wenn du beides sehen kannst, dann hast du zwei logische Ebenen repräsentiert und damit kommst du dem Träumer und dem Geträumten nahe.

Laß dir von deiner zweiten Aufmerksamkeit ein unwillkürliches Signalsystem geben, das dafür sorgt, daß du diese Erfahrung mit TaTitos Sompa von deinen anderen Erfahrungen getrennt halten kannst, damit sie eine alternative Realität darstellt – eine Doppelbeschreibung – in dem Sinne, daß du auf sie in der Zukunft zurückgreifen kannst, um Kraft und Ressourcen zu bekommen.

Wir haben vor, hier eine eigene Welt zu schaffen, eine Welt, die die gleichen Wohlgeformtheits-Kriterien erfüllt, die wir in uns als Voraussetzung für Gemeinschaft einrichten wollen. Sie hat Gleichgewicht, sie hat Bewegung, sie hat Eleganz, sie hat Rhythmus, sie hat Fokus, sie hat konzentrierte Daimon-Zustände, die mit ihr verbunden sind, und sie hat alle die Dinge mit denen wir spielen, sie ist dynamisch, und nicht nur das, sie ist äußerlich verfügbar und könnte als Modell für eure interne Organisation gebraucht werden. Denkt daran! Wie ihr wißt, ist es wichtig, wenn man eine Sprache lernt, nicht in die eigene Sprache zurückzuübersetzen, bis die neue Wirklichkeit stabil geworden ist. Wenn ihr zu früh versucht zu übersetzen, zerstört ihr den Unterschied, der einen Unterschied macht, und genau das ist es, um was es bei veränderten Bewußtseinszuständen, bei verschiedenen Wirklichkeiten, bei anderen Kulturen und Sprachen geht. Macht also eure Aufgaben und schlaft fest heute Nacht …

Judy: … das sollte euch nicht zu schwer fallen. Kein Problem.

John: … und seid morgen früh um neun Uhr wieder hier, bereit loszulegen.

Zweiter Tag

Judy: Hallo, hallo.

John: Hallo, hallo. Seid ihr alle wieder trocken geworden? Wenn diejenigen von euch, die von der Ostküste sind, sich beschweren, dann weiß ich, daß es sich dabei einfach um Nörgelei handelt, also versucht es gar nicht erst. *(Lachen)* Naß und warm ist besser als naß und kalt. Das ist wohlwollende Diktatur. Habt ihr gedacht, das hier sei eine Demokratie oder so etwas? *(Lachen)* Diese kybernetischen Geschichten sind weit genug gegangen.

Judy: Erinnert ihr euch an den kleinlichen Tyrannen bei Castaneda?[1] *(Lachen)*

Teilnehmerin: Mein Stift hat einfach angefangen, irgend etwas zu schreiben.

Judy: Kleinliche Tyrannen? Die Nützlichkeit von kleinlichen Tyrannen. *(Lachen)*

John: Wenn ich trommle, fällt es mir sehr leicht, mich der amüsanten Illusion hinzugeben, daß die Verbindung zwischen mir und dem Tänzer während des Trommelns so stark ist, daß mein Trommeln den Tänzer bewegt.

Judy: Nein, nein. Der Tänzer bewirkt, daß der Trommler trommelt. *(Lachen)*

John: ... glücklicherweise hatte ich das Glück, auch als Tänzer am anderen Ende der Schleife zu sein und vollkommen von dem überzeugt zu sein, was Judy gerade gesagt hat, daß nämlich meine Bewegungen bestimmten, welche Töne der Trommler machte. Es ist ein wunderbares Beispiel für die Art von Schleifen, von der ich hoffe, daß sie als Folge von dem, was wir hier tun, in eurer Wahrnehmung allgegenwärtig sein werden. Bemüht euch um Ambiguität; wenn die Tänzer die Illusion haben, daß sie den Trommler dazu bringen zu trommeln, und die Trommler sicher sind, daß sie es sind, die die Tänzer bewegen, dann hat jeder die Verbindung in der Schleife, die wir herstellen wollen.

Judy: TaTitos war über die Reaktion sehr erfreut, nicht nur, was das Tanzen angeht, sondern auch in bezug auf das Singen. Ich tanze nun schon seit längerem mit Titos und gelegentlich singen wir auch. Wir versuchen seit vier Monaten ein Lied zu lernen. Eines der Lieder, das ihr gestern gesungen habt, hatte wirklich Seele (spirit).

John: Where the spirits have gone.

Judy: Er war sehr beeindruckt.

John: Von meinem Platz aus und aus dem veränderten Bewußtseinszustand, in dem ich war, fiel es nicht schwer, eure Körper als Instrumente des Ausdrucks für euren Spirit zu sehen. Es fällt mir leicht zu erkennen, wer immer noch selbstbezogen ist und wer sich in Viola Legeres Sinne committed hat – die Lifeline vorbereitet und sich dann hineingestürzt hat –, so daß wir sicher sind, bestimmte Teile unseres Selbst befreien zu können.

Alan: Es fällt mir immer noch schwer, den inneren Dialog anzuhalten. Ich gehe zum Beispiel über die Brücke – das hat mir übrigens sehr viel Spaß gemacht – es passierten eine ganze Reihe angenehmer Dinge ... und ich habe immer noch jemanden in mir, der sagt: „Hey, schau dir all diese vertikalen und horizontalen Sachen an", der ständig überprüft, was visuell passiert. Es gibt da einen gottverdammten, prüfenden Teil und ich ... *(Lachen)* Habt ihr einen Vorschlag für ihn?

John: Sicher, sag ihm, er soll überprüfen. *(Lachen)*

Alan: Ich möchte in der Lage sein, den inneren Dialog wirklich anzuhalten.

John: Laß mich etwas verständnisvoller sein, „die Welt anzuhalten" ist keine triviale Aufgabe, da die alltägliche Wahrnehmungswelt verändert wird, wenn wir den Interpretationsfluß anhalten. Die Kombination von fovealem Sehen und inneren Dialog beraubt uns der Neuheiten aus der Welt. Wenn wir mit fovealem Blick sehen, reagieren wir auf die Wahrnehmungsanforderungen unserer äußeren Welt, unser innerer Dialog interpretiert diese Anforderungen, entwickelt eine Beschreibung und wir nennen das dann Realität.

Judy: Ja, Inventar. Diese Anforderungen des fovealen Sehens zu inventarisieren und eine Beschreibung zu entwickeln, ist die Aufgabe der ersten Aufmerksamkeit.

John: Ihr habt eine Ressource. Im Kontext der Aufgaben, die wir euch ohne weitere Anweisungen gegeben haben, habt ihr es als störend erlebt, weil es den reinen fokussierten Zustand unterbrach, aus dem heraus ihr daran gearbeitet habt, „die Welt angehalten habt". Es ist eine angemessene Funktion der ersten Aufmerksamkeit, ein Inventar zu machen, und das ist genau das, was es getan hat. Es ist also wichtig, zunächst diese sehr wichtige und positive Funktion zu würdigen. Die Frage ist nun, wo und wann soll es euch diese Inventare, die es ständig anfertigt, mitteilen? Es geht also nicht darum, diesen Teil zu bitten, nichts mehr zu tun, denn das ist die Funktion, die er hat. Die Frage ist, wie Judy als Tänzerin sagen würde: „Es ist alles eine Frage des Timing ..." Wann sind diese Meldungen angebracht ...

Judy: *(unterbricht)* ... Timing ist alles. *(Lachen)*

John: Ich möchte gern ..., würdest du das noch einmal sagen ...

Judy: *(unterbricht wieder)* ... Timing ist alles. *(Lachen)*

John: Ihr müßt wissen, daß kleinliche Tyrannen viele verschiedene Formen haben können. *(Lachen)* Wir werden euch heute morgen eine Geschichte erzählen, und wir werden uns insbesondere dem Thema des Timing und der Funktion von Erste Aufmerksamkeits-Aufgaben zuwenden, unter anderem auch dem Inventarisieren. Ich möchte zunächst auf etwas anderes hinweisen. Alan, als du gestern mit Titos getanzt hast, hast du kein Inventar angelegt.

Judy: Du hast sehr gut getanzt. Manche quälen sich ein Jahr lang, um einige der Bewegungen hinzukriegen ...

John: ... die dir gestern gelungen sind.

Judy: Kannst du dich daran erinnern, was du gesagt hast?

Alan: Ich bin mir nicht sicher.

Judy: Denk mal darüber nach, denn das ist eine wirklich interessante ...

James: Was hat er denn gesagt?

Judy: Ich werde es euch nicht sagen. *(Lachen)* Er muß sich erinnern ...

John: Du hörst dem Gespräch bloß zu James. Entspann dich. *(Lachen)*

Judy: Er erzählte mir, daß er in eine kybernetische Schleife mit TaTitos gekommen ist, die direkt visuell-kinästhetisch war, visuell-kinästhetisch. Er sagte: „Sobald ich meinen Körper in die gleichen Positionen brachte wie TaTitos, floß ich einfach hinein."

John: Alans Frage ist also sehr angebracht ... Ich glaube, wir würdigen beide die wichtige Aufgabe der ersten Aufmerksamkeit und erkennen gleichzeitig auch, daß etwas Planung notwendig ist, damit die erste Aufmerksamkeit, wenn sie die Ergebnisse ihrer Inventarisierung mitteilt, das zu einer angemesseneren Zeit tut und nicht Zustände voller Commitments unterbricht. Viele von euch haben folgende Erfahrung gemacht – vielleicht auf der Golden Gate letzte Nacht oder während einer der Übungseinheiten, die ihr selbständig während eurer Freizeit organisiert habt – während der acht oder neun Stunden, die wir euch gelassen haben. Viele von euch können, glaube ich, von einer Situation erzählen, in der es euch gelungen ist, die Welt anzuhalten, und auf einmal war dieses Gefühl gleichzeitiger absoluter innerer Stille und Wachheit da, und dann, nach der Hälfte der Zeit, die ihr ausgemacht hattet, meldet sich eine Stimme und sagt: „Mein Gott, ist das still!", oder: „Wir haben es tatsächlich geschafft!" *(Lachen)* In meinem Verständnis ist die wichtigste Fähigkeit, die ihr für diese Aufgaben mitbringen könnt, ein Sinn für Humor, und solange ihr den bewahren könnt, wird der Rest eine natürliche Konsequenz sein.

Julie: Das, was ihr darüber gesagt habt, was passierte während wir über die Brücke gegangen sind, diese anderen ... für mich sind verschiedene Dinge passiert, meine Augen fingen an, etwas zu schielen und dann merkte ich, daß ich langsamer und dann wieder schneller wurde, das wären also Dinge, die die zweite Aufmerksamkeit macht.

John: *(als Echo)* ... die die zweite Aufmerksamkeit macht.

Julie: Gut. Und dann platzt die erste Aufmerksamkeit 'rein und ...

John: „Kommentar, Kommentar, Kommentar, Kommentar. Bewertung, Kommentar, Bewertung ..." Ja, das ist es, was die erste Aufmerksamkeit tut.

Julie: Ich soll also einfach dem vertrauen, was ich gerade mache, einfach Vertrauen haben.

John: Ich werde dir das Gleiche antworten, was ich Alan geantwortet habe. Wir bewegen uns genau auf die Art der Planung zu, die du noch brauchst. Ich habe gestern direkt gesagt: „Zweite Aufmerksamkeit, aufwachen!", und ich habe auch gesagt: „Erste Aufmerksamkeit, aufwachen!" Ich unterrichte in der Regel direkt in Richtung der zweiten Aufmerksamkeit und unterhalte eure erste Aufmerksamkeit bloß. Das tun wir zur Zeit nicht. Wir bestehen darauf, daß beide Arten der Aufmerksamkeit eine Funktion haben ... und bestehen auf der kybernetischen Natur der Beziehung zwischen ihnen. Die Tatsache, daß es sie beide gibt, ist die gute Nachricht. Die Frage, wie wir sie jetzt in einem Bündnis zusammenbringen werden, ist das Thema der nächsten achtundvierzig Stunden.

Judy: Bewußtheit oder erste Aufmerksamkeit modelliert zweite Aufmerksamkeit, dafür ist sie da, das auszuwählen, was unsere Wirklichkeit verbessert, damit wir wissen, wo wir sind und wie wir den Rest der Welt würdigen können.

Carol: Ich hatte gestern abend echte Schwierigkeiten ...

Judy: Oh, nein, Carol, nicht du – jeder andere, aber ausgerechnet du ... *(Lachen)*

Carol: ... in meinen Notizen nachzulesen, was ich erleben sollte, während ich über die Brücke ging. *(Lachen)*

Judy: Was hast du erlebt?

Carol: Nun, das möchte ich gerade erzählen. Auf dem ganzen Weg über die Brücke erzählten mir meine beiden Begleiter, was ich erleben sollte.

John: Es gibt viele Formen kleinlicher Tyrannen.

Carol: Stimmt, vielen Dank. Also auf dem Rückweg war das Interessante ... obwohl sie versuchten, es mir auf viele verschiedene Weisen zu erklären und ich mich auch bemühte, es klar zu bekommen, gab es Momente, in denen ich etwas erlebte, was ich vorher noch nicht erlebt hatte. Und als wir später darüber redeten, konnte ich nicht darüber sprechen – was genau der Punkt ist. Ich verstehe, daß diese ganze

Vorbereitung es mir erlaubt hat das zu tun, eine neue Erfahrung zu machen, die nicht in bezug stand zu …

John: … der ersten Aufmerksamkeit, in einer Weise, die uns vertraut ist. Die Castaneda-Fans von euch werden sich daran erinnern – es ist in einem der neueren Bücher – er entdeckt plötzlich, daß er doppelt so viel Zeit mit Juan und Genaro verbracht hat …

Judy: … als er sich bewußt erinnern konnte.

John: Er lebte aus der zweiten Aufmerksamkeit heraus, ohne daß die erste Aufmerksamkeit in irgendeiner Weise modellierend eingegriffen hätte.

Judy: Ein Grund dafür, warum wir Don Juans Information als eine „Beschreibung", als eine mögliche Beschreibung wählen, liegt darin, daß er direkt zum zweiten Bewußtsein geht, während Bateson eine andere Form der Beschreibung bietet, doch es gibt eine Fülle von Ähnlichkeiten, was die Richtung des Gesagten betrifft …

John: … deutlich verschiedene Wege.

Judy: Ja, verschiedene Wege.

John: Eine Doppelbeschreibung.

Mumtaz: Ich bin metaphorisch über die Brücke gegangen und es war eine interessante Erfahrung, in „up-time" zu sein. Kein innerer Dialog, bis der Wind anfing, die Brücke zu schaukeln und mich schwindlig machte und ich nichts mehr dagegen tun konnte. Ich glaube, daß ich mein Unbewußtes fragte: „Könnte ich die Aufgabe erfüllen, ohne daß es windig ist?", und ich konnte. *(Lachen)*

John: Schwindelgefühl: Wenn ihr euch erinnert, war das eine sehr geschätzte Erfahrung als wir noch Kinder waren. Mein Vater packte mich und warf mich in die Luft und ich war schwerelos. Oder wir hatten Spiele, wie das Karussell auf dem Spielplatz, und je schneller wir uns darauf drehen konnten und je mehr wir die Orientierung verloren, umso mehr Spaß hatten wir.

Teilnehmerin: Das stimmt.

John: Was ist mit Erwachsenen los, daß sie vergessen haben, welche Freude diese Art der Ausgelassenheit bietet? Nun, es gibt eine Möglichkeit, wie ihr euren Kuchen behalten könnt, zumindest einen Teil davon, und auch einen Teil davon essen könnt – ihr müßt nur vorsichtig sein, welchen Teil. Beachtet, daß das Schwindelgefühl nur dann auftreten kann, wenn eine relative Bewegung zwischen dem Wahrnehmenden und der Umgebung besteht. Eine Möglichkeit, um das Schwindelgefühl zu kontrollieren, bis man sich ihm ungefährdet hingeben kann – die Lifelines vorbereitet, den Kontext so vorbereitet, daß es angemessen ist –, besteht darin, daß ihr selbst euch in die Richtung orientiert und bewegt, in der sich der Schwindel dreht. Und wenn das passiert, habt ihr Kontrolle über das Schwindelgefühl, so daß ihr durch das Drehen mit der Bewegung leicht desorientiert werden könnt und dann euer Drehen so weit verlangsamt, daß die Desorientierung zunimmt und wie bei den verschiedenen Gängen in einem Auto, ihr Kontrolle über die Bewegung habt, die ihr relativ zum Kontext erlebt.

Judy: Im Ballett „spotten" wir. „Spotting" bewirkt nicht, daß das Schwindelgefühl verschwindet, aber es hilft dabei, die Orientierung zu bewahren, und für mich ist es reines Training. Je mehr ich es mache, umso länger kann ich es machen und umso besser kann ich es machen. Doch wenn ich in eine Richtung gegangen bin, muß ich in die andere Richtung gehen, um wieder geradeaus schauen zu können. *(Lachen)*

John: Gleichgewicht ... Gleichgewicht.

Bei einem durchtrainierten Sportler besteht ein Teil der Kunst darin, zu wissen, was er ignorieren und worauf er achten muß. Stimmt's? Sorting. Das zweite ist, daß unabhängig davon, wie leidenschaftlich und wie committed ein Zustand ist, in dem man sich befindet, es eine Reihe von Überlebensprogrammen geben muß, die die Priorität haben zu unterbrechen. Ihr bewahrt eine ausreichende Wahrnehmung der Umgebung außerhalb des Rahmens dessen, was ihr für die Ausführung der Aufgabe, mit der ihr euch so intensiv beschäftigt, unbedingt braucht, so daß, wenn ihr Signale dafür bekommt, daß euer physisches Überleben gefährdet ist, diese in jedem Fall euren fokussierten Zustand unterbrechen. Wenn ihr also über die Golden Gate spaziert und jemandem begegnet, der etwas fragwürdig ausssieht und ein an einem Ende geschärftes Stück Metall in der Hand hält – oft auch als Messer bezeichnet – ihr das aber in dem Zustand, in dem ihr euch befindet, nicht erkennen würdet, sollte ein solches Programm jedes andere Programm, in dem ihr euch befindet, unterbrechen, damit ihr euch effektiv mit der Situation auseinandersetzen könnt. Das gleiche gilt, wenn ihr ein Stabhochspringer seid und ein Zuschauer in eure Anlaufbahn tritt. Ganz gleich, in welcher Umgebung ihr euch befindet, jedesmal wenn andere lebende Organismen beteiligt sind, kann das passieren. In diesem Sinne halte ich es für unangebracht die Welt auszublenden. Ihr könnt eine Erfahrung eines vollen, leidenschaftlichen Commitments schaffen, während andere Teile von euch die Umgebung wie ein „Babysitter" überprüfen. Dieser Begriff stammt aus der Geheimdienstarbeit ... wenn ihr ein Treffen mit jemandem habt, bei dem es unter Umständen Schwierigkeiten geben kann, nehmt ihr immer einen Babysitter mit, der euch den Rücken freihält. Ich möchte, daß ihr alle eure eigenen Babysitter habt.

Teilnehmer: Wenn man von dem Zustand, in dem man über die Brücke geht, zu dem Zustand übergeht, in dem einem der Monitor, der Babysitter, Informationen gibt, wechselt man sofort in einen Zustand, der für das Überleben angemessen ist, und man ist dann hundertprozentig in diesem anderen Zustand.

John: Ja, in dem nächsten Zustand, der genauso leidenschaftlich ist wie der davor.

Judy: Auch in diesem Zustand hast du kein reflektives Bewußtsein. Aber die Idee, die du erwähnt hast, es zu tun und danach zu fragen: „Wie hab ich's gemacht? War es gut?" ist sinnvoll. Während man in dem hundertprozentig konzentrierten Zustand ist und einfach handelt, trifft man keine Bewertungen.

John: Aha. Das bezieht sich genau auf Alans und Julies Frage. Eine der angemessenen Funktionen der ersten Aufmerksamkeit besteht darin, ein Inventar anzulegen. Wenn es das tun kann, ohne die Qualität des konzentrierten Zustands zu verringern, besteht weiterhin ein hundertprozentiges Commitment in die Art von Variablen, die für die Aufgabe notwendig sind, und irgendwo außerhalb eures Bewußtseins wird weiter inventarisiert. Die Frage ist dann nur: „Wann bekommt ihr die Resultate der Inventarisierung?"

NLP beruht auf der Annahme, daß wir unser eigenes Erleben modellieren und so unseren Lernprozeß ungeheuer beschleunigen können.

Judy: Das ist die Stelle, an der es in die Erkenntnistheorie paßt – wie wissen wir, was wir wissen.

John: Das Problem hier ist, daß viele erste Aufmerksamkeiten oft selbst-bezogen sind. Sie geraten außer Kontrolle und außer Tritt mit der zweiten Aufmerksamkeit – und zweitens, was noch gefährlicher ist, man beginnt, seinen eigenen Modellen zu glauben.

Judy: Der Unterschied zwischen einem Modell und einer Theorie …

John: … besteht darin, daß eine Theorie nicht notwendigerweise falsifizierbar ist. Eine der Wohlgeformtheitsbedingungen an das Modellieren durch erste Aufmerksamkeit ist, daß man Gegenbeispiele suchen muß, um das Modell zu verfeinern. Nach anfänglichem Erfolg lernt man von seinen Fehlern, nicht mehr durch fortgesetzten Erfolg. Die Frage ist dann: kann man entscheiden, welche Klasse von Fehlern vom Risiko her für die Tätigkeit, mit der man gerade befaßt ist, angemessen ist. Ein Sportler kann im Anschluß an seine Leistung seine Kompetenz deutlich dadurch erhöhen, wenn er diese Erfahrung auf eine ausgewogene Weise auswertet – in erster Aufmerksamkeit das bestimmt, was ihm während der Handlung nicht zugänglich war. Mit dem richtigen Verhältnis zwischen erster und zweiter Aufmerksamkeit kann die erste Aufmerksamkeit Aspekte der Performanz der zweiten Aufmerksamkeit modellieren und diese dadurch verbessern. Das ist tatsächlich die Art und Weise, wie Menschen sich selbst am eigenen Zopf zu immer höheren Leistungsstufen bringen.

Judy: Bateson macht eine wundervolle Beobachtung über Wissenschaft, wenn er sagt, daß Wissenschaft nie irgend etwas beweist.

John: Niemals.

Judy: Sie verbessert und sie widerlegt …

John & Judy: … aber sie beweist nie etwas.

Judy: Und darum sagt er: „Wir brauchen wirklich eine Meta-Wissenschaft. Wir brauchen eine Wissenschaft, die Epistemologie heißt und die sich damit befaßt, *wie* wir wissen, was wir wissen." Da alles in unserer Neurologie Transformationen unterliegt, müssen wir mehr über die Regeln dieser neurologischen Transformationen herausfinden. Was sind die Verzerrungen und Tilgungen zwischen dem, was in der Welt da draußen passiert und der Information, die auf unsere Augen trifft und durch alle Transformatoren in unserem Nervensystem zu unserem Gehirn gelangt, wenn es von der zweiten Aufmerksamkeit in die erste übergeht, die es modelliert. „Leben ist die Kunst, zureichende Schlußfolgerungen aufgrund unzureichender Daten zu ziehen." Wir füllen ständig die Lücken und nennen das Ergebnis dieses Lückenfüllens dann „Wirklichkeit".

John: Könnt ihr das in dem unterbringen, auf was sich eure Frage bezog?

Judy: Mehr Beschreibungen.

John: Laßt es ein wenig wirken. OK.

Georgine: In Ordnung.

Judy: Das Wundervolle daran ist, daß es eine andere Beschreibung ist, und wenn ihr euch an das erinnert, was wir gestern gesagt haben, „von nichts kommt nichts," und Doppelbeschreibungen, daß das Vergleichen dieser Beschreibungen euch neue Informationen gibt. Neuheiten. News.

Robert: Meine Schwierigkeit damit ist, daß ich nicht verstehe, wo die zusätzlichen Prozente herkommen sollen, die darauf achten, ob jemand in meiner Umgebung einen spitzen Gegenstand in der Hand hat, wenn ich bereits hundertprozentig auf das konzentriert bin, was ich gerade tue.

John: Verstehst du, daß dieses Paradox nur in der ersten Aufmerksamkeit bestehen kann? Hier sind logische Ebenen hilfreich. Bist du mit den Russellschen Paradoxa vertraut? Nehmen wir an, ich schreibe ... *(schreibt auf der Tafel)*

Der folgende Satz ist wahr.
Der letzte Satz ist falsch.

Teilnehmerin: ... was bedeutet „Russelsche"? Bertrand Russell?

John: Genau der.

Judy: Der Freund von Mr. Whitehead. *(Lachen)*

John: Wenn also der Satz hier oben wahr ist, dann besagt er, daß der untere Satz wahr ist. Wenn aber der Satz unten wahr ist, dann besagt er, daß der oben falsch ist. Wir stecken also jetzt in einem Paradox. Beachtet, daß diese Klasse von Paradoxa gewöhnlich Selbst-Referenz oder Selbst-Bezüglichkeit voraussetzt. Es ist das Resultat davon, daß sich erste Aufmerksamkeit selbst modelliert, ohne Bezug auf die gesamte kybernetische Schleife, die erste wie zweite Aufmerksamkeit umfaßt.

Teilnehmer: Was genau bedeutet das auf diesen Satz bezogen? In welcher Weise ist er selbst-referentiell?

John: Nun, der Satz bezieht sich in seiner Struktur auf sich selbst.

Teilnehmer: Weil es „folgende" beinhaltet ...

John: Er sagt: „der folgende Satz – der Satz nach dem, den ihr gerade lest". Es ist an sich schon eine faszinierende Studie, welche Arten von Paradoxa man mit dem Bewußtsein herstellen kann. Erste Aufmerksamkeit ist immer eine echte Teilmenge der zweiten Aufmerksamkeit. Sie geht vollkommen darin auf, d.h. es gibt nichts in der ersten Aufmerksamkeit, das nicht durch die zweite Aufmerksamkeit gekommen ist – mit einer faszinierenden Ausnahme – ein Fehler, der uns von anderen Arten unterscheidet, ihr könnt es einen der magischen Momente in der Menschheitsgeschichte nennen – wir werden noch darauf zurückkommen.

Es ist interessant, nebenbei eines der Paradoxa im Zusammenhang mit reflektiver erster Aufmerksamkeit zu erwähnen. Stellen wir uns das folgende Szenario vor, um das Paradox zu verdeutlichen – Ken Kesey *(Autor von „Einer flog über das Kuckucksnest"; Anmerk. d. Übers.)* steht an einer Ecke in Winslow, Kansas, und trampt zurück nach Kalifornien. In seinem fast immer veränderten Bewußtseinszustand erlebt er seine Umgebung – schafft Repräsentationen der Kaktusblüten, des strahlend blauen Himmels, von Kohlendioxid, der Pickup-Trucks, die langsamer werden ... nach einigen Stunden wird er das Warten leid und dissoziiert sich von der sensorischen Umgebung – bei der er auf der Wahrnehmungsebene nur auf Autos und Lastwagen achtet, die anhalten – zu einer Metaposition. Er geht eine logische Ebene höher, so daß die Repräsentation, auf die er vorher vollkommen committed war, eine in einer Teilmenge von neuen Repräsentationen wird, die er unterhält. Er kann sich z.B. von einer Position wahrnehmen, die über und hinter der tatsächlichen Stelle an der Ecke liegt, an der er steht – eine Vogelperspektive. Beachtet, daß er, sobald er das tut, seinen Rahmen erweitert – die Repräsentationen, in bezug auf die er committed war, bevor er zu der Metaposition ging, sind immer noch vorhanden, aber in ihrer Größe reduziert, weniger detailliert und in einer größeren Menge von Repräsentationen enthalten, vielleicht dem Stadtteil, in dem er sich befindet oder Winslow als ganzem oder dem Staat Kansas oder dem amerikanischen Südwesten. Jede Veränderung logischer Ebenen in einer Repräsentation vergrößert den Umfang dessen, was in der Repräsentation enthalten ist, auf Kosten des Details. Beachtet, daß er bei dem Übergang zu einer Metaposition in eine ganz bestimmte Reihe von Zuständen geht – reflektive erste Aufmerksamkeit –, der Organismus unterhält Repräsentationen, die eine Repräsentation des Repräsentierenden enthalten, ... ist das ganz richtig? Wenn Kesey sich an der Ecke stehen sieht, dann ist genau genommen die implizite Position des Repräsentierenden über und hinter dem Bild von Kesey an der Ecke – hier liegt die Schwierigkeit. Nehmen wir an, wir bringen Kesey noch eine logische Ebene höher – auf eine Position, von der aus er einen Kesey an der Ecke stehend und einen über und hinter dem an der Ecke repräsentiert. Dann unterhält Kesey Repräsentationen, die vollständig sind, was den ersten Metapositionswechsel angeht, insofern, als sie eine Repräsentation des Repräsentierenden für den ersten Metapositionswechsel enthalten – doch das geschieht um den Preis einer zweiten Metaposition, deren örtliche Position durch die neue Klasse an Repräsentationen impliziert, aber nicht repräsentiert wird. Gleichgültig, wie viele Metapositionen wir also verwenden, wird diese Schwierigkeit immer wieder rekursiv auftreten. Folglich können wir das Unvollständigkeitstheorem ableiten.

Unvollständigkeitstheorem für Repräsentationen

> Es gibt in Menschen keine reinen reflektiven Zustände in erster Aufmerksamkeit, die es erlauben, für jeden beliebigen Zeitpunkt t_i, alle neurologischen Aktivitäten des Organismus zu repräsentieren. Solche reflektiven Zustände in erster Aufmerksamkeit werden vor allem keine Repräsentation des Repräsentierenden dieser Klasse von Repräsentationen in der Repräsentation enthalten, auch wenn sie Repräsentationen des vorhergehenden Repräsentierenden enthalten können (der Repräsentierende zum Zeitpunkt t_{i-j}, wobei $j > 0$.)

Einige von euch erkennen vielleicht eine Ähnlichkeit zwischen dem Unvollständigkeitstheorem für Repräsentationen und einer Reihe anderer interessanter Ideen, die relativ neu im menschlichen Denken sind – Batesons Repräsentation verwendet die Metapher des Bewußtseinsschirms –, das läßt sich grob so erklären, daß wenn wir einen Schirm haben, $Schirm_1$, auf dem die gesamte neurologische Aktivität eines Organismus abgebildet ist, dann wird der Schirm selbst nicht abgebildet sein. Wenn wir den Schirm vergrößern – nennen wir den vergrößerten Schirm „$Schirm_2$“, um $Schirm_1$ auch abzubilden, dann wird $Schirm_2$ nicht abgebildet sein ... Wir hängen einen Schritt hinterher. Gregory war in diesem Punkt von Russell angeregt, der in seinem Meisterwerk, *Principia Mathematica*, um bestimmte Paradoxa zu vermeiden, eine Meta-Regel für die Mengenlehre formuliert hat, die besagt, daß keine Menge ein Teil ihrer selbst sein kann. Bateson war eine Zeitlang versucht, mit dieser Meta-Regel Schizophrenie zu erklären – zumindest den Klinikern –, heute bekannt als die Double-Bind-Theorie der Schizophrenie.

Ich selbst glaube, daß es eine Reihe von Beispielen gibt, die in der westlichen Hemisphäre recht gut bekannt sind und die dem Unvollständigkeitstheorem für Repräsentationen ähnlicher sind – Gödels Theorem z.B. In den dreißiger Jahren hat Kurt Gödel, ein Meta-Mathematiker, bewiesen, daß, ganz grob, jedes logische System, das umfassend genug ist, um Arithmetik zu enthalten, im Grunde unvollständig ist – d.h. man kann, wenn man ein solches logisches System S_i annimmt, eine arithmetische Aussage konstruieren, deren Wahrheit auf anderem Wege bewiesen worden ist, die innerhalb des Systems nicht bewiesen werden kann. Eigentlich hat er etwas noch Stärkeres gemacht – analog unserem zweiten Meta-Position-Sprung mit Kesey – er bewies sein Theorem auf rekursive Weise, d.h. wenn man ein „größeres“ System S' konstruiert, welches sowohl das alte System S_i enthält wie auch die Aussage, die innerhalb von S_i als wahr bekannt aber unbeweisbar ist, dann kann man für S' eine neue Aussage konstruieren, die wiederum im Rahmen von S_i als wahr akzeptiert wird, aber unbeweisbar ist. Das Ergebnis ist auf rekursive Weise wahr.

Neal Cassady, eine Reisegefährte von Jack Kerouac und der Fahrer für die Merry Pranksters unseres Freundes Ken Kesey *(die Merry Pranksters waren eine von Ken Kesey begründete Hippy-Kommune, die im Magic Bus, einem umgebauten Schulbus, durch die USA reisten. Sie gehörten neben Timothy Leary und Richard Alpert zu den bekanntesten Vertretern der LSD-Kultur; Anmerk. d. Übers.)*, war ständig über seine Unfähigkeit frustriert, sich selbst einzuholen – sein Bemühen war wahrscheinlich von Anfang an vom Design her falsch, weil er Sprache als Teil des Verfahrens benutzte. Seine Absicht war es, immer genau in der Gegenwart zu sein. Es wird berichtet, daß er beträchtliche Zeiten damit verbrachte, das Wort „Jetzt“ zu wiederholen, immer schneller, mit wechselnder Lautstärke und Betonung, doch leider ohne Erfolg; sobald er es ausgesprochen hatte, lag er schon zurück. Man erzählt, daß er Amphetamine als letzten Ausweg wählte, auch das vergeblich.

Don Steiny erzählte mir ein lustiges Beispiel des Unvollständigkeitstheorems aus Monty Python's Flying Circus. Zwei aus der Python-Truppe durchqueren eine Wüste. Nahrung und Wasser gehen aus. Sie liegen dicht beieinander, das Ende ist nahe, und sie grübeln darüber nach, wie sie in diese mißliche Lage geraten seien. Kurz bevor es mit ihnen zu Ende geht, bemerkt einer der beiden: „Moment mal! Wer bedient die Kamera?" Das führt zu der Entdeckung des Kamera-Teams. Die Perspektive wechselt nun und man sieht das Kamera-Team dabei, wie es den beiden, gerade noch verlorenen Verdurstenden hilft. Nicht sehr lange nachdem sie ihren ebenfalls kärglichen Proviant geteilt haben, geht den Männern des Kamera-Teams, zusammen mit den beiden Sterbenden, die Nahrung und das Wasser aus und sie liegen hilflos in der Wüste ... bis natürlich jemand fragt: „Hey, wer bedient die Kamera ..." und immer so weiter.

Rosalyn: Was war es, das Gregory Bateson mit seiner ersten Aufmerksamkeit machte, das ... Ist das die Art von Denken, die man in einem Schachspiel gebraucht?

John: Es ist so ähnlich. Die Schwierigkeit ist, daß die Regeln dieses Spiels im Gegensatz zum Schach nicht spezifiziert sind. Gregory spricht von der doppelten Gewohnheit des Geistes.[2]

> Wenn ich Sie recht verstehe, haben Sie mich um eine ehrliche, introspektive – persönliche – Darstellung gebeten, wie ich über anthropologisches Material denke, und wenn ich bezüglich meines Denkens ehrlich und persönlich sein soll, dann muß ich hinsichtlich der Ergebnisse dieses Denkens unpersönlich bleiben. Selbst wenn es mir gelingt, mich für eine halbe Stunde von Stolz und Scham freizumachen, wird Ehrlichkeit doch schwierig sein.
>
> Ich möchte versuchen, Ihnen einen Eindruck von meinem Denken zu vermitteln, indem ich Ihnen eine autobiographische Darstellung davon gebe, wie ich meine Ausrüstung an begrifflichen Werkzeugen und intellektuellen Gewohnheiten zusammenbekommen habe. Damit meine ich keine akademische Autobiographie oder Liste der von mir studierten Themen, sondern etwas Bezeichnenderes als das – eher eine Liste der gedanklichen Motive in verschiedenen wissenschaftlichen Themen, die einen so tiefen Eindruck auf mich gemacht haben, daß ich diese geborgten Motive bei der Arbeit mit anthropologischem Material natürlich verwendete, um meinen Zugang zu diesem neuen Material zu organisieren.

Den größten Teil dieser Ausrüstung an Werkzeugen verdanke ich meinem Vater William Bateson, der Genetiker war. In Schulen und Universitäten tun sie sehr wenig, um einem eine Vorstellung von den Grundprinzipien des wissenschaftlichen Denkens zu vermitteln, und was ich davon gelernt habe, kam in sehr großem Maße von den Gesprächen mit meinem Vater und vielleicht besonders von den Nebenbedeutungen seiner Rede. Er selbst war bezüglich Philosophie, Mathematik und Logik inartikuliert und hegte ausgesprochenes Mißtrauen gegenüber solchen Themen, ich glaube aber doch, daß er gegen seinen eigenen Willen einiges davon auf mich übertragen hat.

Die Haltungen, die ich von ihm übernommen habe, waren besonders jene, die er für sich in Abrede gestellt hatte. In seinem frühen und – ich glaube er wußte das – besten Werk stellte er die Probleme der tierischen Symmetrie, der Zellteilung, der seriellen Wiederholung von Teilen, Mustern, usw. dar. Später wandte er sich von diesem Gebiet ab und hin zum Mendelianismus, dem er den Rest seines Lebens widmete. Aber er hatte immer eine Sehnsucht nach den Problemen des Musters und der Symmetrie, und es war diese Sehnsucht und der Mystizismus, der sie inspirierte, die ich aufgriff und die ich, auf gut Glück, als „Wissenschaft" bezeichnete.

Ich nahm ein vages mystisches Empfinden mit, daß wir in allen Bereichen natürlicher Phänomene nach derselben Art von Prozessen suchen müßten, daß wir damit rechnen könnten, dieselbe Art von Gesetzen in der Struktur eines Kristalls wie in der Struktur der Gesellschaft am Werk zu finden, oder daß die Zellteilung eines Regenwurms tatsächlich mit dem Prozeß vergleichbar sein könnte, durch den sich Basaltsäulen herausbilden.

Ich würde diesen mystischen Glauben heute nicht mehr ganz so predigen, sondern möchte eher sagen, daß nach meiner Überzeugung die Typen von geistigen Vorgängen, die zur Analyse eines Bereichs taugen, in einem anderen ebenso nützlich sein könnten – daß das Gefüge (der *eidos*) der Wissenschaft eher als das Gefüge der Natur in allen Bereichen dasselbe ist. Es war aber der mehr mystische Ausdruck der Sache, den ich vage lernte, und er war von überragender Bedeutung. Er verlieh jeder wissenschaftlichen Untersuchung eine gewisse Würde, was auch bedeutete, daß ich bei der Analyse von Rebhuhnfedern erwartete, tatsächlich eine Antwort oder eine Teilantwort auf das ganze verwirrende Problem des Musters und der Regelmäßigkeit in der Natur zu erhalten. Und weiterhin war dieses Stück Mystizismus wichtig, weil es mir die Freiheit gab, meinen wissenschaftlichen Hintergrund einzusetzen, die Denkweisen, die ich in der Biologie, Elementarphysik und Chemie aufgegriffen hatte; es ermutigte mich, damit zu rechnen, daß diese Denkweisen auf sehr viele verschiedene Beobachtungsgebiete anwendbar waren. Es befähigte mich, meine gesamte Ausbildung als potentiell nützlich und nicht als ganz und gar irrelevant für die Anthropologie zu betrachten. ...

Ich möchte hervorheben, daß wir immer dann, wenn wir uns rühmen, einen neueren, strengeren Weg des Denkens oder der Darstellung gefunden zu haben, wenn wir anfangen, zu stark auf „Operationalismus", symbolische Logik oder irgendein anderes dieser sehr wesentlichen Systeme von Denkschienen zu pochen, etwas von der Fähigkeit einbüßen, neue Gedanken zu denken. Und wir verlieren natürlich ebenfalls etwas, wenn wir gegen die sterile Strenge formalen Denkens und formaler Darstellung rebellieren und unsere Ideen wild schweifen lassen. Nach meiner Ansicht kommen die Fortschritte im wissenschaftlichen Denken von einer Verbindung lockeren und strengen Denkens, und diese Kombination ist das wertvollste Werkzeug der Wissenschaft.

Meine mystische Sicht der Phänomene trug besonders dazu bei, diese doppelte Gewohnheit des Geistes aufzubauen – sie führte mich in wilde „Ahnungen" und zwang mich gleichzeitig zu mehr formalem Nachdenken über diese Ahnungen. Sie ermutigte zu freiem Denken und beharrte dann unmittelbar darauf, diese Freiheit an einer strengen Konkretheit zu messen.

John: Was tut ein professioneller Linguist? Nehmt einmal an ich sagte:

Mary nahm Johns Hemd ab.

Wie viele verschiedene Bedeutungen hat der Satz?

Teilnehmerin: Eine Menge.

John: Eine Menge. Nun, das ist ziemlich genau.

Teilnehmer: Wie lautete der Satz?

John: ***Mary nahm Johns Hemd ab.***

Wie viele verschiedene Bedeutungen hat dieser Satz? OK. Ein Teil der Ambiguität hat damit zu tun, wer Johns Hemd anhat. Wenn John Johns Hemd anhat und Mary es abnimmt, dann ist das eine entscheidend andere Erfahrung, zumindest für John *(Lachen),* als wenn Mary Johns Hemd anhat und es auszieht. Und Mary kann Johns Hemd auch von Georges Körper nehmen, den wir noch gar nicht erwähnt haben. Und nun haben wir einen Ménage à trois und sind in Schwierigkeiten, nicht wahr? Es ist mir nicht so wichtig, wie viele verschiedene Bedeutungen der Satz hat, mir geht es darum, wie ihr das entdeckt habt, mir geht es darum, den Prozeß eurer inneren Schaltkreise im Entdecken der Ambiguität zu erforschen. Was habt ihr getan, um diese Frage zu beantworten? Und das ist z.T. das, worüber wir eben sprachen, Robert. Larry machte es auf diese Weise *(imitiert Larrys Gesten)* und das ist eine genauso elegante Kommunikation wie ich sie von Linguisten kenne, die sich beruflich damit befassen. Was passiert hier? Was habt ihr gestern getan, als ihr hier gesessen, zugehört und mitgemacht habt? Ihr prüft Schaltkreise*. Stimmt das? Oder stimmt das nicht?

„Paßt das?" „Kann ich die Schaltkreise finden, die sie gerade besprechen?" „Bin ich anders organisiert?" „Scheint der Fall zu sein." Das sind einige der Vorschläge, die heute morgen gemacht werden. Eines der powervollsten professionellen Werkzeuge, die ein Linguist haben muß, ist die Fähigkeit, interne Kongruenz-Checks durchzuführen. Wenn ihr professionelle Linguisten oder Mathematiker beobachtet und die Wahrnehmungsgenauigkeit einsetzt, über die ihr verfügt, wird es ziemlich offensichtlich für euch, was vor sich geht. *(Pause)* Das ist etwas, das Gregory wirklich überrascht hat. Ich hoffe ihr seid davon nicht überrascht, obwohl ich hoffe, daß es euch überrascht, daß Gregory überrascht war. Ich hoffe, ihr denkt euch: „Natürlich." Dann frage ich euch: „Natürlich was?"

Judy: Doch ganz gleich, wie überrascht Gregory war, er war gleichzeitig auch entzückt. Was ist die Verantwortung der ersten Aufmerksamkeit, was diese Schleife angeht, die Verbindung zwischen erster und zweiter Aufmerksamkeit? Wir reden über diese Verantwortungen und sagen: „Ich überlasse das meiner zweiten Aufmerksamkeit. Die soll sich darum kümmern."

John: Erinnert euch an das, was Judy gestern vorgelesen hat, wenn eine Kultur ein Commitment eingeht, ein unausgewogenes Commitment, zu entweder ausschließlich bewußter oder ausschließlich unbewußter Tätigkeit ..., und daß es unwahrscheinlich ist, daß die Kunst dieser Kultur wirklich groß sein wird? Das gleiche trifft auf einer persönlichen Ebene zu. Wenn ihr keinen Tanz zwischen erster und zweiter Aufmerksamkeit habt – und ihr wißt, wie fließend dieser Tanz sein muß –, ist es unwahrscheinlich, daß ihr die Art von persönlichem Genie erreichen werdet, die wir in diesem Seminar anstreben ... *(Pause)*.

OK, Gregory war also über folgendes überrascht: Mit „Tracking" meine ich die Aufgabe, bei der sich ein Punkt auf dem Bildschirm in einem bestimmten Muster

* im Sinne von Bahnungen neuronaler Verbindungen; – Anm. d. Hrsg.

bewegt und ihr einen Kreis und zwei Kontrollen habt, die euch horizontale und vertikale Kontrolle geben, damit ihr diesen Kreis bewegen könnt. Wenn der Punkt also hier erscheint, müßt ihr den Kreis nach unten bewegen. Es zeigt sich nun, daß, wenn man Versuchspersonen die Aufgabe gibt Punkte zu verfolgen, die sich in Mustern bewegen, welche durch lineare Gleichungen wiedergegeben werden können – im Gegensatz zu nonlinearen ... eine lineare Gleichung würde also ein Muster bezeichnen, bei dem sich der Punkt immer in einer geraden Linie bewegt. Die Linie kann in jede beliebige Richtung gehen, aber für die Dauer der Bewegung, bis sie wieder von der Versuchsperson durch den Kreis eingefangen wird, bewegt sie sich immer in einer Linie, also nicht in einer kurvenförmigen Bewegung. Eine Kurve ist keine lineare Funktion, stimmt's?

Zum Beispiel $x = y + 5$. Das ist eine lineare Gleichung. D.h., wenn wir ein Koordinatensystem darüberlegen *(zeichnet an der Tafel)*, und hier der Nullpunkt ist, dann wird für $y = 2$, x den Wert 7 annehmen, der Punkt wird also hier irgendwo sein, nicht wahr? Wenn ihr andererseits eine Gleichung habt wie $x = y^2$, dann habt ihr es mit nonlinearen Repräsentationen zu tun. Ihr werdet eine Kurve bekommen.

Nehmen wir für $x = 2$ und $x = 4$. Erinnert ihr euch noch daran?

Teilnehmerin: Warum bekommt man dann eine Kurve?

John: Nimm dir ein Blatt Papier und probiere es aus. Das Interessante ist nun, daß, wenn man eine Gruppe von „Trackern" nimmt und sie nur linear verlaufende Punkte verfolgen läßt und eine zweite Gruppe nimmt und diese nur nonlinear verlaufende Punkte verfolgen läßt, und dann die Bedingungen vertauscht, nachdem jede Gruppe Gelegenheit hatte, sich mit den Aufgaben vertraut zu machen, dann sprechen die Ergebnisse sehr stark dafür, daß kein Lerntransfer stattgefunden hat. D.h. die Lernkurve, die sie durchlaufen müssen, scheint unabhängig von ihrer vorherigen Erfahrung zu sein – gleichgültig, ob sie mit der linearen oder der nonlinearen Aufgabe anfangen; sobald sie die Aufgabe wechseln, fangen sie wieder ganz von vorne an. Das überraschte Bateson. Warum überraschte es Bateson? Nun, er sagte: „Wie ist es möglich, daß die Lernleistung unserer Spezies diesen symbolischen repräsentationalen Unterschied respektiert – den Unterschied zwischen linearen und nonlinearen Funktionen?" Und das ist meine Frage an euch. Was ist der Zusammenhang?

Tom: Die Symbole beschreiben zuerst unsere Erfahrung.

John: Sag das noch mal lauter, Tom.

Tom: Die Symbole beschreiben unsere Erfahrung und somit geht es nicht darum, daß diese Symbole respektiert werden, sondern unsere Erfahrung wird respektiert …

John: … die modelliert, abgebildet wird …

Tom: … mit Hilfe dieser Symbole.

John: Ihr versteht also, wie Denken in der ersten Aufmerksamkeit, lineares Denken, Probleme bereitet und wenn man ein Problem auf diese Weise angeht – ich habe euch gerade ein Problem in linearer Weise dargeboten und euch damit in lineare Denkprozesse gelockt. Doch wenn ihr denkt: „Moment mal! Wo kommt das alles her? Das ist schließlich nicht mit den zehn Geboten heruntergereicht worden."

Judy: Eine Tafel ist fallengelassen worden. *(Lachen)*

John: Es gab fünfzehn?

Judy: Ja, es stand auf der anderen.

John: Gregory sagt, daß wir in ernste Schwierigkeiten kommen, wenn wir nicht lernen, in Schleifen zu denken, die die Integrität von Kreisläufen respektieren. Eine technische Gesellschaft operiert vorwiegend in erster Aufmerksamkeit und das wird uns eine Menge Ärger bereiten. Und er gesteht, während er diese Bemerkung macht, daß er selbst keinen Erfolg dabei hatte, beständig auf kybernetische Weise zu denken. Und die Tatsache, daß er durch dieses Tracking-Experiment überrascht war, ist ein sicherer Hinweis darauf, daß er die Idee kybernetischen Denkens noch nicht vollständig operationalisiert hatte. Denn, wie Tom sagt, diese Dinge sind nicht mehr als eine symbolische Repräsentation unseres Erlebens des Unterschieds zwischen geraden und krummen Linien.

Genauso wie der Linguist, der professionelle Syntaktiker, seine neurologischen Schaltkreise dafür nutzt, um zu überprüfen, ob das was sie tun, wirklich mit der Grammatik übereinstimmt, die neurologisch repräsentiert ist, so beruht auch die sogenannte „reinste" aller Wissenschaften, die Mathematik, selbst auf der gleichen kybernetischen Schleife. Wir haben bestimmte Filter für die Welt, die nur bestimmte Informationen durch unsere Wahrnehmungsorgane in die zweite Aufmerksamkeit und dann ins Bewußtsein, in erste Aufmerksamkeit, gelangen lassen und zwar auf eine Weise, daß unsere symbolischen Repräsentationen immer eine interessante Integration dessen sein werden, was wir repräsentieren können und was draußen in der Welt vor sich geht. Aber ihr müßt beide Seiten der Schleife berücksichtigen, um würdigen zu können, was Epistemologie wirklich sein kann.

George: Ich bin immer noch verwirrt darüber, was Bateson verwirrt haben mag. Behauptest du, daß alle nonlinearen Funktionen gleichermaßen übertragbar sind, es also keine Klassen nonlinearer Funktionen gibt ...

John: Nein, ich habe berichtet, daß Versuchspersonen anders lernen und „tracken", wenn sie vor eine Aufgabe gestellt sind, bei der es eine lineare anstatt einer nonlinearen Funktion zu verfolgen gibt. Auf der Meta-Ebene, auf der sich deine Frage bewegte, bin ich überrascht, daß Gregory überrascht war. Gregory war überrascht, weil er linear dachte. Das Gegengift zu solchem linearen Denken war das, was Tom gesagt hat: „Wo zum Teufel kommen diese symbolischen Repräsentationen her?" Und die Antwort darauf lautet, sie kamen durch unseren Sinnesapparat, und wir haben ein willkürliches Repräsentationssystem entwickelt, in dem diese Unterscheidung getroffen wird, welches eine Unterscheidung über die Beziehung zwischen der Welt und unserer eigenen Neurologie ist und nicht nur über die Welt allein. Es ist eine Aussage über die Interaktion zwischen unseren neurologischen Schaltkreisen und der Welt. Deine andere Frage interessiert mich persönlich auch, ist aber irrelevant für unsere Diskussion. Verstehst du das? ... Bedenke die Implikationen hier. Denke daran, daß Information, um zu menschlichem Wissen zu werden, notwendigerweise von Teilen menschlicher Neurologie gefiltert wird und dann repräsentiert werden muß. Sowohl die neurologischen Filter wie auch der Bias der verwendeten Repräsentations-Codes garantieren, daß menschliches Wissen immer ein Produkt äußerer Ereignisse und all der Verzerrungen unserer Neurologie sein wird. Selbst die Physiker, die etwas weiter die Straße runter im SLAC (Stanford Linear Accelerator) arbeiten, müssen, wenn sie Instrumente gebrauchen, die „Daten" zuerst durch ihr Nervensystem drücken, um eine Repräsentation zu finden, die schließlich zu „Verständnis" führen kann. In diesem Sinne findet jede menschliche Tätigkeit – die des Physikers, des Tänzers, des Biologen, des Verhandlungsführers, des Musikers, des Piloten usw. – innerhalb der Meta-Wissenschaft statt, nach der Bateson verlangt hat – der Epistemologie.

Teilnehmerin: Mir geht schon die ganze Zeit durch den Kopf, daß die Erfahrung, die ich heute morgen hatte, als ich über die Brücke ging, eine Kombination von dem da draußen und dem Auge ist. Ich hatte das Gefühl, daß ich neu zu gehen lerne. Es war so, als ob meine Beine nicht funktionierten, sie fühlten sich ganz wacklig an, aufgrund all der Information, die ich aufnahm. Ich hatte das Gefühl, daß ... als ob ich programmiert sei, so zu funktionieren, aufgrund der Art und Weise, in der ich Information gewöhnlich aufnahm und nicht, wie ich sie erlebte ...

John: Schön. Das ist eine bemerkenswerte Aussage. Halten wir fest, daß sich ihre Hände bewegt haben ...

Georgine: Ich komme noch einmal auf den Unterschied zwischen Kultur und Gesellschaft zurück. Und ich versuche auch schon die ganze Zeit, das auf meine Kinder zu beziehen, auf das, was sie zur Zeit erleben, und ich denke daran, was ich als Kind für Erfahrungen hatte. Und wenn man diesen anfänglichen Lernprozeß überwunden hat, kommt man auf diese erste Stufe, wo man versteht, oder man weiß, daß man weiß und dann will sofort jemand, daß man ihnen sagt, was man weiß. Und sobald ich die Erfahrung hatte, daß ich es ihnen nicht sagen konnte, würde ich das bewerten und mir sagen: „Ich glaube, ich habe es doch nicht gelernt."

Judy: Du hast geglaubt, du hättest es nicht gelernt, weil du nicht darüber reden konntest. Es war nicht auditiv-digital codiert. Die Frage ist sehr wichtig, an welcher Stelle des Prozesses du ein Werturteil triffst, anstatt bloß den Unterschied wahrzunehmen.

Georgine: Und es passiert mir immer noch. Die Familie meines Mannes stammt aus Ungarn und spricht untereinander ungarisch. Oft passiert irgend etwas, das meine Schwiegermutter nicht versteht. Und ich habe verstanden, was passiert ist und lache oder reagiere irgendwie darauf. Sie schaut mich dann an und fragt: „Was ist passiert?" und ich sage ...

Judy: „Öhhm."

Georgine: ... „Ich weiß nicht."

Judy: Da muß man sagen: „Du hättest da sein müssen." *(Lachen)*

Georgine: Sie schaut mich dann an und sagt: „Du bist ziemlich dumm“, und ich bin dann ganz verloren und ziehe mich zurück und denke mir: „Wahrscheinlich schon ...“

John: Unterschied ohne Bewertung. In unserer Gesellschaft wird Information oft als wertlos angesehen, wenn sie nicht in erster Aufmerksamkeit codiert werden kann – wenn wir nicht darüber reden können. Die Idee nur mit dem Code der ersten Aufmerksamkeit, den wir Sprache nennen, zu verbinden, bedeutet eine Mißachtung des Tanzes zwischen erster und zweiter Aufmerksamkeit und die ausschließliche Berücksichtigung von nur einem Teil einer komplexen Interaktion – eines Bogens, eines Teils der Schleife. Beachtet, daß unsere Gesellschaft, indem sie diesen Filter zum dominanten gemacht hat, viel von der Weisheit der zweiten Aufmerksamkeit zurückweist.

Es wäre interessant, wenn die Definition für „zivilisiert“ dadurch gekennzeichnet würde, wie wir auf Unterscheidungen reagieren. Wenn man Unterschiede erkennen kann, ohne den automatischen Sprung zu einer Bewertung zu machen, wird sich euch die Welt erschließen – und euch Reichtümer bieten. Wir sind so gebaut, daß wir nach Unterschieden suchen und mit Unterschieden arbeiten. Nicht Bewertungen. Bewertungen sind eine Funktion bestimmter sozialer Systeme, bestimmter Sozialisationsprozesse, bestimmter physiologischer Mechanismen, durch die homöostatische Zentren geschützt werden sollen.

Wie schon der Gouverneur von Texas sagte – wann war das, so um 1917? Erinnert ihr euch an den Namen?

Judy: James Pa Ferguson.

John: Ferguson.

Teilnehmer: Richardson.

John: Richardson?

Teilnehmer: Richardson.

Judy: Ferguson.

John: Ferguson. Meine Stimme geht an Judy. Wer immer auch 1917 der Gouverneur von Texas war, ihm wurde ein Gesetzentwurf zur Unterschrift vorgelegt, der die

Fortführung der zweisprachigen Erziehung in Texas gewährleistet hätte – das gab es schon 1917 – und anläßlich seiner Ablehnung besagten Gesetzentwurfs ...

Judy: ... machte er die folgende Aussage ...

John: Er sagte: „Wenn Englisch gut genug für Jesus Christus war ... *(Lachen)* ... dann ist es auch gut genug für die Schulkinder von Texas."

Nun es ist das gleiche, worüber wir bereits einige Zeit gesprochen haben – die Beziehung zwischen Sprache und Erfahrung. Sapir sprach davon, Whorf sprach davon. Der sprachliche Code schafft, im Sinne einer Inventarisierung durch die erste Aufmerksamkeit, Kategorien der Wahrnehmung, und wenn Teile der Welt nicht in diese Kategorien fallen, dann werden wir sie gewohnheitsmäßig nicht in erster Aufmerksamkeit erleben. Linguistische Codes sind offensichtlich nicht so tief, daß wir nicht Zugang zu ihnen hätten und sie nicht verändern könnten. Die Tatsache, daß einige von uns polyglott sind – fließend mehrere Sprachen sprechen können – ist ein Hinweis darauf, daß wir diese Flexibilität in unserem Nervensystem haben, wenn wir uns dazu entscheiden, sie zu nutzen. Als ich in Europa lebte und eine andere Sprache lernte, war ich in dem geeigneten Kontext und das ist das wichtige, der Kontext. Zuerst mußte ich natürlich versuchen, in dem üblichen Unterrichtskontext Sprachen zu lernen – in einer Pappkabine, mit Kopfhörern, die auf den Ohren drückten und einer Stimme, die wiederholte: „Der Tisch – the table, der Tisch – the table." Es gab nirgendwo Tische noch „tables", es gab überhaupt nichts außer dieser idiotischen Stimme ...

Judy: Welcher? *(Lachen)*

John: Wenn ich also eine Sprache in einer Kultur lernen will, dann begebe ich mich in die Kultur. Mein Körper wird zu einem Spiegel, ich dehne das Selbst so weit aus, daß ich automatisch Verhalten spiegele. Ich dehne mich so weit aus, daß ich alle Tonalitäts-Variablen, die ich in den Sprachmustern höre, alle Veränderungen des Tempos, automatisch nachmache. Das sind für mich die wichtigsten Erwägungen.

Ein Teil meines Vorschlags, eine eigene Wirklichkeit für das zu schaffen, was wir mit TaTitos gestern gemacht haben, beruht auf dem Prinzip, daß man immer, wenn man einer neuen Realität begegnet, ob sie nun kulturell/linguistisch definiert ist oder eine Umorganisation der eigenen inneren Schaltkreise betrifft, mit gutem Grund anfänglich ihre Zerbrechlichkeit respektiert und eine abgetrennte, geschützte Realität für sie schaffen sollte, bis sie robust genug ist, als adäquate zweite Beschreibung für die ursprüngliche Sprache und Kultur zu dienen. Wenn sie diese Robustheit und Stärke hat – wenn sie stabil genug ist, daß ihr hin- und herwechseln könnt –, dann seid ihr im wahrsten Sinne fließend. Ich habe bemerkt, daß einige der Polyglotten mir zunicken und zu verstehen geben, daß das auch ihre Erfahrung ist.

Judy: Hast du noch Fragen dazu, Antonio?

Antonio: Oh, ja ... *(Pause)* ... Ich war ganz auf das konzentriert, was du gerade gesagt hast und habe jetzt meine Frage vergessen. Ich war gestern auf der Brücke und ich beschloß, die Brücke in diesem Zustand zu überqueren und meinen Pferden die Zügel schießen zu lassen, und mein Verstand, meine erste Aufmerksamkeit, drehte durch. Und dann kam eine dritte Person dazu, die sagt: „Nein, das ist OK, du kannst es, geh ruhig." Und diese dritte Person ist die, der ich vertraue, die überwacht was passiert. Ich ging also über die Brücke und meine erste Aufmerksamkeit ist überall zugleich, und als ich am Ende ankam – heute morgen hatte ich ein ganz empfindliches Gesicht von dem Wind – stellte ich mir die Frage: „Kannst du bei dieser Sache verletzt werden?" Und ich stand auf der Brücke und fragte mich: „Wow, das ist wahnsinnig, Mensch. John Grinder ist ein Wahnsinniger." *(Lachen)* „Wie kann er so etwas von uns verlangen?" Aber ich ging trotzdem über die Brücke und es war OK. Und nun denke ich, wenn ich wirklich eine ernsthafte Verletzung riskiert hätte, hätte ich aufgehört. Und heute morgen sprach ich zu mir selbst darüber. Und ich, glaube ich, wäre ausgestiegen, wenn es ernst geworden wäre. Das ist das, worüber ich nachgedacht habe.

John: Es ist auch wichtig darüber nachzudenken, Antonio.

Antonio: Es war eine Frage für mich. Ich war mir nicht sicher, ob ich aussteigen würde.

John: Das ist genau der Punkt ...

Judy: ... kontextuelle Markierungen ...

John: ... Lifelines. Erinnert ihr euch daran, daß ich gesagt habe, daß jeder von euch sein eigener Babysitter werden soll. Der Babysitter erfüllt sehr wichtige und powervolle Funktionen für euch. Und solange ihr keinen erfahrenen Babysitter habt, der euch den Rücken freihält, habt ihr meiner Meinung nach nicht das Recht, euch den

Erfahrungen in veränderten Bewußtseinszuständen auszusetzen, mit denen wir uns hier befassen. Wenn es nicht kontextualisiert ist, handelt es sich bloß um übertriebene Selbstbezogenheit. Ihr könnt euren Geist nicht gefahrlos von der Leine nehmen, solange ihr nicht jemanden habt, der sein Verhalten kontextualisieren kann. Es gibt eine ganze Reihe von Brücken. Castaneda berichtet davon, wie er am Rande einer Klippe stand und während eines gewaltigen Sturms durch das Gebirge ging, mit seinem Rücken zur Wand saß und eine Brücke sah, die den Vorsprung, auf dem er sich befand, mit einem anderen Teil des Gebirges verband. Und diese Brücke war so deutlich in seiner visuellen Wahrnehmung, daß er drauf und dran war hinüberzugehen, als sein Babysitter in dieser Episode, Don Juan, ihn griff und ihn in einen anderen Zustand zurückbrachte. Es wird also äußerst wichtig sein bei Explorationen der Art, mit der wir uns hier beschäftigen, im Sinne von veränderten Bewußtseinszuständen und anderen Wirklichkeiten, daß ihr einen Babysitter habt, der euch einwandfrei beschützen kann … *(Pause)*

Und das ist die Bedeutung der Fehlerlosigkeit des Babysitters bei dieser Art von Entscheidungen. Übrigens, wieviel Windburn … ich klettere nun schon seit mehreren Jahren mit einem Spitzen-Bergsteiger, Geoffrey, der mir unglaubliche Dinge beigebracht hat. Er machte Dinge, die ich für unmöglich gehalten habe und ließ sie mich dann selbst machen. Als ich anfing selbst zu führen – was übrigens eine vollkommen andere Erfahrung ist als bei einem Aufstieg der zweite zu sein … Der Führer bei einem technischen Aufstieg, wo man an einer senkrechten Wand arbeitet, muß in der Lage sein, die notwendigen Körperbewegungen auszuführen und die Kontrolle über seinen Zustand zu bewahren, damit er keine unnötige Energie vergeudet. Du warst ein Profi-Fußballer und weißt, wie sehr wir gewöhnlich in der Lernphase bei jeder Bewegung unsere Muskeln über Gebühr einsetzen.

Judy: Keine Effizienz.

John: Und es ist keine Anmut möglich, wenn man bei einer Bewegung zuviel Muskelkraft einsetzt, stimmt's? Man erreicht zwar das Ziel, aber das ist nur dann zufriedenstellend, wenn man glaubt, daß es das Ziel ist, um das es bei der Aktivität geht. Wenn man ein wirklich guter Lerner ist – und das ist ein Teil des Geistes, den ich dich gestern demonstrieren sah, Alan – läßt man einfach los. D.h. bei dieser Bewegung, die du mit TaTitos ausgeführt hast, brachtest du deinen Körper in bestimmte Stellungen, und sobald du deinen Körper in diese Stellungen gebracht hattest und dich entspanntest, wußte er, was er zu tun hatte.

Judy: Und er erleichtert den nächsten Schritt und man merkt: „Wow, das macht es noch leichter."

John: Und das führte zu einer Abnahme der Anstrengung seinerseits. Es brauchte weniger Anstrengung dafür, um mit TaTitos quer durch den Raum zu tanzen, als für jede andere Bewegung die er ausführte, obwohl seine Bewegungen mindestens so extravagant waren, was die Veränderung der Stellung und die Geschwindigkeit angeht, mit der diese Veränderungen vollzogen werden mußten. Und es geht hierbei nicht allein um Effizienz, was das Vermeiden überschüssiger Anspannung angeht, sondern wie Judy mich einmal fragte, als sie an einer Ballett-Sequenz arbeitete: „Was tust du, um dich beim Klettern nicht zu überanstrengen?" Die Antwort darauf lautet: „Man gebraucht nie mehr als nur die Muskeln, die nötig sind, um die Bewegung auszuführen, die man gerade macht." Wenn man die Muskeln nicht isoliert, wendet man zuviel Anstrengung auf. Und wenn afrikanischer Tanz nicht genau das bewirkt, nämlich die Muskeln zu isolieren, die wir in der Regel nicht isolieren, dann weiß ich nicht was er bewirkt. Man isoliert die Muskeln, so daß man nur die geringste nötige Zahl gebraucht. Erinnert euch daran, daß jede Kunst, jede herausragende sportliche Leistung oder die Technik, die NLP genannt wird, auf Fertigkeiten beruht. Der Sinn einer Fertigkeit liegt darin, daß sie es leicht aussehen läßt. Und es fällt einem Profi leichter die Bewegung auszuführen, als einem Amateur. Das ist ein Teil des Unterschieds zwischen einem Profi und einem Amateur.

Judy: Weil man den ökonomischsten Weg gefunden hat, die Bewegung auszuführen.

John: Im technischen Klettern, und das ist der andere Unterschied zwischen Führen und Folgen, beim Folgen sind die Bewegungen genauso unmöglich, wie sie es für den Kletterer sind, der führt, aber man ist geschützt. Wenn man der erste ist, muß man entscheiden, wieviel Risiko man eingehen will. Wenn man der zweite ist, dann ist der führende Kletterer schon an einer Stelle, wo er gesichert ist und dasitzt, so daß man selbst gefangen wird, wenn man fallen sollte.

Judy: Man hat also die Freiheit zu fallen.

John: Und das war der Sinn eures Babysitters gestern Nacht. Wenn ihr nun führt, eröffnet sich plötzlich eine ganz neue Dimension des Sports. Ihr müßt bestimmen, wieviel Risiko ihr eingehen wollt. Und ich weiß nicht, was in eurer Welt das Kosten-Nutzen-Verhältnis zwischen Windburn und der Erfahrung ist, die du hattest, aber es steht dir heute Morgen ganz gut. *(Lachen)*

Judy: John erzählt tolle Geschichten darüber, wie sich Klettertechniken weiterentwickelt haben. Und hier reden wir über die Entwicklung von Epistemologie, indem wir durch verschiedene Beschreibungen Unterschiede finden – die grundlegende Einheit des Geistes – um zu Verständnis zu gelangen. Vor fünfzehn oder zwanzig Jahren hatte man im Klettern die Metapher: „Den Berg angreifen!" Man nimmt tonnenweise Seile und schlägt alles mögliche in den Berg, klettert weiter und schlägt wieder etwas ein. Man schlägt seine Haken unterwegs einfach ein und läßt sie da. Und nun hat sich das Klettern zu einem Gleichgewicht entwickelt, nicht nur wenn es darum geht, wie man seinen Körper gebraucht, sondern auch in bezug darauf, was der Berg zu bieten hat. Und nun ist es wie ein Tanz mit dem Berg. Und in kybernetischer Hinsicht ist es wirklich sinnvoll, den Berg und das, was er zu bieten hat, zu nutzen, anstatt den Berg anzugreifen.

John: Mein Kletter-Partner, Geoffrey, wurde einmal von seiner Mutter gefragt: „Warum kletterst du auf all diese Berge?" Und seine Standard-Antwort lautet: „Weil sie da sind." Mit seiner Mutter war Geoffrey etwas vorsichtiger und sagte: „Mom, erinnerst du dich daran, als du ein Kind warst? Du gingst auf den Spielplatz und hast auf der Schaukel geschaukelt und dich auf dem Karussell gedreht? Es ist ungefähr so, als wäre der Berg ein Spielplatz für mich als Erwachsenen. Es ist, als hätte Gott den Spielplatz für Erwachsene geschaffen und er hat wirklich die Technologie dafür." *(Lachen)* Und Judys Beschreibung des Bezwingens und des Tanzens ist ein Beispiel dafür, diesen Kontext zu berücksichtigen und zu respektieren.

Rosalie: Vor Jahren lernte ich T'ai Chi und Tanzen, und ein hervorragender Kletterer kam einmal vorbei und sagte: „Ich nehme euch zum Klettern mit. Wer hat Lust?" Keiner von uns war je zuvor geklettert. Ein paar von uns sagten schließlich: „OK, wir kommen mit." Er ging mit uns in diesen Park in Oakland und führte uns zu einem sehr hohen Felsen. Keiner von uns wollte da hinauf. Wir hatten alle Angst. Dann führte er uns zu einem sehr einfachen Felsen. Er sagte: „Das ist der Felsen, an dem wir üben werden." Er war nicht sehr hoch. Er blieb dort zwei Stunden mit uns; zwei Stunden und keiner außer ihm konnte auf den Felsen hinaufklettern. Und er sagte: „Warum tanzt ihr nicht mit dem Felsen. Warum macht ihr nicht euer T'ai Chi mit dem Felsen? Also fingen wir alle an, T'ai Chi mit dem Felsen zu machen. Wir kletterten auf Bäume, wir machten alles mögliche. Zwei Stunden später – mittlerweile war ich barfuß – wozu brauchte ich auch Schuhe ... Ich hatte Kreide an den Füßen, Kreide am Hals ...

Judy: ... auf der Nase ...

Rosalie: ... stimmt, auf der Nase. Ich war entschlossen, auf die eine oder andere Weise auf diesen Felsen hinaufzukommen. Aber ich hatte es immer noch nicht geschafft und plötzlich änderte sich nach zweieinhalb Stunden meine Wahrnehmung. Und auf einmal war ich oben auf dem Felsen – fragt mich nicht, wie ich da hinaufgekommen bin – *(Applaus),* aber seitdem sehe ich Felsen auf ganz andere Weise. Es war so, als ob der Felsen und ich eins waren. Es war so, als ob sich etwas verband oder vermischte und ich habe nie ... es war so, als würde ich anstatt in ein Museum zu gehen jetzt ...

Judy: ... Felsen anschauen ... *(Lachen)*

Rosalie: ... Felsen anschauen. Ich sah Felsen auf eine Weise, in der ich sie nie zuvor gesehen hatte. Sie waren so schön, daß ich meine Zeit nicht damit vergeuden wollte, mir Töpferei anzugucken. Ich sah mir Felsen an.

Judy: Das sind die Veränderungen in der Wahrnehmung, die John ungefähr nach dem zweiten Tag erlebt: Wenn er sich so lange in der Welt der Senkrechten aufgehalten hat, vollzieht sich ein tiefgehender Wandel in der Wahrnehmung, so daß winzige Risse zu Riesenspalten werden, denn das sind genau die Plätze, wo seine Hände hinmüssen. Es ist so, als würde die Welt zu einem Punkt zusammenschrumpfen und sich dann innerhalb dieses Rahmens wieder ausdehnen.

Rosalie: Ich würde mit verbundenen Augen klettern, es ist viel einfacher.

Judy: Das glaube ich.

Rosalie: Viel einfacher. Ich war auf dem Weg nach oben, und ich war schon neun Zehntel des Wegs oben, als sich auf einmal meine innere Stimme meldete. Und das war ein ziemlich hoher Felsen.

Judy: „Heiliges Kanonenrohr!"

Rosalie: „Heiliges Kanonenrohr!" „Was zum Teufel treibst du hier?" Und nun hing ich da. Ich konnte mich nicht bewegen. Natürlich konnte auch niemand hochkommen und mir helfen. Es war so, als ob die Stimme mich vollkommen lähmte. Wenn die Stimme nicht gewesen wäre, hätte ich es bis nach oben geschafft.

John: Ich behaupte trotzdem, daß die Stimme genau das getan hat, was sie tun sollte, nur zur falschen Zeit ...

Judy: *(unterbricht)* ... Timing ...

John: *(unterbricht)* Es hängt alles vom Timing ab. *(Lachen)*

Judy: *(unterbricht)* Timing ist alles.

John: *(unterbricht wieder)* Das ist genau das, was ich meine. *(Lachen)*

Judy: Einige haben davon berichtet, daß sie über die Brücke gegangen sind und in Zustände gekommen sind, in denen sie „die Welt angehalten haben", ohne inneren Dialog und ohne foveales Sehen; sie haben erzählt, daß sie andere Empfindungen hatten, ein Zittern in den Beinen oder eine Veränderung im Spannungsmuster des Körpers, oder das Gefühl hatten, sehr langsam zu gehen. Diese anderen Empfindungen sind verständlich, wenn wir die Informationsverarbeitung berücksichtigen, die in unserem Nervensystem stattfindet. Information gelangt durch unsere Sinne, durchläuft eine Reihe von Transformationen, gelangt zur zweiten Aufmerksamkeit und wird schließlich durch erste Aufmerksamkeit modelliert. Die Verzerrungen, die zwischen der Welt und dem, was wir in erster Aufmerksamkeit wahrnehmen, stattfinden, sind das Ergebnis einer Reihe von Regeln. Die Frage ist also, in welcher Weise wird die Welt verzerrt oder getilgt – nicht, ob Verzerrrung oder Tilgung erfolgt. Es wird trotzdem eine Reihe von Regeln geben, die Gültigkeit haben. Es wird immer noch eine Reihe von Transformationen geben. Ich weiß zwar nicht welche das sind, aber es wird eine gewisse Konstanz darin geben ...

John: ... weil die Neurologie des peripheren Sehens genauso spezifisch ist wie die des fovealen Sehens. Obwohl sie für die erste Aufmerksamkeit genauso ungewohnt sein mag wie sie systematisch ist.

Die erste Tat eines Lehrers besteht darin, die Idee zu vermitteln, daß die Welt, die wir zu sehen glauben, nur eine Sichtweise ist, nur eine Beschreibung der Welt ist. Alles was der Lehrer tut, zielt darauf ab, seinem Lehrling diesen Punkt zu beweisen. Doch ihn zu akzeptieren, scheint eine der schwierigsten Aufgaben zu sein. Wir sind recht selbstzufrieden in unserer Sicht der Welt gefangen, die uns dazu führt, uns so zu fühlen und zu verhalten, als ob wir alles über die Welt wüßten. Ein Lehrer zielt schon mit seiner ersten Handlung darauf ab, diese Sichtweise zu durchkreuzen. Zauberer nennen es „den inneren Dialog anhalten", und sie sind davon überzeugt, daß es die wichtigste Technik ist, die ein Lehrling lernen kann. „Den inneren Dialog anzuhalten ist der Schlüssel zu der Welt des Zauberers", sagt Don Juan. „Der Rest sind bloße Hilfsmittel. Sie beschleunigen lediglich die Wirkung, wenn man den inneren Dialog anhält. Der Lehrer ordnet die Sicht der Welt neu. Ich habe diese Sichtweise die *Insel des Tonal* genannt. Ich habe gesagt, daß alles, was uns ausmacht, auf dieser Insel ist. Die Erklärung des Zauberers besagt, daß die Insel des Tonal aus unserer Wahrnehmung besteht, die gelernt hat, sich auf bestimmte Elemente zu konzentrieren. Jedes einzelne dieser Elemente und sie alle zusammen bilden unsere Sicht der Welt. Die Aufgabe des Lehrers besteht, was die Wahrnehmung des Lehrlings betrifft, darin, alle Elemente auf der Insel in einer Hälfte der Blase neu zu ordnen. Und du wirst mittlerweile schon bemerkt haben, daß das Aufräumen und Neuordnen der Insel des Tonal bedeutet, alle Elemente auf der Seite der Vernunft neu zu ordnen. Meine Aufgabe bestand darin, deine gewöhnliche Sichtweise durcheinanderzubringen, nicht sie zu zerstören, sondern sie dazu zu zwingen, sich auf der Seite der Vernunft neu zu ordnen."

Er malte einen imaginären Kreis und teilte ihn mit einem senkrechten Strich in zwei Hälften. Er sagte, daß die Kunst des Lehrers darin bestünde, seinen Schüler dazu zu zwingen, seine Sichtweise der Welt auf der rechten Hälfte dieser Blase anzuordnen.

„Warum die rechte Hälfte?" fragte ich.

„Das ist die Seite des Tonal", antwortete er. „Der Lehrer wendet sich immer an diese Seite und indem er seinem Lehrling einerseits den Weg des Kriegers zeigt, zwingt er ihn zu Vernunft und Nüchternheit und charakterlicher und körperlicher Stärke. Und indem er ihm andererseits mit undenkbaren, aber wirklichen Situationen konfrontiert, mit denen der Lehrling nicht zurechtkommt, zwingt er ihn zu erkennen, daß seine Vernunft, auch wenn sie eine wunderbare Sache ist, nur einen kleinen Bereich abdecken kann. Es gibt eine bestimmte Art zu gehen, die das Tonal sättigt", sagte er, „sie überschwemmt es. Die Aufmerksamkeit des Tonal muß nämlich auf seine Werke gerichtet werden. Genaugenommen ist es diese Aufmerksamkeit, die überhaupt erst die Ordnung der Welt schafft. Das Tonal muß also den Elementen seiner Welt gegenüber aufmerksam sein, um sie aufrechtzuerhalten und vor allem die Sicht der Welt durch inneren Dialog gewährleisten." Er sagte, daß die richtige Art zu gehen ein Subterfuge sei. „Indem der Krieger seine Finger krümmte, lenkte er die Aufmerksamkeit auf die Arme, und indem er dann schaute, ohne seine Augen auf einen bestimmten Punkt auf dem Bogen vor ihm zu fokussieren, der an seinen Zehenspitzen begann und hinter dem Horizont endete, überschwemmte er sein Tonal buchstäblich mit Information. Ohne seine Eins-zu-Eins-Beziehung mit den Elementen seiner Beschreibung wird das Tonal unfähig, mit sich selbst zu reden, und verstummt. Ordnung in unserer Wahrnehmung ist das ausschließliche Reich des Tonal. Nur dort können unsere Handlungen eine Reihenfolge haben. Nur dort sind sie wie eine Treppe, deren Stufen man zählen kann. Es gibt nichts derartiges im Nagual. Daher ist die Sichtweise des Tonal ein Werkzeug und als solches ist es nicht nur das beste Werkzeug, sondern das einzige, das wir haben.

Träumen ist ein praktisches Hilfsmittel, das von Zauberern entwickelt worden ist. Sie waren keine Narren. Sie wußten was sie taten und suchten die Nützlichkeit des Nagual. Indem sie ihr Tonal darin übten, sozusagen für einen Moment loszulassen, und dann wieder zuzugreifen. Diese Aussage macht für dich keinen Sinn. Aber das ist es, was du bisher getan hast, du hast dich darin geübt, loszulassen, ohne deinen Verstand zu verlieren. Das Träumen ist natürlich die Krönung der Bemühungen des Zauberers, der beste Gebrauch des Nagual." Das Ende der Lehrzeit bedeutet, daß eine neue Beschreibung der Welt gelernt worden ist, auf eine überzeugende und authentische Weise, und daß sie daher eine neue Reaktion hervorrufen kann, die dieser neuen Beschreibung entspricht.[3]

Judy: Verantwortungs-Fähigkeit (Response-ability).

John: Samuel Taylor Coleridge war dieser Art von Entdeckungen, mit denen ihr hier spielt, sehr nahe, als er folgende Zeilen schrieb:

> Was wäre, wenn du schliefest, und was wäre, wenn du in deinem Traum träumtest. Und was wäre, wenn du in deinem Traum in den Himmel stiegest und dort eine sonderbare und schöne Blume pflücktest. Und was wäre, wenn du im Erwachen die Blume in der Hand hieltest? Ah, was wäre dann?

John: Nun, es ist wieder an der Zeit, daß euer Tonal eingreift, also kommt wieder hierhin zurück. Ihr denkt euch wahrscheinlich: „Das liegt doch auf der Hand", stimmt's? *(Lachen) (Zeichnet auf der Tafel)*. Das ist ganz offensichtlich zweite Aufmerksamkeit.

Das sind ganz offensichtlich die afferenten Nervenbahnen. Aber wahrscheinlich fragt ihr euch, was das hier ist. Es sieht aus wie eine Amöbe, aber es stellt die Wirklichkeit dar, also für den Fall, daß ihr euch gewundert habt, wie zum Teufel sie aussieht … *(Lachen)*

Judy: Das ist sie.

Die große Schleife

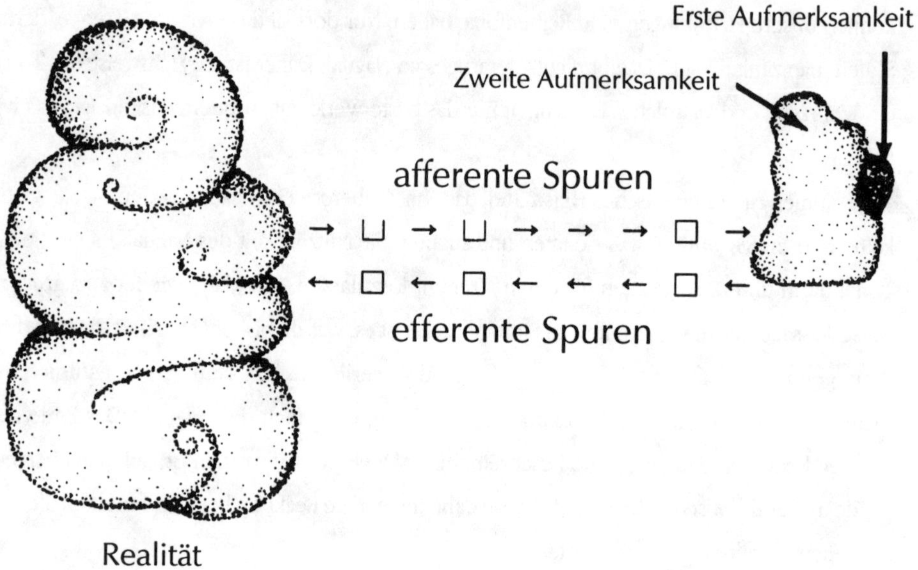

John: Das ist meine beste Repräsentation, das könnt ihr mir glauben. Eine große Amöbe. Ich habe mich geirrt, als ich von 160.000.000 lichtempfindlichen Rezeptoren in der Retina sprach; es sind nur 130.000.000. Wenn ihr euch also durch diesen Unterschied betrogen fühlt, könnt ihr eure Retinas ausdehnen. Wir betreiben hier Epistemologie. Epistemologie gilt auf der Ebene persönlicher Organisation, Epistemologie gilt auf der Ebene sozialer Organisation von der Familie über größere Einheiten bis hinauf zum Raumschiff Erde. Um Batesons Beschreibung zu benutzen, es hat weitreichende Folgen non-trivialer Natur, wenn wir es mit letalen Werten bestimmter Umweltvariablen zu tun haben …

Judy: … die aus epistemologischen Denkfehlern resultieren.

John: Auf physiologischer Ebene gibt es eine Reihe verblüffender Dinge, die von der Untersuchung unseres Nervensystems gelernt werden können, und mir scheint, daß hier einer der Eckpfeiler der Epistemologie liegt. Wir können die systematischen Verzerrungen unserer eigenen Neurologie untersuchen, um zu etwas Weisheit darüber zu gelangen, welche korrektiven Handlungen angemessen sein könnten.

Karen und ich unterhielten uns vorhin. Wir sprachen darüber, wie im Medizinstudium Ärzte darin unterwiesen werden könnten, die ungeheure Verantwortung zu würdigen, die darin liegt, mit Patienten in Situationen zu tun zu haben, in denen es um Leben oder Tod geht, und daß es eine Verantwortung ist, die nicht angemessen nur durch die erste Aufmerksamkeit getragen werden kann. Auf diese Weise könnte ein großer Teil der Last, die sie als Teil ihrer beruflichen Verpflichtung tragen, genommen werden, wenn sie nämlich verstünden, daß sie, wenn sie mit Menschen umgehen, sowohl aus erster wie auch aus zweiter Aufmerksamkeit handeln müssen. Die unmittelbare Wirkung davon wäre, daß die Idee der Spezialisierung in der Medizin in einen weiseren Rahmen gestellt werden müßte. Es könnte immer noch Spezialisten geben, doch die Spezialisten würden immer die Weisheit haben – genauso wie das Bewußtsein das auch lernen muß –, Diagnose- und Behandlungsprogramme auf einen weiteren Kontext zu beziehen, wie z.B. den Organismus oder die Beziehung zwischen Patient und Arzt. Die Erfahrung, die viele von euch mit wohlmeinenden Krankenschwestern und Ärzten im Rahmen medizinischer Behandlung gemacht haben, ist, daß sie einfach je nach ihrem Spezialgebiet, auf einzelne Bögen der Gesamt-Feedbackschleife reagieren, die ihr darstellt. Es wäre eine feine Sache, wenn Ärzte diese Einsicht hätten und auch die Verhaltensweisen zur Verfügung hätten, die eine solche Einsicht in kongruenter Weise begleiten würden. Eine feine Sache sowohl für Ärzte wie für Patienten.

Judy: Epistemologie antwortet auf die Frage: „Wie wissen wir?" Also fangen wir an. Von der Welt, beachtet zunächst einmal, genau wie dies „Realität", aber in Wirklichkeit nur ein Symbol für sie ist, ein Symbol des elektromagnetischen Spektrums. Erkennt ihr es wieder?

Könnt ihr die Lücken füllen?

John: Natürlich können sie das. Sie sind in erster Aufmerksamkeit. *(Lachen)* Das Auge vermittelt Lichtwellen, d.h. es reagiert auf Lichtwellen zwischen x und y. Ihr könnt die Werte eintragen. Und denkt im übrigen daran, daß die Werte nicht für jeden

Organismus die gleichen sind. Eine der verblüffendsten Erfahrungen ist die Vereinigung … das ist nun eine interessante Ambiguität …

Judy: Ich kann es euch sehr empfehlen, falls ihr es noch nicht getan habt. *(Lachen)*

John: … eine Verbindung herzustellen, wie Karen sie erwähnte – mit einem anderen Verstand zu denken. D.h., sich mit einem anderen Denker zusammentun, so daß ihr einen Feedbackkreis etabliert. Sich so zusammenzuschalten, daß ihr ein Team denkt. Ihr denkt wie ein einzelner Geist, auch wenn ihr mit separaten Feedbackkreisen beginnt. Ihr kennt den Begriff des Mirroring aus NLP-Practitioner-Ausbildungen. Mirroring ist eines der elementarsten Verfahren, um zwei Verstände zu verbinden.

Judy: Denn zwei Beschreibungen sind besser als eine.

John & Judy: Herbert, paß auf! *(Lachen)*

John: In diesem besonderen Fall gibt es große Unterschiede zwischen dem, was wir mit unserem visuellen Apparat wahrnehmen, und dem, was andere Gattungen mit ihrem visuellen Apparat wahrnehmen. Wenn ihr also z.B. mit Pferden arbeitet, ist es wichtig zu wissen, auf welche Arten von Stimuli die Pferde visuell reagieren. Das kann euch euern Arsch retten. Wenn ihr ausreitet und das Flattern eines fallenden Blattes seht, eine helle Farbe vor einem dunklen Hintergrund, dann erkennt ihr das einfach als ein fallendes Blatt. Das Pferd reagiert jedoch auf solche Dinge sehr intensiv. Ihr könnt ganz bequem auf eurem Pferd sitzen, doch solange ihr nicht in der Lage seid zu erkennen, auf welche Art von Signalen das Pferd reagiert und welche Reaktionen es mit diesen Signalen verbinden wird, kann es euch passieren, daß das Pferd auf einmal zwei Meter neben euch ist und ihr in der Luft hängt. Das wird nicht sehr gut funktionieren. Achtet darauf, wie nachhaltig das Pferd den Gedanken kollateraler Energie demonstriert – es ist nur sehr wenig Energie in einem fallenden Blatt, aber …

Judy: … und ihre Landkarten sind sehr präzise. Wenn Pferde eine visuelle Landkarte anlegen, dann ist diese sehr detailliert; wenn zwei Tage später auf der gleichen Strecke ein Zweig woanders ist, werden sie das bemerken und darauf reagieren.

John: In dem Sinne, in dem wir gewöhnlich „klug" und „dumm" gebrauchen, sind Pferde dumm. Und ich glaube es liegt daran, daß sie nicht tilgen können. Wie ein Idiot können sie bestimmte Klassen von Ereignissen in der Welt nicht nicht bemerken.

Die Analogie zwischen Auge und Kamera hat dabei geholfen, den Prozeß klarer darzustellen, durch den die Linse des Auges, seine durch die Iris regulierte Öffnung, ein Bild auf die lichtempfindliche Leinwand der Retina wirft. Auf dieser Grundlage verbindet der optische Nerv die Retina mit dem Zentralnervensystem in einer Weise, daß die Landkarte der Retina auf der Oberfläche des Gehirns gebildet wird.[4]

John: Erinnert ihr euch daran, daß ich gestern gesagt habe: „Ihr seht nicht mich, sondern ein Ereignis auf eurem okzipitalen Hirnlappen"?

Die Analogie kann zu weit getrieben werden. Manche Forscher, die das visuelle System untersuchten, kamen zu der Annahme, daß die Retina wie ein fotographischer Film sei. Die einzelnen Rezeptoren reagieren auf Licht und die Abwesenheit von Licht wie die Silbersalzkörner in einer fotographischen Emulsion. Daß die ganze Funktion des Auges und des optischen Nervs darin bestünde, ein Mosaik der visuellen Welt zu bilden und dann an das Gehirn zu übermitteln, wo dieses dann die Grundlage der visuellen Wahrnehmung bildet. Anatomische Untersuchungen haben jedoch gezeigt, daß es sehr viel mehr Rezeptorzellen in der Retina gibt als Fasern in der optischen Bahn. Es ist daher unmöglich, daß jede einzelne Rezeptorzelle eine eigene Botschaft an das Gehirn sendet und die Vorstellung, daß die Rezeptoren den Körnern in der Emulsion entsprechen, muß aufgegeben werden. Die Beschaffenheit der Retina, deren Zellen verschiedene Spezialisierungen haben und massiv untereinander verbunden sind, weist auf eine viel komplexere Rolle hin als das bloße Übermitteln visueller Landkarten. Tatsache ist, daß die Retina eher ein Filter als ein Film ist. Sie trifft Unterscheidungen und sendet nur die nützlichste Information an das Gehirn.

John: Wißt ihr, von welchem visuellen System hier die Rede ist? Das steht in einem Artikel mit dem Titel „Das visuelle System von Fröschen" („Vision in Frogs"). Nehmt diesen Unterschied, der zu der Analogie mit einer Kamera und dem besteht, was hier von einem Wissenschaftler vorgetragen wird, der sich mit dem visuellen System des Frosches beschäftigt hat, und multipliziert das für einen komplexeren Organismus wie euch selbst – der Mangel an Zusammenhang zwischen den Lichtwellen, die von Gegenständen reflektiert werden und den schließlichen Transforms, die auf dem okzipitalen Hirnlappen bestehen, dem, was wir sehen. Wir haben nie das gesehen, was da ist. Wir haben immer nur das gesehen, was zum einen das Nervensystem aufgrund genetisch festgelegter Transformationen hindurchläßt,und zweitens das, was wir gelernt haben zu sehen, da es, wie es in dem Artikel heißt, „nützliche" Information ist. Es ist nicht so, daß wir zum Beispiel visuelle Landkarten der Welt haben, die wir nun mit erster Aufmerksamkeit bearbeiten können, um zu einem Verständnis zu gelangen. Das Transform ist, wenn es unser Bewußtsein erreicht, so verzerrt, daß wir schon von Anfang an mit sehr fehlerhaftem Input in unseren Erste-Aufmerksamkeits-Landkarten arbeiten. Mit „fehlerhaft" meine ich, daß es keine 1:1-Entsprechung zwischen dem gibt, was da draußen ist und der Repräsentation, die wir auf unserem okzipitalen Hirnlappen „sehen". Und darüber hinaus wissen wir nicht einmal, was die Regeln der Transformation sind.

Christian: Ich war in dem Network '86-Seminar und wir sprachen darüber, daß selbst die Maschinen, die wir schaffen, bloße Extensionen unserer Sinne und somit auch begrenzt sind. Wir können uns nur etwas vorstellen, von dem wir bereits eine Erfahrung haben. Und daher ist alles, was wir im Zusammenhang mit unserem Sinnesapparat erzeugen, selbst die ...

John: Ich möchte dazu zwei Bemerkungen machen. Zunächst einmal sagst du, Christian: „Maschinen sind *bloße* Extensionen unserer Sinne und somit auch begrenzt ..." Schauen wir uns einmal ein paar Maschinen an, zum Beispiel den Staubsauger – das ist ein arbeitssparendes Gerät, das ein repetitives menschliches Verhalten – das Säubern eines Lebensraums – erleichtert, indem es der Person, die einen solchen verwendet, erlaubt, als bloße Extension unseres Körpers die Aufgabe schneller, mit weniger Energieaufwand und mit mehr Effektivität zu erledigen, als es ohne das Gerät möglich wäre. Ich möchte übrigens darauf hinweisen, daß die Energieeinsparung lokaler Natur ist, d.h. die Person, die damit arbeitet, verbraucht weniger Energie als sie das ohne das Gerät tun würde. Wenn das Energiehaushalts-System jedoch globalerer Natur wäre und die Menge an Energie, die im Abbau, Transport und der Verarbeitung der Rohstoffe in den verschiedenen Phasen der Herstellung und des Vertriebs des Geräts verbraucht wird, sowie die Energiekosten des Systems, das geschaffen wurde, um den notwendigen Strom herzustellen, mitberücksichtigt würden, dann könnte sich der Begriff *arbeitssparende Maschine* als eine Fehldarstellung erweisen. OK, ein Staubsauger ist also „... eine *bloße* Extension ..." Wie steht es nun mit einem Radargerät? Für den Piloten, der mit Hilfe seiner Instrumente durch einen Sturm fliegt, sind solche Geräte nicht nur „bloße Extensionen" seiner oder ihrer Sinne – sie erlauben uns, uns in

Gebiete vorzuwagen, die unserer Spezies bisher vorenthalten waren – den Weltraum, die Tiefen des Ozeans … *(Pause)* Hier ist etwas noch Interessanteres – Radar ist eine Technologie, die in der Tat unseren Sinnesapparat erweitert, aber nicht „… bloß …". Ich hoffe es ist keine Überraschung für euch, wenn ich euch sage, daß es gewaltige Ereignisse in unserer Welt gibt, die tiefreichende Auswirkungen sowohl für uns persönlich wie für die gesamte Gattung haben, und zwar auf Punkten des elektromagnetischen Spektrums, die für uns mit unseren relativ festgelegten Sinneskanälen nicht zugänglich sind – diese Ereignisse sind einfach nicht registrierbar. Das kann auf mehrere Weise erfolgen – die Ereignisse können in einer Größenordnung stattfinden, die unsere Unterscheidungsfähigkeit überschreitet: subatomare Ereignisse einerseits und die Bewegung dieses Teils von Kalifornien – des Teils westlich des San Andreas-Grabens – andererseits, oder sie können sich in einer zeitlichen Größenordnung abspielen, die außerhalb unserer Wahrnehmungsfähigkeit liegt – die zu schnell oder zu langsam ist, als daß wir sie wahrnehmen könnten … man muß schon ein sehr guter und geduldiger Beobachter sein, um zu beobachten wie ein Baum wächst, ein Felsen verwittert oder sich ein Fluß ein neues Flußbett schafft … und ein genauer und verrückter Beobachter, um Kugeln fliegen zu sehen, die aus einem schallgedämpften Hochgeschwindigkeitsgewehr abgeschossen werden.

Das Interessanteste ist vielleicht, wenn wir die Beziehung zwischen den Abschnitten des elektromagnetischen Spektrums untersuchen, die unsere Sinneskanäle abdecken, und dem gesamten Spektrum, dann wird deutlich, daß unsere Sinne Zensoren sind – der überwiegende Teil des Spektrums fällt in die Lücken, in denen wir nicht direkt wahrnehmen. Der Teil der Welt, der unbemerkt an uns vorbeigeht, ist größer als der Teil, den wir wahrnehmen. Und an dieser Stelle würde ich deinen Gebrauch des Wortes „bloß" in Frage stellen. Wenn wir schlau sind, können wir technische Geräte bauen, die in den Lücken funktionieren, die unsere Sinnesorgane gelassen haben … und dadurch ein systematisches Programm beginnen, mit dem wir Zugang zu den Teilen der Welt bekommen, die gegenwärtig für uns von einem Geheimnis umgeben und unserer direkten Begutachtung vorenthalten sind.

Ich würde meine Pflichten als Lehrer vernachlässigen, wenn ich euch nicht vor den möglichen Kosten warnen würde, die entstehen, wenn man ein solches Programm mißbraucht. Technische Geräte können auf zwei Arten gebraucht werden – als Gelegenheit etwas zu lernen oder als Krücke.

Als David Gaster mir das Fliegen beibrachte, verdeckte er die Instrumentenkonsole und verlangte, daß ich eine bestimmte Kombination von Fluggeschwindigkeit, Umdrehungen pro Minute, Flughöhe erreichte ... indem ich die Informationsquellen außerhalb des Cockpits benutzte, und dann die Instrumente einsetzte, um Feedback zu bekommen und zu bestimmen, wie nahe ich an die Vorgabe gekommen war. Das heißt, David bestand darauf, daß ich die Instrumente nutzte, um meine eigenen Sinne zu schärfen – das Resultat davon war, daß ich lernte, Konfigurationen dieser Variablen in der Luft zu erkennen, die vorher außerhalb meines Vermögens gelegen hatten. Nehmt zum Beispiel ein gewöhnliches Thermometer mit einem Meßbereich von 98.6° F bis 103° F (37° C – 39,4° C) ... der geübte Diagnostiker, der alte Landarzt zum Beispiel, könnte die Information direkt bekommen, indem er die Hand auf die Stirn legt. Innerhalb dieses Rahmens braucht er oder sie nicht bis auf ein Zehntel Grad genau zu wissen, was die Temperatur des Patienten ist – die Information wäre genauer als nötig. Das Thermometer hat also, wenn es innerhalb dieses Bereichs eingesetzt wird, zwei unbeabsichtigte Konsequenzen. Erstens berührt der Arzt den Patienten nicht und verliert nach und nach, wenn er es je gelernt haben sollte, Temperaturunterschiede wahrzunehmen, diese Fähigkeit – d.h. die Krücke wird genutzt, um ein Unvermögen zu stabilisieren, anstatt einen Kontext für den Körper zu schaffen, das volle Maß seiner Fähigkeiten zu nutzen. Zweitens wird die körperliche Berührung – Haut auf Haut – durch einen Isolator ersetzt, ein mechanisches Gerät, das mehr Genauigkeit bietet als nützlich ist und gleichzeitig dem Arzt andere Arten von Informationen vorenthält. Ist die Haut des Patienten klamm? Trocken? Ist die Temperatur überall auf der Stirn gleich oder ändert sie sich? Diese Informationen können entscheidend sein, um eine Differentialdiagnose zu stellen.

Ich behaupte, daß jedes Programm, das zum Ziel hat, eine Technologie zu schaffen, mit der wir die Lücken erreichen können, die unsere Sinne gelassen haben, sinnvollerweise als eine nützliche Komponente die gezielte Entwicklung der menschlichen Wahrnehmungsfähigkeit haben könnte, indem sie die Instrumente nutzt, um menschliche Fähigkeiten in diesen Gebieten zu erweitern. Darüber hinaus ist ein Maß an Weisheit notwendig, um die langfristigen Folgen des Gebrauchs von Instrumenten zu berücksichtigen, die direktes menschliches Wahrnehmen ersetzen.

Als Judith und ich unser Ranch-Haus bauten, baten wir einen Wünschelrutengänger, uns dabei zu helfen Wasser zu finden. Er bestimmte präzise die Orte, an denen wir bohren sollten, die Tiefe des Wassers und die Menge, die wir erwarten konnten. Seine Angaben waren genau. Ich frage mich, wie lange es dauern würde, wenn heute ein Instrument entwickelt würde, das die Leistung dieses Mannes replizieren könnte, bis wir die Frage stellen würden: „Sag mir, wo die Wünschelrutengänger sind, wo sind sie geblieben?"

Christian, du sagtest: „... Extensionen unserer Sinne und somit auch begrenzt...", und ich sage: „Richtig und irrelevant!" Damit Information zu Wissen wird, muß sie durch einen menschlichen Sinneskanal gehen und codiert werden. Sie wird daher durch die gleichen Filter verzerrt, durch die Informationen verzerrt werden, die wir direkt wahrnehmen. Doch bedenke auch, daß das Argument wie folgt verläuft: Der Versuch Technologie zu nutzen, um die Lücken zu erforschen, hat noch immer Begrenzungen, doch das Entscheidende ist, daß es andere Begrenzungen sind. Wir haben hier eine Reihe von spezialisierten und sehr begrenzten Apparaten – unsere Sinnessysteme plus den technischen Geräten –, die uns zusammen mehr Aufschluß über die Welt geben als unsere Sinnessysteme allein. Ja, es stimmt, daß jedes dieser technischen Geräte von dem Teil der Welt, der uns nicht direkt zugänglich ist, wieder in Repräsentationen zurückabbilden muß, die wir wahrnehmen können, die zu dem Teil der Welt gehören, den wir erfahren können, doch entscheidend ist, daß die erhaltene Information vollkommen neu ist.

Technologie ist ein vielseitiges Phänomen – wir werden noch darauf zu sprechen kommen –, im Moment soll es genügen zu sagen, daß ein Fehler zu einer Vision werden kann – eine neue mögliche Welt –, und von der Vision, wenn sie unwiderstehlich genug ist, kommt die Technologie, mit der sich diese neue mögliche Welt erreichen läßt.

Christian, du sagtest „...wir können uns nur das vorstellen, von dem wir bereits eine Erfahrung haben ..." Und ich sage „Nein" – das Prinzip, das es uns als Spezies erlaubt, die Begrenzungen zu überwinden, die du erwähnt hast, heißt Syntax: Der Fluch und Segen unserer Spezies.

Wir brauchen eine Meta-Wissenschaft, die von der Physiologie und der Neurologie ausgeht und bei dem Einfluß von Sprache und Repräsentationssystemen endet, deren Aufgabe darin besteht, zu berechnen, welchen Beitrag wir aufgrund der Verzerrungen unserer Neurologie zu den Landkarten liefern, die wir erstellen ... *(Pause)*

Das sollte für die Organisation der ersten Aufmerksamkeit nützlich sein. Es ist interessant, an dieser Stelle den Begriff der Transforms zu erforschen. Im visuellen Apparat des Frosches – und noch stärker in dem visuellen Apparat des Menschen – steht die Zahl der lichtempfindlichen Rezeptoren und die Zahl der Bahnen im optischen Nerv in keinem 1:1-Verhältnis. Daher werden bereits auf einem so peripheren Niveau unseres Nervensystems Entscheidungen über die Wirklichkeit getroffen, daß wir nun damit beginnen müssen, die Transformationen abzubilden, wenn wir weiter die Hoffnung bewahren wollen „Wirklichkeit" abzubilden. Das Parthenon ist ein Beweis dafür, daß die Griechen bereits Erfolg dabei hatten, Transformationen im visuellen System – einen Teil der Grammatik des Sehens – teilweise abzubilden. Auf jeder Stufe gibt es eine Transformation. Die Bahnen des optischen Nervs gehen zu den Genikularkörpern, und die Genikularkörper reagieren in einer bestimmten Weise, und lösen damit … Beachtet hier, daß auch die Stimmung der Person eine Wirkung haben wird – die Stimmung wird die chemische Zusammensetzung an der synaptischen Verbindung bestimmen, die die Schwelle entweder senken oder erhöhen wird, so daß wir bestimmte Dinge, die tatsächlich da sind, nicht wahrnehmen werden, weil wir die Schwelle durch unsere Stimmungsveränderung erhöht haben. Andere Dinge – selbst Dinge, die nicht da sind – werden unmittelbar und fälschlicherweise erkannt, weil ein Teil dieses Musters aktiviert wird, und wenn wir die Schwelle an der synaptischen Verbindung entlang der Bahn dieser Art von Transformationen gesenkt haben, dann springen wir in unserem Bewußtsein zu einer Schlußfolgerung, die auf einer teilweisen Transformation beruht.

Gehen wir hier ein paar Schritte zurück und schauen wir uns das etwas genauer an. Bedenkt zunächst einmal, daß die Abbildung des elektromagnetischen Spektrums, die unseren Sinnesorganen zur Verfügung steht, nur eine kleine Teilmenge dessen ist, was, wie wir wissen, abgebildet werden könnte, eine Teilmenge dessen, was es tatsächlich da draußen gibt. Wir können nun Instrumente bauen, die uns mitteilen, daß wichtige Ereignisse auf anderen Stellen des elektromagnetischen Spektrums stattfinden, die wir nicht direkt erfahren können. Das ist der Grund, warum der Kontakt mit einer anderen Spezies es uns so deutlich macht, daß wir nicht in der gleichen Weise Zugang zur Welt haben wie andere Gattungen. Wenn wir eine Verbindung mit einem anderen Geist herstellen, ob von unserer eigenen oder einer anderen Spezies, so daß man zusammen in einer Schleife wahrnehmen oder handeln kann, ist das eine verblüffende Erfahrung, die lehrreich ist und zugleich demütig macht.

Judy: Gregory spricht von der Erweiterung der Grenzen des Selbst, so daß das Selbst tatsächlich so ausgedehnt wird, daß es andere Möglichkeiten miteinschließt. Ein

Beispiel, das er verwendete, stammt aus der Zeit, als er auf Neuguinea lebte und einen Hund und einen Gibbon besaß. Und der Hund und der Gibbon spielten zusammen; der Gibbon schlug den Hund und der Hund sprang auf und sie vollzogen ein Spielritual, bei dem der Hund hinter dem Gibbon herjagte und schließlich zur Veranda zurückkehrte und sich wieder hinlegte. Der Gibbon und der Hund wiederholten diesen Ablauf immer und immer wieder. Bateson sagt, er habe schließlich erkannt, daß die Grenzen des Selbst sich verändert hätten, weil eine Wirklichkeit entstand, nämlich „Gibbon und Hund", in welcher der Hund und der Gibbon durch die Verbindung der beiden Organismen Verhaltensweisen entwickelten, die zuvor nicht in ihren jeweiligen Verhaltensrepertoires enthalten waren.

Don Juan wußte, daß Carlos als Junge ein Jäger gewesen war – sein Großvater hatte eine Hühnerfarm gehabt und er hatte Falken gejagt, weil sie die Hühner schlugen. Don Juan nutzt also diese Erfahrung, um eine Alternativbeschreibung der Wirklichkeit zu entwickeln. Er sagt: „Du hast bereits eine natürliche Voraussetzung, um ein Jäger zu werden", und er erweitert die Beschreibung, indem er Carlos mitnimmt und eine Reihe von Erfahrungen konstruiert, die diese Erklärung ausfüllen. „Was muß der Jäger tun?" Er muß alle Gewohnheiten der Tiere kennenlernen, er muß in der Lage sein, besser zu sehen und sich leise zu bewegen. Dann entwickelt er das Thema und erklärt, daß, wenn man diese Wirklichkeit betritt, „die Welt nicht auspressen kann". Er gibt uns ein Beispiel dafür, „die Welt nicht auszupressen", als er fünf Wachteln fängt. Er kocht zwei davon und Carlos fragt: „Warum hast du die anderen drei nicht gekocht? Wir hätten ein wirklich gutes Mahl haben können", und er antwortet: „Weil das bedeuten würde, die Welt auszupressen, um mehr zu nehmen als wir brauchen. Der Jäger geht durch die Welt und hinterläßt keine Spuren; er berührt sie nur leicht und zieht weiter."

> Die Kunst eines Jägers besteht darin, unerreichbar zu werden", sagte er. „Im Fall dieses blonden Mädchens hätte das bedeutet, daß du ein Jäger werden und sie nur gelegentlich hättest treffen dürfen. Anders, als du es tatest. Du warst Tag um Tag mit ihr zusammen, bis nur noch das Gefühl der Langeweile übrigblieb. Stimmt das?"
>
> Ich antwortete nicht. Ich hielt es nicht für nötig. Er hatte recht.
>
> „Unerreichbar sein bedeutet, das man die Welt um einen her nur wohldosiert berührt. Man ißt nicht fünf Wachteln, man ißt nur eine. Man zerstört nicht die Pflanzen, nur um eine Barbecue-Grube zu machen. Man setzt sich nicht der Kraft des Windes aus, wenn es nicht unum-

gänglich ist. Man benutzt und preßt Menschen nicht aus, bis sie zu einem Nichts schrumpfen, besonders nicht Menschen, die man liebt."[5]

Judy: Don Juan nutzt diese Information über Carlos Jagderfahrungen und entwickelt seine zweite Beschreibung, damit Carlos die beiden vergleichen kann. Dann schickt er ihn nach Hause zurück, damit er anfängt, den Unterschied zu seiner Beschreibung der Wirklichkeit in Los Angeles zu entdecken.

John: Jetzt gibt es eine Aufgabe. Der weise Verhandlungsführer weiß genau wie der weise Jäger, daß es besser ist, die Welt nicht auszupressen. Der Verhandlungsführer, dessen Vision klar und weitreichend ist, weiß, daß er nicht nur die Verhandlungen erfolgreich führen muß, mit der beide Parteien erfolgreich nach Hause gehen können, sondern auch, daß die Verhandlung die Grundlage für eine Beziehung darstellt, die weitere Interaktionen begünstigen oder verhindern wird. Der Jäger, der mit derselben Klarheit und Distanz sieht, wird ein Tier nie in die Enge treiben, wenn er nicht auch bereit ist, es zu töten; darüber hinaus stellt dieses lebende, gesunde Tier, wenn es einen Ausweg behält, eine Quelle zukünftiger Nahrung für den Jäger dar. Keinen Ausweg zu lassen, stellt das Ende einer Beziehung dar ... zumindest für einen von beiden.

Die Welt auszupressen ist natürlich nur eine Form der Selbstbezogenheit. Sie überhaupt nicht zu greifen, ist eine andere. Eure Augen bewegen sich zwanzig Mal in der Sekunde. Könnt ihr das spüren? Könnt ihr diese Erfahrung spüren? ... *(Pause)*

(Zeigt auf die Tafel) Wir reagieren also nur auf diesen Ausschnitt des elektromagnetischen Spektrums. Instrumente sind, wie wir bereits besprochen haben, eine Möglichkeit, um zu entdecken, wie beschränkt unser Zugang ist. Ich habe mich immer etwas vor Instrumenten gescheut, weil ich das Gefühl hatte, daß ich sie als Ersatz für direktes Wahrnehmen gebrauchen würde. Sie sind eine Form der Isolierung zwischen uns und dem, was wir wahrnehmen. Und wie jeder band-pass-Filter ermutigen sie dazu, in erster Aufmerksamkeit Teilbögen von Feedbackkreisen zu betrachten, d.h. Teile von Menschen anstatt des gesamten Menschen. Doch das besagt lediglich, daß Technologie mißbraucht werden kann – durch meine Schuld. Ich habe sie auf der falschen logischen Ebene eingesetzt. Sie kann auch mit Brillanz gebraucht werden, und eine der non-trivialen Anwendungen besteht darin, Teile des elektromagnetischen Spektrums, die uns normalerweise nicht zugänglich sind, wieder in die Filter, die wir unsere Sinneskanäle nennen, zurückabzubilden. Die Tatsache, daß wir Instrumente haben,

bedeutet nur, daß wir Orte wahrnehmen, die wir sonst nicht wahrnehmen könnten, oder mit einer Genauigkeit wahrnehmen, die wir sonst nicht hätten. Dann unterwerfen wir das alles den Verzerrungen, denen wir unterworfen sind, weil wir Mitglieder einer bestimmten Spezies sind. Wie ich bereits erwähnt habe, forderte mich David, als er mir das Fliegen beibrachte, auf, die Instrumente zu nutzen, um meine eigenen Sinne zu kalibrieren. Ob ihr es glaubt oder nicht, man kann nicht unterscheiden, ob man steigt oder sinkt – man kann in der Luft nur kinästhetisch, d.h. ohne äußere visuelle Bezüge oder Instrumente, nicht die Höhe bestimmen.

Judy: Mir fiel es schwer das zu glauben, aber …

John: Es ist tatsächlich der Fall.

Teilnehmerin: Ich war auch schon in Flugzeugen. Meinst du auf und ab, links und rechts?

John: Du kannst deine Orientierung in bezug auf die Erdoberfläche nicht bestimmen, es sei denn, du hast einen visuellen Bezug außerhalb des Flugzeugs oder Instrumente. Deine Kinästhetik wird dich immer wieder in die Irre führen …

Judy: … sie wird dich austricksen …

Teilnehmerin: Aber nicht unbedingt nur im Flugzeug.

John: Nicht nur im Flugzeug. Damit dieser Effekt auftritt, darf man nicht hinausschauen können.

Teilnehmerin: Du sagst also im Grunde, daß man es mit geschlossenen Augen nicht unterscheiden kann.

John: Stimmt.

Judy: Du glaubst, daß du es unterscheiden kannst, aber du täuschst dich sehr leicht.

John: Du könntest auf der Spitze einer Schleife sein und glauben, daß du an ihrem tiefsten Punkt bist.

Teilnehmerin: Darum fliegen Piloten manchmal in Grund und Boden.

John: Genau. Aber nicht sehr oft. *(Lachen)*

Teilnehmerin: Und nie zweimal.

Judy: Es gibt nichts, das für einen Piloten unwichtiger ist, als wieviel Luft er über sich hat. *(Lachen)*

John: Ich möchte euch Gasters zweidimensionale Version des Problems vorstellen, das ich eben beschrieben habe, damit ihr dann selbst damit herumspielen könnt. Ihr werdet dafür kein Flugzeug brauchen. Ich bilde jetzt ein dreidimensionales Problem auf zwei Dimensionen ab. Wir stehen hier am Nil, an einer der Stellen, an der er am weitesten ist. Die Frage ist nun: Bewegt sich der Fluß? Der Kontext ist folgender: Wir sitzen alleine in einem Boot. Es sind keine anderen Boote zu sehen oder zu hören. Es liegt Nebel auf dem Fluß, so daß wir ungefähr drei Meter weit sehen können. Es steht uns außer dem Fluß selbst kein Bezugspunkt zur Verfügung. Das Problem lautet nun: Wie bestimmt ihr, ob der Fluß sich bewegt?

Teilnehmerin: Bewegen wir uns?

John: Wenn der Fluß sich bewegt, bewegt ihr euch mit ihm – das steht außer Zweifel.

Teilnehmerin: Kannst du das für mich noch einmal wiederholen?

John: Nein, nein, du hast die Information.

Also gut, wenn ihr einen interessanten Lösungsvorschlag habt, sagt uns Bescheid. Und nun zurück zu den Teilen der Welt, die wir mit unseren Sinneskanälen erleben können. Wir tilgen nicht nur gewissermaßen den größten Teil der Welt durch die begrenzten Empfangsmöglichkeiten unserer Sinneskanäle; denkt nur an die Wahrnehmungsgeschwindigkeit, etwas, mit dem ihr alle als Teil dieses Seminars beschäftigt seid. Mit anderen Worten, welche Art von Mustern würde ich erkennen, wenn ich ein Baum wäre?

Teilnehmer: Muster, die sich sehr langsam vollziehen – oder vielmehr sehr schnell.

John: Alles, was mir jetzt langsam erscheint, würde wahrscheinlich zu schnell für meinen Sinnesapparat. Wenn ich mich nun mit annähernder Lichtgeschwindigkeit bewegte, welche Arten von Ereignissen könnte ich dann wahrnehmen? Erinnert ihr euch an subliminales Konditionieren? Jemand erwähnte das gestern – das Verbot subliminaler Werbung. Subliminale Wahrnehmung ist relativ zu dem Schwellenwert des Sinnesorgans, das ihr gebraucht. Denkt an das Beispiel des Jonglierens vor einhundert Jahren.

Judy: Jemand von euch sagte, daß er sehr langsam über die Brücke gegangen sei, weil die Information, die er aufnahm, so anders war als sein normales foveales Sehen, aber daß da auch Jogger waren und es so schien, als ob sie nicht näher kämen, als ob sie aufgehört hätten zu laufen, obwohl sich ihre Beine immer noch auf und ab bewegten.

John: Man kann Instrumente benutzen, um den „natürlichen Bereich" unseres Sinnesapparats auszuweiten. Das ist eine der non-trivialen Anwendungen von Instrumenten. Wie sonst könnte man lernen, den Bereich seiner Wahrnehmungsfähigkeit auszuweiten? Wenn ihr ein kleines Experiment durchführen wollt, geht an einen öffentlichen Platz, stellt euch dort hin und „haltet die Welt an". Spürt dann Druck auf eurem Körper, und zwar anderen Druck als den, den ihr durch die Kleidung auf eurem Körper erklären könnt, oder durch die Schwerkraft, die auf euch wirkt oder durch Luftbewegungen. Und ihr werdet bald bemerken, daß ihr euch umdrehen könnt und jemand finden werdet, der euch direkt anschaut. Ihr könnt spüren, wenn euch jemand anschaut, wenn ihr „die Welt anhaltet" und nach innen geht, um diese Art von Ereignissen wahrzunehmen. Wie findet ein Wünschelrutengänger Wasser? Ein Wünschelrutengänger findet Wasser auf eine Weise, die wir noch nicht mit technischen Hilfsmitteln rekapitulieren können. In dem Wahrnehmungsbereich, den jeder von uns als Angehöriger der Spezies geerbt hat, gibt es Empfindungen, die unterhalb der Bewußtseinsschwelle liegen – für die meisten von uns bleiben sie immer in der zweiten Aufmerksamkeit – und die es uns erlauben würden, die Anwesenheit von Wasser zu bemerken. Wünschelrutengänger haben Zugang zu diesem Teil des Wahrnehmungsbereichs – zu dieser besonderen Art von Empfindungen – bekommen oder bewahrt.

Teilnehmerin: Wie können sie es auf die Entfernung machen, nur mit einer Landkarte?

John: Ich weiß noch nicht einmal, wie sie es direkt auf dem Boden machen. Ich sage, daß die Tatsache, daß Angehörige unserer Gattung es tun können, uns dazu auffordert zu erkennen, daß wir auch wenn diese Transformationen äußerst reduktionistisch sind, immer noch genug in unsere zweite Aufmerksamkeit bekommen, daß einige von uns die Fähigkeit bewahren, durch alle diese Transformationen hindurch Dinge wahrzunehmen, von denen man normalerweise annimmt, daß sie außerhalb des menschlichen Wahrnehmungsbereichs liegen. Somit ist das eine Einladung an euch, diese Klasse von Ereignissen zu erforschen. Geht zum Beispiel an den Bottnischen Meerbusen in Skandinavien und findet heraus, ob ihr die Bewegung der Erdoberfläche dort spüren könnt – eines Teils der Erdkruste, die durch das Gewicht der Gletscher während der letzten Eiszeit herabgedrückt worden ist und immer noch mit einer Geschwindigkeit von einem Zentimeter pro Jahr steigt – selbst die Erdrinde hat ein Gedächtnis.

Christian: Wenn ich so etwas höre wie „außersinnlich" oder „übersinnlich" oder ähnliches, glaube ich nicht, daß es etwas ist, was außerhalb des Natürlichen liegt. Die Dinge sind Teil dessen, was natürlich ist.

Judy: ... wenn auch außerhalb dessen, was wir gewöhnlich tun. Diese Verwirrung entsteht, wenn wir es versäumen, zwischen dem zu unterscheiden, was für uns möglich ist und dem, was für uns durchschnittlich ist.

Christian: Richtig. Wir haben eben noch nicht die notwendige Technologie oder unsere Paradigmen sind nicht umfassend genug, um diese Phänomene einzuschließen.

John: Oder wir sind auf Technologie konzentriert anstatt darauf, unsere Sinne zu verstehen und zu erweitern.

Judy: Richtig. Allein im Hinblick auf unsere Physiologie wissen wir nicht genau, was diese Bandbreite der Wahrnehmung ist oder wie Don Juan es nennt: das Ausmaß menschlicher Möglichkeiten, welches die eingrenzenden Werte sind, die uns genetisch auferlegt sind. Ich bin sicher, daß wir ihre Grenzen noch nicht ausgedehnt haben, vor allem in diesem Bereich, weil wir nicht einmal wissen, was die Möglichkeiten sind.

John: Karen?

Karen: Ich glaube, daß eine andere Frage lautet: Müssen wir das auf der Ebene unseres okzipitalen Hirnlappens wissen oder können wir es an der Peripherie wissen?

John: Ich gebrauche das einfache Beispiel, daß es Reflexbögen in der Wirbelsäule gibt, so daß Hitze in einem peripheren Sinnesorgan wie der Hand ein Zurückziehen dieses Organs bewirken wird, bevor das Signal das zentrale Nervensystem erreicht. Es geht durch die Schleifen der unteren Wirbelsäule, und der Cortex wird erst beteiligt, wenn die Reaktion bereits eingeleitet worden ist. So daß wir an der Peripherie lernen und wissen können – das macht sowohl die Brillanz wie auch die Gefahr unserer Spezies aus. Aufgrund dieser Möglichkeiten können wir, wenn wir einen festen Glauben haben ... d.h., wenn wir unser Erleben modelliert haben und diese Generalisierung an die Peripherie verlagern, wenn wir sie so weit vorgeschoben haben, daß wir die Kreisläufe verändern, die Schwellenwerte neu festlegen ... die Art hypnotischer Taubheit erreichen, die ich gestern beschrieben habe, um unsere Überzeugung zu unterstützen. Was haben wir damit erreicht, wenn wir das getan haben? Wir sind äußerst effektiv darin geworden, weil wir eine Situation geschaffen haben, mit der wir uns so weit von dem Fluß der Welt unabhängig gemacht haben, daß nichts diese Filter passieren kann, das unsere Homöostase gefährden wird. Unsere Glaubenssätze, ursprünglich von unserem Erleben der Welt abgeleitet, reagieren nicht mehr auf Erfahrungen in der Welt. Wir haben soeben Selbstmord begangen.

Judy: Auf der gesellschaftlichen Ebene müßt ihr, wie ich gestern über den Unterschied zwischen körperlichem Speicher und außer-körperlichem Speicher gesagt habe, in der Regel eine Institution einrichten, um die Filterfunktion auszuüben, die dafür sorgt, daß keine neue Information zugelassen wird, die möglicherweise diese Homöostase gefährden könnte.

John: Wie vielen gehenden Toten seid ihr in eurem Leben bereits begegnet? Ganz im Ernst?

Teilnehmerin: Wie vielen gehenden Lebenden?

John: Ja, es ist wahrscheinlich einfacher, die gehenden Lebenden zu zählen als die gehenden Toten.

Patricia: Ich denke gerade an das, was vorhin über ASW gesagt worden ist. Personen, die ASW haben, würden sagen, daß diejenigen von uns, die keinen Zugang dazu haben, ihn tatsächlich auf diese Weise verhindern. Aber das sind im Grunde alles Sinneseindrücke, die wir haben, die wir aber von unserem Bewußtsein ausschließen.

Judy: Wir haben irgendwo dazwischen Filter eingerichtet.

John: Die einzige Schwierigkeit, die ich mit diesen Leuten habe, ist ihre Epistemologie. Sie behaupten durch das „A" in ASW, daß es kein Teil der SW ist. Und wir haben keine Ahnung davon, was in der „SW" ist, weil wir unsere epistemologischen Hausaufgaben, was die bekannten Sinneskanäle angeht, noch nicht gemacht haben.

Teilnehmerin: Ich gebrauche ASW sehr lose …

John: Lose, richtig. Und ich behaupte, es gibt Zeiten, in denen man lose in seinem Denken,und Zeiten, in denen man genau sein soll. Und wenn man anfängt, seine Erfahrungen ausschließlich auf Phänomene zurückzuführen, die „außerhalb" unseres gewöhnlichen Sinnesapparates liegen, dann kann es sein, daß man diesen Teil seiner Anlagen nie entdeckt. Wenn das für euch wie eine Auseinandersetzung aussieht oder klingt, faßt es einfach so auf, daß wir auf der Ebene erster Aufmerksamkeit eine Verbindung eingegangen sind und jetzt unsere Repräsentationen, unsere Modelle verfeinern. Worte können gefährlich sein, denn sie sind eine Form von Filtern. Und erste Aufmerksamkeit beschäftigt sich gewöhnlich mit auditiven, digitalen Symbolen. Wenn ich also jetzt zu einer Überzeugung über meine Erfahrungen mit „ASW" gelange, wenn ich es in erster Aufmerksamkeit, die die Erfahrung der zweiten Aufmerksamkeit abbildet (modelliert), als außersinnlich benenne, dann ist das in dem Sinne selbstbezogen, daß ich meine eigenen epistemologischen Grundlagen nicht weiter untersuchen muß. Und ich werde nie bemerken, wenn ein Teil des Phänomens in den normalen Sinneskanälen liegt, weil ich dort nie suchen werde.

Judy: Weil ihr den Filter an die Peripherie verlegt habt. Auf dieser Ebene der Diskussion sind die Begriffe Filter und Glaubenssatz austauschbar.

John: Bei dieser Frage geht es für mich zum Teil darum … ich bewundere die angeblich außersinnlichen Fähigkeiten – diese Verhaltensweisen sind hervorragend –, wenn sie tatsächlich vorhanden sind. Es gibt eine Fülle von Spinnern, die herumlaufen und zu ihrem eigenen Vorteil alles Mögliche behaupten, und dann gibt es Leute, die tatsächlich Dinge wahrnehmen können, die ich noch nicht gelernt habe wahrzunehmen. Zwischen diesen beiden Gruppen zu unterscheiden ist an sich schon keine leichte Aufgabe. Es scheint oft, daß sie in genau der Weise übertrieben selbstbezogen sind, die ich gerade beschrieben habe. Es ist wichtig für sie, denn jedes „außersinnliche" Phänomen wird in einer Kultur, die sich auf erste Aufmerksamkeit verläßt, eine verzerrte Form annehmen müssen. Und wir leben in einer solchen Kultur. Ich habe daher Verständnis für diese Personen, weil sie etwas behaupten, das der Arbeit mit der ersten Aufmerksamkeit so zuwiderläuft, daß es in unserer Kultur in der Regel nicht sehr geschätzt wird. Und so nimmt es oft eine etwas schiefe Form an. Ich behaupte, daß sie in diesem Sinne nicht außerhalb der ersten Aufmerksamkeit operieren müssen. Sie könnten sagen: „Seht her, wozu unser Nervensystem in der Lage ist!" Ich glaube, daß was zum Teil passiert ist, daß diejenigen, die tatsächlich diese Dinge tun können, sich gegen den Ansturm der ersten Aufmerksamkeit der sie umringenden Kultur verteidigen müssen, so daß sie einen Teil ihrer Einzigartigkeit durch diese Fähigkeiten definieren. Jeder einzelne von euch ist im Grunde einzigartig, aber wenn ihr eure Einzigartigkeit promoten müßt, um euch gegen einen Ansturm erster Aufmerksamkeit zur Wehr zu setzen, dann könnt ihr gewissermaßen verbogen werden.

Marne: Wenn wir Erfahrungen in Worten codieren und wenn das die Erfahrungen verhindern kann, indem man versucht, es in Worte zu fassen, wie kann man dann Informationen an jemand anderen weitergeben, jemanden unterweisen ...

John: Wie hat TaTitos euch Tanzen gelehrt?

Marne: Er hat es uns gezeigt.

John: Genau, also das ist ein Beispiel.

Marne: Ja, körperlich ... Wenn man will, daß jemand etwas mental macht und man sie in einen bestimmten mentalen Zustand bringen will, wie würde man das anstellen? Man kann ja nicht in sie hineingreifen und es ihnen vormachen.

John: Ah, das stimmt nicht.

Judy: Sprache ist nur ein Code für Erfahrungen. Der Trick, oder das Problem, die Falle, in die viele dabei hineinfallen, ist, daß sie glauben, Sprache sei Erfahrung. Weil Englisch unsere Muttersprache ist, werden wir dazu verleitet zu glauben, daß wir einander wirklich verstehen – sowohl horizontal wie vertikal – wenn wir Sprache verwenden, und wir machen auf dieser Grundlage Annahmen. Wenn ihr zu der Sprache zurückgeht, wenn ihr jemand anderem, dessen Muttersprache auch Englisch ist, etwas sagt und nicht von der Annahme ausgeht: „Oh, er versteht mich", dann werdet ihr andere Alternativen haben, von denen ihr wählen könnt – Sprache plus etwas anderes. Im Kongo haben sie ein Sprichwort: „Jede Aussage hat mindestens zwei Bedeutungen." Und ich glaube, genau das ist der Trick. Die meisten Menschen handeln, als ob sie glaubten, daß Sprache Erfahrung sei, während sie nur ein Weg ist darüber zu reden.

John: Und wenn es richtig ausgewogen ist, ist es eine entscheidende, positive Funktion der ersten Aufmerksamkeit. Die Funktion des Bewußtseins und der Sprache besteht darin, zu isolieren und abzugrenzen, Genauigkeit zu erreichen. Das ist eine der Funktionen, die sie an der Schnittstelle mit zweiter Aufmerksamkeit haben. Judith spricht von Selbstbezogenheit, die von einer unausgewogenen ersten Aufmerksamkeit herrührt. Wenn ihr für einen Augenblick unsere Behauptung akzeptiert, daß eine der vorrangigen Verantwortungen der ersten Aufmerksamkeit darin besteht, zweite Aufmerksamkeit zu modellieren – und das ist genau das, was in evolutionärer Hinsicht passiert ist –, dann wird sie selbstverständlich ihren eigenen Code benutzen. Zwangsläufig. Es ist der einzige Code, den sie hat. Ihr habt heute morgen Don Juans Bemerkung gehört: „Das ist die eigentliche und angemessene Funktion des Tonal."

Die Wohlgeformtheitsbedingungen, die euch daran hindern, das in pathologisch selbstbezogener Weise zu tun, ist Falsifizierbarkeit – der Unterschied zwischen einem Modell und einer Theorie. Ihr sucht das Gegenbeispiel. Das wird es verhindern, den Fehler in bezug auf logische Kategorien zu begehen und zu glauben, daß eure Worte die Wirklichkeit sind. Sie sind Indikatoren, sie verweisen auf Repräsentationen in der zweiten Aufmerksamkeit zurück und dieses gewaltigen Feedbackkreises, in dem ihr euch mit anderen Menschen und mit der Umgebung befindet. Es ist nicht falsch, Lernen und Information durch Worte zu vermitteln. Doch erinnert euch an die Regel, die ich als Wohlgeformtheitsbedingung für die Kommunikation zwischen Organismen vorgeschlagen habe: Jede verbale Kommunikation wird solange als bloßes Gerücht aufgefaßt, solange sie keine physiologische Grundlage hat. Was ich damit sagen will ist, daß die Schleife in beide Richtungen gehen muß und das ist es, was Gleichgewicht zwischen erster und zweiter Aufmerksamkeit ist.

Teilnehmerin: Solange man etwas nur gehört hat, hat man nur die verbale Repräsentation und das ist ein reines Gerücht. Dann haben wir den Test unserer eigenen Erfahrung und wir vergleichen das mit dem verbalen Code, gleichen an, verändern vielleicht, wie wir es in unserem eigenen Gehirn codieren würden, so daß alles, was jemand erlebt, dieser beständige Zirkel zwischen Gerücht und persönlicher Erfahrung ist ...

John: ... es sei denn, du sprichst mit den lebenden Toten, die den Fehler in bezug auf die Kategorie machen, indem sie glauben, daß die Worte die Erfahrung, diese Generalisierung an die Peripherie drängen werden, damit sie ihre Homöostase nicht gefährden, indem sie sich im Grunde daran hindern, etwas Neues zu lernen.

Judy: Es gibt auch Erfahrungen, für die ich keine Worte habe. Es mag sein, daß ich irgendwann eine angemessene und nützliche Beschreibung dafür finden werde. Aber ich bin immer noch überzeugt, daß Marne diese Information auch ohne Worte weitergeben könnte, wenn sie es wollte, und auf künstlerische Weise die nichtsprachlichen Codes für Lehren und Lernen erforschen würde.

John: Die direkte Manipulation der Physiologie wird den Zustand verändern, wird die Filter verändern, was ein sehr direkter Weg ist, um das Erleben einer Person zu verändern. Es ist ein tiefergehender Weg als Worte. Es gibt also andere Stellen, an denen man intervenieren kann.

Alan: Wie kann man wissen, daß man nicht selbstbezogen ist?

John: Mir scheint, daß die Frage etwas mehr Kontext braucht.

Alan: Bitte?

John: Die Frage braucht etwas mehr Kontext.

Alan: Ich bin etwas verwirrt. Ich sitze hier und mache mir Gedanken über die Kriterien für Selbstbezogenheit.

John: Gut. Nun, das entwickeln wir gerade. Ein Teil des persönlichen Organisationsmodells ist für uns durch Erfahrung zu entdecken, was das richtige Gleichgewicht zwischen diesen Systemen ist.

Judy: Ja. Ihr alle seid das andere Ende der Schleife da draußen.

Teilnehmerin: Ich würde sagen, daß es vielleicht etwas mit einem Sinn für Humor zu tun hat. *(Lachen)*

Judy: Das ist sicher ein Teil davon.

Teilnehmerin: Wenn man seinen Sinn für Humor verliert, ist man wahrscheinlich zu selbstbezogen.

John: Nun, verfolgen wir ihre Anregung. Das ist wirklich wichtig. Was bedeutet es, einen Sinn für Humor in bezug zu seinen eigenen Glaubenssätzen und Auffassungen zu haben, in bezug auf sein eigenes Erleben?

Teilnehmerin: Es bedeutet, daß man seine Perspektive wechseln kann.

Judy: Don Juan spricht davon, sich selbst zu wichtig zu nehmen. Und er sagt, daß in bezug auf physische Energie die Neigung, sich selbst zu wichtig zu nehmen, der aufwendigste energieverbrauchende Mechanismus ist, den ein menschliches Wesen hat. Das ist der Grund, warum ein Krieger übt und sein eigenes Verhalten inventarisiert, damit er diese Neigung aufgeben kann – es verbraucht zuviel Energie. Es ist der Unterschied zwischen dem, was Karen sagte, zu der Erkenntnis zu kommen, zu der sie auf der Brücke gekommen war, wo das Bewußtsein sagt: „Ich mache es, ich mache es!" und es gleichzeitig lustig zu finden und das Paradox zu verstehen – und andererseits zu sagen: „Ich habe versagt." Ich glaube, daß allein dieser Unterschied ...

Teilnehmerin: Humor bedeutet auch, ein Gefühl für Perspektive zu bewahren.

John: Perspektive. Das bedeutet, in der Lage zu sein, von mehreren Positionen aus zu sehen – und auch auf verschiedene Weise zu sehen. Für einige von euch wird die Wohlgeformtheitsbedingung also lauten: Ihr dürft nie handeln, bevor ihr nicht wenigstens zwei Beschreibungen habt. Nehmen wir an, wir definieren das Modell – im Sinne des Modellierens – als erste Aufmerksamkeit. Das Minimal-Modell setzt die Synthese mindestens zweier Wahrnehmungspositionen voraus. Das erhält euch am Leben. Das Programm, nach dem ihr zwanzigmal in der Sekunde visuelle Stichproben zieht – die Metaphern allein in den anatomischen Strukturen sind sehr weitreichend.

Judy: ... die Nachricht von Unterschieden ...

John: ... Transformation, Nachricht von Unterschieden, Transformation, Nachricht von Unterschieden, Transformation, bis hin zum Zentralnervensystem. Um also nicht in erster Aufmerksamkeit zu selbstbezogen zu werden, wird eine Bedingung an das angemessene Verhalten der ersten Aufmerksamkeit lauten, daß ihr niemals aus einem Modell, einer Hypothese über die Welt heraus handeln dürft, es sei denn, daß ihr dieses Modell mindestens auf einer Doppelbeschreibung gegründet habt. Es geht darum, eine Wahl zu haben. Wenn ihr nur eine Wahrnehmungsposition habt, ist es so, als ob jemand sagte: „Oh, in dieser Situation treffe ich immer diese Wahl." Das ist keine Wahl. Ihr habt nur dann eine Wahl, wenn ihr in der Lage seid, euch auf grundverschiedene Weise zu verhalten. Und das ist die Art von Übung im willkürlichen Wechsel des homöostatischen Zentrums, die euch am Leben erhalten wird.

Judy: Don Juan nennt das „ein Krieger sein". Wonach sucht ein Krieger? Ein Krieger sucht Macht. Was ist Macht? Macht ist Wissen. Wie macht er oder sie das? Sie suchen nach Beschreibungen, Mehrfachbeschreibungen, und während sie eine neue Beschreibung ausprobieren, übernehmen sie sie mit vollem Commitment – sie müssen es glauben.

Teilnehmer: Selbstbezogenheit ... Ich habe früher mit Sterbenden gearbeitet. Eine Sache, die man lernt, wenn man mit Sterbenden arbeitet, ist, daß man nicht auf morgen verschiebt, was man heute erledigen kann.

Judy: Das stimmt.

Teilnehmer: Schieb es nicht auf, jemandem zu sagen, daß du ihn liebst, weil er vielleicht später nicht mehr da ist, damit du es ihm sagen kannst.

Judy: Eine weitere Verantwortung, die ein Krieger lernt: Verhalte dich nicht so, als seist du unsterblich. Das ist eine andere Art der Selbstbezogenheit.

John: Der Tod als dein Ratgeber!

Teilnehmerin: Es scheint an diesem Punkt wichtig, auf die gesellschaftliche Stufe hinaufzuchunken und zu erwähnen, daß eine Gesellschaft, die nicht zwei Perspektiven besitzt, Selbstmord begeht.

Judy: Es ist wie mit diesem viehzüchtenden afrikanischen Stamm; sobald die Flexibilität durch die Investition, den Filter, aufgefressen ist, hat man recht.

Teilnehmerin: Ich glaube, daß die Regierung auf der Stufe der ersten und zweiten Aufmerksamkeit ist und die Individuen unten an der Per...

John: … an der Peripherie …

Teilnehmerin: … an der Peripherie. Und wenn uns allen gesagt wird, daß wir etwas glauben sollen, dann ist die Gesellschaft verloren, tot, erledigt.

John: Sie entwickelt sich nicht mehr.

Judy: Ich möchte euch eine Stelle aus Castaneda vorlesen, wo Don Juan zu Carlos sagt:[6]

„Für Krieger ist es eine Frage der Strategie, nicht des Prinzips, dagegen zu kämpfen, sich zu wichtig zu nehmen." … „Dein Fehler besteht darin, das was ich sage, in Begriffen der Sterblichkeit zu verstehen."

„Ich sehe dich als einen sehr moralischen Mann, Don Juan", bestand Carlos.

„Du hast nur meine Fehlerlosigkeit bemerkt, das ist alles." …

„Fehlerlosigkeit oder sich nicht zu wichtig zu nehmen, sind zu vage Konzepte, um hilfreich für mich zu sein", bemerkte ich.

Don Juan verschluckte sich vor Lachen und ich forderte ihn auf, Fehlerlosigkeit zu erklären.

„Fehlerlosigkeit ist nichts anderes als der richtige Gebrauch von Energie." … „Meine Bemerkungen haben nichts mit Moralität zu tun. Ich habe Energie gespart und das macht mich fehlerlos. Um das zu verstehen, mußt du selbst erst genug Energie sparen."

Wir schwiegen lange. Ich wollte über das nachdenken, was er gesagt hatte. Unvermittelt begann er wieder zu sprechen:

„Krieger führen strategische Bestandsaufnahmen durch", sagte er. „Sie zählen alles auf, was sie tun. Dann entscheiden sie, was davon verändert werden kann, um sich eine Erholung zu erlauben, was ihren Energieverbrauch angeht."

Ich erwiderte, daß ihre Liste alles Mögliche enthalten müßte. Er antwortete geduldig, daß die strategische Bestandsaufnahme, die er meinte, nur Verhaltensmuster enthielt, die nicht für unser Überleben oder Wohlbefinden entscheidend waren.

Ich ergriff die Gelegenheit, darauf hinzuweisen, daß Überleben und Wohlbefinden Kategorien waren, die auf zahllose Weise interpretiert werden könnten und es daher keinen Weg gab, sich darüber zu einigen, was für Überleben oder Wohlbefinden entscheidend war oder nicht.

Während ich weiterredete, begann ich meinen Schwung zu verlieren. Schließlich hörte ich auf, weil ich die Nutzlosigkeit meiner Einwände erkannte.

Don Juan sagte daraufhin, daß in der strategischen Bestandsaufnahme von Kriegern, sich zu wichtig zu nehmen, als die Handlung gilt, die den größten Betrag an Energie verbraucht, weshalb sie sich bemühen, sie auszumerzen.

„Eines der ersten Anliegen eines Kriegers ist, diese Energie freizusetzen, um damit dem Unbekannten entgegenzutreten", fuhr Don Juan fort. „Fehlerlosigkeit ist die Handlung, durch die diese Energie umgeleitet wird."

John: „Die Handlung, durch die diese Energie wieder umgeleitet wird, ist Fehlerlosigkeit."

George: Ich verstehe nicht, warum Castaneda seine Argumente aufgegeben hat. Mir scheint, er verlor den Mut, stimmt's?

John: Du verstehst es nicht, George, weil du das gleiche getan hast, was Carlos getan hat.

George: … *(Pause)* … Das stimmt.

John: Die Diskussion zwischen Don Juan und Carlos kann nur von Carlos Vorannahme ausgehen, daß er und Don Juan in bezug auf ihre Wahrnehmungen der Welt übereinstimmen müssen. Und das ist genau eine der selbstbezogenen Eigenschaften erster Aufmerksamkeit. Warum nicht den Unterschied begrüßen und von diesem Unterschied ausgehend neue Informationen gewinnen, zu einer Synthese kommen. Antwort: Wegen seiner Neigung, sich zu wichtig zu nehmen. Seine Wahrnehmung, seine Beschreibung muß Vorrang haben. Oder, er muß als andere Lösung mit Don Juan zu einer Einigung über ihre Wahrnehmungen gelangen. Sie müssen sich auf eine einzige Beschreibung der Wirklichkeit einigen, genau das, wovon Juan redet.

George: Das finde ich ermutigend. Das verstehe ich.

John: Es ist wichtig, der ersten Aufmerksamkeit von Zeit zu Zeit einen Knochen zuzuwerfen, George.

Judy: *(liest aus Gregory Batesons „Ökologie des Geistes")*[7]

Was mir aber Sorge bereitet, ist die Erweiterung das alten Systems um die moderne Technologie. Heute werden die Zwecksetzungen des Bewußtseins durch immer effektivere Maschinerien, Transportsysteme, Flugzeuge, Waffen, Medikamente, Schädlingsbekämpfungsmittel und so weiter realisiert. Bewußte Zwecksetzung hat nun die Macht, das Gleichgewicht des Körpers, der Gesellschaft und der biologischen Welt um uns herum über den Haufen zu werfen. Eine Krankheit – ein Verlust des Gleichgewichts – kündigt sich drohend an.

Ich glaube, daß vieles von dem, was uns heute hier zusammenbringt, grundsätzlich mit den Gedanken zu tun hat, die ich Ihnen auseinandergesetzt habe. Einerseits haben wir die systemische Natur des individuellen menschlichen Wesens, die systemische Natur der Kultur, in der es lebt, und die systemische Natur des biologisch-ökologischen Systems um es herum; und andererseits die eigenartige Verdrehung in der systemischen Natur des individuellen Menschen, durch welche das Bewußtsein fast notwendig blind wird für die systemische Natur des Menschen selbst. Zweckgerichtetes Bewußtsein zieht aus dem gesamten Geist Sequenzen, die nicht die Schleifen-Struktur haben, welche für die ganze systemische Struktur charakteristisch ist. Folgt man den Anweisungen des „Common sense" für das Bewußtsein, dann wird man effektiv gierig und unweise – wobei ich das Wort „Weisheit" wiederum für das Erkennen und die Führung durch ein Wissen um die gesamte systemische Schöpfung verwende.

Mangel an systemischer Weisheit rächt sich immer. Wir können sagen, daß die biologischen Systeme – das Individuum, die Kultur und die Ökologie – zum Teil lebende Stützen der in ihnen enthaltenen Zellen oder Organismen sind. Aber die Systeme rächen sich nichtsdestoweniger an jeder Spezies, die so unklug ist, mit ihrer Ökologie in Konflikt zu geraten. Wenn Sie so wollen, können Sie die systemischen Kräfte als „Gott" bezeichnen.

Ich möchte Ihnen einen Mythos darlegen.

Es war einmal ein Garten. In ihm lebten viele hundert Spezies – wahrscheinlich in den Subtropen – in großer Fruchtbarkeit und Ausgeglichenheit, mit einer Menge Humus und so weiter. In diesem Garten waren zwei Anthropoiden, die intelligenter waren als die anderen Tiere.

An einem der Bäume hing ganz weit oben eine Frucht, an die die beiden Affen nicht herankamen. Also fingen sie an *nachzudenken*. Das war der Fehler. Sie fingen an zweckgerichtet nachzudenken.

Bald suchte sich der männliche Affe, dessen Name Adam war, eine leere Kiste, stellte sie unter den Baum und stieg auf sie, aber er merkte, daß er noch immer nicht an die Frucht heranreichte. Also holte er sich eine weitere Kiste und stellte sie auf die erste. Dann kletterte er auf die beiden Kisten und bekam schließlich diesen Apfel.

Adam und Eva wurden fast trunken vor Aufregung. *Das* war der richtige Weg. Mache einen Plan, ABC, und du erhältst D.

Danach fingen sie an, sich darauf zu spezialisieren, Dinge planmäßig anzugehen. Im

Endeffekt vertrieben sie damit aus dem Garten das Konzept ihrer eigenen insgesamt systemischen Natur des Gartens.

Nachdem sie Gott aus dem Garten vertrieben hatten, fingen sie wirklich an, sich auf dieses zweckgerichtete Geschäft einzulassen, und sehr bald verschwand die Ackerkrume. Danach wurden mehrere Spezies von Pflanzen zu „Unkraut" und einige der Tiere zu „Schädlingen"; und Adam merkte, daß die Gärtnerei sehr viel schwerere Arbeit war. Er mußte sein Brot im Schweiße seines Angesichts verdienen und er sagte: „Es ist ein rachsüchtiger Gott. Ich hätte diesen Apfel niemals essen dürfen."

Zudem ergab sich auch eine qualitative Veränderung in der Beziehung zwischen Adam und Eva, nachdem sie Gott aus dem Garten vertrieben hatten. Eva fing an, das Geschäft der Sexualität und der Reproduktion zu verfluchen. Immer wenn diese ziemlich grundlegenden Phänomene in ihre nunmehr zweckgerichtete Lebensweise eindrangen, wurde sie an das größere Leben erinnert, das aus dem Garten gedrängt worden war. So begann Eva, Sexualität und Reproduktion zu hassen, und als es zum Gebären kam, empfand sie diesen Prozeß als sehr schmerzhaft. Sie sagte, daß auch dies auf die rachsüchtige Natur Gottes zurückzuführen sei. Sie hörte sogar eine Stimme sagen: „Unter Mühen sollst du Kinder gebären. Und dein Verlangen soll nach deinem Mann sein, aber er soll dein Herr sein."

Die biblische Version dieser Geschichte, bei der ich großzügige Anleihen gemacht habe, erklärt nicht die außerordentliche Perversion von Werten, durch welche die Liebesfähigkeit der Frau zu einem Fluch zu werden scheint, der von der Gottheit verhängt wurde.

Nun gut. Adam verfolgte weiterhin seine Zwecke, und schließlich erfand er das System des freien Unternehmertums. Eva durfte lange Zeit nicht daran teilnehmen, weil sie eine Frau war. Aber sie trat in einen Bridge-Club ein und fand dort ein Ventil für ihren Haß.

Bestandsaufnahme

John: Ich glaube, es ist an der Zeit, eine Bestandsaufnahme zu machen. Der nächste Schritt besteht darin, eine Bestandsaufnahme vorzunehmen in dem Sinne, wie wir es heute Morgen besprochen haben. Das Erstellen einer Bestandsaufnahme ist eine angemessene Funktion der ersten Aufmerksamkeit. Es muß ein Tanz sein zwischen der Instanz, in der Information in ihrer reichhaltigsten Form vorliegt – der zweiten Aufmerksamkeit –, und der Modelling-Funktion, die zu der ersten Aufmerksamkeit gehört.

Das Sorting, das wir vorschlagen, bedeutet, daß ihr zunächst eure Überlebensprogramme bestimmt. Ihr wißt nicht mit Sicherheit, welche der Programme, die tief in euch vergraben sind, Überlebensprogramme sind und welche ihr ohne weiteres aufgeben könnt – das wißt ihr in erster Aufmerksamkeit nicht. Daher ist die Art und Weise, in der ihr euch eurer Aufgabe nähert, äußerst wichtig. Aufgabe der ersten Aufmerksamkeit ist es, ein Modell dafür zu bauen, in Übereinstimmung mit den hier versammelten Minds – Judith, mir und dem Rest eurer Kollegen –, wie ihr auf respektvolle Weise der zweiten Aufmerksamkeit vorschlagen könnt, daß dieses Sorting vollzogen werden soll. Es würde eine ungeheure Menge an Zeit und Energie brauchen – mehr kollaterale Energie als ihr, wie ich glaube, zur Verfügung habt –, wenn ihr darauf bestehen solltet, diese Übersicht vollständig in erster Aufmerksamkeit vorzunehmen. Es wäre so, als würde man dem Pferd genau vorschreiben wollen, wie es jeden einzelnen Schritt einer langen Reise zu machen hat.

Ich möchte daher vorschlagen, daß das richtige Gleichgewicht für diese Aufgabe in den Feedbackkreisen erster und zweiter Aufmerksamkeit so aussehen könnte, daß die erste Aufmerksamkeit vorschlägt – so wie es der Reiter mit dem Pferd macht –, daß eine bestimmte Richtung eingeschlagen werden sollte, daß es Wohlgeformtheitskriterien dafür gibt, wie Pferd und Reiter die Entfernung zwischen ihrem jetzigen Standort und ihrem Ziel zurücklegen können, so daß unabhängig davon, welche Mechanismen ihr für das Sorting gebraucht, alle Überlebensprogramme unbehelligt und gesichert sind, so daß sie während der gesamten Periode des Aussortierens und Überprüfens funktionsfähig bleiben.

Wir sind in einem Teil Kaliforniens, der eine sehr schöne Baumart enthält, die Redwoods. Wenn ihr noch nicht die wunderbare Erfahrung hattet, durch eine dieser kathedralenähnlichen Strukturen von Redwoodbäumen zu spazieren, möchte ich euch wirklich drängen das zu tun. Es gibt zwei natürliche Methoden, die ich kenne, wie sich Redwoods fortpflanzen. Eine ist durch Schößlinge, und wenn ihr Bäume beobachtet habt, werdet ihr vielleicht bemerkt haben, daß aus dem Wurzelballen, gerade unterhalb oder oberhalb des Bodens, neue Bäume wachsen. Sie beginnen ringsherum zu wachsen. Wenn ihr durch einen Redwoodwald geht, werdet ihr dieses sich wiederholende Phänomen beobachten können: Ihr seht den Stumpf eines riesigen Baumes, der gefällt oder durch einen Blitzschlag zerstört worden ist, und in einem vollkommenen Kreis darum herum eine Reihe von Redwoods.

Judy: Es wächst ein ganzer Baumbestand darum herum. Das ist einer der Wege, wie sie sich fortpflanzen.

John: Die zweite Art der Fortpflanzung besteht darin, daß die Zapfen, die die Redwoods erzeugen, auf den Boden fallen. Wenn sie dort Temperaturen ausgesetzt sind, die außerhalb des normalen Temperaturbereichs liegen, außerhalb der täglichen und jahreszeitlichen Schwankungen in diesem Gebiet, dann werden sie fruchtbar und beginnen zu wachsen. Eine Möglichkeit, um ein großes Feld mit Redwoodbäumen zu züchten, besteht darin, ein Gebiet zu suchen, das voll von diesen Zapfen ist und es anzuzünden.

Die Ohlone-Indianer[8], die in diesem Teil der Küste Kaliforniens lebten, hatten ein systematisches Programm des Abbrennens, mit dem sie ihre Umwelt erneuerten. In diesem Sinne verstanden sie die Weisheit des Kontexts. Ich möchte darauf hinweisen, daß bei einem Waldbrand nichts verlorengeht. Die Elemente werden in ihrer Form, aber nicht in ihrer Substanz verändert, und die abgefallenen Blätter und die Ansammlung von Material, die ein natürlicher Teil des reproduktiven Zyklus des Ökosystems „Wald" sind, werden zu elementareren Elementen reduziert und als Nährstoffe für den nächsten Wachstumszyklus zur Verfügung gestellt. Sobald das Feuer begonnen hat, gibt es keine Möglichkeit mehr, zwischen solchen Teilen des Waldes zu unterscheiden, die nicht verbrennen sollen und solchen, die verbrennen sollen – es sei denn, man hat Grenzbedingungen gesetzt, innerhalb derer es brennen soll. Das Sorting muß also vor dem Feuer erfolgen.

Ich hatte einen Freund, der einen wiederkehrenden Traum hatte – war es ein Traum? – irgendwo zwischen den Wirklichkeiten, vielleicht sogar in beiden. Er stand am Rand einer Klippe und schaute über die Klippe, dreißig oder vierzig Meter tiefer, auf die tosende Brandung, die sich gegen den Fuß der Klippe warf, wo der Pazifik seine majestätische Kraft demonstrierte und der Wind zu blasen begann, so stark, daß er sich buchstäblich über den Rand der Klippe hinaus in den Wind hineinlehnen konnte und vom Wind gestützt wurde und dabei eine täuschend echte Empfindung des Fliegens erleben konnte. Und an einem bestimmten Punkt wurde die Windgeschwindigkeit so groß, daß der Wind, anstatt an ihm vorbeizublasen, durch ihn hindurchblies, und während er durch ihn hindurchblies, beseitigte er all die veralteten Strukturen, die für seine Fähigkeit, den Stand der Entwicklung zu erreichen, den er erreicht hatte, wichtig gewesen waren.

Als Judith und ich unser Haus bauten, die Ranch, auf der wir jetzt leben, bauten die Zimmerleute ein starkes, solides Haus. Große Balken. Wir hatten dieses Jahr zwei Stürme mit Windgeschwindigkeiten von einhundertsechzig Stundenkilometern. Kein Schaden, das Haus ist solide, es steht an einem guten Platz. Und so stark das Fundament auch ist, wenn ich eine Windmühle bauen würde, um Windenergie zu haben, müßte das Fundament dafür noch tiefer reichen als das Fundament, das wir jetzt haben. Denn das Haus, das wir haben ist, auch wenn es dynamische Strukturen enthält, namens Judith und John und Michael und Kathie und Eric, eine stabile Struktur, verglichen mit seiner Umgebung. Es bewegt sich nicht. Das Haus hat keine beweglichen Teile. Aber eine Windmühle ist ein dynamisches System. Das Fundament muß noch sorgfältiger gesetzt werden, weil ein dynamisches System eine feste Grundlage braucht. Die Kräfte und Belastungen, die auf die Grundlage wirken, sind im Vergleich zu einer statischen Struktur extrem höher. Sowohl beim Bau der Windmühle wie auch beim Bau des Ranch-Hauses, in dem wir jetzt leben, verwendeten die Zimmerleute während bestimmter Phasen des Bauens Gerüste, so wie es jeder intelligente Zimmermann tun würde. Natürlich beseitigten sie das Gerüst wieder, wenn der jeweilige Bauabschnitt beendet war.

Fast jeder von euch kann Autofahren. Und die Art und Weise, in der ihr lernt ein Auto zu fahren, und die Art und Weise, in der ihr einen Wagen fahrt, sobald ihr die wesentlichen Bedienungselemente des Autofahrens beherrscht, sind deutlich verschiedene Strategien.

Es ist an der Zeit, eine Bestandsaufnahme vorzunehmen. Die Wohlgeformtheitsbedingungen für die Übung, die wir beschrieben haben, sollten das beinhalten, was ihr gestern über Lifelines gelernt habt: den Kontext so bestimmen, daß das Feuer nur in den Feldern brennt, in denen ihr wollt, daß es brennt, der Wind mit der Stärke bläst, die ihr wollt, und das Gleichgewicht in dem Tanz zwischen erster und zweiter Aufmerksamkeit voll respektiert wird. Es ist wichtig, daß ein Signal zwischen zweiter Aufmerksamkeit und dem Zeugen in dieser Übung eingerichtet wird, wie in den anderen Übungen auch, das besagt: „Zieh die Lifeline, zieh mich hinauf, ich muß wieder rauf." Dieses Signal in dem Teilnehmer, der die Transformation durchläuft, muß von der zweiten Aufmerksamkeit kommen – das ist der Grund, warum Larry und ich gestern unseren Tanz durchführten. Als Zeuge respektiert ihr die Integrität der Feedbackkreise der Person, deren Zeuge ihr seid. Ihr solltet auf keinen Fall intervenieren, sondern es als eine unvergleichliche perzeptuelle Lernposition nutzen – einen Teil einer Doppelbeschreibung –, so daß ihr später, wenn es angebracht ist, eine zweite Beschreibung der Sequenz anbieten könnt, die die Person durchlaufen hat. Aber ihr sollt nicht aktiv sein in dem Sinne, daß ihr in irgendeiner Weise in das eingreift, was arrangiert worden ist, es sei denn, ihr erhaltet ein Signal von der zweiten Aufmerksamkeit, über das ihr euch vorher verständigt habt, um die Lifeline zu ziehen. Kommt in einer halben Stunde wieder zurück. Ihr werdet natürlich eine Reihe von Funktionen in Gang setzen, die wir entweder während dieser fünfzehn Minuten zu Ende bringen werden – mit Zeitverzerrung – oder ihr werdet Vorkehrungen dafür treffen, daß der Prozeß weitergehen kann, auch wenn ihr mit eurer ersten Aufmerksamkeit hierher zurückkommt, mit Anhaltspunkten dafür, daß das Sorting, der Frühjahrsputz, Fortschritte macht. Genießt eure Reise.

Pause

John: Bei vielen von euch arbeitet die zweite Aufmerksamkeit sehr, sehr hart daran, die Prozesse, die ihr während dieser Übung begonnen habt, weiterzuführen, abzuschließen, zu vollenden und zu bereinigen.

Judy: Die Strategie der Bestandsaufnahme …

John: … vollzieht sich auf einer systematischen, periodischen Grundlage. Warum, glaubt ihr, nennt man den Frühjahrsputz *Frühjahr*sputz? Das ist wichtig. Jedes Organisationsmodell, jedes homöostatische Modell, das ihr schafft, ist eine Falle, wenn es über die Weisheit des Kontextes hinaus aufrechterhalten wird, für den es ursprünglich entwickelt wurde.

Ich bin einer Reihe von Leuten begegnet, die keine Schwierigkeiten damit hatten, Zustände zu erreichen, in denen sie „die Welt anhielten", aber damit diese Zustände aufrechtzuerhalten. Jeder ästhetische Akt setzt Fertigkeit voraus. Die Entwicklung einer Fertigkeit ist in gewissem Sinne ein Commitment, ein persönliches, diszipliniertes Commitment, das besagt: „Ich werde diese Art von Mechanismen üben, bis sie so verfeinert und in meiner Neurologie verankert sind, daß ich nur an die Übung zu denken brauche und die Wirkung bereits eintritt. Auch wenn ich Gefahr laufe, jetzt Judiths Zorn auf mich zu ziehen, möchte ich euch erzählen, daß ihr Pferd Shotsey …

Judy: Laß mein Pferd aus dem Spiel! *(Lachen)*

John: … eine Vorliebe hat – ich möchte euch an Ericksons Kommentar über die Beziehung zwischen Reiter und Pferd erinnern – und diese Vorliebe ist das Fressen.

Judy: Es ist ihre absolute Lieblingsbeschäftigung. Wenn sie sich aussuchen könnte, was sie tun will, dann wäre es das.

John: Sie würde sich zu Tode fressen; wenn wir sie ließen, würde sie fressen bis zum Umfallen. Sie ist in dieser besonderen Hinsicht sehr undiszipliniert.

Judy: Ich fragte schließlich die Tierärztin: „Ich verstehe das nicht. Wie würde dieses Pferd in der Wildnis überleben? Was würde mit ihr geschehen?" Und sie antwortete: „Sie würde so lange fressen, bis sie umfiele und dann von Wölfen gefressen würde." Mit anderen Worten, sie würde nicht überleben.

John: Was ist nun die angemessene Beziehung zwischen einem Reiter und diesem besonderen Pferd? Wir reiten durch ein Feld mit saftigem Gras – was Shotseys Wahrnehmungsapparat angeht, ist es ungefähr so, als würde man ein Kind in einen Süßwarenladen mitnehmen …

Judy: … vor allem im Frühjahr, wenn das Gras gerade maulhoch ist. *(Lachen)* Ihr ganzer Körper schüttelt sich buchstäblich. *(Macht es vor.)* Er schüttelt sich vor Vorfreude, das Gras zu fressen. *(Schüttelt sich und grinst.)* Huhuhuhnnnnn. *(Lachen)*

John: Im Schritt kann Shotsey ohne weiteres und vollkommen sicher den Kopf zur Seite drehen, sich ein Maulvoll schnappen und weitergehen. Sie ist darüber hinaus so gut darin geworden, die Muskeln in ihrem Nacken und Kiefer zu dissoziieren, daß man, wenn man mit verbundenen Augen reiten und nur taktiles Feedback verwenden würde, nicht auf Grund des Gangs erkennen könnte, ob sie frißt oder nicht, weil sie diese Muskelgruppen dissoziiert hat.

Judy: Sie ist unglaublich gut darin, etwas abzubeißen, ohne ihren Schritt zu verändern.

John: Was sind nun aufgrund seiner Vorliebe die Verantwortungen der ersten Aufmerksamkeit oder des Reiters dem Pferd gegenüber?

Teilnehmerin: Es am kurzen Zügel zu führen.

John: In der Tat. Und zu welchem Zweck? Im Schritt würde nichts Dramatisches passieren. Wenn man jedoch zuläßt, daß sich diese Freßprogramme in den langsamen Gangarten entwickeln, kann ein solches Programm im Galopp zu Verletzungen für Pferd und Reiter führen. Wenn während des Galopps ein besonders saftiges Stück Vegetation innerhalb des Wahrnehmungsbereichs ist, den man das Pferd im Schritt entwickeln ließ, würde es fressen wollen und dadurch den Gleichgewichtspunkt gerade weit genug verlegen, daß Pferd und Reiter stürzen würden. Daher wird es in der sicheren Umgebung zur Verantwortung des Reiters, das Pferd zu disziplinieren und die Grenzen für sein Verhalten so zu setzen, daß sich beide sicher bewegen können. Das ist die Verantwortung des Reiters!

Als ich während der Übung durch den Raum ging, fand ich einen Teilnehmer, der Schwierigkeiten damit hatte, den Zustand, in dem er die Welt angehalten hatte, aufrechtzuerhalten. Es passierte in etwa folgendes: Er blieb ungefähr halb so lange wie vorgesehen in dem Zustand und dann wurde plötzlich wieder sein innerer Dialog durch etwas in seiner Umgebung ausgelöst. Hier passiert eine von zwei möglichen Sachen: Entweder übt der Betreffende, den inneren Dialog anzuhalten, um diese Fertigkeit weiterzuentwickeln, oder es ist möglicherweise an der Zeit, einen leichten Tritt in den Hintern zu geben. Oder auch einen festen, wenn es sein muß. Wenn ihr in erster Aufmerksamkeit auf respektvolle, ausgewogene Weise ein Übereinkommen mit der zweiten Aufmerksamkeit getroffen habt, und die zweite Aufmerksamkeit sich nicht an dieses Übereinkommen hält, dann kommt ihr sofort zur ersten Aufmerksamkeit zurück und sagt: „Hör zu. Ich habe meinen Teil des Tanzes ausgeführt. Wenn wir zusammen tanzen sollen, dann werden wir zu der gleichen Musik tanzen. Und ich habe mich in erster Aufmerksamkeit fehlerlos an das gehalten, was notwendig war, um die Vereinbarung einzuhalten, und du hast dich nicht an die Vereinbarung gehalten. Ich fordere jede unbewußte Ressource auf, diesen Teil der zweiten Aufmerksamkeit zu disziplinieren, damit die Beziehung ausgewogen ist." Und das ist eine absolut legitime und in vielen Fällen angemessene Reaktion, wenn die Vereinbarungen zwischen erster und zweiter Aufmerksamkeit nicht eingehalten worden sind und die erste Aufmerksamkeit ihren Teil fehlerlos eingehalten hat.

Teilnehmerin: Glaubst du, daß es eine andere Form der übertriebenen Selbstbezogenheit ist?

John: Man kann auch in zweiter Aufmerksamkeit selbstbezogen sein. Es ist ein Tanz, und beide Körper bewegen sich im Einklang.

Alan: Sagtest du gerade, daß es möglich ist, auch in zweiter Aufmerksamkeit selbstbezogen zu sein?

John: Klar. *(Lachen)* Alan, du denkst auf eine lineare Weise. Sobald du eine Schleife daraus machst, erkennst du: „Natürlich muß es in zweiter Aufmerksamkeit Selbstbezogenheit geben, denn erste Aufmerksamkeit ist nichts anderes als ein Modell zweiter Aufmerksamkeit."

Judy: Eine Teilmenge.

Gloria: Ich hatte Schwierigkeiten damit, die Anweisungen zu verstehen. Zunächst einmal habe ich nicht verstanden, daß wir einen Kontext finden sollten und innerhalb des Kontexts das Sorting vornehmen sollten. Ich glaube, ich brauche etwas Hilfe mit dem Gleichgewicht zwischen erster und zweiter Aufmerksamkeit.

John: Laß mich kurz darauf eingehen, was die wichtigsten Punkte dieser Übung waren. Und es gibt sicher genausoviele kreative Fehlinterpretationen davon …

Judy: … wie es Personen in diesem Raum gibt.

John: Der Bauer bereitet vor dem Säen den Boden vor. Der Förster trägt sowohl Verantwortung für die Laubdecke, die als Lebensraum für bestimmte Lebewesen dienen kann, die Teil dieses Ökosystems sind, wie auch dafür, den Wald sauber zu halten, damit er der Öffentlichkeit in angemessener Weise zur Verfügung steht – also die Laubdecke zu räumen und zu wenden in dem Sinne, daß sie als Humus für den nächsten Wachstumszyklus dient.

Ohne eine periodische Bestandsaufnahme häuft sich das Gerümpel in uns an. Wir tragen veraltete Strukturen mit uns herum, veraltete Funktionen, die nicht mehr relevant sind. Der Kontext hat sich verändert, und aufgrund unserer Filter haben wir die notwendigen Anpassungen nicht vollzogen. Wir sind, was das Modellieren angeht, Gewohnheitstiere, wir können nicht *nicht* Muster bilden. Das ist es, worum es dabei geht. Daher ist es notwendig für uns, daß wir als Teil unserer persönlichen Ökologie einen Kreislauf der Erneuerung, einen saisonalen Kreislauf der Veränderung einbauen, der unsere persönliche Organisation im Hinblick auf die Kontexte, in denen wir jetzt funktionieren, auf einen neuen Stand bringt. Ohne eine solche periodische Aktualisierung fallen wir dem Peter-Prinzip zum Opfer.

Spezifischer ausgedrückt behaupte ich, daß es bestimmte Dinge gibt, die für uns lebenswichtig sind; die Überlebensprogramme, die wir über die Jahre aufgebaut haben, gehören sicher in diese Kategorie. Sie müssen geschützt werden. Sie müssen während des gesamten Zyklus funktionsfähig bleiben. Wenn dann ein Gesuch von der ersten Aufmerksamkeit an die zweite Aufmerksamkeit ergangen ist, alle diese lebenswichtigen Strukturen, die eure Einzigartigkeit ausmachen und euer weiteres Überleben und Wachstum garantieren, beiseite zu lassen und zu bewahren, könnte ein Vorschlag lauten, mit dem Frühlingsputz zu beginnen. Ich habe als Metaphern Feuer und Wind angeboten – Wasser ist ebenfalls ein reinigendes Element. Ihr werdet selbst Vorlieben in bezug darauf haben, welche Klasse von Metaphern ihr verwenden wollt.

Die Aufgabe bestand darin, diese Arrangements vorzunehmen, indem ihr ein Sorting und eine Bestandsaufnahme dieser Dinge vornehmt, die für eure Definition eures Selbst wesentlich sind, wie auch für eure Überlebensprogramme, wie auch für eure Lernmechanismen, und dann den Rest auszumisten und so eine Grundlage für euer persönliches Organisationsmodell vorzubereiten, auf dessen unterster Stufe Daimonen sind, Schmalspurgenies …

Judy: In diesem Moment sind Geister da draußen.

John: … bis hin zu den efferenten Bahnen. Hier ist von einem wirklich umfassenden Aufräumen die Rede.

Judy: Turtles all the way down.

John: Reinigung, eine wirkliche Reinigung, eine Säuberung. Einige von euch haben vielleicht die gesamte Arbeit unter Zeitverzerrung gemacht. Man kann natürlich Wochen in fünfzehn Minuten verbringen, wenn man den Trick mit der Zeitverzerrung beherrscht. Sie tritt bei dieser Art von Übungen oft ganz spontan auf. Einige von euch haben vielleicht schon die besonderen Arrangements in Gang gesetzt, die wir hier beschrieben haben, so daß sie weiterlaufen, während ihr zur ersten Aufmerksamkeit zurückkehrt und auch diese Art der Kommunikation genießt. Es ist auf jeden Fall wichtig, ein Signal für das Ende zu bekommen, wenn die Reinigung, Säuberung, oder welche Metapher ihr auch verwendet, so weit fortgeschritten ist, daß ihr nun für die Grundlagen eines neuen Persönlichkeitsmodells für euch selbst Raum geschaffen habt. Ich möchte vorschlagen, daß die Grundlage so weit wie nötig abgeschlossen ist, wenn ihr Morgen früh aufwacht. Das muß natürlich Zeitverzerrung mit einschließen, aber das muß nicht eure Verantwortung sein. Es ist meine. Ich und Judy werden uns freuen, euch um zwei Uhr hier zu begrüßen.

Judy: Bis dann.

Mittagessen

John: Ob ihr es wißt oder nicht, ob ihr nur hier vorne steht und redet oder eine Aufgabe erledigt, das Ausmaß an Veränderungen, das in diesem Seminar erfolgt, wird das Ausmaß jeder Veränderung, das ihr in anderen Seminaren erlebt habt, bei weitem überschreiten, weil wir die Feedbackkreise direkt angehen. *(Lachen)* Daher obliegt es uns, einige Richtlinien anzubieten, die aus zweiter Aufmerksamkeit entstehen in bezug auf ...

Teilnehmer: Wie wäre es mit einem Tanz ...

John: Du kannst tanzen. Ich fordere dich heraus. *(Lachen)* Und es ist angemessen, daß du tanzt, und es ist angemessen, daß ich in meiner Funktion als Lehrer in der direktesten mir möglichen Weise die homöostatischen Zentren herausfordere, auf die deine Feedbackkreise wie auf einen Thermostaten bezogen sind. Es obliegt uns also, Führung dafür anzubieten, wie man das, was wir in unserem Angriff auf die Feedbackkreise tun, erfolgreich annehmen kann – es wie in einer Kampfkunst umleiten kann, so daß wir es als den Anfang eines Tanzes nutzen können. Es gibt diese zauberhafte und sehr integrierte Form, die aus Brasilien stammt, Capoeira.[9] Capoeira stammt aus Bahia, dem einzigen Ort in der neuen Welt, den ich kenne, wo es Männern und Frauen, die aus ihren gebürtigen westafrikanischen Kulturen gerissen worden waren, erlaubt war, einen bedeutenden Teil ihrer Kultur zu behalten, nachdem sie als Sklaven in die Neue Welt verkauft worden waren. In Bahia gab es natürlich Beschränkungen dafür, wie offen sie in der Weiterentwicklung ihrer eigenen Kultur sein konnten, und Capoeira ist eine der Reaktionen auf diese Beschränkungen. Es kann von verschiedenen Wahrnehmungspositionen aus als ein Tanz oder als eine Kampfkunst aufgefaßt werden. Und es ist eine sehr schöne Form – eine Integration dieser zwei Aktivitäten.

Antonio: Ja, am Anfang war es eine Art Tanz, und dann wurde es zu einer Kampfkunst, weil sie ...

Judy: ... ihre Körper fit und kräftig halten mußten.

Antonio: Ja, und sie mußten sich gegen andere verteidigen, vor allem gegen die Polizei.

John: Vor allem die Polizei.

Judy: Geht es uns nicht allen so?

John: D'accord.

Antonio: Und es war verboten.

John: Es wurde verboten. Dann wurde es wieder zu einem Tanz, stimmt's? *(Lachen)* Wenn man etwas wie Capoeira anschaut, dann kann man, wie mir scheint, würdigen, wie die Metapher, die ich bewußt gewählt habe – ein Angriff auf eure homöostatischen Zentren –, von euch auf elegante Weise umgewandelt werden könnte, mit der notwendigen Menge an Flexibilität, in den ersten Schritt eines interessanten Tanzes.

Antonio: Ich bin überrascht, was du alles über Capoeira weißt.

John: Ich bin überrascht, daß du überrascht bist.

Judy: Er weiß eine Menge, Antonio.

Antonio: Das sehe ich jetzt auch. Ich bin nicht überrascht.

Judy: Wer ist das?

John: Hier, nimm eine Silberkugel.

George Polya hat über explizite Denk-Strategien geschrieben – erste Aufmerksamkeits-Strategien, und ich möchte euch dringend empfehlen, sie euch anzuschauen. Polya ist in zweifacher Hinsicht ein Meister: sowohl als Mathematiker, der bedeutende Beiträge zu der Entwicklung von Teilen der mathematischen Theorie in seinem Jahrhundert geleistet hat, und vielleicht noch mehr als Lehrer. Er registrierte die beträchtlichen Unterschiede in der mathematischen Denkfähigkeit seiner Studenten und entwickelte explizite Strategien, die auf wunderbare Weise in die erste Aufmerksamkeits-Logik dieses Seminars passen.

Judy: Hier sind die Präsuppositionen, die Polya in bezug auf sein eigenes Denken über den Prozeß der Veränderung wiedergibt.[10]

> Erstens sollten wir bereit sein, jeden Glaubenssatz (jede Überzeugung) zu revidieren, zweitens sollten wir einen Glauben verändern, wo es einen zwingenden Grund gibt ihn zu ändern, und drittens sollten wir einen Glauben (eine Überzeugung) nicht ohne guten Grund ändern. Der erste Punkt setzt intellektuellen Mut voraus, der zweite intellektuelle Aufrichtigkeit und der dritte weise Zurückhaltung. Glaube nichts, aber stelle nur das in Frage, was sich in Frage zu stellen lohnt.

Ich finde, das ist sehr clever für einen Mathematiker.

Jonglieren: Werfen und fangen mit einem Ball

John: Ich möchte euch eine neue Betätigung vorstellen, die ein interessantes Beispiel für bestimmte Arten der Integration erster und zweiter Aufmerksamkeit ist. Ich möchte das als eine Gelegenheit nutzen, um ein hemisphärisches Gleichgewicht zwischen erster und zweiter Aufmerksamkeit, dem Bewußten und Unbewußten herzustellen, damit jeder Schritt eures Lernprozesses ein positiver, angenehmer Schritt wird. *(Jongliert mit drei Bällen.)* Wie viele von euch können zumindest so gut jonglieren wie ich? Gut. Ich möchte, daß ihr die anderen mit dem ersten Schritt des Jonglierens vertraut macht. Alles, was ihr zu tun habt, ist, dieses Ding in einem Bogen zu werfen, der ungefähr bis zu eurem Scheitel reicht, etwa so – von der einen zur anderen Hand, hin und her. Das ist rein mechanisch keine schwierige Aufgabe. Es ist der erste von zwei, vielleicht drei Schritten, je nachdem wie ihr sie zählen wollt, um jonglieren zu können.

An sich ist es eine alberne Aufgabe; es ist jedoch eine sehr lohnende Aufgabe, was das persönliche Erfolgserlebnis betrifft. Aber es ist albern, daher kann seine Bedeutung nur im Kontext dessen gerechtfertigt werden, was wir hier tun – und zwar werdet ihr vor allem eure Aufmerksamkeit ändern und euch von jeder früheren Erwartung oder Idee in bezug auf eure persönliche Identität dissoziieren, die ihr in bezug auf das Jonglieren hattet. Das sollte euch die Freiheit geben, die ein Kind beim Spielen hat. Was wir also heute tun, ist nicht jonglieren. Wir lernen diesen Ball in einem bestimmten Bogen zu werfen und zu fangen. Alles, was ihr jetzt zu tun habt ist, zehn Minuten lang in zweiter Aufmerksamkeit zu üben, d.h. in einem Zustand, in dem ihr die Welt angehalten habt – in zweiter Aufmerksamkeit gegründet, und vor allem ohne inneren Dialog. Ich möchte, daß ihr einfach zehn Minuten in diesem Zustand verbringt, und die Frage, ob ihr den Ball tatsächlich gleichmäßig zwischen euren beiden Händen hin- und herwerfen könnt, was später die Grundlage für das Jonglieren sein wird, ist nicht so wichtig wie eure Fähigkeit, während dieser zehnminütigen Übungsphase den veränderten Bewußtseinszustand des „Anhaltens der Welt" aufrechtzuerhalten. Können diejenigen von euch, die sich vorhin gemeldet haben, mal aufstehen ... Robert und die Gruppe da drüben, Tom ... Eure Aufgabe besteht einfach darin, herumzugehen und zu coachen. Ich würde es vorziehen, wenn ihr es nonverbal tätet. Eine Möglichkeit, es nonverbal zu machen, besteht darin es vorzumachen. Wenn ich also das mache und ihr wollt, daß ich dies mache, würdet ihr zu mir kommen, meine Aufmerksamkeit auf euch lenken und es mir vormachen; ihr würdet vormachen, wie hoch der Gegenstand, mit dem ihr jongliert, fliegen soll. Eine andere Möglichkeit bestünde darin, von hinten an mich herankommen und meinen Körper in die gewünschte Form zu bringen. Ich möchte nicht, daß ihr über diesen ersten Schritt hinausgeht. Nutzt jetzt eure Fähigkeit, zwischen verschiedenen Zuständen hin- und herzuwechseln, damit ihr auf effektive Weise in den Zustand kommt, in dem ihr die Welt anhaltet. Versteht ihr eure Verantwortlichkeiten? Fragen? Jeder von euch wird also nur einen dieser Bälle brauchen. Ihr hattet vor einigen Minuten eine Demonstration der Aktivität, auf die wir es abgesehen haben, als ich mit allen drei Bällen jongliert habe, aber eure Aufgabe für heute besteht darin, den ersten Schritt zu lernen, in zehn Minuten, in einem bestimmten Zustand.

Judy: ... und dabei in Erinnerung zu behalten, daß Jonglieren vor hundert Jahren als Magie galt.

John: Schart euch also um die Leute, die sich eben gemeldet haben, findet einen Platz im Saal, wo ihr arbeiten könnt, verändert den Zustand, und habt viel Spaß in den nächsten zehn Minuten.

Übung

John: Eine der wichtigsten Fähigkeiten, die man haben kann – vor allem angesichts des Unterschieds zwischen einer Gesellschaft und einer Kultur und der zusätzlichen individuellen Verantwortungen in einer fragmentierten Gesellschaft – ist die Fähigkeit, bestimmte Arten von Repräsentationen zu entwickeln und aufrechtzuerhalten, die unser Verhalten beeinflussen, Repräsentationen, die nicht notwendigerweise in der äußeren Struktur unseres Alltags Widerhall finden. Wie wir früher besprochen haben, werden in einer kohärenten Kultur wie den BaMbuti die Werte und Repräsentationen, die man als Angehöriger der Kultur in sich schafft, konstant von der Außenwelt bestätigt. Castaneda würde sagen, daß die Emanationen von außen die Wahrnehmungsbereiche im Innern erhellen, die am engsten mit ihnen assoziiert sind. Die Erfahrung des Individuums in einer solchen Kultur ist so kongruent, wie wir es vielleicht nur für kurze Zeit erlebt haben, möglicherweise in unserer Ursprungsfamilie, oder innerhalb einer *Hari*-ähnlichen Gruppe – mit *Hari* meine ich eine Gruppe von Altersgenossen des gleichen Geschlechts.

Wahrscheinlich gehörten alle von euch zu verschiedenen Zeitpunkten eures Lebens zu bestimmten Cliquen, zum Beispiel als Teenager, wenn die Bindungen in einer Bezugsgruppe von Gleichaltrigen so stark sind, daß ihr einen Blick davon erhaschen oder einen Eindruck davon mitbekommen haben mögt, wie es wäre, einem *Hari* in einer traditionellen, kohärenten Kultur anzugehören.

Eine der Voraussetzungen für effektive persönliche Organisation ist die Fähigkeit, saubere, einhundertprozentige Commitments auf jeder Stufe der Tätigkeiten einzugehen, die ihr im Verlauf des Tages ausführt. In Castanedas Metapher heißt das, ein Krieger zu sein. Ihr könnt einen Krieger zu jedem beliebigen Zeitpunkt beobachten, und ihr werdet sehen, daß er vollkommen, leidenschaftlich auf das konzentriert ist, was er in diesem bestimmten Moment gerade tut. Doch wenn ihr Krieger über eine längere Zeit beobachtet, werdet ihr erkennen, daß die Tätigkeiten selbst, die sie ausführen, auf

Dauer nicht kongruent sein müssen. Doch auch, wenn der Krieger verschiedene, sogar beziehungslose Dinge tut, handelt er in jedem Moment mit äußerster Kongruenz und einem leidenschaftlichen Commitment ...

Judy: ... und einem Glauben ...

John: ... er muß an das glauben, wozu er gerade committed ist. Das ist die Grundlage für das, was wir Daimon-Zustand (demon state) nennen.

Eine der wichtigsten Funktionen, für die wir als Individuen in einer fragmentierten Gesellschaft verantwortlich sind, ist das saubere Hin- und Herwechseln zwischen Zuständen. Ich arbeite zu Hause. Es ist sehr wichtig, fehlerlos zwischen Geschäft und Familie zu trennen. Ich habe zwei Telefone zuhause.

Judy: Dazu kann ich auch was sagen.

John: Wenn ich an einem geschäftlichen Projekt arbeite und von einem Familienmitglied aus einem wichtigen Grund gerufen werde – z.B. weil die Pferde los sind –, habe ich ein Ritual, das mittlerweile automatisiert ist: Ich registriere meine Körperhaltung, überschaue schnell – in Sekundenbruchteilen – was ich gerade tue, wo ich hin will, was meine Absicht ist, an welcher Stelle des Prozesses ich mich gerade befinde und merke mir vielleicht sogar, was mein nächster Schritt sein würde, wenn ich jetzt meine Arbeit weiterverfolgte. Wenn ich dann zurückkomme, kann ich in die gleiche Physiologie an meinem Stehpult zurückkehren, vor diesem Fenster, mir die Notiz auf dem Blatt anschauen und mir sagen: „Aha!" und mich mit vollkommener Effektivität wieder der Aufgabe widmen, der Art von Effektivität, die ich mit Staunen in Ericksons Arbeit beobachtet habe, wenn er sich in dem zweiten Haus aufhielt. Er hatte zwei Häuser, eines für die Familie, eines für Konsultationen, die mit einer Sprechanlage verbunden waren. Inmitten einer tiefen hypnotischen Sitzung mit einem Klienten klingelt das Telefon – diese schreckliche, quakende Kiste geht mitten in der Tieftrance los und Betty *(Ericksons Frau; Anmerk. d. Übers.)* ist dran, die ihn aus dem anderen Haus anruft. „Milton, hier ist ein Anruf von Karl aus Deutschland", und Milton *(imitiert Miltons Trancestimme)*, mitten in diesem komplexen, syntaktischen Trancegesang, der dazu bestimmt war, die andere Person in eine Trance zu versetzen, hält inne *(kehrt zu einer normalen Sprechstimme zurück)*, setzt sich auf, dreht sich herum, verändert seine Stimme, verändert seine Haltung, verändert die Richtung seiner Stimme ...

Judy: … erledigt das Telephongespräch …

John: … dreht sich wieder um, und macht mit genau dem gleichen Tempo weiter – ich hatte mitgezählt –, an genau der gleichen Silbe, bei der er aufgehört hatte, mit einer Präzision, die für mich damals unbegreiflich war. Ich möchte euch darauf hinweisen, daß das Fehlen eines solchen Sorting und von Ritualen, die ein Sorting dieser Art von Ereignissen beinhalten, eurer Familie gegenüber zu der äußersten Unhöflichkeit des Double-Tracking führt.

Es ist euch zweifellos mehrere Male in wichtigen persönlichen Beziehungen passiert, daß ihr zum Teil in dem Moment committed und zum Teil mit Resten aus eurem Berufsleben beschäftigt wart, Projekten, an denen ihr arbeiten würdet, wenn ihr nicht gerade dort wärt, wo ihr wart. Es gibt Gelegenheiten, in denen Double-Tracking powervoll und angebracht ist – im Geheimdienst z.B.. Doch in den Kontexten, von denen hier die Rede ist, müßt ihr im Wechsel von Zuständen fehlerlos sein. Der einfachste Weg, den ich kenne, um das zu erreichen, ist der Gebrauch logischer Ebenen. Die Person, die die Notiz aufschreibt und dann hinausläuft, um die Pferde wieder einzufangen, die mittlerweile übers Feld laufen, ist auf einer höheren logischen Ebene als der Daimon, der sich mit leidenschaftlicher Hingabe der betreffenden erste Aufmerksamkeit / zweite Aufmerksamkeit-Aufgabe gewidmet hatte, und auf der gleichen logischen Ebene sehr verschieden von dem Daimon, der nun die Pferde verfolgt und Spaß dabei hat, sie wieder einzufangen und in der Koppel einzusperren. Ihr merkt, daß es kein Gefühl von Verlust gibt, wenn ihr saubere Wechsel ohne Reste macht. Der einzige Weg, um Verlust oder Unterbrechung oder Frustration oder Langeweile oder irgendeines dieser komischen Worte zu erleben, die wir für dieses Phänomen verwenden, führt übers Double-Tracking …

Judy: … indem der Wechsel nicht sauber vollzogen wird.

John: Wenn ihr tatsächlich leidenschaftlich auf den Moment bezogen seid, gibt es diese Dissoziation nicht, die die Voraussetzung für solche Dinge wie Langeweile und Frustration ist. Es wird daher zu einem äußerst effektiven Werkzeug, einer Fertigkeit, die als Grundlage für jede ästhetische Handlung dienen könnte, wie zum Beispiel das tägliche Leben. *(Lachen)*

Teilnehmerin: Wie erinnerst du dich daran, was du vorher getan hast, wenn du in eine neue Situation verwickelt wirst?

John: Richtig. Jetzt beziehe ich mich auf das, was Judy an die Tafel geschrieben hat: „Controller". Jeder Zustand hat eine damit verbundene Klasse von Physiologien, und wenn man in seiner eigenen Physiologie die Sensibilität hat, dann kann man sie als eine Möglichkeit nutzen, um sehr effektiv von einem Zustand zu einem anderen zu wechseln und sie voneinander getrennt zu halten. Der Controller auf einer höheren logischen Stufe ist verantwortlich für den sauberen Wechsel von Zustand zu Zustand, eine andere Beschreibung für die Wohlgeformtheitsbedingung nicht-überlappender Daimonen.

Judy: Wie hat Erickson es gemacht? Er kehrte zu einer Körperhaltung zurück und er machte verbal genau da weiter wo er aufgehört hatte, ohne daß es eine Störung für den Klienten darstellte ...

John: ... weil es keine Störung für Milton darstellte: kinästhetisches Selbst-Ankern. Ihr versteht den Mechanismus. Was ihr noch nicht habt, ist die Struktur, und das ist das, was wir als Teil einer Übung vorschlagen werden. Ich versichere dir, daß wir uns auf experentieller Ebene einer Antwort auf deine Frage annähern.

Teilnehmerin: Du hast mehrmals logische Ebenen erwähnt.

John: Du wirst gleich herausfinden, was damit gemeint ist.

Judy: Leidenschaftliche Zustände, Daimon-Zustände, Spirit-Zustände. Ich überlasse es euch, euer eigenes Wort auszuwählen.

Das Entwickeln von Controller-Daimon-Beziehungen

John: Ihr werdet zwei vollkommen committede Zustände finden, die euch irgendwo in eurer persönlichen Geschichte zugänglich sind. Die Einschränkung ist, daß beide Zustände, die ihr wählt, von denen jeder so nah an einem hundertprozentigen Commitment ist, wie es euch im Moment möglich ist, in verwandten Betätigungsfeldern liegen müssen ...

Judy: ... Arbeit, Privatleben, Sport ...

John: Ihr habt also einen Zustand, in dem es einen Daimon gibt, der Briefe schreibt, so daß, wenn ihr an den Punkt kommt, *hmmrmmmmm,* es passiert einfach, ihr tut es nicht, es passiert. Ihr habt einen anderen Zustand, bei dem es um einen Daimon am Telefon geht oder einen anderen Zustand, der eure Fähigkeit betrifft langfristig zu planen, oder zwei Zustände, bei denen es um körperliche Tätigkeiten geht, zum Beispiel eure Fähigkeit zu tanzen und eure Fähigkeit zu laufen, oder vielleicht eure Fähigkeit zu schwimmen und eure Fähigkeit Gymnastik zu machen, eure Fähigkeit zu reiten ... was weiß ich. Es könnten zwei Zustände sein, die mit sozialen Beziehungen zu tun haben. Wie geht ihr mit der Klasse von Schwierigkeiten um, die mit zwischenmenschlichen Beziehungen in eurer Familie und in eurem Geschäftsleben zu tun haben. Der eine Daimon weiß, wie er besonders interessante und neue Reaktionen hervorrufen kann und der andere weiß, wie er Wunden heilen kann. Sie sind in dem Sinne verwandt, als das Betätigungsfeld, das sie abdecken, viele gemeinsame Aspekte hat. Die Mechanik bei dieser Übung ist sehr wichtig.

Judy: Ihr werdet eine Person haben, euren Zeugen, der sich auf diese Zustände kalibrieren wird, und ihr braucht ihm weder zu sagen was der Inhalt ist, noch was der weitere Rahmen ist.

John: Das ist persönliche Information. Es besteht kein Grund dafür, ihnen diese Information zu geben. Alles was sie zu wissen brauchen ist, daß ihr jetzt in Zustand A geht und mit den Fingern schnippt, wenn ihr Zustand A hergestellt habt. Und wenn Judy und ich hier zusammen arbeiten, gehe ich in diesen Zustand, und wenn ich mit den Fingern schnippe, kalibriert sie sich auf diesen Zustand. Sie achtet darauf, wie ich mich bewege, auf meine Augenbewegungsmuster, meine Physiologie, meine Atmung, meinen Muskeltonus, all die Dinge, die ihr als Practitioner in den Übungen zur Wahrnehmungsgenauigkeit gelernt habt.

Judy: Kalibrieren, kalibrieren, kalibrieren. Separator-Zustand.

John: Sobald sich euer Zeuge kalibriert hat, macht er das, was Judy gerade getan hat. Er bringt euch aus diesem Zustand wieder heraus in einen Separator-Zustand, unterbricht eure Physiologie, fordert euch auf, in Zustand B zu gehen, den zweiten Zustand.

Judy: Kalibrieren, kalibrieren, kalibrieren.

John: ... bringt euch wieder aus Zustand B in den Separator-Zustand. So weit besteht die Übung für den Zeugen darin, sich auf zwei Zustände zu kalibrieren und für die Person, die die Zustände herstellt, ist es eine Flexibilitätsübung. Es ist sehr wichtig, daß der Zeuge darauf besteht, daß es nur ein Minimum an Überlappung zwischen den beiden Zuständen gibt, d.h. daß kein Rest aus dem einen Zustand in den anderen mit hinübergebracht wird. Das ist die Funktion des Separator-Zustandes. Wenn man *Gundar* spielt, ein balinesisches Instrument, ist die rechte Hand die Rhythmus-Hand, und die linke Hand spielt die Melodie. In der Gruppe, mit der wir vor einigen Jahren nach Bali gingen, war eine begabte Pianistin ...

Judy: ... die wirklich Gundar spielen lernen wollte.

John: Sie wollte das so sehr ... sie liebte den Klang. Sie war eine schnelle Lernerin und sie wollte Gundar lernen – dieses zweihändige Instrument. Sie war besorgt wegen der hemisphärischen Konfusion, die entstehen könnte, weil sie bereits so viel Leidenschaft und Disziplin ...

Judy: ... und Zeit ...

John: ... auf das Klavier verwendet hatte, bei dem die rechte Hand die Melodie spielt und die linke das Tempo trägt.

Judy: Investitionen, Investitionen.

John: Sie bat mich um Hilfe. Ich schlug die folgende innere Organisation vor, in einem Trance-Zustand, der für sie gut wirkte. Wenn ihr euch die Gundar anschaut – sie sieht wie ein Xylophon aus, mit schönen Tasten aus gegossenem Messing. Jede einzelne dieser Messingtasten hat Unvollkommenheiten, Fehler. Sie haben gewöhnlich eine goldbraune Farbe, sie glänzen vor allem in dem tropischen Licht Balis. Es gibt eine Fülle von Geschichten darüber, warum sie glänzen. Doch was auch immer der Grund sein mag, sie glänzen auf jeden Fall. Als unsere Bekannte sich hinsetzte, um die Gundar zu spielen, forderte ich sie auf, sich den Glanz anzusehen, der eine der Tasten umgab und den interessantesten Fehler zu entdecken, der auf dieser Taste zu finden war. Wenn ihr euch die Tasten anschaut, dann scheinen sie am wärmsten und stärksten unmittelbar um diese Fehler herum zu glänzen, weil da eine Tiefe ist, die auf dem Rest der Oberfläche fehlt. Es ist ein Bereich der Unterschiede, des Kontrasts. Ich sagte, daß diese Wärme sie dazu einladen könnte, durch den Fehler in das Licht zu reisen und an einem anderen Punkt herauszukommen, an dem alles, was sie im Zusammenhang mit der Gundar gelernt und verstanden hatte, aufbewahrt werden würde. Sie bräuchte nur diesen Fehler zu finden, um hineinzugehen und würde natürlich zu dem anderen Zustand zurückkehren, sobald sie fertig sei. Daher sei es unmöglich, auf hemisphärische oder mechanische Weise die Anforderungen des Klavier- und des Gundarspielens zu verwechseln, da sie in verschiedenen Wirklichkeiten existierten. Das ist ein Beispiel für eine Übung im metaphorischen Wechseln von Zuständen. Wie in einem Unterseeboot mit einer eingebauten Druckkammer, sorgt ein Separator-Zustand dafür, daß es kein Überlaufen oder Verschütten von einem Zustand in den anderen gibt, denn ein Transfer wäre nicht von Nutzen.

Judy: Für mich ist es eine Frage der Effektivität, eine Frage der Zeit, die ich brauchen würde, um zu lernen und umzulernen, mein Denken aufgrund der Investition zu reorganisieren.

John: Sobald die Kalibration des Zeugen bestätigt, daß ihr erfolgreich, d.h. ohne Reste in beide Richtungen zwischen den Zuständen hin- und herwechseln könnt, seid ihr für die zweite Phase bereit. Der Umstand, daß ihr die zwei Zustände aussuchen konntet und sie einige bedeutende Gemeinsamkeiten haben, d.h. sie mit sozialen Beziehungen zu tun haben oder mit eurem Beruf oder mit sportlichen Fähigkeiten oder künstlerischem Ausdruck, oder was auch immer, bedeutet, daß diese beiden Aktivitäten – wie zum Beispiel das Klavier- und das Gundarspielen – nicht simultan operieren werden. Sie werden nie zur gleichen Zeit ablaufen, obwohl sie bestimmte gemeinsame Elemente haben.

Judy: ... und Klaviere und Gundars sind auf der gleichen logischen Stufe, auch wenn ihr diese beiden Zustände nicht überlappen wollt.

John: Ich möchte, daß ihr einen Controller schafft oder entdeckt, daß einige von euch ihn schon haben werden. Ein Controller soll, das ist die Minimalanforderung, der Teil von euch sein – auf der nächsthöheren logischen Ebene als das Klavier- oder Gundarspielen –, der entscheidet, ob es angemessen ist, Gundar oder Klavier zu spielen. Das heißt, er bestimmt, wie ihr in diese Zustände wechselt – in welchem Kontext ist es für euch angebracht, den einen oder den anderen der beiden Zustände herzustellen. Es wird euch auffallen, daß irgendein musikalischer Kontext bestehen muß, damit der Controller diese Entscheidung trifft. Nun stellt sich die Frage, zu welcher Tätigkeit er sich entscheiden wird. Ihr registriert, daß euch das daran hindert, die beiden unabsichtlich zu mischen. Es gewährleistet, daß es keinen negativen Lerntransfer geben wird.

Wieviele von euch unterbrechen sich selbst bei ihren Tätigkeiten? Ist es in der Regel nicht so, daß ihr versucht, euch auf eine Aufgabe zu konzentrieren, aber die Dinge sind nicht sorgfältig voneinander getrennt worden oder ihr habt keine Controller, die Entscheidungen über die Angemessenheit treffen können, und es kommt daher zu Störungen? Das ist genau der strukturelle Zug, der euch dabei helfen wird, diese auseinanderzuhalten. Der Vorschlag ist daher, daß ihr nach innen zur zweiten Aufmerksamkeit geht, von der ersten Aufmerksamkeit verlangt, daß sich ein Controller zu erkennen gibt oder einer geschaffen wird, der die Aufgabe hat, den Wechsel zwischen den Zuständen zu entscheiden.

Möge euer Haus voller wunderbarer Daimonen sein. Diese Daimonen können es sich bei dieser powervollen, ästhetischen Aufgabe, die sie zu erfüllen haben, nicht leisten, sich darum zu kümmern, ob es an der Zeit ist, zum Abendessen zu gehen oder was „Frauchen" denken wird, oder was auch immer. Die Bedingungen, unter denen sie leben, müssen von dem Controller gesetzt und aufrechterhalten werden. Es ist nicht die Aufgabe des Daimonen, seine Beschränkungen zu kennen. Es ist die Aufgabe des Controllers, die besonderen Bedingungen, die den Wirkungsbereich eines bestimmten Daimonen definieren, zu bestimmen und durchzusetzen – wie in dem Beispiel mit Shotsey und dem Fressen. Der Controller hat den Schlüssel und holt die Zustimmung der Daimonen ein, daß sie in dem angemessenen Kontext operieren werden, wenn sie losgelassen werden. Der Käfig für den Daimon ist der Kontext, den er akzeptiert. Und in diesem Kontext kann er einfach loslegen.

Ich möchte euch auf die ungeheure Freiheit hinweisen, die ihr durch diese organisatorische Struktur gewinnt. Es gibt keine Selbst-Unterbrechung, da der Controller das Hin- und Herwechseln bestimmt. Der Controller kann zeitabhängige Variablen verwenden, oder zum Beispiel die Beendigung einer Aufgabe, um zu entscheiden, wann er einen Zustand wechseln soll. Der Controller ist verantwortlich dafür, den Kontext zu bestimmen, ihn durchzusetzen und zu bestimmen, wann der Daimon innerhalb dieses Kontexts losgelassen werden soll.

Es wäre unsinnig zu fragen, ob es irgendwelche Fragen gibt. *(Lachen)* Daher werde ich es nicht einmal erwähnen. Ich denke, daß die notwendigen Arrangements innerhalb einer halben Stunde getroffen werden können, eine Viertelstunde für jeden. Tut euch mit jemandem zusammen, mit dem ihr noch nicht gearbeitet habt. Es entsteht eine merkwürdige Art von Kollusion, wenn ihr zu lange mit der gleichen Person arbeitet. Daher möchte ich euch dazu einladen, jemanden zu suchen … am besten wäre es, wenn ihr die Person im Saal finden würdet, die ihr am wenigsten kennt. Macht das und ihr werdet alles schön durcheinanderbringen. Ich möchte, daß ihr in einer halben Stunde wieder hier seid. Macht saubere Arbeit und seid in einer halben Stunde wieder hier.

Pause & Übung

John: Gut. Jemand hat bei dieser letzten Übung bemerkt, daß er schon einen Controller hat, der diese „undankbare" Aufgabe schon seit Jahren erfüllt, ohne je Dank dafür erhalten zu haben.

Judy: Hat der Betreffende „Danke" gesagt?

John: Dessen kannst du dir sicher sein. *(Lachen)* Eine andere Person, die schon jetzt sehr „daimonisch" ist, entdeckte, daß eine Reihe von Daimonen manchmal überlappten, was zu beträchtlichen Schwierigkeiten führte, und sie wollte wissen, was sie dagegen tun könne. Wie lautet die Antwort darauf?

Teilnehmer: Sie trennen.

John: Aber wer trennt sie?

Gruppe: Der Controller.

John: Es ist Aufgabe des Controllers, die Grenze zu ziehen. Ihr sagt: „Du, so wundervoll du auch bist, bleibst auf dieser Seite" und legt los. „Und du hier drüben machst folgendes und machst es auf eine ästhetische Weise." Es ist deshalb sehr wichtig, daß kein

Überlappen stattfindet, da die daraus entstehenden Verwirrungszustände keinem der beiden Daimonen nutzen. Es ist ein Hinweis, daß es Übergriffe gegeben hat. Wenn es euch nicht gelingt, das volle Ausmaß eurer Flexibilität zu gebrauchen, ob es sich dabei um die Physiologie beim Tanzen handelt …

Judy: … oder Evolution, Lernen …

John: … oder Wahrnehmung, werdet ihr die Erfahrung machen, daß wenn eine Variable nicht eingesetzt, gebraucht wird, verbundene Variablen die ungenutzte Flexibilität auffressen werden.

Judy: In evolutionären Begriffen geht es hier um die Idee der Investition. Je größer die evolutionäre Investition, umso mehr von der früheren Flexibilität wird durch übergreifende Variablen aufgefressen. Es gibt ein Maß an Flexibilität, das wenn es nicht genutzt wird …

John: … verlorengeht. Gebrauch es oder du bist es los …

Judy: … ohne Fleiß kein Schweiß. Nein, das war was anderes. *(Lachen)* Ohne Schweiß kein Preis. Das ist es.

John: Moshe Feldenkrais hat sich gerade im Grab herumgedreht. *(Lachen)*

Judy: Ich habe erst vor ein paar Tagen ein T-Shirt gesehen mit der Aufschrift: „Rosen sind rot, schwarz-weiß ist die Kuh, ich bin schizophren, genau wie ich auch." *(Lachen)*

John: Für mich ein Zeichen großer Flexibilität.

Georgine: Mein Controller … ich habe versucht meinen Controller auszutauschen, weil er darauf bestand, die Daimonen zu vermischen.

John: Ja? Auf welche Weise? Nein halt, das ist Inhalt. Machen wir's folgendermaßen. Kannst du, physisch, einen Kontext für dich schaffen, irgendwann bis Morgen früh, in dem das Verhalten der Daimonen auf für dich befriedigende Weise demonstriert werden kann? Setzt es äußere Unterstützung voraus, zum Beispiel besondere Anlagen oder etwas ähnliches? Kannst du bis Morgen früh diese daimonischen Verhaltensweisen in einer für den Kontext angemessenen Weise ausführen?

Georgine: Welcher Daimon? Was ...

John: Du hast zwei Daimonen. Ihre Bereiche überschneiden sich. Der Controller behauptet, daß sie sich überschneiden sollen, daß sie sich vermischen sollen.

Georgine: Nein, der Controller wollte nur die Wahl haben, falls er je Daimonen mischen wollte, daß er das auch tun könnte.

John: Du wendest dich besser an den Controller dieses Controllers.

Georgine: Wir eskalieren also einfach.

John: Nein, wir eskalieren nicht. Such bitte in Roger Fishers und William Urys phantastischem Buch „Getting to Yes"[11] nach Beispielen – aber nein, wir haben nicht eskaliert. Eskalation bedeutet, daß du auf der gleichen logischen Ebene bleibst und dein Input in der Form eines verstärkten Outputs der gleichen Art von mir zu dir zurückkehrt. Wie mit der Aufrüstung. Die Wahrnehmung unserer militärischen Überlegenheit von russischer Seite verleitet sie dazu, ihre Militärausgaben zu erhöhen, was dann wiederum von seiten der USA als Bedrohung – je nachdem wer sich äußert – der nationalen Sicherheit, des Weltfriedens oder der Profitabilität der Rüstungsindustrie, was weiß ich, wahrgenommen wird. Es gibt eine Fülle verschiedener Möglichkeiten darüber nachzudenken. Handlungen, die die Wahrnehmung relativer Stärke auf einer Seite erhöhen, verleiten die andere Seite zu symmetrischem Verhalten. Das ist eine Eskalation. Ich spreche von etwas sehr anderem – sauber eine logische Ebene höherzugehen und auf der Meta-Ebene die Bedingungen für den Controller zu bestimmen. Der Controller des Controllers sagt: „Schau her, wenn du diese Wahlmöglichkeit haben willst, mußt du demonstrieren, daß sie einen Zweck erfüllt. Ich werde dir diese Möglichkeit nicht lassen, wenn du das nicht deutlich machen kannst ..."

Georgine: ... und das bis Morgen früh ...

John: Ja. Es gibt eine Editing-Funktion, die dir dabei helfen wird, das zu erreichen.

Teilnehmer: Wenn eine Überschneidung besteht, heißt das, daß es keinen Controller gibt? Oder bedeutet es einfach ...

John: Nein. Es kann sein, daß es ein Controller ist, der seinen oder ihren Job nicht macht. Es kann ein Controller sein, der nie darin unterwiesen worden ist, worin seine Verantwortlichkeiten bestehen. Wie dem auch sei, ich sage nicht, daß es keine Überschneidung geben darf. Ich sage, daß man es im allgemeinen nicht wollen wird. Es führt zu Verhalten, mit dem man sich selbst unterbricht – das ist ein todsicheres Zeichen. Und wenn ihr die Möglichkeit durchspielen wollt, Daimonen mit ihrem ungeheuren Commitment und ihrer Leidenschaft zu überlappen, solltet ihr sicher sein, daß es gerechtfertigt ist, denn in fast jedem Fall, dem ich begegnet bin, führt es zu einer Verringerung der Qualität, einer Reduktion der daimonhaften Eigenschaften beider, weil sich ihre Absichten überkreuzen. Das ist der Grund dafür, die Einflußsphären zu trennen.

Judy: Es ist wie mit Exzitatoren und Inhibitoren auf neurologischer Ebene. Das ist das, was uns unsere Wahrnehmungsschärfe ermöglicht. In unserem Sehvermögen ... Wenn eine bestimmte Bahn im optischen Nerv aktiviert ist, gibt es in der Regel eine laterale Inhibition der benachbarten nicht-erregten Bahnen. Die Schwelle der benachbarten Bahnen wird erhöht und so bekommt man einen schärferen Kontrast in der optischen Bahn. Unsere optischen Bahnen sind sehr pfiffig, viel pfiffiger als einige von uns, das könnt ihr mir glauben. Rosalie. *(Lachen)*

Rosalie: Ich möchte wieder auf die Arbeitsteilung zurückkommen. Ich arbeite mit Frühgeburten. Eine unserer Beobachtungen war, daß sie nicht ... die Frage ist, was sie entwickelt haben oder nicht entwickelt haben, wenn sie etwas zu früh geboren werden. Und eine der Sachen, die sie nicht entwickelt haben, ist der inhibitorische Teil ihres Nervensystems; sie können die ankommende Information nicht hemmen oder tilgen und das macht ihnen eine Menge Schwierigkeiten – sie haben enormen Streß und sie können ihn nicht ausschalten. Es ist fast so, als ob sie neurologisch gesehen mehr Zeit in der Gebärmutter brauchten. Es ist einer der Teile unseres Nervensystems, der sich zuletzt entwickelt.

Judy: Gerade noch genug, um die Kruste braun werden zu lassen. Etwas mehr Zeit im Ofen. *(Lachen)*

Teilnehmerin: Ich habe etwas entdeckt, daß ich sogar wußte, was passiert war.

John: Ich bin wieder gescheitert. *(Lachen)* Es besteht hier noch nicht genug Verwirrung ...

Teilnehmerin: Ich habe herausgefunden, daß ich einen Controller, aber keine Käfige habe – keine Kontextmarkierungen. Wenn mein Controller festgestellt hatte, daß ein bestimmter Daimon angemessen war, dann rannte er mit einem Netz herum und versuchte alle anderen einzufangen. *(Lachen)* Und das ist leichter gesagt als getan.

Judy: Dann beginnst du ein Sorting nach Kontext, damit die Daimonen im angemessenen Kontext operieren, und der Zustand des Anhaltens der Welt ist dafür hervorragend geeignet.

Teilnehmerin: Sie hat damit nie Erfolg gehabt, weil das eine unlösbare Aufgabe ist.

John: Eine wirklich gute Beobachtung. Mir ist berichtet worden, daß während einer Übung, als einer unserer Teilnehmer die Welt angehalten hatte – als es keinen internen Dialog gab und foveales Sehen unterbrochen worden war –, er damit zwar insofern zufrieden war, als er die Aufgabe erfüllt hatte, aber gleichzeitig auch etwas enttäuscht war. Ich glaube, er hatte Gottes Stimme erwartet oder einen brennenden Busch oder etwas ähnliches. Ich möchte euch darauf aufmerksam machen, daß „die Welt anzuhalten" nur ein Tor ist, das sich für neue Explorationen öffnet. Es mag sein, daß ihr dort einen brennenden Busch oder Gottes Stimme findet; ich habe keine Ahnung. Aber ich weiß, daß nur eine Tür zu öffnen und zehn Minuten lang hineinzuspähen, bevor man sie dann wieder zuzieht, nicht ausreicht, um euch Aufschluß auf das Territorium zu geben, das es auf der anderen Seite zu erforschen gibt – auch wenn es der erste Schritt im Einüben einer Fertigkeit sein kann. Eine bestimmte Menge an persönlicher Disziplin ist notwendig, um die Fertigkeiten zu erwerben, und – willentlich – sauber aus anderen Zuständen in den Zustand zu wechseln, in dem man die Welt angehalten hat, damit man für längere Zeitabschnitte und mit sicheren Lifelines losziehen und eine Exploration des Gebietes beginnen kann. Möge diese euch zu der Art von überwältigender und tiefer Erfahrung führen, die dieser Mann sich erhofft hatte, als er einfach nur durch die Tür spähte.

Judy: Editing-Funktion.

John: Diejenigen von euch, die mit dem New Behavior Generator vertraut sind … das ist etwas ähnliches, und zugleich etwas anderes. Wir werden eine Struktur mit einem Unterschied bauen, der einen Unterschied ausmacht – die Struktur, die ihr gerade eingerichtet habt.

Judy: Kontext, Kontext – der Controller bestimmt den Kontext für den Daimon.

John: Ganz oben ist jemand, der die ganze Show leitet. In der Regel ist das ein Teil, dessen ganze Funktion die effektive, elegante, ästhetische Koordination des restlichen Organismus ist. Er hat keine andere Aufgabe – daher widmet er sich vollkommen der ästhetischen Koordination. Dieser Teil hat auch einen technischen Mitarbeiterstab. Einer der Mitglieder dieses technischen Stabs ist ein ästhetisch orientierter Editor. Als eure Hausaufgabe für heute Nacht schlage ich vor, daß ihr mit Erlaubnis des Controllers den Editor auf diese logische Ebene des Funktionierens entsendet. Der Editor geht zu dem Controller, der für diese Klasse von Daimonen zuständig ist und sagt: „Controller, wie kann ich dir behilflich sein."

Judy: „Ich komme von der technischen Abteilung und stehe dir zur Verfügung."

John: ... die Aufgabe des Editors wird nun darin bestehen, sich mit dem Controller hinzusetzen und den Daimon loszulassen. ... ein Zuschauer in einem Kino. Ihr schaut euch eine volle Hollywood-Produktion über Daimonologie an und habt eure Hand an einem kleinen Knopf, einem Pause-Knopf. Und wenn ihr etwas hört oder seht, das der Controller dem Editor gegenüber als nicht optimal herausstellt, was Qualität, Effektivität, Ästhetik oder sonst etwas in der Leistung des Daimonen angeht, stoppt ihr den Film. Der Editor und der Controller können dann die Angelegenheit besprechen und ich würde sagen, daß die folgenden Fragen beantwortet sein müssen bevor ihr editiert: Erstens, was ist die Absicht? Was versucht der Daimon hier zu erreichen? Sorgt dafür, daß der Controller die Absicht versteht. Zweitens, welche Alternativen würde der Editor, als ästhetischer Ratgeber, für das Verhalten vorschlagen, das nicht den Ansprüchen in bezug auf Qualität und Effektivität entsprach.

Teilnehmerin: Sag das noch mal.

John: Welche Verhaltensweisen könnten ersatzweise eingesetzt werden, die mit der Absicht übereinstimmen, die ihr in dem Verhalten des Daimonen bereits entdeckt habt und die Leistung des Daimonen sowohl wirksamer machen als auch den qualitativen Anforderungen entsprechen würden? Das ist Teil eurer Hausaufgabe. Als zweiten Teil eurer Hausaufgabe möchte ich, daß ihr wieder über die Brücke geht. *(Lachen)*

Judy: Oh, nein.

John: *(zu Judy)* Sie waren ziemlich gut. Sie haben gelacht anstatt zu stöhnen. *(Zur Gruppe)* Deshalb dürft ihr die Brücke metaphorisch überqueren. Ich will jedoch, daß ihr eure Qualitätsansprüche festlegt, indem ihr die angemessenen Controller und Daimonen in dieser nach innen orientierten Arbeit verwendet, so daß diese Erfahrung den gleichen Wirklichkeitswert hat, wie das tatsächliche Überqueren der Brücke gestern Nacht ihn hatte. Ihr strebt nach der gleichen Unmittelbarkeit, wenn ihr „über die Brücke geht" und dabei in eurem Hotelzimmer oder draußen im Park oder wo auch sonst sitzt, wie ihr sie gestern Nacht erreicht habt, als ihr tatsächlich über die Brücke gegangen seid. Ihr müßt euch im klaren darüber sein, daß ihr die Kompetenz dazu besitzt, an Plätze zu gehen, an denen ihr bereits gewesen seid, wie auch an Plätze, an denen ihr noch nicht gewesen seid und diese Plätze zu nutzen. Titos hat über einige der Lieder gesprochen, die wir gestern gesungen haben. Eines der Lieder war für Leute, die weit von zu Hause fort sind. Worum geht es bei diesem Lied? Bei dem Lied geht es darum, über Zeit und Raum hinaus auf eine sehr tiefgehende Weise zurückzugreifen, zu einem ganz besonderen Ort – eurem Zuhause – und euch auf Entfernung Kraft zu geben.

Wir haben in Oklahoma City einmal einen Medizinmann mit Namen Marcellus getroffen, der die Auszeichnung genoß, sowohl von den Navajo wie von den Cree als Schamane akzeptiert zu werden. Er wurde einmal von den Behörden in Oklahoma in ein Krankenhaus gerufen, in dem ein Navajo im Sterben lag …

Judy: … und der Navajo war sehr traurig, weil er so weit von den Mesas fort war, denn die Navajos glauben, daß sie ihre Kraft und ihren Geist aus den Mesas im Four Corner-Gebiet *(Gegend im Grenzgebiet von Utah, Colorado, New Mexico und Arizona; Anmerk. d. Übers.)* ziehen, in dem sie leben. Und von den Mesas entfernt zu sein bedeutete für ihn, daß er schwächer werden würde. Das Four Corner-Gebiet ist ein heiliges Gebiet für die Navajo, und wenn sie es verlassen, laufen sie Gefahr, Kräften gegenüber ungeschützt zu sein, vor denen sie geschützt sind, wenn sie in den Four Corners sind. Marcellus nahm eine Pfeife, die aus einem Adlerknochen geschnitzt war und erklärte ihm wie Schallwellen funktionieren, und daß er, wenn er in die Pfeife blies, die Schallwellen um die ganze Welt herumgehen würden, über die Mesas hinweg und ihm den Geist bringen würden, den der Navajo brauchte, um wieder gesund zu werden.

John: Kurze Zeit später verließ der Mann das Krankenhaus, meldete sich ab, offensichtlich geheilt.

Judy: Wo passen in dem Modell, das John heute Morgen hier vorgestellt hat, Repräsentationssysteme hinein? Wir werden morgen im Hinblick auf die Epistemologie darüber reden. Hier noch einmal das Polya-Zitat:[10]

> Erstens sollten wir bereit sein, jeden Glaubenssatz (jede Überzeugung) zu revidieren, zweitens sollten wir einen Glauben verändern, wo es einen zwingenden Grund gibt ihn zu ändern, und drittens sollten wir einen Glauben (eine Überzeugung) nicht ohne guten Grund ändern. Der erste Punkt setzt intellektuellen Mut voraus, der zweite intellektuelle Aufrichtigkeit und der dritte weise Zurückhaltung. Glaube nichts, aber stelle nur das in Frage, was sich in Frage zu stellen lohnt.

John: Eine Schlußbemerkung: Diejenigen von euch, die sich umziehen wollen, können das jetzt tun *(das englische Wort für „sich umziehen", to change, bedeutet gleichzeitig auch: sich verändern; Anmerk. d. Übers.) (Laut und unvermittelt)* **Außer!!** Das Froschauge reagiert nur auf Gegenstände einer bestimmten Größe. Wenn ihr einen Gegenstand, der größer oder kleiner ist als das optimale Zielobjekt – plus oder minus einige Prozent –, durch das visuelle Feld des Frosches bewegt, werden die visuellen Rezeptoren nicht getriggert.

Judy: Wenn die Motte also zu groß ist …

John: … oder zu klein ist …

Judy: … wird die Motte die Rezeptoren nicht triggern.

John: Das ist eine notwendige, aber nicht ausreichende Bedingung, um die visuellen Rezeptoren und das damit verbundene Fangverhalten zu triggern. Noch eine zweite Bedingung ist nötig, und diese Bedingung lautet, daß der Weg, den der Gegenstand in dem visuellen Feld beschreibt – nachdem die Anforderungen an die Größe erfüllt sind –, einem bestimmten Muster folgen muß, das mathematisch spezifiziert werden kann. Wenn der Gegenstand nicht innerhalb des durch diese mathematische Repräsentation spezifizierten Musters liegt, reagieren die Rezeptoren auf der Retina des Froschauges nicht. Das ist Spezialisierung. Könnt ihr sehen, wie powervoll dieser Wahrnehmungsfilter ist und wie powervoll die entsprechenden Mechanismen in dem menschlichen

Sinnesapparat sein können? Ich möchte euch darauf hinweisen, daß jede Spezialisierung einen Preis hat …

Judy: … und der besteht in dem Verlust an Flexibilität …

John: … und insbesondere möchte ich euch darauf hinweisen, daß der Frosch nicht auf Insekten reagiert, die in ihrer Größe oder ihrem Flugmuster den Anforderungen nicht genügen und – was vielleicht das aufschlußreichste ist – es Fälle gegeben hat, in denen Frösche inmitten von toten Fliegen verhungert sind. Wir sehen uns morgen früh. *(Lachen)*

Dritter Tag

John: Guten Morgen, guten Morgen. *Erin go braugh*, für den Fall, daß ihr heute morgen noch nicht richtig begrüßt worden seid. Eine Reihe von Leuten haben ihre Position im Raum verändert. *(Lachen)*

Judy: Ist das nicht verblüffend? *(Zeigt auf eine Reihe von Teilnehmern, die ihren Platz gewechselt haben.)*

John: *(zur Gruppe)* Was treibt ihr?

Teilnehmerin: Etwas anderes.

Judy: Etwas anderes.

John: Etwas anderes ist ein guter Anfang. Sei etwas genauer.

Teilnehmerin: Perspektiven, Perspektiven.

Alan: Wir wollen einen anderen Gesichtspunkt.

John: Doppelbeschreibungen? Die minimale Wohlgeformtheitsbedingung lautet Doppelbeschreibungen zu haben. Ihr wäret überrascht, wie sehr manche Leute bei dieser Art von Arbeit an ihrer Position im Raum festhalten. Wir haben uns im Verlauf dieses Workshops immer wieder traditionellen Kulturen zugewandt, in der Hoffnung, Gleichgewicht, Weisheit und Kongruenz in bezug auf Individuum, Gruppe und Umgebung zu finden. Kulturen, in denen wir ein Gleichgewicht zwischen erster und zweiter Aufmerksamkeit finden, können wir als Modell dafür verwenden, um unsere eigenen, persönlichen Kulturen so zu entwickeln, daß sie diese Weisheit und dieses Gleichgewicht, die in einer technisch orientierten Gesellschaft weitgehend verlorengegangen sind, widerspiegeln. Wir möchten aus diesem Grunde einen Prozeß für ein optimales Modell persönlicher Organisation vorschlagen und spezifizieren – ohne auf Inhalt oder Substanz einzugehen. Ich möchte euch daran erinnern, daß die Absicht eines solchen Modells nicht nur darin liegt, Höchstleistungen (Excellence) zu fördern, sondern auch Unterschiede zu erleichtern. Substanz zu spezifizieren würde bedeuten, die idealisierte Person zu spezifizieren, was die Entwicklung eines Individuums auf ein Ideal hin voraussetzt. Ein solches Vorgehen wäre mit unserer Absicht, Höchstleistung (Excellence) und Unterschied – laut Gregory Bateson die grundlegende Einheit des Geistes – zu fördern, nicht kongruent. Es steht uns also an, uns die Metapher gut zu überlegen, die einen passenden Rahmen dafür abgeben wird, um den Prozeß des persönlichen Organisationsmodells daran aufzuhängen.

Larry hatte einen Vorschlag ... *(zeigt auf einen Tetraeder)*. Könnt ihr sehen, daß das eine zwei-dimensionale Repräsentation eines mehrdimensionalen Gebildes ist?

Judy: Bob hat das gleiche Thema angeschnitten. Diese Repräsentation ist auf einer Tafel – sie ist statisch – und wir sprechen über dynamische Systeme.

Bob: Ich habe das Modell in drei Dimensionen konstruiert. Ich habe eine einfache Tetraeder-Einheit genommen ...

Judy: Wir wissen doch alle was das ist, oder?

Georgine: Eine ziemliche Nominalisierung. *(Lachen)*

Bob: ... und an den vier Punkten die erste Aufmerksamkeit, die zweite Aufmerksamkeit, die Daimon-Zustände und die Controller aufgeführt und mir gedacht, daß alle Funktionen innen stattfinden könnten. Ihr seht, daß ihr von jedem der vier Punkte die anderen drei Punkte in einem Zug erreichen könnt ...

George: Das Modell gefällt mir sehr gut.

Judy: Nun, du mußt flexibel sein, George.

John: Mein Gott, George. Nur weil du nicht in zwei Dimensionen paßt, denkst du ...

Judy: Du kannst die Speisekarte nicht mit dem Essen verwechseln.

John: Kannst du schon ...

Judy: Du kannst die Speisekarte nicht essen. *(Lachen)*

John: Kann ich schon.

Nehmen wir nun also als gemeinsamen Ausgangspunkt eine Metapher aus der Geometrie: eine Kugel. Eine Kugel ist den Griechen zufolge die perfekte dreidimensionale Figur; sie hat das maximale Verhältnis von Rauminhalt zu Oberfläche.

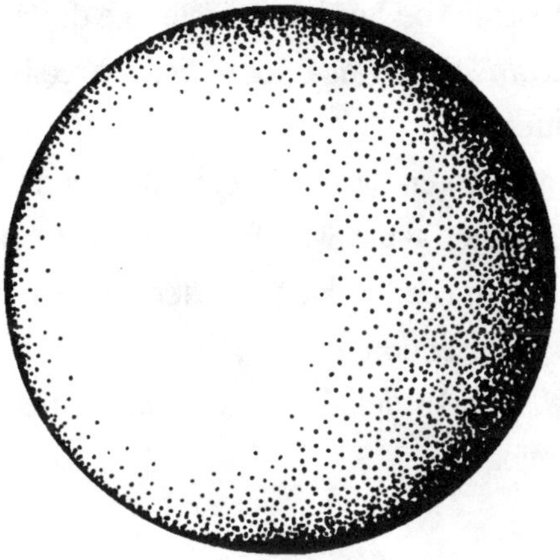

Nehmen wir diese Figur also als unsere Basis-Metapher. Die Oberfläche entspricht der Schnittstelle zwischen uns und der Welt. Diese Figur muß eine besondere Kugel sein – eine mit einer flexiblen, dynamischen Oberfläche. Wir wissen aus unserer Diskussion über das Rennfahren, von Batesons Fragen über den blinden Mann und seinen Stock und von Beispielen für Commitment und Leidenschaft aus unserer eigenen persönlichen Geschichte bereits, daß diese Repräsentation der Schnittstelle dynamisch sein muß, um die Erfahrungen zu umfassen, bei denen wir uns in die Welt hinein ausdehnen und Teile der Welt in uns selbst aufnehmen – unter anderem andere Menschen, indem wir unseren Geist mit einem anderen verbinden, wie in Judys Beispiel mit dem Pferd und dem Reiter – und so dieses tiefe Erleben der Gemeinschaft mit anderen lebenden Systemen herstellen.

Teilnehmer: OK, wo ist nun das Bewußtsein?

John: Wenn die Oberfläche des Kreises in unserer Metapher die Summe der Berührungspunkte mit der Welt und mit anderen darstellt, dann befindet sich reflektive erste Aufmerksamkeit – reflektives Selbst-Bewußtsein – in der Mitte des Kreises, an dem Punkt, der am weitesten von dem, was wir die wirkliche Welt nennen, entfernt ist. Darüber hinaus kennen wir aus unserer eigenen subjektiven Erfahrung das Gefühl, uns in den Feedbackkreisen, den Schaltkreisen in uns herumzubewegen – was wir früher platt Teile genannt haben. Daher wird die Kugel eine bestimmte innere Struktur haben, sagen wir einfach ein Lattenwerk, das diese Erfahrungen einfängt oder repräsentiert. Die Struktur dieses Lattenwerkes wird ein interessantes Resultat der vererbten Anteile des Organismus und der Klasse von Strukturen sein, die durch Erfahrung geschaffen werden – der *language acquisition device,* aus dem das Kreolische entspringt, ist zum Beispiel ein Teil dieses Lattenwerkes.

Die wesentlichen Komponenten dieses Lattenwerkes sind die Feedbackkreise, die quer durch Modalitäten verlaufen – die Synästhesiemuster. In diesem Modell wird das vollkommene Commitment an Feedbackkreisen der zweiten Aufmerksamkeit durch eine konische Projektion repräsentiert, deren Scheitelpunkt den Mittelpunkt berührt und die sich zur Oberfläche hin ausdehnt, bis sie schließlich eine kreisförmige Fläche auf der Oberfläche beschreibt.

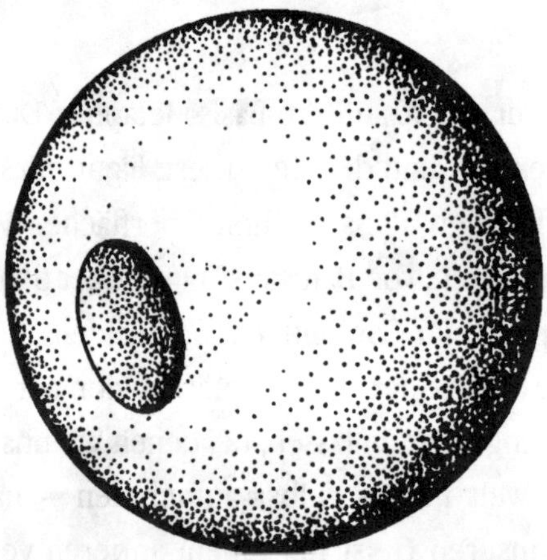

Die durch die konische Projektion beschriebene Fläche auf der Oberfläche der Kugel ist der Bereich, in dem der Daimon für diese betreffende Funktion sich frei bewegen darf – sie definiert den Käfig für diesen bestimmten Daimon, seinen Kontext. Und dieser konische Ausschnitt wird im Mittelpunkt verankert durch ... Ich weiß nicht, wie ihr den Mittelpunkt hier nennen wollt.

Judy: Geist.

John: Der Geist.

Judy: Deiner ...

John: Ich stelle ihn mir – aufgrund meiner aktuellen Beschäftigung mit Musik – als den Dirigenten der Symphonie vor.

Und dies hier *(zeigt auf die Oberfläche der Kugel)* sind die Leute, die die Instrumente bedienen, sie spielen die Instrumente. Das könnte zum Beispiel die erste Geige sein. Und der hier spielt die Oboe ... In einem Orchester gibt es auch eine hierarchische Struktur. Jede Sektion wird durch eine Person repräsentiert. Nochmal, es gibt Teile in dieser Analogie, die ich wirklich attraktiv finde und andere, die einfach vollkommen daneben zu liegen scheinen, stimmt's? Was bedeutet es in diesem Zusammenhang, „einen falschen Ton zu treffen"? Nun, es könnte ein Fehler durch einen Daimon sein.

Judy: Oder ein Oboespieler, der versucht, zur gleichen Zeit zu spielen wie der ...

John: *(unterbricht)* Richtig. Oder es könnte auch daran liegen, daß es alles ... was sagtest du gestern noch?

Judy: *(unterbricht)* Ich weiß nicht.

John: *(unterbricht)* Timing ist alles.

Judy: *(unterbricht)* Timing ...

John: *(unterbricht)* ... ist alles. Timing. Timing. Timing ist alles. *(Lachen)* Und ganz besonders in einem Orchester.

OK, nun haben wir also eine Struktur. Vergeßt nicht, die einzige Rechtfertigung für eine solche Struktur besteht darin, uns so zu organisieren, daß wir unsere Wahlmöglichkeiten vergrößern und die Grundlage für das Erblühen unseres Genies schaffen – sicherzustellen, daß die Grundlage dafür besteht, damit sich eine ausgeglichene, ästhetisch ansprechende Erfahrung entwickeln kann – die Arrangements vorzunehmen, die uns die Freiheit erlauben, mit Leidenschaft zu leben und uns vollkommen unseren Interessen zu widmen. Das ist zum Teil die Rechtfertigung für unsere

Untersuchung traditioneller Kulturen – einzuschätzen, welche Arrangements wir vornehmen können, um den Schlüssel zu Höchstleistungen zu finden. Welche Prozesse, welche Merkmale wird dieses Modell nun haben? Zuerst einmal schreiben wir Bewußtheit – roher animalischer Bewußtheit – die Fähigkeit zu, die Welt zu erkennen und auf sie zu reagieren und Signale zu erkennen und auf sie zu reagieren, die in dem Organismus selbst entstehen. Biologen bezeichnen dieses Merkmal manchmal Irritabilität, Philosophen als Empfindungsvermögen. Ich möchte euch darauf hinweisen, daß diese Worte genauso den gewöhnlichen Transformationen und Verzerrungen unserer Spezies unterworfen sind. Damit wir einen Organismus als empfindungsfähig betrachten, muß er auf einen Stimulus reagieren, den wir innerhalb unseres Sinnesapparates identifizieren können und innerhalb eines Zeitrahmens, in dem wir unsere Aufmerksamkeit aufrechterhalten können. Wir haben also diese empfindungsfähige Kugel – das Kind vor dem Erwerb der Sprache, unsere Proto-Vorfahren vor der Dämmerung des Bewußtseins, jeden einzelnen von euch, wenn er sich vollkommen einem kongolesischen Tanz hingibt, ein Modell dafür, was es bedeutet, lebendig und in vollem Kontakt mit sich selbst – d.h. ohne innere Teilung – und der Umgebung zu sein. Wir sagen, daß dieser Organismus in sich und in seiner Umgebung assoziiert ist, d.h. daß dieses Wesen in vollständigen Feedbackkreisen und nicht nur Bögen von Feedbackkreisen lebt. Einige dieser Feedbackkreise sind innerhalb dieses Organismus selbst vollständig, einige brauchen Bögen des Kontexts als wesentliche Teile größerer Kreisläufe, an denen der Organismus teilnimmt, der Nahrungs- und Wasser-Kreislauf zwischen Umgebung und Organismus, zum Beispiel.

> Wir spüren, von dem Moment an, in dem wir geboren werden, daß wir aus zwei Teilen bestehen. Zur Zeit unserer Geburt und für eine Weile danach sind wir alle *Nagual*. Wir spüren dann, daß wir, um zu funktionieren, ein Gegenstück zu dem brauchen, was wir haben. Das *Tonal* fehlt und das gibt uns von Anfang an ein Gefühl von Unvollständigkeit. Dann beginnt das *Tonal* sich zu entwickeln, und es wird für unser Funktionieren äußerst wichtig, so wichtig, daß es das *Nagual* überschattet, es überwältigt. Von dem Moment an, in dem wir nur noch *Tonal* sind, tun wir nichts anderes, als unser Gefühl der Unvollständigkeit zu verstärken, das uns vom Augenblick unserer Geburt an begleitet und uns ständig sagt, daß es einen anderen Teil gibt, der uns Vollständigkeit geben kann. [1]

Stellt euch einen jungen grasenden Hirsch vor, der glücklich auf einer Lichtung an einem Bach grast. Wie zum Teufel sind wir von dort zu McDonald's gekommen? Seit der industriellen Revolution haben sich Gesellschafts-Philosophen ständig darüber beklagt, daß unsere technologische Kompetenz unserer sozialen Kompetenz so weit voraus ist – wir sind insofern aus dem Gleichgewicht, als daß Technologie sich so viel schneller entwickelt als unsere Fähigkeit, sozial wirksam zu handeln. Es ist zum Beispiel zu fragen, wie welche technischen Pfade zu erforschen sind und welche Priorität sie haben sollen und wie die ungeheuren technologischen Errungenschaften, die wir erreicht haben, auf eine Weise angewandt werden können, die die menschlichen Werte fördern, die wir für förderungswürdig halten. Und ich behaupte, daß solche Kommentare einen Mangel an Verständnis von Seiten dieser sozialen Kritiker deutlich machen – sie beschweren sich über die tiefe kybernetische Struktur unserer Spezies und versäumen es, die Natur der Beziehung zwischen technischem Fortschritt und Verlust an Weisheit zu erkennen, oder wie wir bisher behauptet haben, den Kontaktverlust mit dem Kontext.

> Erstens hat der Mensch die Gewohnheit, eher seine Umgebung als sich selbst zu verändern. Angesichts einer veränderlichen Variable – z.B. Temperatur – innerhalb seiner selbst, die er kontrollieren sollte, kann der Organismus entweder Veränderungen in sich selbst oder in der äußeren Umwelt vornehmen. Er kann sich an die äußere Umgebung anpassen oder sich die Umgebung anpassen. In der Geschichte der Evolution waren die meisten Schritte Veränderungen im Organismus selbst; einige Schritte waren Zwischenformen, in denen Organismen dadurch eine Veränderung der Umgebung erreichten, daß sie den Ort wechselten. ...
>
> Der Mensch, dieser herausragende Veränderer der Umgebung, schafft so mit seinen Städten Ökosysteme für nur eine Spezies, aber er geht einen Schritt weiter, indem er spezielle Umgebungen für seine Symbionten einrichtet. Diese werden gleichermaßen zu Ökosystemen für eine einzige Gattung: Getreidefelder, Bakterienkulturen, Geflügelbatterien, Kolonien von Laboratoriumsratten und ähnliches. ...
>
> Das Machtverhältnis zwischen zwecksetzendem Bewußtsein und der Umgebung (hat sich) in den letzten einhundert Jahren rapide verändert, und das Maß der Veränderung in diesem Verhältnis nimmt gewiß mit dem technologischen Fortschritt weiterhin rapide zu. Der bewußte Mensch, als ein Veränderer seiner Umgebung, ist nun vollends in der Lage, sich selbst und diese Umgebung zu zerstören – und das mit den allerbesten bewußten Absichten.[2]

Wenn wir vorschlagen, daß wir uns intakte Kulturen anschauen, um die Art von Gleichgewicht und Ästhetik zu finden, die uns dabei anleiten können, wenn wir unsere persönliche Kultur schaffen, stellen wir eine implizite Behauptung auf, nämlich, daß es in der Organisation traditioneller Kulturen eine Weisheit gibt, die es in unserer Kultur nicht mehr gibt. Und die Weisheit, auf die wir uns beziehen, ist der langfristige Erfolg dieser Kulturen, in einem ausgeglichenen Feedbackkreis mit ihrem Kontext zu bleiben. Solche Kulturen sind erfolgreich aufgrund ihrer Fähigkeit, sich dynamisch über die Jahrhunderte in diesen kontextuellen Feedbackkreisen im Gleichgewicht zu halten. Kommen wir nun auf diese idyllische Szene mit unserem komplexen und kongruenten Hirsch zurück, der in einem wunderbaren Gleichgewicht mit seiner Umgebung steht, und zu der McDonalds-Frage. Hier gibt es einen magischen Moment, ungeheuer wichtig für die Entwicklung unserer Spezies und die Geschichte unseres Planeten. Wir nennen das Syntax. Wir müssen an dieser Stelle um eure Geduld bitten, oder in Indiana Jones' Worten: „Vertrau mir." Akzeptiert für den Moment insbesondere, daß es einen Prozeß gibt, der die Stricke zerschneidet, die uns an die Welt der Empfindungen fesseln und es uns erlaubt, zu träumen, der es uns erlaubt, mögliche Welten zu entwickeln – Repräsentationen, die von dem repräsentierenden Organismus in der Welt noch nie erlebt worden sind. Macht hier mal einen Knoten in euer Taschentuch. Ich schulde euch eine Erklärung dieses Prozesses, der auf eurer syntaktischen Fähigkeit beruht, und ihr werdet sie auch bekommen – aber nicht jetzt. Gesteht mir diese Repräsentationen einer möglichen Welt in dem Repräsentierenden zu, die nicht aus der Sinneserfahrung stammt, und die Kosten-Nutzen-Beziehung zwischen Technologie und Weisheit wird verständlich. Seht ihr, sobald ihr mir diese Klasse an Repräsentationen zugesteht – die möglichen, aber nie erlebten Welten – habe ich, erstens, Technologie als unsere Reaktion auf den Unterschied zwischen tatsächlichen und möglichen Welten – Technologie ist die Brücke zwischen unseren Träumen und unserem wachen Erleben – und zweitens den Verlust an Weisheit – wenn wir anfangs Repräsentationen möglicher Welten unterhalten, hören wir auf, uns auf die Weisheit des Kontextes zu beziehen. Wir unterbrechen die Verbindung zwischen uns und dem Kontext, wir schaffen nun neue Kontexte, mögliche Welten. Wenn wir den technischen Schritt vollziehen, die mögliche Welt zu bauen, führen wir nur einen konkreten Wechsel von Kontexten durch, d.h. wir ersetzen das Tatsächliche mit dem bisher Möglichen, wir ratifizieren einfach eine neue Beziehung, eine Beziehung, die wir zuerst nur innerlich erreicht haben. Wir können nicht schaffen, was wir nicht träumen können. In diesem Sinne haben die Sozialkritiker den Zug verpaßt. Technologie ist das äußere Resultat von etwas, das zunächst nur als geistige Handlung stattgefunden hat.

Teilnehmerin: Ist das dann der Beginn von Dissoziation?

John: Der Begriff der Dissoziation ist wesentlich und verdient sorgfältige Berücksichtigung. Achtet zunächst einmal darauf, daß das Wort *dissoziieren* eine dreiwertige Beziehung ist – X dissoziiert Y von Z. Nehmen wir einige Beispiele. NLP ist bekannt für seinen verblüffenden Erfolg mit phobischen Klienten und, wie ihr wißt, ist Dissoziation hier der Schlüssel – die sogenannte V-K, d.h. visuell-kinästhetische Dissoziation. Genauer gesagt wird die Person, die ihre panische Reaktion durch eine ressourcevolle Reaktion ersetzen möchte, von dem Practitioner angeleitet, sich auf einen ressourcevollen Zustand zu besinnen, einen physiologisch voll definierten Ressourcezustand. Wenn der Practitioner überprüft, daß der Klient den Ressourcezustand hergestellt hat, wird dieser Zustand durch den Mechanismus des Ankerns stabilisiert. Der Klient wird aufgefordert, die Gefühle, die Kinästhetik des Ressourcezustandes zu behalten, während er die volle visuelle und auditive Repräsentation des phobischen Kontextes sieht und hört. Die Person, die vorher phobisch auf Schlangen reagierte, sieht und hört Repräsentationen von Schlangen in angemessenen Kontexten, während sie sehr ressourcevolle Gefühle bewahrt. Der Anker, der wohlüberlegt von dem Practitioner gesetzt worden ist, sorgt dafür, daß die Gefühle des Ressourcezustandes stabilisiert werden. Visuell können wir das Muster folgendermaßen repräsentieren:

Der phobische Klient

A << A, O, V, K^1 >>

das Wort „Schlange“	⟨	Geräusche von Schlangen,	Gerüche von Schlangen,	Anblick von Schlangen,	K^1	⟩

wobei K^1 die Gefühle repräsentiert, die mit der gelernten phobischen Reaktion auf Schlangen verbunden sind.

Der ressourcevolle Klient

A << A, O, V, K^2 >>

das Wort „ressourcevoll“	⟨	Geräusche eines ressourcevollen Zustandes	Gerüche eines ressourcevollen Zustandes	Anblick eines ressourcevollen Zustandes	K^2	⟩

wobei K^2 die gelernten ressourcevollen Gefühle repräsentiert.

Nun, durch den präzisen Gebrauch eines Ankers kann der Practitioner das Viertupel auseinandernehmen oder aufbrechen, oder genauer die Erfahrung, die durch das Viertupel repräsentiert wird, und einen Austausch vornehmen, indem er in diesem Fall K^2 für K^1 einsetzt, ressourcevolle Gefühle für das Gefühl überwältigender Angst. Nach dem V-K-Dissoziationsverfahren wird der Zustand des Klienten, seine oder ihre Reaktion auf Schlangen folgendermaßen dargestellt:

$$\mathbf{A \ll A, O, V, K^2 \gg}$$

das Wort „Schlange“	⟨ Geräusche von Schlangen,	Gerüche von Schlangen,	Anblick von Schlangen,	Ressource-volle Gefühle ⟩

Der Klient hat sein ursprünglich erlerntes Gefühl von Panik (K^1) vor Schlangen von den Gerüchen, Geräuschen und dem Anblick von Schlangen dissoziiert – das Erfahrungsbündel ist aufgeschnürt worden und die visuelle/auditive/olfaktorische Erfahrung einer Schlange erzeugt jetzt einfach nur ressourcevolle Gefühle. Der Klient hat offensichtlich noch eine Lernaufgabe vor sich – nämlich die ressourcevollen Gefühle, K^2, die nun mit Schlangen assoziiert werden, als eine Basis zu nutzen, von der aus angemessenes, respektvolles und sicheres Verhalten im Umgang mit Schlangen gelernt werden kann. Ein solches therapeutisches Beispiel demonstriert den enormen persönlichen evolutionären Vorteil, den die Wahlmöglichkeit der Dissoziation bietet. Verbunden mit der Fertigkeit des Ankerns, gibt Dissoziation einem Individuum die Fähigkeit, persönliche Geschichte von einer Sammlung an Beschränkungen in eine Schatzkammer an Erfahrungen zu verwandeln, von denen Teile dissoziiert und mit Teilen anderer Erfahrungen neu kombiniert werden können, um sowohl den Zufällen der persönlichen Geschichte zu entkommen, wie auch vollständig neue Erfahrungen zu schaffen. Das Aufbrechen eines Erfahrungsbündels durch den Einsatz des Ankerns als eines Instruments des Zerlegens, ist ein bekanntes Beispiel für Dissoziation. Doch dieses Beispiel enthält auch noch andere Formen der Dissoziation. Wenn der Klient sich zum Beispiel frühere Erfahrungen mit Schlangen ansieht und anhört, sind sie von der Gegenwartszeitlinie dissoziiert; er erlebt eine Erfahrung wieder, eine Erfahrung aus einer anderen Zeit und von einem anderen Ort. In der Regel sind Klienten so mit diesen historischen Repräsentationen beschäftigt, daß sie das, was in der tatsächlichen

Umgebung, in der sie sich befinden, zu sehen, hören, riechen und fühlen ist, ignorieren, daß sie davon dissoziiert sind. Sie berichten später, daß sie nur mit der Stimme und der Berührung, dem Anker des Practitioners in Verbindung standen. Für unsere Diskussion hier ist vielleicht eine Technik am wichtigsten, die häufig in dieser Art von Phobiebehandlung eingesetzt wird. Nachdem die ressourcevollen Gefühle aktiviert und geankert worden sind, wird der Klient manchmal aufgefordert, eine bestimmte Repräsentation von sich selbst zu schaffen, bei der sie durch die Referenzerfahrung gehen – d.h. eine Repräsentation der ursprünglichen Erfahrung zu sehen und zu hören – und zwar von einer Wahrnehmungsposition, die anders ist als die, die sie ursprünglich in der Erfahrung einnahmen.

Mit anderen Worten, der Klient wird aufgefordert, eine Repräsentation zu schaffen und sich auf sie zu konzentrieren, die eine Repräsentation des Respräsentierenden enthält. Diesen besonderen Zustand nennen wir reflektive erste Aufmerksamkeit. Bedenkt die Konsequenzen eines solchen Vorgehens – plötzlich ist der Klient von den überwältigenden Gefühlen befreit, sich direkt mit dem Anblick und den Geräuschen von Schlangen auseinandersetzen zu müssen und kann statt dessen, wie ein Regisseur im Theater des Geistes, eine neue Klasse von Reaktionen ausprobieren, unterstützt durch den geankerten ressourcevollen Zustand, sie sich anschauen und anhören, ihre Effektivität und Ästhetik beurteilen und – mit den angemessenen NLP-Fertigkeiten – neues Verhalten auswählen und integrieren. Mit der Verfügbarkeit eines solchen Zustandes reflektiver erster Aufmerksamkeit wird das Leben zu einem Schachspiel. Solange die beteiligte Person die notwendigen Fertigkeiten besitzt, ist sie in der Lage, sich selbst zu programmieren – ein Organismus, der ein bestimmtes Maß an Wahlmöglichkeiten in bezug auf seine eigene persönliche Evolution erreicht hat. Durch diesen Zug werden Versuch und Irrtum zugunsten von Fragen nach Ästhetik und Gleichgewicht aufgegeben. Das ist ein „Bootstrap“-Programm auf individueller Ebene. Welche sozialen Welten möglich sind ... und wie mit den sozialen Fragen, einfach nur die Repräsentation eines wichtigen Unterschieds geschaffen zu haben – ob es dabei darum geht, wie man zu den Sternen gelangt oder wie man auf eine ausgeglichene Weise mit der Wut eines Freundes umgehen soll – ist noch keine Garantie dafür, daß die Welt anders sein wird. Sowohl in individueller wie in sozialer Hinsicht werden die Repräsentationen steril bleiben, solange es keine unterstützende Grundlage an Fertigkeiten, keine unterstützende Technologie gibt, die wir nutzen können, um diese

Träume in unserer wachen Welt zu erreichen. Hier ist wieder eine Warnung angebracht: Uns von dem größeren Feedbackkreis unserer Verbindungen miteinander und mit der Umgebung zu dissoziieren hat seinen Preis – die Aufhebung des Feedbacks von der Welt, die die Weisheit des Kontexts enthält – Weisheit ist der volle Kreislauf – auf diese Weise bleiben wir den Bezug unserer Entscheidungen hinsichtlich neuen Verhaltens auf individueller Ebene, oder sozialer Programme auf dem größeren Kreislauf schuldig. Wir behaupten, daß die Fähigkeit zu dissoziieren uns anfangs sowohl von den Beschränkungen unserer persönlichen Geschichte befreit – individuell wie sozial – und uns der Weisheit des gesamten Kreislaufs beraubt. Daher müssen die neuen Verhaltensweisen, die neuen Programme, die wir entwerfen und implementieren können, auf einer höheren logischen Ebene wieder auf den Kontext zurückverwiesen werden, bevor sie implementiert werden, wenn wir in bezug auf einander und auf unseren physischen Kontext verantwortungsvoll vorgehen wollen. Die Kosten-Nutzen-Rechnung zwischen Dissoziation und Weisheit ist daher nur dann notwendig, wenn beide auf der gleichen logischen Ebene bleiben. Der Zugang zu der nächsthöheren logischen Ebene bietet die Gelegenheit, zu der Weisheit des kontextuellen Bezugs zurückzukehren. Um auf nützliche Weise über den Wechsel logischer Ebenen und die Durchführung solcher Wechsel zu reden, brauchen wir eine präzisere Repräsentation des Phänomens der Aufmerksamkeit. Ah, Aufmerksamkeit – damit sind wir bei dem angelangt, was einige für die überragende Errungenschaft unserer Spezies halten.

Judy: *(Liest aus Carlos Castanedas „The Fire From Within“[3])*

> Don Juan erinnerte mich daran, daß mein Argument für ihn keine Grundlage besaß und daß er schon vor langer Zeit erklärt hätte, daß es keine Welt schlechthin gäbe, sondern nur eine Beschreibung der Welt, die wir gelernt hätten zu visualisieren und als gegeben hinzunehmen.
>
> „Das *Tonal* ist alles was wir kennen“, sagte er. „Ich glaube, daß das allein Grund genug für das *Tonal* ist, solch eine überwältigende Angelegenheit zu sein.“ …
>
> „Das *Tonal* erschafft die Welt nur in einer Art des Sprechens. Es kann nichts schaffen oder verändern, und doch macht es die Welt, denn seine Funktion ist es, zu beurteilen, zu bewerten und Zeuge zu sein. Ich sage, daß das *Tonal* die Welt macht, weil es sie nach Regeln des *Tonal* beobachtet und bewertet. Auf eine sehr merkwürdige Weise ist das *Tonal* der Schöpfer, der nichts erschafft. Mit anderen Worten macht das *Tonal* die Regeln, nach denen es die Welt begreift. Auf diese Weise erschafft es, sozusagen, die Welt.“

John: Die Fähigkeit zu fokussieren, auf Teile der Welt zu achten – der internalen und/oder externalen – ist gleichzeitig die Fähigkeit zu tilgen, andere Teile der Welt zu ignorieren. Das ist der Prozeß, der als Figur und Hintergrund bezeichnet wird – dieses Fokussieren bei gleichzeitiger Tilgung ist unser Fluchtweg aus den Beschränkungen des animalischen Bewußtseins heraus – eine Art von Bewußtsein, die zu eng an die sinnliche Welt gebunden ist. Gleichzeitig ist diese Leistung unser Fluch – indem wir fokussieren, entkommen wir den Anforderungen nach Aufmerksamkeit, die die Sinne vermitteln, und durch den gleichen Zug verlieren wir unsere Verbindung mit der Weisheit, die im Kontext enthalten ist. Diese Aufmerksamkeit ist das, was wir als erste Aufmerksamkeit bezeichnet haben und was die meisten Menschen Bewußtsein nennen. Es gibt da eine komische Sache. Wenn ihr eine Taschenlampe in einem dunklen Raum habt, wird alles, was die Lampe beleuchtet, beleuchtet, und was immer sie nicht erleuchtet, wird nicht erleuchtet, auch wenn das Licht die Richtung ändern kann. Der erleuchtete Bereich ist scharf umrissen. Wenn wir nun der Taschenlampe Bewußtsein zuschreiben, wird die Taschenlampe sofort zu der Generalisierung gelangen, daß die Welt immer erleuchtet ist. *(Lachen)*

Wir wissen einiges über diesen Prozeß, den wir Aufmerksamkeit nennen. Wir wissen zum Beispiel, daß der erleuchtete Kreis – der Teil des Lattenwerkes, der durch die Taschenlampe erleuchtet wird – genau sieben plus/minus zwei Informationschunks in einem Gebiet beträgt.[4]

Ich möchte darauf hinweisen, daß wir, sobald wir davon sprechen, daß die Taschenlampe das Lattenwerk beleuchtet, wir einen wichtigen Unterschied zwischen Aufmerksamkeit und der inneren Struktur des Kreises behaupten – nämlich, daß Aufmerksamkeit eine Operation ist, die auf dem Lattenwerk definiert wird und daher auf einer höheren logischen Ebene ist als die Struktur, die es beleuchtet. Die interessante Frage ist für mich daher, welche Folgen es hat, wenn wir diese Operation „Aufmerksamkeit“ auf die innere Struktur des Kreises anwenden. Was kann Aufmerksamkeit bewirken?

Nehmt an, ihr wäret in einer unbekannten Umgebung – sagen wir einem Wald – und ihr hört ein Geräusch, dessen Ursprung ihr nicht identifizieren könnt – was passiert? Ihr richtet eure Aufmerksamkeit darauf – gleichzeitig senkt ihr die Schwelle für alle eure Filter, die euch Informationen über Ort und Identität der Schallquelle geben können – der plötzliche heisere Schrei eines Eichelhähers, das Rauschen von Schilf, der Geruch wilder Azalee in der Brise, die Unterbrechung im Zirpen einer Grille – eure Sinne suchen nach Neuigkeiten, nach Unterschieden – ihr seid committed … und ihr erhöht die Schwelle für alle Filter, die nicht für das Lokalisieren und Identifizieren der Schallquelle relevant sind – ihr wißt in dem Moment nicht, ob ihr hungrig oder durstig seid, ob ihr euch verlaufen habt oder auf dem richtigen Weg seid, müde oder ausgeruht seid. Ihr lebt in all den Feedbackkreisen – und ausschließlich in den Feedbackkreisen – die mit Neuigkeiten aus der Umgebung in Verbindung stehen.

Ihr fahrt zu einem wichtigen Treffen – ein Treffen, das Auswirkungen auf eure Pläne für die Zukunft hat. Ihr haltet an einer Ampel. Während ihr darauf wartet, daß das Licht umspringt, verwendet ihr nur ein Minimum an Aufmerksamkeit auf die Farbe des Lichtes, das Vibrieren eures Wagens, vielleicht noch auf das Motorengeräusch. Statt dessen achtet ihr auf Repräsentationen des bevorstehenden Treffens, darauf, welche Ziele ihr habt, die Reaktionen, denen ihr wahrscheinlich begegnen werdet, die Ziele der anderen Beteiligten … ihr seht und hört buchstäblich mögliche Zukunftsszenarios, und eure Gefühle sind Reaktionen auf diese halluzinierte Umgebung – den inneren Kontext. Stellt euch vor, daß ihr, während ihr in Gedanken das Treffen durchgeht, seht und hört, wie jemand auf eine Weise reagiert, die euch aus dem Tritt bringt – plötzlich wißt ihr nicht weiter – jetzt macht ihr euren Meta-Zug – ihr repräsentiert das Treffen so, daß ihr zum Regisseur/Autor eines Bühnenstücks werdet, das das Treffen zum Thema hat. Eure Wahrnehmungsposition ist außerhalb des direkten Einflusses der Schauspieler in dem Stück, ihr als Regisseur/Autor könnt jedoch das Verhalten der Schauspieler ändern, bis ihr damit zufrieden seid. Der Umstand, daß einer der Schauspieler genauso aussieht und klingt wie ihr, macht keinen Unterschied. Ihr habt eine Meta-Position erreicht; indem ihr in euren Repräsentationen eine logische Ebene höher gegangen seid, macht ihr den früheren Kontext, auf den ihr bisher reagiert habt, das Treffen, zu einer Teilmenge eines größeren Rahmens, des Theaters. Dieser größere Rahmen definiert einen Kontext, in dem ihr die Freiheit habt, das Verhalten der Schauspieler so lange zu variieren, bis ihr das erreicht, was ihr wollt. Mit solchen repräsentationalen Manövern schafft ihr Muster, ihr bildet Modelle, die euer zukünftiges Verhalten leiten werden. Beachtet, wie weit wir uns bereits von dem größeren Kreislauf der tatsächlichen Welt entfernt haben: wir repräsentieren nicht nur etwas, was sich noch nicht ereignet hat, wir tun auch so, als ob das Leben ein Theaterspiel sei. Diese Freiheit hat ihren Preis. Wir reagieren auf Repräsentationen, die selbst keine direkte

Verbindung zu der Welt haben; wir sind von der Weisheit abgekoppelt, die in dem größeren Feedbackkreis enthalten ist. Der moderne Mensch, der Veränderer der Umgebung – um Bateson zu zitieren –, der Schöpfer seines eigenen Kontexts, hat, insofern er ausschließlich auf diese selbsterzeugten Repräsentationen eines Kontexts reagiert, keine Weisheit – ein blinder Pilot ohne Instrumente – wir sind auf den Baum der Erkenntnis geklettert und haben von dem Apfel der Dissoziierung gegessen und wir haben den Garten verloren – doch das ist sicher keine Neuigkeit in einer Welt, in der Menschen auf Treue gegenüber Symbolen wie Worten und Fahnen bestehen, so sehr, daß sie bereit sind, diejenigen zu vernichten, die sich weigern, diese Symbole zu akzeptieren. Weisheit steht uns jedoch zur Verfügung, wenn wir in der Lage sind, eine dynamische „Lernen III"-Position zu bewahren, eine Position, bei der wir ohne halluzinierte und übermäßig vereinfachte Modelle zu der Welt zurückgehen, die bewertende Funktion unterdrücken und den Unterschied zwischen unserem Modell und unserer Erfahrung bemerken und in der Folge davon unser Modell verändern. Die Welt auszufiltern, weil sie sich nicht mit unserem Modell verträgt, nicht mit unseren Erwartungen übereinstimmt, bedeutet die Speisekarte zu essen; ihr könnt sagen, daß ihr Scampi zum Abendessen hattet, aber sowohl die Garnele wie euer Bauch werden den Unterschied kennen.

Doch diese Diskussion ist aus dem Gleichgewicht; zurück zu dem Wald. Zwischen dem ersten Mal, als ihr in dem Wald wart, und dem letzten Mal, als ihr in dem Wald wart, besteht ein gewaltiger Unterschied in eurem Verhalten – einige der Dinge, nach denen ihr anfangs geschaut, gelauscht und gerochen habt, boten keine nützliche Information über Unterschiede und ihr habt sie unterdrückt – ihr achtet nicht mehr auf sie. Andere Teile eurer Sinnes-Feedbackkreise bieten hochwertige Informationen, also habt ihr die Schwelle noch weiter gesenkt. Vielleicht seid ihr in der Zwischenzeit mit jemanden in den Wald gegangen, der sich sehr gut in der Natur auskennt, und durch sorgfältige Beobachtung habt ihr diese Wahrnehmungsverfahren, die für euch vollkommen neu waren, bemerkt und selbst erfolgreich eingesetzt. Ihr habt gelernt; ihr habt ein Modell für das Erleben eines Waldes geschaffen. Wenn ihr versteht, daß Aufmerksamkeit die systematische Variation der Schwellenwerte von Filtern in den Informationskanälen ist, die euch potentiell zur Verfügung stehen, dann folgt daraus, daß ihr durch diesen Prozeß der Aufmerksamkeit Modelle für jeden Bewußtseinszustand schafft, den ihr erlebt. Diese Modelle sind zum Teil durch die Welt bestimmt und reagieren daher auf die Weisheit des größeren Feedbackkreises – wenn sie in angemessener Weise verbunden sind – und zum Teil sind sie ein einzigartiger Beitrag von eurer Seite. „Lernen III" findet statt, wenn der Organismus die Weisheit erkennt, die darin liegt, alle Modelle der Erfahrung zu unterstellen, nicht weil Karl Popper das gesagt hat, sondern weil Erfahrung die Quelle bestimmter Arten von korrektiver Weisheit ist. Epistemologie ist daher nicht mehr das Bestreben, zu richtigen, wahren oder sogar nützlichen Repräsentationen der Welt zu gelangen, sondern ein dynamisches Unterfangen, bei dem wir von verschiedenen Positionen aus mit der Welt in Kontakt treten – es fängt mit der Erkenntnis an, daß mehrfache Beschreibungen der Welt, auch wenn sie miteinander nicht vereinbar sind, die Grundlage von Weisheit darstellen – daß wir zu einer Art von Gleichgewicht gelangen können, nicht indem wir Unterschiede durch Berechnen statistischer Durchschnitte zerstören, sondern, indem wir Unterschiede fördern und erfahren – das ist der Tanz des Lebens ...

Aufmerksamkeit ist, wie ihr zweifellos bereits vermutet habt, ein anderer Name für „Ich", und die Zustände, die jeweils durch die disziplinierte und gekonnte Verwendung der Aufmerksamkeit erreicht werden können, sind der Bereich menschlicher Möglichkeiten. „Ich" oder Aufmerksamkeit, ist eine Funktion, die auf dem Lattenwerk definiert ist und Zustände erzeugen kann, die von daimonischen, fokussierten, sinnesspezifischen Zuständen des Rennfahrers zu den sinnlich unabhängigen, zukunftsorientierten Zuständen des Unternehmensplaners reichen. Jeder dieser Zustände hat sein eigenes Modell der Welt – sie unterliegen alle den epistemologischen Überlegungen, die wir hier anstellen. Was ist nun die Beziehung zwischen Aufmerksamkeit und Dissoziierung? Richtig, sie sind Gegensätze; das eine ist die Kehrseite des anderen.

Judy: Vor vielen Jahren stellte Gregory Bateson, als er unser Buch „Struktur der Magie" gelesen hatte, folgende Frage: „Ist ‚Ich' eine Nominalisierung?" Damals antworteten wir mit einem klaren „Nein": ‚Ich' ist keine Nominalisierung, es ist ein Pronomen. Vielleicht schulden wir Gregory eine Entschuldigung. Mit Sicherheit würden wir im Zusammenhang mit seiner Frage nach Nominalisierung und dem „Ich" gerne einige Korrekturen und Anmerkungen machen. Gregory Bateson selbst hat gesagt, daß die Entdeckung des Codierens in repräsentationalen Systemen in unserer Neurologie offensichtlich erscheint, wenn das Argument von der Linguistik ausgeht, anstatt von kulturellen Kontrasten und Psychose. Nominalisierung als linguistischer Prozeß ist ein komplexer transformationaler Prozeß, durch den ein Prozeßwort oder Verb der

Tiefenstruktur als Ereigniswort oder Substantiv in der Oberflächenstruktur erscheint. Doch jedes Modell hat seine Grenzen, und das linguistische Modell hat es uns nicht erleichtert, über das „Ich“ als Nominalisierung nachzudenken. Wir haben zweifellos den Geist von Gregorys Frage verkannt – es sollte überhaupt keine technisch-linguistische Frage sein, sondern eine Frage nach dem „Ich“ als einer Prozeßfunktion, die eine dem Individuum oder der Kultur innewohnende Mobilität für Gesundheit, Lernen, Wachstum und Gleichgewicht bewahrt. Wenn das der Fall wäre, dann wäre unsere Auffassung vom „Ich“ als Pronomen zutreffend, aber was den Geist der Frage betrifft, wäre sie irrelevant. „Ich“ nahm, um es so zu sagen, eine andere Bedeutung an. „Ich“ fing an, sich als Funktion zu entwickeln. Ein weiterer wichtiger Punkt ist die Beziehung zwischen dieser Idee des „Selbst“, des „Ich“ und der alten Idee der Teile. Die Idee der Teile ist im Grunde eine statische Idee; bezogen auf das Individuum wird es zu einer etwas ärmlichen Metapher, wenn wir es mit der Idee des „Ich“ als Funktion vergleichen. Die einzigen Spuren von Teilen in diesem neuen Modell bestehen darin, daß wir alle homöostatische Zentren haben, die in ein Gleichgewicht zurückgebracht werden müssen, um ein Gefühl von Weisheit zu erreichen und zwar indem wir ein volleres und dynamischeres Verständnis erreichen. So wie das Konzept der Nominalisierung ein mögliches Ausfüllen nahelegt, eine Suche nach Kongruenz zwischen Sprache und primäreren Repräsentationen im Individuum – legt das „Ich“ als Funktion ein Wieder-ins-Gleichgewicht-Bringen sowohl innerhalb wie außerhalb des Individuums in bezug auf die Gruppe und die Umgebung nahe. R.D. Laing ist bekannt für seine Bemerkung, daß Schizophrenie eine kongruente Reaktion auf eine stark fragmentierte technische Gesellschaft sei – wir haben Laing etwas scherzhaft dafür kritisiert, daß er so konservativ ist. Schizophrenie gibt der Person nur zwei Modelle – wir haben in der Vergangenheit auf multiplen Persönlichkeiten oder Teilen als Minimalforderung für den Umgang mit einer fragmentierten technischen Gesellschaft bestanden. Diese neue Idee ist eine radikalere Kritik. Sie schlägt keine fragmentierten Teile vor, sondern eine ausgeglichene persönliche Organisation, in der das Individuum jede Menge von Feedbackkreisen innerhalb des Lattenwerks menschlicher Möglichkeiten besetzen kann; die einzige Spur von „Teilen“ in dem neuen Modell sind Feedbackkreise, die so oft von dem Individuum besetzt worden sind, daß eine physiologische Investition erfolgt ist. Solange das Individuum nicht bewußt die Spannweite seiner Feedbackkreise ausdehnt, wird ihre Flexibilität durch übergreifende Variablen aufgefressen, es macht es sich bequem und rutscht viel zu leicht in dieselben Kreisläufe ab – diejenigen, welche ihre homöostatischen Zentren ausmachen – ihre Teile. Und dann kommt der Bericht des Leichenbeschauers rein – ja das stimmt –, das Individuum beginnt zunächst so zu handeln, als ob die Informationen, die es durch seine perzeptuellen Filter erreicht, die Welt seien, und schließlich glaubt es daran und muß daher diese homöostatischen Zentren gegen die Nachricht von Unterschieden verteidigen, indem es seine Schwellen erhöht – und damit sind die lebenden Toten auferstanden.

John: Bisher haben wir eine mögliche Struktur für ein Modell persönlicher Organisation entwickelt, das die Funktionen des „Ich" innerhalb des Lattenwerks des Modells erklärt und behauptet, daß jeder sich eine angemessene eigene Metapher für die anfängliche Struktur überlegen soll.

Teilnehmerin: Woher wissen wir, daß die Metapher, die wir gewählt haben, angemessen ist?

John: Wie bei jeder Struktur müssen bestimmte Design-Prinzipien entwickelt werden, während die Struktur gebaut wird, oder die Struktur muß, nachdem sie fertiggestellt ist, einer Reihe von Bedingungen unterworfen werden, um zu bestimmen, ob sie wohlgeformt ist. Folgendes sind Design-Prinzipien und Wohlgeformtheits-Bedingungen, die immer wieder aufgetreten sind, sowohl in der Arbeit mit Menschen, die in unserer Gesellschaft als Genies galten, wie auch in der Entwicklung des persönlichen Organisationsmodells.

Die erste Bedingung besteht darin, zu bedenken, wo wir Neues herbekommen. Neues kommt von Unterschieden, und Unterschied kommt von mehrfachen, zumindest doppelten Beschreibungen der Welt. Bevor ihr also in der Welt handelt, empfehlen wir euch, die Wohlgeformtheitsbedingung von einer Doppelbeschreibung zu einer Dreifachbeschreibung zu erhöhen. Man darf solange keine Veränderung durchführen, solange man nicht den Kontext ausreichend berücksichtigt hat, um drei Positionen beziehen zu können: wo man selbst steht – die Position eures Referenzindexes in der Erfahrung, oder in den Erfahrungen, die ihr plant; die Position eines oder aller bedeutenden anderen, die auf der gleichen logischen Ebene ein Teil der Beziehung sind, also menschliche Wesen, oder auch andere Gattungen, zum Beispiel ein Pferd im Fall eines Reitlehrers, oder jedes beliebige lebende System. Last not least, Meta-Position, da euch diese höhere logische Ebene die kinästhetische Dissoziation gibt, die nötig ist, um der Tyrannei der Psychologie zu entkommen, die ihr ursprünglich besetzt hattet. Die Weisheit besteht mit anderen Worten in dem gesamten Feedbackkreis, darum müssen wir den gesamten Feedbackkreis berücksichtigen, wenn wir Nachricht von Unterschieden erhalten; das ist die Grundlage, um mit etwas Weisheit in der Welt zu handeln – wir müssen das kontextuelle Ende der Schleife berücksichtigen.

Dieses Konzept mehrfacher Beschreibungen erlaubt es uns, jedes beliebige Format zu kybernetisieren. Ich möchte euch eine Geschichte wiedergeben, die Bob Dilts uns neulich abends erzählt hat. Er kam zu Besuch und wir stellten ihm dieses Material vor und unterhielten uns sehr angeregt. Wir sprachen davon, persönliche Geschichte zu verändern.

Ihr kennt alle das „Change personal history"-Format, stimmt's? Es geht so: „Was willst du verändern?" – „Ich will X verändern." Ihr ankert die kinästhetische Empfindung. „Wann hast du X zum letzten Mal erlebt?" – Ihr achtet auf die physiologische Veränderung und ankert sie. Ihr haltet die Kinästhetik konstant, was die Person zurück zu der „konditionierenden Ursprungssituation" führt. Es ist immer ein Mythos, aber es ist genau der Mythos, den sie brauchen, denn es ist der, nach dem sie leben. Dann fügt ihr Ressourcen hinzu, bis ihr seht, daß sich die Physiologie verändert. Ihr habt das alle schon gemacht. Ihr bringt sie dann entlang ihrer persönlichen Geschichte zurück, laßt sie unterwegs ihre persönliche Geschichte ändern und dann stehen sie da. *(Lachen)* Und jetzt könnt ihr es testen. Das ist in etwa die Art, wie ich es mache. Und wenn ich Judy zusehe und zuhöre, ist es auch so ziemlich die Art wie sie es macht. Bob hat nun dieses Format kybernetisiert. Und hier ist nun die Herausforderung für euch alle, die eine gewisse Meisterschaft dieser Technologie erreicht haben. In meiner Arbeit bin ich ohne Frage sehr zufrieden mit dem, was ich bei der Veränderung persönlicher Geschichte mit dem Format, das ich eben grob beschrieben habe, erreiche. Doch ich möchte darauf hinweisen, daß wir in bezug auf die Anforderung an die erste Aufmerksamkeit keine ganze Arbeit geleistet haben. Was ist der Unterschied? Ich werde euch jetzt erzählen, wie Bob es macht. Ihr fragt: „Was willst du verändern?" und ankert das. Soweit ist es das gleiche. Ihr laßt die Person zum Ursprung des Verhaltens zurückgehen, das sie verändern will. Bob läßt sie das wiedererleben, stoppt sie …

Nun, an dieser Stelle gibt es eine Präsupposition, stimmt's, nämlich, daß das Verhalten mit anderen Aspekten der Umgebung eine Schleife bildete. Eine Person, ein

Gegenstand, irgend etwas. Wenn es sich um eine Phobie handelt, ist es der phobische Stimulus.

Der erste Schritt ist also das Wiedererleben aus der Position, die diese Person eingenommen hat, ihr eigener persönlicher Referenzindex, ihre eigene perzeptuelle Position. Er wies uns darauf hin, daß, wenn man die Person in eine Zeit zurückführt, in der sie zum Beispiel ein Kind war und ein Erwachsener *sie* zum Beispiel geschüttelt hat – das war eine traumatische Erfahrung, die dazu geführt hat, daß die Person sich nie in der Öffentlichkeit widersetzt, wegen dieser fast phobischen konditionierenden Erfahrung –, wenn die Person nun zu dieser Erfahrung zurückgeht, fragt Bob: „Bist du wieder an diesem Zeitpunkt?", und sie antwortet: „Oh, ja!"

Nur das Verhalten, das sie nun zeigen werden, ist der Referenzindex der anderen Person – die andere perzeptuelle Position.

Teilnehmerin: Welche perzeptuelle Position?

John: Die des Erwachsenen, der das Kind schüttelt. Sie nehmen die „kontextuelle Seite" in dieser Situation ein. Ich kann zusehen und aufgrund der Physiologie entscheiden, ob sie das getan haben. Ich sage nichts dazu. Das ist ein entscheidender Teil der Schleife – ein Bogen in einer ökologischen Veränderungsarbeit der persönlichen Geschichte. Es muß Teil eines Kreislaufs sein. Ich identifiziere das physiologisch. Ich sitze da, beobachte das und bin wieder einmal verblüfft über die Eleganz nonverbaler Kommunikation und ich benenne es nicht. Bob besteht nun darauf, daß die Person explizit beide Positionen einnimmt. Zuerst bekommen sie die Position, die sie neutral wählen – aus dieser perzeptuellen Position gelangen sie zu einer Würdigung der Situation, sagen wir aus der Perspektive des Erwachsenen, der an der ursprünglichen Situation beteiligt war. Und dann läßt er sie in die Position des Kindes wechseln und erleben, wie das war. Sie wissen das nur zu gut, das ist die Phobie. Wenn es da bedeutende andere gibt … dann laßt sie auch in die wechseln. Wenn nicht, geht die Person zu einer Meta-Position, stellt sich mit Bob an die Seite und beobachtet den Tanz.

Judy: Bob Dilts ist einer adäquaten Beschreibung in erster Aufmerksamkeit nähergekommen, da er den Kontext mit aufgenommen hat. Er hat den gesamten Feedbackkreis in dem Format, das wir „Change History" nennen, berücksichtigt.

Beschreibungen führen also zu Neuem, aber nur, wenn wir unsere bewertenden Funktionen lange genug unterdrücken, um das Neue zu empfangen. Die amerikanischen Indianer hatten einen Spruch, der diesen Punkt auf schöne Weise verdeutlicht: Fälle kein Urteil über deinen Nachbarn, solange du nicht eine Meile in seinen Mokkassins gelaufen bist; beurteile nicht, solange du nicht durch Mehrfachbeschreibungen Neuigkeiten über Unterschiede erfahren hast. Wir nehmen oft eine neue oder andere Perspektive ein – wie es das Medizinrad empfiehlt –, aber eine neue Beschreibung setzt mehr voraus als eine neue Perspektive. Eine neue Perspektive ist statisch, während wir auf dynamischen Repräsentationen bestehen. Es genügt nicht, nur die Körperhaltung der anderen Person oder des anderen lebenden Systems einzunehmen, man muß auch typische Bewegungen miteinbeziehen. Durch Bewegung entwickeln wir den Tanz, die Dynamik, und entwickeln eine Doppelbeschreibung – geht also erst ein wenig in den Mokkassins des anderen, bevor ihr ihn beurteilt.

John und ich haben oft über Zustände geredet, aus denen wir Nachrichten von Unterschieden erhalten können und aus denen eine neue Beschreibung der Welt entwickelt werden kann. Wie beim Erlernen einer neuen Sprache – auch eine neue Beschreibung – ist hier ein sauberer Zustand nützlich, der die neue Beschreibung sowohl beschützt wie unterstützt. Für diesen Workshop haben wir den Zustand entwickelt, bei dem ihr die Welt anhaltet, indem Sprache und foveales Sehen, zwei wichtige Filter für die Stabilisierung unserer gegenwärtigen Beschreibung der Welt, aufgehoben werden, damit ihr Nachricht von Unterschieden erhalten könnt. Es ist ein besonderer Zustand, um die Welt der Stabilität zusammenstürzen zu lassen ... Kontextuelle Markierungen, diese äußeren und inneren Signale, die uns erkennen lassen, ob ein Zustand angemessen und im richtigen Kontext ist, oder auch das Konzept der Lifelines, das es uns erlaubt zu merken, wenn die Welt unsere unmittelbare Aufmerksamkeit verlangt, während wir neue Feedbackkreise in dem Lattenwerk unserer Selbst besetzen, damit wir diesen kompetent begegnen können ... Das gibt uns die Freiheit, den Zustand, wenn nötig, zu verändern. Nach Unterschieden zu suchen beinhaltet auch, damit zu warten, die Neuheiten zu bewerten oder zu beurteilen, bis die Beschreibung robust genug geworden ist, um uns signifikante Nachrichten von Unterschieden zu geben. Das führt uns zu der Frage, wie wir in dem Modell Stabilität und Entropie zuordnen. Wo wollen wir Stabilität und wo wollen wir Überraschung und Nachrichten von Unterschieden? Wenn wir nach Unterschieden suchen, wollen wir Nachrichten nicht an der Peripherie bewerten, wo wir mit der Welt in Verbindung treten. Wenn wir unsere Filter an der Schnittstelle anbringen, ist es unwahrscheinlich, daß wir irgendwelche

Informationen erhalten werden, die zu einer neuen Beschreibung führen könnten. Es geht hier nicht darum keine Filter zu haben; unsere Neurologie allein sorgt schon dafür, daß das der Fall sein wird. Die Frage ist: Können wir bestimmte Filter aufheben und andere behalten und Nachricht von Unterschieden bekommen. Während wir also nach Unterschieden suchen, wäre Stabilität an der Schnittstelle nicht nützlich, hier wollen wir Überraschung, Flexibilität und Neuheit. Filter an anderer Stelle entlang des Weges zu erster Bewußtheit können auch einen hohen Preis haben – insofern als wir Nachricht von Unterschieden bewerten und aussondern, bevor sie unsere Aufmerksamkeit erreichen. Andererseits wollen wir nicht andauernd Neuheiten. Daher schlagen wir mit diesem Modell vor, die Stabilität in die Struktur des Modells selbst zu verlegen und Entropie in die Substanz – insbesondere Nachricht von Neuheiten.

Es ist wichtig, hier wieder zu erwähnen, daß diese Modelle oder Repräsentationen begrenzt sind, Bögen eines komplexeren Feedbackkreises sind. Wie können wir also weiter gewährleisten, daß unsere Repräsentationen in die Welt der Erfahrung zurückgetragen und auf Unterschiede untersucht werden, die einen Unterschied machen? In dem Wissen, daß wir ohne periodische Überprüfung oder periodische Unterdrückung unserer Filter der Annahme zum Opfer fallen, unsere Repräsentationen oder Modelle der Welt seien die Welt selbst. Nur indem wir diese Repräsentationen in die Welt zurückbringen, haben wir Aussicht darauf, etwas Weisheit zu erreichen und zwar in dem Maße, in dem wir unsere Repräsentationen wieder mit dem Kontext in Verbindung bringen.

Zwei andere Möglichkeiten, die wir empfehlen können, sind 1. seinen Schwächen zuzuspielen und 2. die Suche nach Gegenbeispielen. Wenn ich etwas schon erfolgreich tun kann, ganz gleich, um was es sich dabei handelt, dann möchte ich die Stellen entwickeln, in denen ich Schwächen habe, und dort, wo ich erfolgreich bin, möchte ich auf solche Gelegenheiten achten, wo, auch wenn mein Verhalten das gleiche war wie früher wenn ich erfolgreich war, der Ausgang im Widerspruch zu meinen früheren Erfahrungen in diesem Zusammenhang stand. Das werden die Orte sein, an denen Neuheiten nur darauf warten entdeckt zu werden.

Die Grundlage für jede ästhetische Handlung ist Fertigkeit. Um dieses Modell zu implementieren, brauchen wir eine gut entwickelte Grundlage an Fertigkeiten – eine solche Grundlage ist die NLP-Technologie. Sie kann als Brücke dienen zwischen eurer gegenwärtigen persönlichen Organisation und einer ausgewogenen, ästhetisch ansprechenden Struktur, in der ihr mit Leidenschaft und in Gleichgewicht leben könnt. In diesem Sinne ist sie das Gegenstück zur industriellen Technologie, die die eine Brücke schlägt zwischen unserem Traum vom Fliegen, während wir hier auf der Erde umherwandern, und dem tatsächlichen Flug zu den Sternen. Wenn die geometrische Metapher, die wir hier entwickelt haben, die Themen isoliert hat, die behandelt werden müssen, und die Variablen, die notwendig sind, um solche Veränderungen zu bewirken, dann hat sie ihren Zweck erfüllt und wir empfehlen, daß ihr eine Übergangslösung benutzt, bis ihr eure eigene persönliche Metapher entwickelt habt.

Rosalie: Können wir zu einer Frage in bezug auf die Meta-Position zurückkommen?

John: Du verstehst, daß für jede Veränderung im Editing, oder für jede organisatorische Veränderung, die Wohlgeformtheitsbedingung besteht, daß du mindestens drei Wahrnehmungspositionen besetzt, deinen eigenen referentiellen Index, den der wichtigsten anderen Person in dem Kontext, und die Meta-Position. Wenn du willst, kannst du alle lebenden Systeme abdecken. Es wird eine gute Idee sein, die zweite Aufmerksamkeit eine Teilmenge aussuchen zu lassen. Du kannst direkt nach der perzeptuellen Position des wichtigsten nicht-lebenden Systems fragen. Es gibt eine Fülle von Möglichkeiten. Das ist eine Frage deiner persönlichen Ästhetik. Indem ich die Variable erwähne und isoliere, lege ich die Entscheidung in deine Hände. Und ich möchte, daß du verschiedene Variationen des Themas ausprobierst. Das ist im wesentlichen die Funktion des Editors.

Rosalie: Warum beschränkst du es auf die lebenden Organismen?

John: Weil ich eine deutliche Unterscheidung zwischen lebenden und nicht-lebenden Systemen treffe.

Rosalie: Kann ich dir eine Geschichte erzählen?

John: Habe ich eine Wahl? *(Lachen)*

Rosalie: Auf einer meiner Phantasiereisen spielte ich vor einiger Zeit die Gestaltnummer.

John: Traumarbeit, Traumarbeit-Formate.

Rosalie: Ja, Traumarbeit-Formate. Mein Problem war, daß ich verlassen wurde. Und ich fühlte mich so, als ob ich von allen und jedem verlassen worden wäre. Ich spielte mich selbst und das war nicht zu angenehm. Dann spielte ich die, die mich verlassen, und das war auch nicht sehr angenehm. Nichts schien zu helfen. Alles war elend, das Haus war elend, überall lagen Zeitungen, es war schmutzig, alles Dinge, die ich nicht mag. Ich hatte also jedes lebende Geschöpf in der Situation gespielt und es hatte mich nicht weitergebracht. Schließlich sagte ich mir: „Nun, was gibt es hier sonst noch zu spielen. Ich könnte die Toilette spielen. Das könnte ich noch versuchen." Brachte mich auch nicht weiter. Ich probierte es mit dem Haus. Als ich das Haus versuchte, war es ein schmutziges, ekelhaftes Haus, aber es hatte dieses schmutzige Fenster und plötzlich, während ich das Haus war, bemerkte ich, daß die Sonne durch das Fenster schien. Und ich konnte mich, da ich das Haus war, in der Sonne aalen, die durch das Fenster schien. Und als es Nacht war, kam ich als Vogel durch das Fenster. Und obwohl es Nacht war und finster, war es so, als würde ich in das Licht hineingehen. Ich war also fertig damit, das Haus zu sein, das unbelebte System – ich hatte alles andere ja schon versucht –, und so hatte ich diese vollkommen transformative Erfahrung und ich sah es einfach nicht mehr auf die gleiche Weise, weißt du, es war einfach zu klein.

John: Die Minimalanforderung lautet, daß du dich mit jedem lebenden System identifizierst und dann in die Meta-Position gehst. Erstens habe ich nicht gehört, daß du in die Meta-Position gegangen bist. Zweitens würde ich in jedem Fall eine Menge verschiedener Positionen haben, auf die ich zurückfallen kann, damit ich, wenn ich jedes lebende System in dem Kontext durchgemacht habe, ohne daß es geholfen hat, sicher bin, noch etwas anderes probieren zu können – irgend etwas anderes in diesem Bereich. Ich gehe nur die Mindestanforderungen durch. Das, was du getan hast, hat eine gewisse Ästhetik. Ich möchte noch eine andere Bemerkung machen. Wie wußtest du, daß du bekommen hattest, was du wolltest? Du verstehst, daß das eine epistemologische Frage ist?

Rosalie: Aufgrund eines …

John: … Gefühls …

Judy: … Gefühls …

John: Genau. Eine Warnung an den Organismus, der eine Veränderung durchmacht. Deine Gefühle sind ein wichtiger Teil von allem was du tust, und sie nicht zu bemerken und nicht als integralen Teil deines Erlebens zu gebrauchen, würde bedeuten, eine ungeheure Ressource in dir zu vergeuden. Du würdest mit der Art von Dissoziationen enden, die in der technischen Kultur insgesamt zu häufig sind, in der Personen hohl werden, ihre Seele verlieren. Doch die Kinästhetik ist nicht das einzige Repräsentationssystem. Es mag dein bevorzugtes sein, oder es mag in einem bestimmten Kontext dein bevorzugtes sein, doch mir scheint, daß genauso wie die Wohlgeformtheitsbedingungen mindestens drei Beschreibungen und – mindestens – die Identifikation mit den lebenden Systemen voraussetzen, die Klassen von Verständnissen, über die wir am ersten Morgen gesprochen haben, horizontales Verständnis, Repräsentationen in allen Repräsentationssystemen und vertikales Verständnis, Verbindung zu dem Kontext, ebenso Wohlgeformtheitskriterien für das sind, was du tust.

Judy: Nur in einer Gesellschaft, in der Gefühle als das unwillkürliche Repräsentationssystem gelten, wird der Kinästhetik so viel Aufmerksamkeit geschenkt. Wenn wir uns eine andere Kultur anschauen, in der Kinästhetik willkürlich ist, wären die Menschen über diese Repräsentation belustigt. Sie wären von den visuellen Eindrücken so fasziniert, wie wir es von den Gefühlen sind, denn in diesen Kulturen ist das das unwillkürliche System. Ich meine also, daß es Tendenzen (biases) gibt … erinnert ihr euch an das, was wir am ersten Tag gesagt haben: Die Genetik bestimmt den Bereich, in dem sich das Individuum entwickeln kann. Wir nehmen das im Moment als eine Gegebenheit hin. Der Phänotyp – d.h. die persönliche Organisation, die tatsächlich erfolgt, ist lediglich ein Verbiegen des Rahmens, der durch die Genetik gesetzt worden ist; und einer der stärksten „verbiegenden“ Einflüsse ist die Gesellschaft. Hier habt ihr ein powervolles Beispiel für das Verbiegen in unserem sozialen System, unserer Kultur: kinästhetische Repräsentationen – Gefühle – gelten als unwillkürlich. Wenn man in dem Bereich menschlicher Möglichkeiten und nicht nur dem Bereich „persönlicher Alternativen“ oder selbst kultureller Alternativen operieren will, muß man, wie mir scheint, ein Gleichgewicht in einer Weise wiederherstellen, wie wir es besprechen.

Teilnehmerin: Visuell, auditiv …

John: Absolut, alle, ohne Ausnahme. Sie sind alle eure Verbündeten, eure Stärken.

Teilnehmerin: Ich arbeite in einer Vorschule mit Kindern, die das durchmachen, was ich „Egoveränderungen" (egoshifts) nenne. Wir interessieren uns in unserer Arbeit immer mehr dafür, wie wir, als Gesellschaft, das Bedürfnis von Kindern beeinflussen, bestimmte Rollen zu übernehmen. Wir stellen fest, daß Kinder beim Spielen die Dinge mit dieser Art von Projektionen erleben, von denen ihr redet, und um diese Erfahrungen zu integrieren, müssen sie auf irgendeine Weise ausagieren oder auf ihre Umgebung einwirken, und einige haben eine größere Vorliebe dafür, in ihre Gefühle zu gehen. Andere scheinen die sprachliche Interpretation des Erlebten zu bevorzugen. Wenn wir immer früher mit der Erziehung von Kindern beginnen, ist es entscheidend, Verantwortung für die Tendenz (bias) zu übernehmen, die wir ihnen anbieten, um ihre Gefühle zu interpretieren und ihre inneren Zustände zu organisieren.

Judy: Ja. Es ist sicher eine Entwicklung. Das ist das, worüber wir beide gestern gesprochen haben: Wir haben bereits die Technologie und müssen nun darauf warten, daß unsere Weisheit aufholt. Sobald wir dann die Weisheit haben, schafft uns das wieder etwas Raum, um mehr Technologie zu entwickeln und dann wieder warten zu müssen ... Es ist eine ständige Entwicklung und wir wissen nicht, was wir nicht wissen.

John: Ein guter Freund besuchte mich einmal. Er hatte eine Tochter, die damals ungefähr vier Jahre alt war. Er war damals ein Opfer meines Bedürfnisses, immer und überall Musik zu machen, selbst während wir dasaßen und uns unterhielten. Er sagte: „Mir gefällt was du da machst, mir gefällt dein neuer Daimon für Musik, für Perkussion, für Rhythmus. Es scheint dir eine zusätzliche Dimension zu geben. Die Verantwortung meiner Tochter gegenüber überwältigt mich. Du hast jetzt angefangen Musik zu machen und ich vermute, daß du dir in gewisser Weise wünschst, du hättest früher damit anfangen können." Dann sagte er: „Ich möchte mein Kind jetzt schon an Musik heranführen, das scheint mir das Richtige zu sein. Mein Problem ist zum einen das Schulwesen. Wenn ich mein Kind dem üblichen Musiklehrer überlasse, kann ich mir schon ausmalen, was passieren wird. Und soll ich überhaupt eine Trommel aussuchen? Soll ich eine Kalimba aussuchen – ein afrikanisches Daumenklavier – oder irgendein Blasinstrument ... ein Streichinstrument? Mein Problem ist, daß wenn ich eines wähle, ich alle anderen damit ausschließe."

Ihr habt eine große Auswahl an Alternativen. Das trifft besonders in einer technologischen Gesellschaft zu, deren Mitglieder keine gemeinsame Kultur haben. In einer traditionellen Kultur sind die Wege bereits vorgezeichnet und die Kinder werden von dem ganzen Stamm ermutigt, sich entlang dieser verschiedenen, relativ wohldefinierten Wege zu bewegen. Doch hier werden wir gewissermaßen von Wahlmöglichkeiten überwältigt. Ihr erinnert euch an Fromms Buch „Die Furcht vor der Freiheit“. Die Frage, die sich meinem Freund nun stellt, lautet: „Wie kann ich meiner Verantwortung als Vater gerecht werden, sowohl um den Geist meines Kindes zu beschützen, als auch, um es bestimmten Klassen von Lernerfahrungen auszusetzen?“ Nun wird jeder seine eigenen Lösungen dafür haben; mir scheint jedoch, daß die schlechteste Lösung darin besteht, nichts zu tun. Auf diese Weise macht das Kind keine Erfahrungen. Ihr beraubt den Organismus einer wichtigen Lernerfahrung. Es gibt jedoch bessere Wege, als nur eine Münze zu werfen. Ihr könntet das Kind zum Beispiel – auf eine aus seiner Sicht zufällige Weise – bestimmten Ereignissen aussetzen. Nehmen wir an, ihr laßt Onkel John vorbeikommen und etwas Kalimba spielen. Ihr laßt Tante Judy vorbeikommen und ein bißchen tanzen. Ihr laßt Onkel Titos vorbeikommen und trommeln, oder Sonny das Horn spielen.

Judy: Und es wählt dann selbst.

John: … und ihr braucht nur auf die unbewußten Signale der zweiten Aufmerksamkeit zu achten, um festzustellen, was die natürlichen Vorlieben des Kindes sind. Der Organismus wird bestimmte Vorlieben ausdrücken. Ihr konfrontiert das Kind nicht mit bewußten Entscheidungen; das Kind ist nicht fähig, diese Art von Entscheidungen zu treffen. Statt dessen setzt ihr das Kind einer Fülle von Erfahrungen in diesem Bereich aus und lest die unbewußten physiologischen Reaktionen des Kindes. An dieser Stelle beginnt eure Verantwortung wirklich, denn ihr müßt jemanden finden, der das Kind unterrichten kann, ohne den Geist des Kindes zu beschädigen. Vielleicht seid ihr das. Vielleicht ist es das Kind selbst.

Die wirkliche Verantwortung beginnt mit dem nächsten Schritt, und dabei geht es um Gleichgewicht. Wenn das Kind zu irgendeinem Zeitpunkt einen Daimon für Kalimba entwickelt … Zuerst einmal macht ihr ein ehrliches Vorhaben daraus. Wenn das Kind sich dafür entscheidet, würde ich, sobald es einmal damit begonnen hat, einen bestimmten Qualitätsstandard setzen. Es nicht wieder aufgeben lassen, bevor es bestimmte Fertigkeiten erlangt hat. Ich werde das dem Kind nicht auf diese Weise sagen, weil das seine Auflehnung herausfordern würde, doch ich werde den Kontext sicher in angemessener Weise manipulieren, damit es Kontingenzen gibt, die dafür sorgen, daß es mit einem bestimmten Mindestmaß an Qualität weiterspielt. Dann muß ich erkennen können: „Sie sind in Ballett zu weit entwickelt", oder: „Sie sind im Kalimbaspielen zu weit entwickelt", oder auf einer höheren logischen Ebene: „Sie sind kognitiv zu sehr entwickelt – sie sind richtige Wortschmiede. Was brauche ich, um das auszugleichen?" Dann manipuliere ich den Kontext wieder so, daß ich Zugang zu einer neuen Klasse von Ereignissen schaffe, die ohne bewußte Kenntnis des Kindes von mir so ausgewählt sind, daß sie ihm Wahlmöglichkeiten in einer Klasse von Erfahrungen anbieten, die eine ausgleichende Wirkung haben werden.

Teilnehmerin: An dieser Stelle ist Integrität wichtig.

John: Ja, und ein Aspekt von Integrität ist die Würdigung der Tatsache, daß ihr euch in einer Schleife befindet. Ihr steht nicht außerhalb dieser Schleife. Ihr mögt zwar den Kontext verdeckt manipuliert haben, aber auf irgendeiner Repräsentationsebene weiß das Kind genau, was ihr macht. Die Tatsache, daß es das nicht verbalisieren kann, hat nichts mit seinem Erkennen der Situation zu tun. Ab einem bestimmten Punkt werdet ihr als Eltern, als Erwachsene, die diese erstaunlichen kleinen Organismen aufziehen und gleichzeitig von ihnen lernen, bestimmte Punkte in der Organisation besetzen, um es dem Kind zu erlauben, kohärente Erfahrungen zu machen, genauso wie gestern euer Babysitter in der ersten Phase der Übung euren Controller gespielt hat und ihr dann diese Funktion übernommen habt und sie in ihrer Beziehung zu euch eine logische Ebene höhergegangen sind. Sobald sie diese Funktion übernehmen können, geht ihr eine Stufe höher.

Die letzte Aufgabe – und eine sehr schwierige für viele Menschen, vor allem da Teenager sehr gut darin sind, genau die Reizpunkte zu finden, die Reizpunkte der älteren Generation. Ich finde, daß zumindest einige visuelle Teile der Punk-Bewegung wunderbar sind. Doch vor allem beobachte ich gerne die Beziehungen, die sie mit Passanten herstellen – die Reaktionen, die Punker von anderen Leuten bekommen. Jede Generation denkt sich: „Oh, wir waren nicht so als wir jung waren." Unsinn! Erinnert ihr euch an „Elvis the Pelvis"? Die Generation meiner Eltern hat sich darüber ernste Sorgen gemacht. Die Unabhängigkeitserklärung jeder Generation mag ihrem Wesen nach verschieden sein, aber das Muster ist immer vorhersagbar.

Zuletzt der Zug, der Symmetrie signalisiert. Ihr übertragt dem heranreifenden Kind die Entscheidung bezüglich des Gleichgewichts zwischen absichtsgeleiteter erster Aufmerksamkeit – was oft der letzte Ort ist, den ihr in ihrer Hierarchie besetzen werdet – und zweiter Aufmerksamkeit. Der junge Erwachsene bestimmt sogar den Kontext. Castaneda spricht vom würdigen Gegner – einer Person oder einem Kontext, die dem Kind als Stimulus dienen, um seine Ressourcen voll zu mobilisieren. Es erscheint mir oft nicht angebracht, selbst der würdige Gegner eurer Kinder zu sein. Das ist eine der Sachen, die mir an dem westafrikanischen Modell gefallen, wo die Onkel des männlichen Kindes seine würdigen Gegner in Bereichen der Disziplin und Leistung sind.

Judy: Die Idee des würdigen Gegners besagt im wesentlichen, daß ihr, wenn ihr nie ausgetrickst worden seid, nicht lernen könnt.

John: Und wenn ihr nie angeschubst werdet, von eurer Umgebung nie unter Druck gesetzt werdet, dann werdet ihr nie bestimmte Arten von Ressourcen entwickeln. Es gibt da ein altes Rattenexperiment[5] – ich glaube, Rosalie hat eine Menge Informationen dazu – bei dem sie mit einer Gruppe von Rattenbabys eine bestimmte Anzahl von Minuten pro Tag irgend etwas anstellten. Mit einer anderen Gruppe stellten sie das gleiche an und verpaßten ihnen zusätzlich Schocks, setzten ihnen etwas zu ... Ich wundere mich, woher sie alle diese Ideen haben. Ich vermute, daß sie hart daran arbeiten müssen. *(Lachen)* Ich weiß nicht, was es ist. Ich bin nur froh, daß es mit Ratten ist, das ist alles, was ich dazu sagen kann.

Rosalie: Nicht immer.

John: Eine andere Gruppe ließen sie im Käfig, allein, mit ausreichend Nahrung, einem Dach über dem Kopf, all den wunderbaren Dingen, von denen Eltern glauben, Ratteneltern glauben, *(Lachen)* daß sie für Rattenbabys nötig sind. Das passiert während einer kritischen Periode, 21 bis 40 Tage nach der Geburt, bla, bla, irgendeine besondere Periode ... und dann lassen sie sie in Ruhe, und wenn sie erwachsen geworden sind, testen sie dann verschiedene Dinge, zum Beispiel wie gut sie auf eine neue Umgebung reagieren und so weiter. Wollt ihr raten?

Teilnehmer: Die geschockten Ratten.

John: Was war mit den geschockten Ratten? Sie schnitten gut ab. Die geschockten Ratten waren absolut tadellos in ihrem Wunsch, eine ungewohnte Umgebung zu erkunden. Die Ratten aus der ersten Gruppe schnitten genauso gut ab. Die Ratten, die allein gelassen worden waren, kauerten in der Ecke und machten überall hin. *(Lachen)* In gewisser Weise ist unangemessener Streß besser als überhaupt kein Kontakt. Ich kann mich auch an bestimmte Ereignisse erinnern, die ich als Teenager erlebt habe, die ein Teil der Grundlage meiner Ressourcen geworden sind. Und ich kenne Erwachsene, die immer noch jammern und winseln, daß diese Erfahrungen sie verkrüppelt hätten, ihre Fähigkeit zerstört haben, zu dem Genie zu werden, das sie hätten werden können. Wahrnehmung und Bedeutung sind Beiträge des Organismus, nicht der Umgebung. Mit der Erfahrung, der rohen Erfahrung selbst, hat die Umgebung eine Menge zu tun. Doch die Bedeutung, die diese Erfahrung für den Organismus hat, unterliegt in einem Maß eurer Kontrolle, das euch überraschen und erfreuen würde.

Da gibt es noch etwas, über das ihr bereits eine Menge wißt. Ihr habt alle alte Daimonen.

Gruppe: Was?

Judy: Alte Daimonen.

John: Alte Daimonen. Daimonen, die ihr schon sehr lange habt ...

Judy: ... die aber nicht notwendigerweise ...

John: ... relevant ...

Judy: ... dafür sind, wer ihr jetzt seid oder was ihr jetzt tut. Trotzdem sind sie da.

John: Der Daimon, der auf Bäume klettern konnte, als ihr ein kleines Mädchen oder ein kleiner Junge wart. Ich meine den Daimon, der wußte, wie man Frösche fangen konnte. Solche Sachen. Ihr werdet wahrscheinlich nicht mehr sehr viel auf Bäume klettern oder Frösche fangen, was eine Aussage darüber sein mag, daß ihr etwas zu solide geworden seid, etwas zu erwachsen. Wie auch immer ihr darüber denkt, es wird aufgrund der Entwicklung sowohl des inneren Kontexts wie des äußeren Kontexts Daimonen geben, die keine relevante Funktion mehr erfüllen.

Judy: Was werdet ihr jetzt mit ihnen machen?

Teilnehmer: Sie befördern.

John: Zu was befördern?

Robert: Auf eine Stufe der Inkompetenz. *(Lachen)*

John: Und das ist genau das, was alte Daimonen schließlich tun, wenn man sie nicht dort einsetzt, wo sie nützlich sein können. Es ist das Peter-Prinzip innerer Organisation.

Judy: In manchen afrikanischen Stämmen gibt es das Konzept des *Wazee,* womit die alten Weisen gemeint sind. Sie stehen zur Verfügung – sie warten darauf, daß jemand zu verstehen gibt, daß er Informationen über etwas braucht, über das sie Bescheid wissen, weil sie alt und weise sind; sie haben viel Unterschiede gesehen und gehört.

John: Wenn der Rat des *Wazee* nicht eingeholt wird, kommen sie vorbei und mischen sich trotzdem ein – ob man es will oder nicht.

Allein ihre Anwesenheit kann ein stabilisierender Faktor sein. Sie handeln mit einer Weisheit, die daher kommt, daß sie Daimonen waren, ihren Betätigungsbereich brillant beherrscht haben und verstehen, daß der Kontext sich verändert hat, so daß sie nicht nur auf eine andere logische Ebene aufgerückt sind, sondern sich seitlich im Verhältnis zu dem Rest der persönlichen Struktur bewegt haben. Man kann etwas so Powervolles wie einen alten Daimonen nicht verschwenden. Es wäre einfach verrückt.

Judy: Man kann ihn vielleicht noch brauchen. Man weiß nie.

John: Es gibt noch einen zweiten Weg, alte Daimonen zu nutzen – und zwar als Trainer.

Judy: Wie war das?

John: Sie trainieren neue Daimonen. Sie sind so etwas wie der Prototyp eines Daimon. Ich habe Trainer in meinem technischen Stab – der Unterschied zwischen der Lernkurve und dem Lernzyklus. Ich bemerke, jetzt wo ich Trommeln und Perkussion lerne, daß es da Dinge gibt, die mich stark an bestimmte andere Erfahrungen erinnern. Ich mache die gleichen Sachen durch, die ich in der Leichtathletik durchgemacht habe, in Beziehungen ... Es gibt da Gemeinsamkeiten. Alte Daimonen bieten daher wirklich powervolle Generalisierungen, die dafür genutzt werden könnten, den Lernzyklus der neuen Daimonen zu beschleunigen, wenn man sie entwickelt.

Antonio: Ich habe daran gedacht. Du mußt wissen, ich habe einen fußballspielenden Daimon.

Judy: Da bin ich sicher.

Antonio: Ich habe einen anderen für Psychotherapie. Und wenn ich Psychotherapie mache, ist es das gleiche wie beim Fußballspielen – ich bin wirklich gut, weißt du, und alles ist so einfach. Was ich mich nun frage ist, ob der eine Daimon von dem anderen ausgebildet wurde.

John: Oder gibt es zeitweise Allianzen. Hast du auch bemerkt, daß es Zeiten gibt, wenn du Psychotherapie machst, wo die Fußballmetapher oder der Fußballdaimon unangebracht sind?

Antonio: Ja.

John: Der Fußballdaimon – ein schöner Daimon in dir; ich habe ihn durch deine Augen hindurch lächeln sehen – er zeigt sich auch, wenn du tanzt. Es wäre eine Tragödie, den Psychotherapiedaimon mit dem Fußballdaimon zusammenfallen zu lassen. Es gibt Anwendungsgebiete, die unangemessen sind. Wie viele Männer oder Frauen sind in einer Fußballmannschaft? Und ist die Klasse der Beziehungen in einer Fußballmannschaft nicht ein Spiegelbild einiger der leistungsstärksten Organisationen, was die Gruppenarbeit angeht? Das, was so schön am Fußball ist, ist, daß man nie aufhört sich zu bewegen – eine der forderndsten Sportarten, allein schon was die Ausdauer angeht. Und die Flüssigkeit, mit der eine Fußballmannschaft spielt, die wirklich als Mannschaft spielen kann, ist phänomenal. Man kann den besten Fußballspieler der Welt in eine Mannschaft stecken und ich würde trotzdem lieber eine eingespielte Schulmannschaft spielen sehen, wegen der ungeheuren Koordination und dem Verständnis, die zwischen Leuten bestehen, die lange zusammen gespielt haben. Wenn ihr spielt, ist euer peripheres Sehvermögen hervorragend, manchmal ist es fast unglaublich. Man weiß sogar, wo hinter einem Leute stehen, weil man sich auf bestimmte vorhersehbare Muster verlassen kann, die man beim Training eingeübt hat.

Judy: Man hat Augen am Hinterkopf wie die Nonnen damals in der katholischen Schule, die ich besucht habe. *(Lachen)*

Antonio: Mir ist es oft passiert, daß ich den Ball getreten habe und wußte, wo der Ball sein würde, bevor er tatsächlich dort war.

John: Ja. Du weißt die Metapher zu würdigen. Du willst, daß der Daimon abrufbereit ist, so daß, wenn der Psychotherapie-Controller entscheidet, daß ein Fall vorliegt, der in angemessener Weise durch eine Fußballmetapher behandelt werden könnte, es dann einfach: „Wuschhhhhh!" macht. „Hier kommt Pele. Hier kommt einer der *Wazee,* um sich neben den Psychotherapiedaimon zu setzen." „Mach das, mach dies, handle jetzt." Laßt mich jetzt die Frage für heute Morgen stellen: Wie viele haben gestern Nacht ihren Traum vorbereitet?

Teilnehmer: Traum vorbereitet?

John: OK, laß mich die Frage noch einmal anders stellen: Wie viele haben ihre Träume nicht in der Weise vorbereitet, die wir gestern vorgeschlagen haben? Wie gesagt, das mag während des Träumens selbst erfolgt sein. Ihr könntet das überprüfen. Ich möchte noch hinzufügen, daß wenn ihr herausfindet, daß sich diese Organisationsstruktur bereits generalisiert hat, oder wie Carol gesagt hat, hier ein paar Korrekturen, da ein paar Verfeinerungen und fertig ist die Kiste, denn ihr hattet das meiste davon schon als wir anfingen, dann ist es jetzt an der Zeit zu erkennen, daß dies eine nackte, skelettartige Struktur ist. Es wird euch das Gleichgewicht für die Grundlage für persönliches Genie liefern, was genau das ist, womit wir uns hier beschäftigen, aber es ist noch nicht ästhetisch. Berücksichtigt eure Ästhetik, daß ihr diese zugrundeliegende Struktur anschauen und feststellen könntet, daß sie für einen ganzen Stamm gelten könnte? Welche Metapher gefällt euch? Seid ihr schon einmal am Meer gewesen und habt eine Gruppe von Delphinen am Horizont beim Spielen beobachtet? Ist das eine Metapher, die euch gefällt? Habt ihr schon einmal eine wirklich gut koordinierte Fußballmannschaft spielen sehen? Habt ihr schon einmal den schwer zu glaubenden Zauber gesehen, der entsteht, wenn Baryschnikow mit Elaine Kudow tanzt? Ästhetik, Ästhetik.

Susan: Was du in jedem dieser Beispiele auch ansprichst, ist die Interaktion zwischen Systemen.

Judy: Das stimmt.

Susan: Ich weiß nicht, ob ich meine Frage verbalisieren kann, aber wo kommt diese Dimensionalität her, wenn es nur ein Individuum gibt...? Ich habe vor einer Weile den Eindruck gehabt – und meine erste Aufmerksamkeit hat nun etwas zu lange Zeit gehabt, um darauf herumzukauen – aber wenn ich zu dem Verständnis zurückgehe, das ich damals hatte – war es wie die Daimon-Zustände ... So als ob ich in meinem Daimon-Zustand bin und wir in dem Trommel-Kreis zusammen trommeln, dann ist es so, als würden wir zu einem Geist ...

John: ... ein Geist, in der Tat.

Judy: ... auf einer anderen logischen Ebene hast du die Grenzen des Selbst so ausgedehnt, daß sie andere umfassen. Auch hat jeder Trommler eine Rolle gespielt, und wenn diese zusammengenommen werden, schaffen sie ein neues Lied; von zwei Beschreibungen kommt Neues in der Form eines Liedes, das in keinem der einzelnen Teile manifest ist.

Susan: ... auf einer anderen logischen Ebene.

Judy: Wenn du trommelst, ist es kooperatives Verhalten auf der nächsten logischen Ebene.

John: Wenn du trommelst, spielst du eine Rolle. Dieser Teil hat keine Bedeutung außer in Beziehung zu anderen Teilen.

Judy: ... was eine besondere Art von Doppel-Beschreibung ist und aus ihr entsteht das Lied.

John: Und die zugrundeliegenden Fertigkeiten müssen ausreichend entwickelt sein, damit ich spüren und hören kann, was Susan da drüben macht, während ich etwas mache, das sich auf ihr Spielen bezieht. Die Spannung in dem Trommeln und während der Perkussion ist das, woraus das Lied entsteht. Daher müßt ihr in der Lage sein, in dieser Beziehung eure Position mit Stabilität und Integrität zu halten, sonst kommt kein Lied zustande.

Susan: Das Lied ist also eine Funktion der Spannung. Ist es das, was ich gerade gehört habe?

John: Ja, das ist es, was du gerade gehört hast. Wenn es die gleichen Teile wären, dann käme nichts dabei heraus. Der Umstand, daß wir verschiedene Teile in dem Rhythmus spielen und uns gegenseitig ziehen und anstoßen, diese Spannung läßt das Lied entstehen, und die Stelle, wo wir innerhalb dessen spielen, gibt dem Lied Variation.

Teilnehmerin: Sobald diese Struktur in dem Individuum besteht, stellt sie auch einen Bezug dar, um mit der Außenwelt umzugehen, denn wenn man mit verschiedenen Ebenen in einem selbst umgeht, erkennt man auch, wo die andere Person ist.

Georgine: Für mich hat das alles mit totaler Freiheit zu tun. Weil ich jetzt in meiner eigenen Persönlichkeit mischen und kombinieren kann, was immer ich will, ich kann mit etwas spielen und es in den Vordergrund bringen oder es verstärken oder das verringern und etwas anderes nach vorne bringen und ich habe eine Basis, zu der ich zurückkehren kann.

John: Ja, es ist eine Basis.

Larry: Ist es möglich, daß man in der Meta-Position genauso steckenbleiben kann wie in dem Daimon-Zustand oder dem ...

John: OK. Reden wir über „Persönlichkeits-Typen" in dem Verständnis, daß „Persönlichkeit" ein Pseudo-Phänomen ist – eine sekundäre Konsequenz der persönlichen Organisation, wie das menschliche Kinn als eine Einheit der Evolutionsforschung – eine Nominalisierung, die nur linguistische Validität hat. Es gibt Menschen, die sich gehen lassen, indem sie in diesem Bereich leben – die so vollständig committed sind, auf Stimuli außerhalb von sich selbst zu reagieren, daß sie keine Richtung in ihrem Leben haben. Die erste Gruppe von Menschen, die hier leben, sind spontan, sie sind warmherzig und wild. Es sind Menschen, mit denen es angenehm ist zusammenzusein und die einen nach einer Weile wahnsinnig machen, aber man hat viel Spaß in ihrer Gesellschaft, stimmt's? Man weiß mit ihnen nie, was als nächstes passieren wird. Doch was auch passiert, es wird ziemlich verblüffend sein. Und wenn man Unterschied erkennen kann, ohne ihn zu bewerten, dann ist das ein faszinierender Zustand. Wir bilden eine persönliche Struktur. Versteht ihr, daß wenn ihr eine Beziehung mit anderen Menschen eingeht, daß ihr, solange ihr keine eigene Struktur habt, nur in die Löcher in den Feedbackkreisen des anderen fallen werdet.

Judy: Die Lücken füllen werdet.

John: Eine generative Beziehung der Herausforderung und Exzellenz zwischen zwei Personen ist nur möglich, wenn die Integrität der eigenen Feedbackkreise bewahrt bleibt.

Judy: Don Juan sagt: „Menschen werden besessen." Ein Krieger durchläuft eine Lehrzeit. Es mag sein, daß es einen Punkt in dieser Lehrzeit gibt, der so überwältigend ist, daß er nie darüber hinausgelangt, weil er so damit besessen ist. Oder vielleicht wird er ein Krieger, und wenn er seine Beschreibungen durchgeht, wird er in einige Beschreibungen hineinfallen, von denen er besessen ist und nicht darüber hinauskommen. Don Juan würde sagen, daß das eine andere Form des Sich-Gehen-Lassens ist.

John: Es gibt Menschen überall in diesem Lande, in Kanada und Europa, die auf verschiedenen Stufen meiner persönlichen Entwicklung steckengeblieben sind. Sie machen immer noch die gleichen verdammten Dinge, die ich damals machte, als ich Kontakt mit ihnen hatte. Es gefällt ihnen dort und sie wollen auch nirgendwo hin.

Das andere Ende dieses Kontinuums ist die Person, die nicht aus erster Aufmerksamkeit hinaus kann. Welche „Persönlichkeitsmerkmale" hat diese Person? Sie ist kalt, einzelgängerisch, rigide …

Judy: Aber sehr objektiv.

John: Sehr objektiv.

Judy: Wahrscheinlich Wissenschaftler oder etwas ähnliches.

John: Möglicherweise Geschäftsmann. Auf jeden Fall bedeutet die Unfähigkeit, aus erster Aufmerksamkeit auszubrechen, daß man nichts Spontanes in seinem Leben haben wird. Wenn man durch etwas überrascht wird, wird es einen ärgern, anstatt einen zu erfreuen. Dann gibt es Menschen, die so gut darin sind, die Funktion des Selbst hin- und herzubewegen, daß sie ständig *confluent* sind. Mit *confluent* meine ich, daß sie in dem gleichen emotionalen Zustand sind wie die Person, in deren Gesellschaft sie sich gerade befinden. Traditionellerweise wird in dieser Kultur von Frauen erwartet, daß sie ihren Ehemännern gegenüber diese Position einnehmen, stimmt's?

Judy: Nein. *(Lachen)*

John: Andererseits gibt es Menschen, die sich nie mit einem anderem lebenden Geschöpf identifizieren können und ein unglaublich verarmtes Leben führen. Ich bin mir nicht sicher, was schlimmer ist, ständig den Winden jedes emotionalen Sturmes in der Umgebung ausgeliefert zu sein oder nie an der Welt teilzuhaben. Jede der Funktionen, über die wir reden können, hat, wenn sie einen gesunden Bereich überschreitet, „Persönlichkeitsmerkmale", die leicht zu identifizieren sind.

Georgine: Die andere Möglichkeit ist, daß die Person zwei Pole als Wahlmöglichkeiten hat, so daß sie eine Weile lang einen Weg geht und dann erkennt, daß es da Probleme gibt und dann in die vollkommen entgegengesetzte Richtung geht und das dann eine Weile fortführt.

John: Flip-Flops – das ist ein Schwellen-Phänomen. Man nähert sich da multiplen Persönlichkeiten. Wenn man eine Linie durch seine Feedbackkreise zieht, so daß sie in zwei oder mehr verschiedene Gruppen von Feedbackkreisen unterteilt sind – relativ komplett in sich selbst, aber untereinander unverbunden, dann hat man einen Schizophrenen. Das findet man im Alkoholismus, Leute, die häufig Amnesie für ihre Erfahrungen auf der jeweils anderen Seite haben. Und das Problem ist die Schwelle, das heißt sie wissen nicht was sie tun, wenn sie in dem anderen Bereich leben. Erinnert ihr euch an die Frau, die ich erwähnt habe, die mit einem Mann verheiratet war, der einige störende Eigenschaften hatte. Sie wollte sie solange nicht wahrnehmen, bis sie einen bestimmten Schwellenwert erreicht hatten. Und natürlich verläuft ihr ganzes Leben so. Sechs Monate idyllischer Beziehungen und plötzlich *(mit entrüsteter Stimme):* „Das war alles Betrug!" Dann wieder *(voller Zuneigung):* „Das ist er! Mein Prinz ist da." Wieder für sechs Monate.

Judy: ... Schwelle ...

John: ... ein wirklich powervolles Schwellenphänomen. Ihr seht, daß das nur erfolgen kann, wenn man eine Linie so durch die Feedbackkreise zieht, daß nur Bögen übrigbleiben. Erinnert euch an das, was ich von Bateson vorgelesen habe. Das Bewußtsein kann wegen seiner 7±2 Beschränkung nur Bögen von Feedbackkreisen berücksichtigen, und wenn wir die Bögen anschauen, haben wir Persönlichkeitstypen geschaffen. Wir haben Linien durch Feedbackkreise gezogen, die für unsere weitere Entwicklung wesentlich sind.

Teilnehmer: Gilt das auch für Diäthalten – Leute, die abnehmen und zunehmen?

John: Die eine Weile zunehmen und dann wieder eine Weile abnehmen?

Judy: Das ist ein anderes System ...

John: ... das heißt: „In welchem Code besteht die Schwelle?" Krankheit ... Jeder, der Medizin studiert hat weiß, daß man sich seine Strategien für Lernen und Verstehen während des Studiums besser sehr genau aussucht und darauf achtet, daß sie nicht kinästhetisch sind.

Judy: Wenn ihr eine kinästhetische Strategie verwendet, um Krankheit zu verstehen ... es gibt Medizinstudenten, die Symptome jeder Krankheit manifestieren, über die sie etwas lernen.

Teilnehmerin: Was noch schlimmer ist, sie geben sie an ihre Kinder weiter.

Teilnehmerin: Mir scheint, das, was ihr beschreibt, ist ein Weg, unsere Daimonen in den angemessenen Kontext zu stellen, so daß wir auf ökologische Weise in uns selbst funktionieren und das dann in die Außenwelt mitnehmen und in der Außenwelt ökologisch funktionieren ...

John: ... und so das Gleichgewicht haben.

Teilnehmerin: ... und die Kultur nicht mehr brauchen, weil sie internalisiert ist.

John: Ja, in einer traditionellen, kohärenten Kultur würde die Kultur diese Kongruenz innen und außen bewahren. In einer Gesellschaft wird diese Kongruenz von außen nicht unterstützt, daher schlagen wir euch vor, das zu eurer persönlichen Verantwortung zu machen.

Teilnehmerin: So daß jeder seine eigene Kultur entwickelt.

Judy: Ja, ihr schafft eure eigene innere Kultur. Das ist der Punkt, an dem NLP als Handwerkszeug nützlich wird.

John: Mir scheint, daß erste Aufmerksamkeit für das Formatieren verantwortlich ist. Und daher stimme ich Francis Forderung absolut zu, daß seine erste Aufmerksamkeit die Arrangements vornehmen muß. Zweite Aufmerksamkeit ist enorm reichhaltig, doch in der Regel ist es eine unorganisierte Reichhaltigkeit. Die Funktion der ersten Aufmerksamkeit ...

Judy: ... ist das Modelling. Mit Sprache und Bewußtsein bekommt man Präzision und eine Beschreibung, die absichtsvoll und daher nicht besonders weise ist – aber sehr powervoll. Dieser Stuhl hier wiegt nicht besonders viel. Aber wenn ihr eines der Stuhlbeine sehr spitz zuschneiden würdet, und den Stuhl auf dieser Spitze balancieren würdet, dann könntet ihr enormen Druck auf diesem einen Punkt ausüben. Das sind die Daimonen. Sie haben einen so engen Fokus, daß die gesamte Ressourcefähigkeit des Organismus in diesen einen Punkt ausgedrückt wird. Aus diesem Grund kann man ohne Mühe durch sonst sehr schwierige Situationen segeln.

John: Andererseits seht ihr, daß es wichtige Fälle in eurer Arbeit mit der NLP-Technologie gibt, wo man Teile getrennt halten möchte. Man integriert sie nicht, weil sie Anwendungsbereiche haben, die sich nicht überlappen. Das ist eine sehr wichtige Wohlgeformtheitsbedingung. Ihr seht, daß NLP allein nicht mehr als eine Technologie ist. Sie kann mißbraucht oder für hervorragende Arbeit im Bereich menschlicher Hochleistungen eingesetzt werden. Das Entscheidende dabei ist, daß es eine Technologie ist, und solange es keinen Kontext gibt, der sowohl Weisheit wie auch ein Maß an Ästhetik hat, seid ihr elende „Stümper". Ihr trottet so vor euch hin, ohne jedes vertikale, kontextuelle Verständnis. Es ist so, als hätte man diesen wunderbaren Werkzeugkasten an König Arthurs Hof, aber man wüßte nichts Sinnvolles damit anzufangen. Und was wir hier wollen, hat zum Teil damit zu tun, diesen ästhetischen Rahmen darum herum zu legen.

Rosalie: Die Frage, mit der ich heute morgen aufgewacht bin, hat genau damit zu tun. Kierkegaard sprach davon, daß man sich von ästhetischen zu ethischen Begriffen entwickelt. Und für mich lautete die Frage immer: „Was passiert wenn nicht?" In seiner Auffassung wurde man „dämonisch", wenn man es nicht tat. Ich war mir nie ganz sicher, was er damit meinte, aber ...

John: Ich wurde immer depressiv, wenn ich ihn gelesen habe. Ich konnte ihn immer nur für ganz kurze Zeit lesen.

Judy: Kafka hat auch keinen Spaß gehabt.

Rosalie: Mir scheint, daß ihr in der Entwicklung des NLP sehr darauf geachtet habt, es als Technologie ohne Inhalt zu formulieren.

John: Stimmt genau. Die Substanz ist die Angelegenheit der Person. Unsere Aufgabe ist die Arbeit mit Mustern.

Rosalie: Zu Beginn des Workshops haben die Leute ihren jeweiligen Bezugsrahmen …

Judy: … wenn überhaupt …

Rosalie: … wenn überhaupt. Was mich nun zu Beginn dieses Workshops besonders interessiert, ist, daß du deine Technologie, wie mir scheint, wie eine Technologie benutzt, die in vielen Religionen entwickelt worden ist. In der Regel sind diese Technologien innerhalb eines kulturellen Kontexts entwickelt worden – wenigstens Aspekte davon. Diese Technologie ist nie im Kontext einer Gesellschaft losgelassen worden. Auch wenn sogenannte Meditation eine Technologie ist, um bestimmte Zustände zu erzeugen, wird sie in einem Kontext vermittelt, der extrem kulturell ist.

John: … und Ästhetik und Gleichgewicht hat …

Rosalie: … und einen umfassenden Rahmen, innerhalb dessen man den Gebrauch der Technologie formt. Dann kommt man hierhin, wo man in einer Gesellschaft anstatt in einer Kultur lebt; du bietest eine Technologie, die nicht innerhalb des ethischen Rahmens einer Kultur eingebettet ist und man hat auf einmal eine H-Bombe. Meine Frage ist: „Was tust du da?" *(Lachen)*

John: Nein, es ist eher so, daß du das Werkzeug hast, eine H-Bombe zu bauen, oder aber das beste landwirtschaftliche Versorgungssystem, um die Probleme in dem Bevölkerungs-Nahrungs-Kreislauf ins Gleichgewicht zu bringen. Der kritische Unterschied liegt hier in den logischen Ebenen. Es besteht ein wichtiger Unterschied zwischen Religion und NLP, wenn man es angemessen beherrscht, integriert hat und anwendet. Jede mir bekannte Religion bietet zwei Dinge: zunächst eine Reihe von Praktiken, Disziplinen und Verhaltensweisen, die die Mitglieder dieser Religion identifizieren und, bei Erfolg, ihre Wahrnehmungen und ihr Gewissen formen. Zweitens bietet eine Religion Sicherheit; sie sagt, daß von all den Pfaden, die wir als Menschen gehen können, der besondere Pfad, der durch diese bestimmten Übungen, Disziplinen und Verhaltensweisen definiert wird, der richtige ist, d.h. wenn man diese Anweisungen befolgt, wird man belohnt werden. Neurolinguistisches Programmieren ist eine Epistemologie; es darf keine substantiven Entscheidungen treffen, es darf nicht den Trost „des richtigen Pfades" bieten. Es bietet die Möglichkeit zur Exploration, es bietet eine Reihe von Instrumenten, mit denen man seinen Pfad finden kann. Eure Sache ist es, die Pfade auszuwählen und zu erforschen, ob ihr Wohlbehagen und Herausforderung findet oder, wie ich hoffen würde, das Wohlbehagen der Herausforderung ... *(Pause)*

Wie du richtig bemerkt hast, erinnert die Machtkonzentration, die die technischen Kompetenzen des NLP in das Feld der Kommunikation einbringen, stark an die technische Machtkonzentration, die durch die Industrialisierung erreicht worden ist. Das stellt sowohl eine Gelegenheit wie auch eine Gefahr dar. Das größte Kompliment, das ich je von Bateson erhalten habe, war eine Bemerkung, die er mir gegenüber machte, daß NLP eine Sammlung von „Lernen III"-Werkzeugen enthalte. Nun, wenn das stimmt, dann obliegt es mir, Judith Ann, Richard, Robert, den Mitbegründern dieser Technologie, einige Bemerkungen zu dem Kontext zu machen. Wie du gesagt hast, kann das, was wir geleistet haben, ohne diese Entwicklung zu ethischen Berücksichtigungen nicht als sozial verantwortlich gelten. Erinnerst du dich an deine Anfangsbemerkung: Untersuche eine homogene, kohärente Kultur, und du wirst bemerken, daß die Repräsentationen außen und die Repräsentationen innen übereinstimmen. Es besteht eine Kongruenz, die ein bestimmtes Maß an Weisheit und Gleichgewicht innerhalb des Stammes und zwischen dem Stamm und seiner Umgebung erlaubt, ein Gleichgewicht, das eine ethische, moralische Charakteristik hat. Ich möchte dich daran erinnern, daß das Resultat dieser Diskussion unsere Behauptung war, daß es in einer fragmentierten, technischen Gesellschaft, die diese Art der Übereinstimmung zwischen „Emanationen des Äußeren und Emanationen des Inneren" nicht hat, Aufgabe des Individuums ist, seine eigene persönliche Kultur zu entwickeln, im Sinne eines ethischen Rahmens, innerhalb dessen es diese Instrumente anwenden wird. Es muß Weisheit da sein, die, wie wir vorgeschlagen haben, auf den Kontext bezogen sein und eine gewisse Ästhetik haben sollte. Allerdings würde es mir im Leben nicht einfallen, substantiv im Hinblick darauf zu sein, was ihr tun „sollt" oder „nicht tun sollt". Ich schlage bestimmte Wohlgeformtheitsbedingungen vor, die ein Thema ansprechen, das für jeden von uns zentral ist. Wie können wir, ohne eine gemeinsame Kultur, mit dieser ungeheuer powervollen Technologie auf verantwortungsbewußte Weise umgehen?

Rosalie: Ist der Gebrauch dieser Instrumente selbst ... Offensichtlich führt bereits der Gebrauch dieser Instrumente selbst schon zu einer Transformation.

John: Ja.

Rosalie: Aber die Richtung, in welche die Transformation erfolgt ...

John: Genau darüber reden wir, Rosalie. Das delikate Gleichgewicht besteht darin, daß wir nicht daran interessiert sind vorzuschlagen, wie der „aktualisierte Mensch" aussehen soll, oder wie eine aktualisierte Gesellschaft aussehen soll. Wir sagen, daß wir von kohärenten traditionellen Kulturen lernen können. Welche Art von Gleichgewicht und Kontrollen sind in diesen Systemen eingebaut? Unsere Aufgabe besteht nun darin – und ich spreche hier von der großen Schleife –, eine Klasse von Wohlgeformtheitsbedingungen zu formulieren, die genau auf das Thema eingeht, das du angesprochen hast.

Rosalie: Danke.

John: Mach den zweite Aufmerksamkeits-Check. Ich will euch für eine volle Stunde in die Welt entlassen. Nicht diesen Ort hier. Ich will, daß ihr in die Welt hinausgeht. Ich will, daß ihr die ersten zwanzig Minuten einen Check macht. Steht dieses Programm? Welche Teile davon brauchen mehr Struktur? Erfolgt das bereits? Wann kann ich eine Vollendung dieses Teils der Struktur erwarten? Tut was immer ihr braucht, um euch zu vergewissern. Die Frage wird epistemologisch: Woher wißt ihr, daß ihr diese Arrangements getroffen habt? Wenn mein Vater und ich an einem Wagen arbeiten, weiß ich, daß er eine Menge mehr weiß als ich; er hat viel mehr Erfahrung. Nehmen wir an, er sagt mir, ich solle die vorderen Stoßdämpfer auswechseln. Wenn er von dem hinteren Ende des Wagens nach vorne kommt und mir sagt: „OK, laß uns gehen", brauche ich mir nicht die Mühe zu machen nachzusehen, ob er die Stoßdämpfer am hinteren Ende ausgetauscht hat. Er weiß wie das geht. Er weiß es besser als ich. Er wird es schneller und effektiver erledigen als ich, weil er geschickter darin ist. Die Tatsache, daß er sagt: „Laß uns gehen", sagt mir alles was ich wissen muß. Wenn ich auf dem Punkt herumreiten würde, indem ich ihn frage: „Bist du auch sicher, daß du die

Schrauben angezogen hast, Dad?“ würde er einfach nur die Augen verdrehen und gehen.

Wenn ihr mit euren gewöhnlichen Strategien gespielt habt, will ich, daß ihr die Strategien wechselt.

Pause

Peggy: Als ich anfing die Strategie einzusetzen, die mein Partner verwendete, nämlich: „Hey Leute, seid ihr alle bereit?“, war da eine überwältigende Reaktion, ungefähr so: „Nun, wir sind nicht ganz sicher.“ Es war etwa so wie: „Gib mir eine Analogie.“ Und ich habe nur eine Situation mit nur einem Daimon durchgemacht ...

John: ... und dann davon ausgehend generalisiert.

Peggy: ... aber danach konnte ich diese Strategie dann ausführen. Sie war begradigt (streamlined) worden.

Judy: Es war also so, als ob die zweite Aufmerksamkeit verlangt hätte: „Erste Aufmerksamkeit, gib mir etwas spezifischere Informationen.“ Das ist ein gutes Gleichgewicht.

John: Als ich noch therapeutisch arbeitete, sagte ich zu Klienten, die multiple Phobien hatten: „Geben Sie mir die, von der Sie denken, daß sie die geringste Aussicht auf Veränderung hat.“ Ich würde diese dann wirklich langsam und sorgfältig bearbeiten und die zweite Aufmerksamkeit ermahnen, gut aufzupassen, weil ich ihr sobald wir fertig wären, eine Aufgabe stellen würde. Da das die schwerste Arbeit war, konnte der Klient, als wir fertig waren, das Ergebnis testen und sich dann sagen: „Es hat wirklich funktioniert!“ Ich sage dann: „Nun, zweite Aufmerksamkeit, hast du die Schritte verstanden? Sie sind ... “, ich gehe sie noch einmal durch und gebe dann den Auftrag: „Mach den Rest heute Nacht in einem Traum.“

Judy: Lernen, wie man lernen lernen kann. Gregory sagte, daß das der Zweck der NLP-Instrumente sei – und das macht sie im Bereich der Epistemologie zu einem beachtlichen evolutionären Werkzeug.

Marshall: Wir gebrauchen oft unser kinästhetisches System, um zu überprüfen, was falsch und richtig ist. Wenn es um Rechtschreibung geht, macht man eine visuelle

Repräsentation und überprüft diese dann kinästhetisch. Wenn wir manchmal Verhaltensweisen ausführen oder neue Ideen haben, vor allem neue Ideen, die durch unseren kinästhetischen Sinn kommen, dann kommt, wenn wir eine sehr strukturierte Person sind, unser homöostatischer Sinn dazu und sagt: „Hey, das ist falsch", nicht anders, sondern falsch, und wir berauben uns dieser Möglichkeiten. Es wäre deshalb vielleicht nützlich …

John: … die Fähigkeit zu entwickeln, Unterschiede ohne Bewertung zu erkennen. So, daß die Kinästhetik einem nicht meldet, die neue Idee sei falsch. Sie meldet, daß es anders ist als das homöostatische Niveau, das du schon erreicht hast.

Judy: … letztendlich mag es um richtig oder falsch gehen, aber die Frage, an welcher Stelle entlang des Kontinuums diese Bewertung erfolgt, ist sehr wichtig …

John: … und ich würde behaupten, daß das Signal, das du als „falsch" bezeichnet hast, einfach nur Unterschied ist. Und dann gibt es einen nächsten Schritt, der besagt: „Um aufgrund von Unterschied zu handeln ist Anstrengung notwendig." Wir werden unser homöostatisches Niveau ändern müssen. Dazu kann man zwei Einstellungen haben. Erstens, wenn man ein Mensch der Bequemlichkeit ist, wird man sagen: „Arrgh, ich will mich nicht rühren", es sei denn, daß es ein höherrangiges Prinzip gibt, das besagt: „Ich muß mich rühren, sonst roste ich ein." Das Prinzip, seine homöostatischen Zentren syntaktisch hin- und herzuschieben, findet in biologischer Hinsicht enorme Unterstützung. Wie verliert man körperlich Flexibilität?

Teilnehmer: Man kontrahiert, indem man keinen Gebrauch von …

John: Man kontrahiert, das heißt, man findet den perfekten Wert für seinen Zustand, oder eine Reihe von Zuständen und sagt sich: „Oh Mensch, das ist das ausgewogenste Ding", und in dem Moment, in dem man die Wahl trifft, ist das wahrscheinlich auch der Fall.

Judy: Man hat eine Investition gemacht …

John: … und will sie behalten.

Judy: Und diese kleinen Gestalten, von denen ich gestern sprach, kommen und fressen unsere Flexibilität auf.

John: Der Pac-Man?

Judy: Sie wird in einem anderen Teil des Systems verbraucht.

John: Also gebraucht sie oder ihr seid sie los. Es gibt also eine Meta-Regel ... Ihr habt schon einige meiner Meta-Regeln gehört: Mach nie zweimal das gleiche. Ich wiederhole das noch einmal ... *(Lachen)* Eine andere Meta-Regel besagt, daß es unmittelbare Befriedigung verschafft, nicht nur auf der Ebene direkter Kinästhetik, denn wenn man auf dieser Ebene ausschließlich Bequemlichkeit als Indikator einsetzt, kann es passieren, daß man sich nie bewegt – und auf einer Meta-Ebene gibt es Befriedigung durch Bewegung. Sportliche Betätigung ist eine Idee des zwanzigsten Jahrhunderts. Vor einhundert Jahren war es ein integraler Teil des Lebens. Das heißt, wir mußten arbeiten, körperliche Arbeit leisten. Heute haben wir arbeitssparende Geräte, um unsere körperliche Arbeit zu verringern und ...

Judy: ... wir müssen Sport treiben. Nachdem wir unsere Arbeit getan haben.

John: Darum gibt es auf der höheren logischen Ebene eine Regel, die besagt: „Gebrauche die Variablen, von denen du entschieden hast, daß sie für deine Flexibilität und dein Gleichgewicht entscheidend sind. Auch wenn es keine „Rechtfertigung“ aus der Umgebung dafür gibt. Ich meine, warum joggen Leute zum Beispiel? Warum machen Leute Fitneß-Übungen? Weil auf einer höheren logischen Ebene die Einsicht besteht, daß diese Art von Aktivitäten ein Maß an Flexibilität aufrechterhält, das zu Wahlmöglichkeiten führen wird, die sich auszahlen werden, nicht nur für das Überleben des Organismus, sondern auch in unserer Freude an der Welt, in der wir leben. Ich würde sogar behaupten, daß es zum Beispiel im Tanzen oder Trommeln oder Singen eine inhärente Befriedigung auf einer höheren logischen Ebene gibt als der, auf der wir Anstrengung einsetzen und Bequemlichkeit erreichen.

Es ist etwas sehr tief Befriedigendes, sich rhythmisch zu bewegen und Stimme und Körper zu benutzen, etwas, das in offensichtlicher Weise über das Tanzstudio hinausgeht. Das Wichtige ist die Idee Unterschied zu erkennen, ohne ihn sofort zu bewerten. Bewertung muß auf einer anderen logischen Ebene stattfinden als das Erkennen von Unterschieden. Das heißt, auf der Stufe der Bequemlichkeit weiß man, daß man nie etwas tun wird. Doch auf der Stufe des Daimonen, der da sagt: „Bewahr dir diese Wahlmöglichkeiten ...“

Treffen wir uns um Viertel vor Zwei hier wieder, da wir etwas spät dran sind – und wir beginnen dann mit der Nachmittags-Sitzung. Ich möchte euch dringend raten, euch einen Zeugen zu suchen, mit dem ihr gut arbeiten könnt. Ich würde sogar empfehlen, daß ihr eure Zeugen wechselt – jetzt geht es zum Teil darum, daß ihr ein bißchen aneinandergeraten sollt, so wie Rosalie und ich heute Morgen etwas aneinandergeraten sind. Wir sind sehr verschieden. Dieser Unterschied kann zu einem enormen Gewinn für uns beide führen, wenn wir in unserem Austausch respektvoll sind. Da sie, genauso wie Francis und Curt auch, sehr andere Zugänge zu der gleichen Klasse von Ereignissen angeboten hat und …

Judy: … denn neue Information liegt in dem Unterschied. Das ist die grundlegende Einheit des Geistes. Neuheit. Nachricht von Unterschieden. Das ist die Quelle neuer Information. Erinnert ihr euch an die Wohlgeformtheitsbedingungen, um in der Welt zu handeln? Man braucht mindestens drei deskriptive Positionen, das heißt drei Beschreibungen für eine Synthese, wenn man editiert, Verhalten ändert oder etwas in dieser Art macht. Und das stimmt gut mit Polyas Ideen überein, die ich gestern vorgelesen habe. Ich bin nicht einmal überzeugt davon, daß ihr eine Unterscheidung zwischen dem Anfang des Mittagessens und dem Zeitpunkt treffen müßt, wenn ihr beginnt, das zu tun, was ihr tut.

Ich möchte euch nun eindringlich bitten, eine epistemologische Übung zu machen. Die Übung sieht folgendermaßen aus: Überprüft den Status eurer persönlichen Reorganisation. Ist das erledigt? Sind die Arrangements abgeschlossen? Sind sie für eine Teilmenge der Feedbackkreise abgeschlossen, die ihr jetzt einsetzen könntet? Findet eine Stelle, wo ihr diese Arrangements vorgenommen habt, oder in Georges Fall: Was nett und angemessen wäre, George, wäre, wenn du einen Bereich deines Verhaltens aussuchen würdest, in dem du mit der Qualität nicht zufrieden bist. Stell deine Daimonen auf, bring deinen Controller in Stellung, verwende räumliches Sorting … Wenn du beobachtest, wie TaTitos sich bewegt und dann irgend jemand anderen im Saal beobachtest, wirst du sehen, daß seine Bewegungen müheloser wirken. Das kommt davon, daß er sehr viel getanzt hat. So daß schon recht bald allein der Gedanke an einen Wechsel die physiologische Veränderung auslöst und bei keiner Bewegung der Einsatz der Muskeln zu hoch ist; die Bewegung hat Eleganz. Und überprüft eure Beschreibungen. Sorgt dafür, daß ihr alle eure Beschreibungen habt …

John: ... und achtet vor allem darauf, wenn ihr diese Stufe der Struktur vorbereitet, daß ihr Beschreibungen von den Daimonen bekommt. Trefft eure Arrangements und beantwortet die Frage dann durch einen Tanz zwischen erster und zweiter Aufmerksamkeit. Mit anderen Worten, ihr testet. Eine Antwort auf die epistemologische Frage: „Woher weißt du, daß die Arrangements stehen?“ besteht darin, hinauszugehen und die Funktionen auszuprobieren. Ich werde mich freuen, euch alle um Viertel vor Zwei heute Nachmittag wiederzusehen.

Mittagspause

John: Ich habe fast zuviel gekriegt, als Judy und ich während des Mittagessens besprachen, was wir noch alles zu tun haben, deshalb werde ich die Geschwindigkeit etwas erhöhen. Ich werde dabei eure Kooperation brauchen. Es gibt etwa eine Million Sachen, die wir hier noch tun wollen, bevor wir zufrieden sind, und wir müssen sie in einer Schleife mit euch machen, also ...

Judy: ... Feedback zu der Übung?

Teilnehmerin: Ich hatte eine fabelhafte Zeit. Ich habe entdeckt, daß die Stellen in einem der Daimonzustände, mit denen ich Schwierigkeiten hatte, damit zu tun hatten, daß die erste Aufmerksamkeit versuchte das zu tun, wofür Daimon und Controller verantwortlich sind ...

John: Gleichgewicht.

Judy: Sehr schön.

John: Es gibt hier ein Gleichgewicht, das in Wirklichkeit eine Zuschreibung von Funktion ist.

Teilnehmerin: Die Strategie, die für mich in dieser Übung funktioniert hat, war die Welt anzuhalten, so daß mein Blick bis hierhin reichte *(macht eine Geste mit den Händen hinter sich)* und alles für mich da war.

John: Bravo. Eine schöne Kombination einer Reihe von Techniken.

Judy: Wir haben alle Zeiten in unserem Leben, wenn wir wissen, daß wir kompetent sind, zuversichtlich, funktionierende menschliche Wesen sind und im Großen und Ganzen feststellen müssen: „Ich kriege nichts geschafft. Warum kann ich nur nichts fertigkriegen?" Wann immer es „zu kompliziert" oder „zu komplex" wird, setzen wir zuviel Bewußtsein ein, zuviel erste Aufmerksamkeit – ein guter Hinweis darauf, daß etwas Ausgleich nützlich wäre. Was ist hier los? Bestimmte Komponenten werden nicht angemessen getrennt, weder nach Funktion noch nach logischer Ebene.

Robert: Du hattest von nicht überlappenden Daimonen-Zuständen gesagt, daß es da einen Controller geben muß, der dafür sorgen muß, daß sie nicht überlappen.

Judy: Ja, daß sie den Kontext respektieren.

Robert: Als ich darüber nachdachte, dachte ich an Musik, Singen. Ich dachte, daß ein Daimon-Zustand wie Rhythmus ist und ein anderer Daimon-Zustand wie Melodie, ein anderer wie der Text und so weiter.

Judy: Nach unten chunken.

Robert: Nach unten chunken. Und dann schien es mir, daß da ein Controller war, der dafür sorgte, daß sie nicht verschmelzen, und dann schien da Bedarf für einen Synthesizer auf einer Stufe darüber zu sein, der aus all dem dann Gesang macht.

Judy: … wo alles zusammenkommt, so wie die verschiedenen Trommelparts ein Lied ergeben.

Robert: … wobei sie im Grunde alle ihren eigenen Faden spinnen. Ich kann einfach den Rhythmus machen, aber ich wollte irgendeinen Synthesizer-Teil installieren. Das machte wirklich einen großen Unterschied für mich, weil ich früher nie daran gedacht hatte, denn ich brauchte hierfür eine Menge Arbeit, putzte das etwas heraus, putzte dieses etwas heraus und setzte sie dann alle zusammen. Ich hatte also einen Controller und über dem Controller einen Synthesizer.

Judy: Und es trifft auch in diesem Sinne zu, wie ich eben gesagt hatte, daß es von diesem Punkt an weniger komplex wird.

Robert: … weniger komplex als Folge von …

John: Nun, wenn du Singen willst, brauchst du nur auf diese logische Ebene zu gehen. Wenn du nun eine der Sub-Variablen einsetzen willst, mußt du tiefer gehen. Aber du brauchst dich nicht mit den Multi-Variablen abzugeben …

Judy: … als gesonderten Einheiten …

Robert: Den Synthesizer hatte ich über den Controller gestellt …

John: Wenn wir also einen Synthesizer hier haben, dann nahm das, sagen wir mal, so viel von deiner ersten Aufmerksamkeit in Anspruch … Wir gebrauchen die Metapher, daß die Identität des Selbst eine Funktion ist, die sich in Sub-Feedbackkreise aufteilt. Man geht beim Singen nie darüber hinaus. Die Idee der nicht-überlappenden Daimonen wird hier immer noch berücksichtigt. Die Daimonen in diesem Bereich überlappen nicht. Sie werden gleichzeitig gebraucht, nebeneinander, parallel gebraucht. Und das Nicht-Überlappen wird auch in dem Sinne berücksichtigt, daß du während des Singens nicht ißt. Antonios Beispiel ist eine Parallele zu dem, was Robert sagt. Wir unterhielten uns vorhin darüber und er stellte eine ähnliche Frage dazu und ich sagte: „Denk mal folgendermaßen darüber nach: Wenn du anfängst Fußball zu spielen, übst du Pässe zu schlagen, du übst auf das Tor zu schießen, du übst mit der Mannschaft zusammenzuspielen, du übst Sprints, du übst Laufen." Es gibt Teil-Komponenten. Vielleicht war Antonio schon immer ein Sprinter.

Vielleicht hatte er schon immer ein gutes peripheres Sehvermögen, weil das etwas ist, das er schon als Kind gelernt hatte. Aber für andere Aspekte mußte er härter arbeiten. Beim Fußballspielen wie beim Singen muß er nicht mehr zu diesen Variablen zurückgehen. Gewissermaßen ist das ein Anzeichen dafür, daß man die NLP-Technologie einsetzen kann: ankere Zustand A, B, C, D und bringe sie dann alle zusammen. Andererseits willst du aber auch nicht gleichzeitig singen und essen.

Judy: Baahhh. *(Lachen)*

John: Es ist wirklich widerlich.

Judy: Wirklich! Das schnürt mir den Hals zu. *(stöhnt)*

John: Hey Thomas, ist etwas Wahres an dem Gerücht, das du mir gestern Nacht erzählt hast?

Thomas: Ich glaube schon. Das mit …

John: … das Flugzeug, ja …

Thomas: Gorbatschow, Reagan und Marcos fliegen in dem gleichen Flugzeug? Nein, es ist nichts Wahres an dem folgenden Gerücht: Gorbatschow, Reagan und Marcos sind alle in dem gleichen Flugzeug. Auf einmal gibt es einen Maschinenschaden. Sie suchen überall in dem Flugzeug und finden einen Fallschirm. Sie beschließen darüber abzustimmen, wer den Fallschirm bekommen soll. Alle drei geben ihre Stimme ab und als sie die Stimmen auszählen sind es Fünfzehn zu Null Stimmen für Marcos. *(Lachen)*

Judy: Nein, nur ein Gerücht.

John: Nichts Wahres dran. Das ist also ein wichtiges Thema – wann bringt man das, was wir Teile oder Daimonen nennen, zusammen und wann hält man sie getrennt? Mir scheint, daß diese Entscheidungen nicht schwer zu treffen sind, wenn sie auf diese Struktur aufgetragen werden. Ich möchte auf Georges Bemerkung zurückkommen und das Sortieren. Wie Judy bereits sagte, klingt es nach logischen Ebenen. Das ähnelt dem, was ich angesprochen habe, als ich sagte, daß ich manchmal nicht weiß, für welchen Daimon ich mich entscheiden soll, oder welcher Controller in einem gegebenen Kontext operieren soll, doch wenn ich einmal durch einen Willensakt in Bewegung bin … Wille bedeutet Trägheit zu überwinden – wenn ich Trägheit überwinde und vollkommen committed bin …

Judy: … die Konsequenzen berücksichtige – mich um die Lifelines kümmere.

John: Georgine hat heute Morgen etwas gesagt. Sie hat guten Erfolg in ihrer Arbeit mit Sportlern. Sie ist eingeladen worden, um vor europäischen und amerikanischen Eiskunstlauf-Trainern einen Vortrag über ihre Technologie zu halten. Sie sagte mir: „Es gibt Gelegenheiten, wenn ich den Kontext nicht respektieren will. Und es gibt Gelegenheiten, wenn ich so aus dem Häuschen bin über das, was ich tun kann, daß ich die Leute einfach mitreiße.“ Ich sagte: „Du mußt verstehen, daß dein Enthusiasmus eine Stärke ist. Es ist ein Daimon, der gezähmt werden muß. Es bedeutet nicht, daß du Leute nicht mit deinem Enthusiasmus, deinem Eifer, deinem Commitment und deiner Fähigkeit mitreißen sollst, in deinem eigenen Verhalten zu demonstrieren, was für daimonische Sachen du mit Menschen machen kannst. Aber du mußt entweder eine

Entscheidung treffen, den Kontext zu respektieren oder bereit sein, mit den Konsequenzen umzugehen, die eintreten, wenn du den Kontext nicht respektierst. Und ich würde Gott spielen, wenn ich dir sagte, das du das eine oder andere tun sollst." Das wäre Substanz. Das sind die sogenannten Meta-Programme, mit denen Leute herumgespielt haben. Das sind inhaltliche Bereiche, und wenn man sich mit diesen beschäftigt, beschäftigt man sich mit Substanz. Das ist Religion. Das, was wir hier machen, ist keine Religion, es ist die Untersuchung von Mustern. Es ist wichtig zu verstehen, daß man jede beliebige Entscheidung treffen kann, aber als verantwortliches Wesen in einer kultur-freien Gesellschaft – komische Art das auszudrücken – haben wir bestimmte Verantwortungen, und die Verantwortung, die wir, wie mir scheint, alle haben, besteht darin, entweder Entscheidungen zu treffen, die den Kontext respektieren oder darauf vorbereitet zu sein, mit den Konsequenzen umzugehen.

George: Wenn die Frage des Willens außerhalb des Systems steht, dann wird es jedesmal, wenn man überlappende Daimonen hat, in einem gewissen Maß wenigstens, eine Frage des Willens sein, wozu man sich wirklich committed. Ich denke an gestern. Die Person, mit der ich gearbeitet habe, dachte, wenn sie mit Patienten in ihrem Behandlungszimmer war, an ihre Schreibarbeiten, und wenn sie an ihrem Schreibtisch saß, an die Patienten im Behandlungszimmer. Also ganz klar ...

John: ... das typische Organisationsmuster.

George: Ein paar Probleme tauchen jedoch auf – auf welche Aktivität ist diese Person wirklich committed?

John: Keine von beiden. Das ist genau das Problem.

Judy: Das ist genau das Problem, und natürlich leidet die Qualität von beiden unter dieser Mischung. Man ist auf keinen Zustand wirklich committed. Es geht um Kontext. Soll die Person Schreibarbeiten erledigen, wenn sie mit einem Patienten zusammen ist? Ist das der angemessene Kontext? Wie viel Information aus der Welt der Patienten verliert diese Person in diesem Kontext?

George: Es wird also nicht funktionieren, indem man einen reinen Daimon organisiert. Es muß noch irgend etwas anderes geschehen. Ich versuche dahinterzukommen, wie die Daimonen organisiert werden sollen ...

John: Ein Grund, um die Daimonen mit dieser Strategie zu organisieren besteht darin, daß du damit nie in diese Double Tracking-Situation gerätst, die du gerade beschrieben hast. Du beschreibst Double Tracking. Du hast mein Standardbeispiel gehört, das jeder aus eigener Erfahrung kennt: Ein wunderschöner Samstag Nachmittag. Ihr müßt einen technischen Bericht lesen, und ihr sitzt da und lest den gleichen Absatz schon zum zwölften Mal. Unglücklicherweise würde man in einem Test nicht einmal die Begriffe wiedererkennen, die in dem Bericht vorkommen. Der Körper ist unruhig. Ihr stellt euch vor, was ihr alles tun könntet, wenn ihr nicht lesen müßtet ...

Judy: ... „geh doch ein bißchen Tennis spielen", sagt eine leise Stimme ...

John: ... und das Ergebnis ist eine Verringerung der Qualität in jeder Hinsicht. Ihr spielt nicht Tennis, auch wenn ihr daran denkt. Euer Körper ist unruhig, weil er nicht genug Bewegung bekommt. Ihr habt gerade eine Stunde vertrödelt und absolut nichts behalten, wegen des Geräuschpegels in eurem System. Das liegt daran, daß ihr miteinander wetteifernde Daimonen habt. Dann geht ihr natürlich zum Tennisplatz, und in dem Moment, in dem ihr den Ball hochwerft und diesen wundervollen Aufschlag aufzieht, hört ihr eine kleine Stimme ...

Judy: ... „Oh, Mist, ich habe morgen eine Prüfung."

John: ... „Du bringst nie etwas zu Ende."

Das ist Double Tracking. Nun gibt es Gelegenheiten, wenn Double Tracking eine nützliche Fähigkeit ist. Ich sage nicht, daß ihr es tun sollt oder nicht tun sollt. Ich sage, es ist wichtig zu verstehen ...

Judy: ... was der Kontext und was die Konsequenzen sind – für die Feedbackkreise in euch und ihre Ausdehnung auf das Äußere in eurem Leben, Familie, Beruf, usw.

John: Jeder Mensch, den ich je getroffen habe, bewertet seine eigene Erfahrung. Manche Menschen bewerten ihre Erfahrung an der Peripherie. Wir nennen sie „die lebenden Toten".

Judy: Das sorgt dafür, daß keine neue Information hereinkommt.

John: Andere warten, bis sie zumindest drei Beschreibungen haben, bevor sie dann eine Synthese und eine darauf beruhende Beurteilung treffen. Diese Personen lernen –

auch wenn sie sich entscheiden, bei dem Verhalten zu bleiben, das schon vor der Synthese der drei Beschreibungen da war –, sie lernen etwas über die Welt. Sie filtern nicht an der Peripherie aus. Sie filtern an einem Punkt, wo sie Gebrauch von den Repräsentationen machen können. Diese Menschen bleiben lebendig. Wo ihr ausfiltert, ist wichtige Information für euch, wenn ihr euch auf eine koordinierte Weise durch die Welt bewegen wollt – zum Beispiel, wenn es darum geht, eine Verbindung ...

Judy: ... mit einer anderen Geisteseinheit (unit of mind) einzugehen ...

John: ... oder mit vielen anderen Geisteseinheiten ...

Judy: ... Geistes-Aggregaten.

John: Die langfristigen Folgen der Überspezialisierung: Ich habe seit der Pause vor der Übung heute morgen fünf Fälle von euch gehört, die Beispiele dafür sind, wie Menschen in Beziehungen eine Rolle als Bögen in den Feedbackkreisen anderer Menschen spielen.

Judy: Die Lücken füllen.

John: Ich sage auch hier wieder nicht, daß das gut sei. Und ich sage auch nicht, daß das schlecht sei. Ich sage, daß es Folgen hat, seine eigene Integrität als Geisteseinheit zu bewahren, das heißt, wenn eure Feedbackkreise in sich vollständig sind. Es gibt Tätigkeiten, die zu ihrer Ausführung mehr als eine Geisteseinheit voraussetzen ...

Judy: ... und zwei Beschreibungen sind besser als eine.

John: ... und wenn ihr die Integrität eures Systems bewahrt, werdet ihr nie in die Situation kommen, einen Bogen in dem Feedbackkreis einer anderen Person darzustellen. Meine Großmutter mütterlicherseits, Anna McCleavey, heiratete Philip O'Mara. Philip war der vollkommene Großvater für mich: Holzbein, ein Fabrikarbeiter bei Ford in Detroit, trank gerne. Heute ist St. Patricks Tag, daher können wir über Philip reden. Er trank gern, liebte es Karten zu spielen, Zigarren zu rauchen und zu fluchen. Er hatte ein weiches Herz – alle seine Enkelkinder wußten, daß er trotz seines rauhen Äußeren wirklich leicht einzuwickeln war – aber Junge, Junge, was für ein ruppiger und faszinierender Kerl er für ein Kind war.

Judy: Er steckte seine Dollarscheine gern in sein Holzbein, und sie mußten … *(Lachen)*

John: … hingehen und sie rausnehmen – ein perfekter, kapitalistischer Schachzug, stimmt's? Er dekonditionierte unsere Reaktion auf Amputation, indem er uns Geld aus seinem Holzbein gab. *(Lachen)* Sie führten vierzig, fünfzig Jahre lang eine glückliche Ehe. Könnt ihr nun die Persönlichkeitsmerkmale von Anna voraussagen?

Teilnehmerin: Natürlich, sie war genau das Gegenteil.

John: Klar. Sie war sehr gepflegt, höflich, sprach mit einer kultivierten Stimme, ging jeden Morgen zur Kirche, na ihr wißt schon.

Es gibt ein Phänomen, daß, wie ich glaube, jeder von euch auch aus eigener Erfahrung kennt. Wenn zwei Personen, gleichgültig ob es sich um Geschäftspartner oder Ehepartner oder Brüder oder Schwestern handelt, über längere Zeit eine enge Beziehung haben, dann findet eine Überspezialisierung statt – es sei denn, sie sind außerordentlich aufmerksam und haben ein System, durch das sie das ausgleichen können, ähnlich dem, das wir hier entwerfen. Sie fangen an, Bögen in den Feedbackkreisen des anderen zu übernehmen. Sie werden zu Feedbackkreisen in der anderen Person. Feedbackkreisen, die in jedem von ihnen bestehen, aber nach Jahren so weit atrophieren können, daß sie nicht weiter funktional sind, so wie mangelnder Gebrauch eines Muskels zur Atrophierung führt. Das ist etwas anderes als Eutrophikation.

Judy: Sie vertrocknen. *(Lachen)*

John: Das ist sehr, sehr gut.

Judy: Das ist Eutrophikation.

John: Ich habe in meiner Arbeit mit Menschen, die trauern und einen Verlust erlitten haben, festgestellt, daß die beste Prognose, der zuverlässigste Indikator in bezug auf ihr Verhalten … Man kann oft beobachten, wenn eine Hälfte des Paares nicht mehr da ist, die andere innerhalb kurzer Zeit auch stirbt. Andere wiederum scheinen es vollkommen zu überwinden und ein zufriedenes Leben zu führen. Der Unterschied ist folgender: Innerhalb einer Woche nach Philips Tod hörte ich, wie meine Großmutter …

Judy: … fluchte …

John: ... und eines der Enkelkinder aus dem Haus warf. Sie versäumte die Morgenandacht dreimal in einer Woche. Ich jubelte insgeheim, weil ich wußte, daß sie – wie es dann auch tatsächlich der Fall war – ein langes und glückliches Leben führen würde, nachdem ihr Mann gestorben war. Denn sie war in der Lage, ihre Integrität wiederherzustellen – genau die Metapher, die wir hier auch verwenden –, indem sie Bögen ihrer Feedbackkreise reaktivierte, die jahrelang durch Philip übernommen worden waren. Sie gewann ihre Integrität wieder und führte ein schönes, erfülltes Leben nach dem Tod ihres Mannes.

David: Bekam sie auch ein Holzbein? *(Lachen)*

Judy: Nein, bekam sie nicht ...

John: ... aber sie ging manchmal etwas komisch.

Teilnehmerin: Eine der Sachen, die mir während der Übung aufgefallen ist, war, daß ich in Verwirrung darüber gerate, wie ich Sachen bewerte. Und dann werde ich ... Es ist Double Tracking, weil ich einen Daimon-Zustand als unangemessen bewerte, weil er eine übergeordnete Funktion nicht erfüllt.

Judy: Nächste logische Ebene.

Teilnehmerin: Aber was wichtig für mich war, war, daß ich entdeckt habe, daß der Controller mir helfen kann zu sorten. Man muß sich also keine Sorgen darüber machen, diesen Teil des übergeordneten Ziels in diesem Moment zu erledigen, weil man gerade nur diese kleine Sache macht.

Es war, als ob ich die Erlaubnis dazu bekommen hätte. Es ist, als würde ich mir selbst die Erlaubnis geben, mir nicht über alles auf einmal Sorgen machen zu müssen.

Teilnehmerin: Du hast häufiger über logische Ebenen gesprochen. Es erinnert mich stark an Chunking. Welche logischen Ebenen meinst du genau?

John: Die Frage lautet: „Wie identifiziert man logische Ebenen?“ Wie bewegt man sich zwischen logischen Ebenen hin und her? Ihr kennt die linguistische Regel des nach oben und nach unten chunkens.

Teilnehmerin: Ich hätte nichts dagegen, es noch einmal zu hören.

John: OK, ich sage José: „Boot. Chunk runter, bitte." Nun muß er nach innen gehen, womit er gerade angefangen hat, und sagen: „OK, es gibt eine Menge, eine Kategorie von Gegenständen in der Welt, die den Namen ‚Boot' haben."

José: Kanu.

John: Und er wählt ein Mitglied der Menge – Kanu. Hätte ich gesagt: „Boot ..."

Judy: „... Chunk nach oben..."

John: ... würde er sich sagen: „Hm, wovon ist die Menge der Boote ein Mitglied? Von welcher Menge ist die Menge der Boote ein Mitglied?"

José: Gegenstände, die auf dem Wasser treiben ...

John: ... oder Transportmittel auf dem Wasser. Zeug, daß einem den Arsch retten kann, wenn man auf See ist. Es gibt eine Fülle verschiedener Wege, es zu definieren. Diese Flexibilität ist also möglich. Doch es ist trotzdem diese Beziehung der Einschließung. In der organisatorischen Struktur, die wir hier vorstellen, hat jeder Daimon einen Verhaltensbereich in der Welt, für den er verantwortlich ist ... Sie werden alle von einem Controller kontrolliert, der für diesen ganzen Bereich der Welt verantwortlich ist. Der Bereich des Controllers ist diese ganze Klasse von Verhaltensweisen, die die Summe der Verhaltensweisen der entsprechenden Daimonen darstellt. Genauso wie die Kategorie „Boot" Kanus und Ruderboote und Tretboote und Segelboote und Dampfschiffe abdeckt ...

Judy: Ein Dampfschiff ist kein Boot.

John: Nicht für die nautisch Gebildeten.

Teilnehmerin: Wie lautete noch deine Definition für ... Ich glaube, ein Teil der Hausaufgabe bestand darin, herauszufinden, welche Kategorie wohin paßte. Es ist wie mit Farbtafeln ...

Judy: Das ist Sorting.

Teilnehmerin: ... es gibt verschiedene Farben blau.

John: Die Frage lautet also …

Teilnehmerin: Die Frage ist also: „Wie kann ich …"

John: … du nimmst das, was gemeinsam ist. Dieser Controller wird durch das definiert, was allen Daimonen, die er kontrolliert, gemeinsam ist. Eine Kategorie wäre „soziale Beziehungen". Dann willst du alle Daimonen, den Daimon, der dich mit den dir sehr Nahestehenden verbindet, den Daimon, der dich mit deinen Geschäftsfreunden verbindet, die in diesem betreffenden Kontext Nahestehende sind, den Daimon, der eine Verbindung durch eine wirklich powervolle Identifikation herstellen kann, auf der Stelle, wenn es nötig ist, mit einem Patienten zum Beispiel. Sie haben alle mit sozialen Beziehungen zu tun, deiner Beziehung mit anderen Leuten. Ich hätte dann noch einen Controller, der entscheidet, welcher Daimon in welchem Kontext angemessen ist. Ich möchte euch darauf hinweisen, daß in dem Kontext bereits Definitionen von Unterschieden enthalten sind. Der Daimon, der für Beziehungen mit Patienten zuständig ist, wird bereits dadurch definiert, daß du in deiner Praxis oder etwas ähnlichem arbeitest. Das ist also einfach. Nun mußt du den Kontext für die anderen bestimmen, um dafür zu sorgen, daß sie sich nicht überlappen.Damit ist gemeint, daß du das Sorting durchführen mußt. Und das ist ein Tanz zwischen erster Aufmerksamkeit und zweiter Aufmerksamkeit. Übrigens, ich habe jetzt wiederholt gesagt, daß die Formate und Vorschläge von der ersten Aufmerksamkeit kommen. Genaugenommen ist das nicht richtig.

Curt hatte vorgeschlagen, daß die erste Aufmerksamkeit sagt: „Zweite Aufmerksamkeit, gib mir einen Hinweis darauf, wohin wir als nächstes gehen sollten."

George: Kommen wir noch einmal zu dem Thema der sozialen Beziehungen zurück. Du hattest sie nach der Art der sozialen Beziehungen gesortet und nicht nach der Reihenfolge dessen was geschieht.

John: Das ist willkürlich.

George: Aber das wird einen ziemlichen Unterschied in dem ausmachen, was dabei herauskommt.

John: Aus diesem Grund behaupte ich auch, daß das eine substantive, inhaltliche Sorting-Frage ist. Und jeder von euch muß seine eigenen Kategorien finden. Ich lenke nur eure Aufmerksamkeit auf eine Aufgabe und biete euch ein Beispiel. Das Beispiel ist nicht als Format gedacht.

> Es ist nicht meine Absicht, euch genau zu sagen, wo ihr links und rechts abbiegen sollt, wo ihr zu Mittag essen sollt und wann ihr im Park spazierengehen sollt. Wandern wäre ohne jedes Abenteuer, wenn ihr genau wüßtet, wohin ihr gehen und was ihr sehen werdet, wenn ihr dort seid.[6]

Im Ernst, Leute, die besten Reiseführer sind eure Beine und Augen.

Ich möchte euch dazu einladen, den Tanz zwischen erster und zweiter Aufmerksamkeit zu nutzen, um herauszufinden, was die relevanten Sorting-Prinzipien für euch sind. Meta-Programme sind Inhalts-Kategorien. Ihr wollt von mir, daß ich mich darauf einlasse und ich sage: „Nein, mache ich nicht." Ich werde euch Beispiele geben, damit ihr anfangen könnt. Ich werde Strategien für den Tanz zwischen erster und zweiter Aufmerksamkeit vorschlagen. Aber ich halte es nicht für professionell, auf diese sogenannten Meta-Programme einzugehen. Sie sind substantiv. Ihr pfropft damit eurem eigenen Glaubenssystem ein fremdes auf. Und damit will ich mich nicht befassen.

Carol: Mir scheint, daß ich immer, wenn ich mit anderen Menschen in verschiedenen Kontexten kommuniziere, in einem leidenschaftlichen Zustand sein möchte. Das ist die optimale Funktionsweise. Ich möchte jedoch nicht unbedingt in einem leidenschaftlichen Zustand sein, wenn ich mich ausruhe oder etwas bewerte. Aber ich will diesen Daimon immer dabei haben, damit ich in der Gegenwart sein kann.

Judy: Ich habe vorhin über Bequemlichkeit gesprochen. Mir würde richtig unbehaglich werden, wenn ich mich immer nur behaglich fühlen würde – ganz im Ernst – und diese Gefühle sind nicht auf der gleichen logischen Ebene.

Carol: Nicht?

Judy: Mir wäre es unbehaglich, wenn mir die ganze Zeit behaglich wäre.

John: … und zu einer Schnecke würde.

Judy: Milton sagte oft: „Es ist verdammt noch mal zu angenehm hier drin." Und ich meine vor allem die Physiologie. Ich meine nicht auch noch die darüber hinausgehende Bewertung.

John: Du sprichst von der reinen Anstrengung, das heißt einem Minimum an aufgewandter Anstrengung, stimmt's? Wenn wir das „Bequemlichkeit" nennen, nur im Rahmen dieser Diskussion, dann ist mir ausgedehnte Bequemlichkeit in diesem Sinne absolut unbequem.

Carol: OK.

John: Ihr seht, daß es verschiedene logische Ebenen sein müssen. Ich verwende die Bewertung dieses Daimons „bequem zu sein", und ich sage: „Ah-ha! Hier herrscht kein Gleichgewicht."

Teilnehmer: Keine Grenze.

Judy: Keine Grenze. Auch eine nette Art es auszudrücken.

Carol: Aber wenn der Daimon kontextualisiert ist, wird er nicht in die falsche ...

Judy: Richtig.

John: Genau.

Carol: Dann heißt es also einfach, in jedem Moment leidenschaftlich leben, oder? *(Applaus)*

John: Verstehst du, wie du auch in bezug auf Ausruhen leidenschaftlich sein kannst?

Carol: Ja, Grenzen.

John: Denk daran, wenn es um Überlebensprogramme geht, gibt es keinen Kontext, den diese Programme nicht unterbrechen werden, um *deine Sicherheit zu gewährleisten.* Das ist nun eine Funktion, mit dem Namen „Selbst", die ich auf jeden Kontext anwenden kann.

Vor einigen Jahren wurde Archie McGill zum drittwichtigsten Mann in der AT & T-Hierarchie gemacht, das war vor der Aufteilung ...

Judy: ... des Monolithen.

John: Als McGill dort anfing, verbrachte er erst einmal einige Zeit damit herumzugehen, um herauszufinden, was dieses Gebilde war – dieses ausufernde Monstrum, das größer war als alle Bundesstaaten, mit Ausnahme von drei Staaten. McGill tat dann etwas, das ich wirklich respektiere. Er stellte ein paar Dutzend Leute ein, die bald nur noch McGills Sturmtruppe genannt wurden. McGills Sturmtruppen hatten eine und nur eine Funktion.

Judy: Kann jemand raten, was das war?

John: „Stunk-Säer" war eine andere, etwas respektlose Bezeichnung für sie.

Judy: Reingehen und Dinge durcheinanderbringen. Ihre Aufgabe bestand darin, Sand ins Getriebe zu werfen. An den Käfigen zu rütteln. Die Leute aus den verschiedenen Büros wieder herauszuzerren, in denen sie sich eingemauert hatten.

John: Der Vorschlag an dieser Stelle lautet nun, eine andere gleitende Funktion zu schaffen, wie zum Beispiel „Selbst", wie Überlebensprogramme, die von dem technischen Stab jeder Zeit losgeschickt werden könnten, wenn ihr eine Nachricht oder ein Anzeichen dafür bekommt – und diese können kinästhetisch sein, sie können visuell sein, sie können auditiv sein, sie können angefordert sein oder spontan auftreten, wenn ihr das System für die Meldungen entsprechend aufgebaut habt –, daß es in einem bestimmten Kontext keine Variation in eurem Verhalten gegeben hat. Ihr entsendet auf der Stelle einen eurer Entropie-Agenten, und seine Aufgabe besteht darin, hinzugehen und die Dinge etwas aufzurütteln. Versteht ihr die Bedeutung dieses Vorgehens? Was ist die Konsequenz davon, wenn ihr das *nicht* tut?

Teilnehmer: Keine Überraschungen.

Judy: Keine Überraschungen, und das in der denkbaren hinterhältigsten Form. Wenn ihr Bewertungen anstellt, und sie an die Peripherie verlagert, werdet ihr bald keine Nachrichten von Unterschieden empfangen, von denen eine Veränderung ausgehen könnte. Und die Welt erscheint euch als der vollkommenste aller Orte. Und ihr begeht nun die Erzsünde, die wir aneinander begehen können: Wir nehmen uns gegenseitig für gegeben hin und beginnen uns zu langweilen.

John: Und damit seid ihr tot. Sie haben euch nur noch nicht begraben.

Judy: Eine der Sachen, die John von anderen unterscheidet, ist, daß er sich nicht auf seine Stärken verläßt. Er ist immer auf der Suche nach seinen Schwächen.

John: Ich habe vierzig Jahre gebraucht, um das herauszufinden. Wenn es irgendeinen Sinn hat, bin ich gerne bereit es euch anzubieten. Ich bin hier oben und trommle und ich hoffe, daß ich noch zum Tanzen kommen werde. Ich habe nicht die geringste natürliche Begabung für Rhythmus, Tanz, keine von diesen Sachen. Und aus diesem Grund habe ich mich dafür entschieden.

Teilnehmerin: Wir nehmen nicht nur einander als gegeben hin, wir nehmen uns selbst ...

John: ... als gegeben hin; stimmt.

Sharon: Mir scheint, daß da etwas ist, über das ich gern etwas Ausführlicheres von dir hören möchte: Wie merkst du, daß du dich als gegeben hinnimmst? Oder woher weißt du, daß du einen Unterschied brauchst? Mir scheint, daß es Zeiten gab, wo es mir so ging wie du gesagt hast: „Ich habe vierzig Jahre gebraucht." Wie kann man nach zwanzig anstatt nach vierzig Jahren wissen, daß man etwas anders betrachten muß, und wie bringt man sich selbst aus dem Trott heraus?

John: Hier ist eine Aufgabe für jeden, der das für wichtig hält. Wir werden keine Zeit haben, das im Rahmen des Workshops zu machen, deshalb gebe ich euch jetzt die Reihenfolge der Erlebnisse, die eine von zwei möglichen Antworten auf diese Frage darstellt. Zunächst findet ihr jemanden, den ihr nicht kennt oder den ihr nie wieder zu sehen oder zu hören braucht, oder mit dem ihr eine ausreichend solide Beziehung habt, daß ihr euer Verhalten variieren könnt, ohne daß diese Person es als einen Kommentar über die Beziehung auffaßt – eine Leistung, die für Säugetiere fast unmöglich ist.

Judy: Aber es ist zu schaffen.

Teilnehmerin: Findet ein paar Frösche.

John: Das ist eine Idee. Also nun, Musterunterbrechung – sobald ihr ein Muster oder Redundanz in dem Verhalten einer anderen Person entdeckt, habt ihr die Fähigkeit, dieses Verhalten zu unterbrechen. Was übrigens das Ausgleichen (Rebalancing) in Paaren angeht, ist das ein wichtiger Schritt. Sobald ihr dieses repetitive Verhalten bemerkt, könnt ihr tun, was immer in dieser Sequenz nicht erwartet wird und ihr habt eine Musterunterbrechung. Ihr habt also mit Erfolg jemanden unterbrochen. Macht das ein paar Mal, bis ihr wirklich ein Gespür dafür bekommt, wie ihr von Beobachtung zu Musterunterbrechung übergeht. Dann stellt ihr aus eurer ersten Aufmerksamkeit heraus einen Antrag an eure zweite Aufmerksamkeit … und der besteht aus zwei Teilen. Der erste besteht darin, daß ihr euch ab und zu von soundsoviel bis soundsoviel Uhr in einer nicht-kritischen Situation – nicht während ihr am offenen Herzen operiert oder so etwas ähnliches – selbst überrascht. Der zweite Teil des Arrangements sieht so aus, daß ihr, wenn dieses Ereignis eintritt und ihr euch selbst überrascht, eure zweite Aufmerksamkeit automatisch für euch den Zustand markieren laßt, kinästhetisch, in dem ihr seid und aus dem heraus das überraschende Verhalten entstanden ist.

Teilnehmerin: Kannst du den letzten Teil noch einmal wiederholen?

John: Ihr werdet automatisch den Zustand ankern, in den ihr gegangen seid, aus dem das Verhalten des Sich-Selbst-Überraschens natürlich entstanden ist.

Sharon: Aha. Danke, das ist das Stück, das ich noch gebraucht habe.

John: Es ist wirklich ein interessantes Paradox, daß man erste Aufmerksamkeit nutzen kann, um die Unterbrechung von Erste-Aufmerksamkeits-Mustern vorzubereiten.

Teilnehmerin: Das ist das, was mir unmöglich schien.

Judy: In dem Paradox.

John: Die andere Möglichkeit ist Dreifach-Beschreibung. Nimm einmal an, du würdest am Ende des Tages Bilanz ziehen, oder nach einer Woche, einem Monat, welcher Zeitraum auch immer deiner Meinung nach für diese Rückschau angemessen ist. Du könntest dann zum Beispiel feststellen, daß es in diesem Zeitraum keine Variation in deinem Verhalten in Kontext A gegeben hat. Dann rufst du die Editoren. Merkt ihr übrigens, daß eine Menge mühseliger Arbeit damit verbunden ist … ich meine, das ganze kostet eine Menge Mühe. Doch seid getröstet, Freunde. Durch Übung wird es immer stromlinienförmiger; ihr werdet auch in der Lage sein, diese Kreisläufe so zu arrangieren, daß sie durch verstrichene Zeitintervalle ausgelöst werden.

Judy: Das was jetzt passiert.

John: Es geht darum, es klar vorzubereiten und dann diesen Zustand angemessen zu benutzen. Ihr könnt es sogar an die zweite Aufmerksamkeit weitergeben und diese bestimmen lassen, welche Daimonen nicht viel Variation gezeigt haben oder welche Controller ständig die gleichen Daimonen einsetzen und die Aufgabe dem gleichen Controller übertragen, usw., usw., usw. Ein Verzeichnis darüber, wo eure Schwächen liegen, wird euch auch zeigen, welche Projekte ihr auswählen solltet.

Alan: Also ein Gefühl von Schwäche wird dann sofort ein Signal auslösen: „Ich muß das machen."

John: Nicht ein Gefühl von Schwäche – das ist eine kinästhetische Empfindung und du verläßt dich damit auf deine Stärken. Es ist wie mit Wahrnehmungsfiltern. Woran würdest du erkennen, daß der Unterschied nicht hineinkommt? Das heißt, wenn du dir ständig unbewußt das aussuchst, worin du stark bist, dann wirst du nie das Gefühl von Schwäche haben, von dem du gesprochen hast. Darüber hinaus ist es kein angemessenes Signalsystem – es verletzt das Designprinzip, das auch unseren Sauerstoffaustausch reguliert; der Überschuß an CO_2 ...

Judy: ... nicht der Mangel an Sauerstoff ...

John: ... in den Lungen löst die Aufnahme von O_2 aus. Du benutzt also nicht Schwäche-Signale, um herauszufinden wo deine Schwächen sind. Das wird dich genauso sicher umbringen, als ob du so organisiert wärest, daß ein Sauerstoff-Defizit in den Lungen die Einnahme von Sauerstoff triggern würde. Du könntest leicht über die letale Schwelle hinausgehen und sterben. Ganz im Sinne von Doppelbeschreibungen nutzt du eine zweite Variable, um die erste zu evaluieren. Du läßt die Polizei nicht gegen sich selbst ermitteln. Das ist ein wirklich wichtiges Design-Merkmal. Versteht ihr, daß ihr nie erfahren würdet, daß ihr etwas nicht wißt? Wie Judy heute morgen vorgelesen hat, kennt die erste Aufmerksamkeit das Unbekannte nicht. Sie versteht das Unbekannte sogar so wenig, daß es das Unbekannte für sie nicht gibt. Der Wahrnehmungsfilter, der besagt: „Ich werde keine Information in diese Kategorie hineinlassen", erlaubt es dem Bewußtsein, wenn man ihn an die Peripherie verlegt, zu sagen: „Die Dinge in diesem Bereich sind jetzt schon seit Jahren wunderbar." Wie oft habt ihr einem Freund oder einem Paar zugesehen und zugehört und sie sind blind für Dinge, die euch auf schmerzhafte Weise deutlich sind. Aber sie wissen nicht, daß sie nicht wissen, weil sie nicht wissen. *(Lachen)* Und genau darum geht es bei Doppel- und Dreifachbeschreibung. Sie sorgen dafür, daß ihr von verschiedenen Positionen aus wahrnehmt.

Teilnehmerin: Es gibt ein Zweite-Aufmerksamkeit-Selbst, das man verwenden muß, um das Erste-Aufmerksamkeit-Selbst zu verändern. Wenn ich anfange darüber nachzudenken, wie ich diese persönliche Reorganisation in erster Aufmerksamkeit ausführen soll, kann ich es nicht herausfinden, weil es eine so kolossale Aufgabe ist, wenn man es aus der ersten Aufmerksamkeit heraus versucht. Man muß sich auf die zweite Aufmerksamkeit verlassen.

John: Das ist die Art und Weise, wie man die meisten Paradoxe löst, auf die man in erster Aufmerksamkeit stößt: man geht zur zweiten Aufmerksamkeit. Denn das gibt dir eine zweite Position.

Judy: Denn erste Aufmerksamkeit ist sehr begrenzt. Nur ein Rinnsal aller Möglichkeiten gelangt dorthin. Denn schließlich haben die Transforms stattgefunden …

John: Eng verbunden mit der Idee der Entropie-Agenten ist die Idee der Nachrichten. Woher bekommt ihr eure Nachrichten? Das Prinzip, seinen Schwächen zuzuspielen, heißt, sich Aufgaben und Projekte auszusuchen, die auf eure Schwächen zielen, ist ein Beispiel, ein Meta-Beispiel dafür, wie man nach Nachrichten sortet. Jeder Organismus, jede Kultur, die gut organisiert ist, hat einen Überschuß. Der Überschuß wird manchmal dafür verwendet, eine privilegierte Klasse zu unterstützen. Aber irgendwo in dem System gibt es genug Überschuß, daß man jetzt die Grenzen des Selbst ausdehnen kann, indem man neue Bereiche der Welt erkundet. Das Interessante dabei ist, daß man besser eine Funktion einbaut, die dafür sorgt, daß man Nachrichten erhält. Ein Meta-Prinzip dafür, wie man die Nachrichten auswählt, lautet: Wähle die Nachricht, die am stärksten von dem gegenwärtigen Zustand abweicht. Das heißt: ziele auf deine Schwächen, ziele auf deine unterentwickelten Teile.

Ich habe ein Rätsel für euch. Und ich werde mit Hilfe einer Metapher vorgehen. Ich habe das Glück, in einer der schönsten Gegenden der Welt zu leben, den Bergen von Santa Cruz. Judith und ich haben eine Ranch dort. Jeder von uns hat sein Pferd, wir haben sie selbst trainiert und es gibt dort hunderte von Meilen von Wegen, auf denen wir reiten können. Die Ranch liegt neben einem *Refugio*, einem Naturschutzpark, und wir können auf diesen Wegen reiten. Wunderschön; wir haben einen Blick auf das Meer, Redwood-Bäume, all das. Es ist ein magischer Ort, um dort mit einer magischen Frau zu leben. Ich bin auf einem Ausritt mit einem Freund, der sich Shotsey ausgeliehen hat –

ihr kennt alle Shotsey. „Dieses Pferd braucht eine Menge Disziplin.“ *(Lachen)* Mein Freund und ich reiten also auf unseren Pferden durch diese idyllische Gegend und kommen an einen Zaun … wir sitzen beide auf unseren Pferden und da ist dieser Zaun. Und jenseits des Zauns können wir das wunderschöne Meer sehen. Ich schaue mir den Zaun an, schaue meinen Freund an und sage: „Weißt du, ich reite hier schon seit sechs Jahren, und als ich anfing zu reiten, war eines der ersten Dinge, auf die ich stieß, dieser Zaun. Als ich auf diesen Zaun stieß …“

Judy: … es macht ihn wirklich wütend.

John: Und ob. Ich sagte: „Was zum Teufel macht dieses Ding hier in meinem Weg?“

Judy: Ich sagte: „Du kannst diesen Zaun nicht durchschneiden, John. Es ist nicht deine Grenzmarkierung.“

John: Und als ich auf diesen Zaun stieß, war ich außer mir darüber, daß jemand meinen Explorationen der Welt dieses Hindernis in den Weg stellen würde. Als ich also auf den Zaun stieß, reagierte ich auf traditionelle Weise: „Hmm, durchschneiden … Murmel-Murmel.“

Weisere Stimmen meldeten sich dann an diesem Punkt und sagten: „Nun warte einmal. Berücksichtige den Kontext. Du besitzt selbst ein Grundstück. Und wenn jemand, der keinen Respekt vor deinem Eigentum hätte, zu der Ranch käme und anfinge, solche Sachen zu machen …“

Judy: „… wie zum Beispiel Zäune zerschneiden …“

John: „ … würde es dich zu Recht wütend machen. Mir scheint daher, daß eine zweite Beschreibung, ein Wechsel des Referenzindex von Nöten ist.“ Nun, es wäre recht unhöflich von mir gewesen, einfach den Zaun zu zerschneiden und weiterzuziehen. Und ich sagte mir selbst: „Nun, es gibt hunderte und hunderte von Möglichkeiten, die ich auf dieser Seite des Zauns noch nicht erkundet habe. Mir scheint, daß ich, während ich das Problem löse, wie ich gleichzeitig dem Kontext gegenüber respektvoll sein und meinem eigenen Erkundungsdrang treu bleiben und wundervolle Dinge tun kann.“ Und so reite ich nun schon seit sechs Jahren auf dieser Seite des Zauns.

Eine interessante Sache mit Pferden ist, daß sie, was repräsentationale Genauigkeit angeht, gründlicher sind als gut für sie ist – wenn ihr auf einem Pferd einen Weg entlangreitet und dann ein Jahr später wieder dorthin zurückgeht und ein Ast von einem Baum gefallen ist und neben dem Weg liegt und ihr daran vorbei trabt, tut ihr gut daran, auf die gleiche Weise nach Unterschieden sorten zu können, wie Pferde es tun, weil euer Pferd vor diesem Ding scheuen wird. Pferde sind in solchen Sachen sehr, sehr gut – und das hindert sie daran, sehr schlau zu werden. Ich meine, sie bewahren eidetische visuelle Repräsentationen für eine sehr, sehr lange Zeit. In einem gewissen Sinne geht ein Pferd nie zweimal auf demselben Weg. Und in einer gewissen Weise, die wir morgen operationalisieren werden, habe ich jetzt gelernt, meine sensorischen Filter an der Peripherie in einer Weise zu verändern, daß ich auch die Wahl habe, nie zweimal auf dem gleichen Weg entlangzugehen – wenn auch aus sehr anderen Gründen als mein Pferd. Genaugenommen können wir zusammen gleichzeitig auf verschiedene Weise den gleichen Weg nie zweimal entlanggehen ... *(Pause).* Es ist sehr verwirrend.

Als ich nun mit meinem Freund auf diesen Zaun schaute, wies ich ihn darauf hin, daß dies genau die Gleichgewichtsfrage sei – die ästhetische Frage in meinem Leben zu dieser Zeit.

Wie oft wechselt ihr in eurer alltäglichen Ästhetik eure perzeptuellen Filter, um weiterhin Nachrichten zu erhalten, und wie sehr laßt ihr euch auf Herausforderungen ein und verwandelt die Hindernisse, die das Leben euch in den Weg zu legen scheint? Mir scheint, daß schon die Frage selbst, wenn man sie sich ernsthaft stellt, den Anfang dieses witzigen Phänomens darstellen kann von dem wir reden, das Weisheit genannt wird. Ich bin von meiner Veranlagung her ein Forschungsreisender (Explorer), daher weiß ich, daß ich diesen Zaun überqueren werde. Die einzige Frage ist, wie ich es tun werde und wann und unter welchen Umständen. Doch die Frage danach, den eigenen Beitrag zu neuen Erfahrungen zu verändern anstatt die Welt direkt herauszufordern, ist eine herausragende ästhetische Frage. Sie schneidet das Thema an, wo ihr eure Nachrichten herbekommt.

Judy: Ist damit gemeint, daß keine Nachrichten gute Nachrichten sind?

Antonio: Ich glaube mein Problem liegt darin, daß ich immer einen guten Grund habe, den Zaun nicht zu überqueren.

John: Ich glaube eher, daß einige der Gründe in diesem Kontext Gründe der Weisheit sind, und einige der Gründe dafür, daß du den Zaun nicht überquerst, sind denen sehr ähnlich, mit denen sich einige Menschen daran hindern, ihr persönliches Genie zu erreichen – indem sie die notwendigen Arrangements nicht treffen oder indem sie nicht bereit sind, die Konsequenzen zu tragen, die eintreten, wenn sie den Zaun überqueren. Ich weiß die Antwort darauf nicht. Aufgrund der wenigen Information, die ich von dir habe, bin ich überzeugt, daß du etwas Sorting machen könntest, um deine Position im Hinblick auf einige dieser Zäune, einige dieser Hindernisse zu klären. Und ich denke, daß du dich am Ende dazu entschließen wirst, einige nicht zu überqueren. Doch du könntest bereit sein andere zu überqueren, wenn du das Sorting durchgeführt hast und die angemessenen Arrangements für Lifeline-Kontextmarkierungen getroffen hast, um die Freiheit zu haben, wenn du hinübersteigst, mit Leidenschaft hinüberzusteigen ... und – du weißt eine Menge über Leidenschaft.

Jonglieren

John: OK. Jetzt sind wieder unsere zehn Minuten Jonglieren dran. Gestern haben wir folgendes gemacht: Wir sind von hier nach hier gegangen und dann zurück, stimmt's? Und dann haben wir einen Bogen versucht, der in etwa in beiden Richtungen über dem Kopf verläuft und viel gleichförmiger ist als ich es im Moment demonstriere. Denkt also daran, der Zustand hinter dem wir her sind, ist der, bei dem ihr peripheres Sehen verwendet und gleichförmig werft. Ihr kennt bereits den ersten Schritt, den ich demonstriert habe. Der Schritt, der heute dran ist, zeigt eigentlich alles was ihr noch braucht, um jonglieren zu können.

Judy: Alles was ihr braucht – es ist wirklich wahr.

John: Weil ihr nie mehr als zwei Bälle haltet ...

Judy: ... zur gleichen Zeit.

John: Schaut her. *(Jongliert mit drei Bällen.)* Achtet darauf, wo der dritte Ball die ganze Zeit ist. Der einzige Zeitpunkt, wenn ihr drei Bälle in der Hand habt, ist am Anfang oder am Ende. Also braucht ihr nur das Zwei-Ball-Problem zu lösen und dann laßt ihr den anderen die ganze Zeit in der Luft. Ich bin sicher, daß das vollkommen überzeugend ist. *(Zu Judy)* Sie sahen tatsächlich so aus, als seien sie von dieser

Erklärung überwältigt gewesen. *(Lachen)* Denkt daran, daß die wichtige Aufgabe nicht die körperliche ist, sondern die, den Zustand aufrechtzuerhalten, in dem ihr die Welt anhaltet, während ihr übt. Und ihr Einverständnis vorausgesetzt möchte ich, daß Poppy und Robert und die gleiche Truppe auch heute wieder das nonverbale Coaching machen. Was ihr also heute machen werdet ist, einen Ball zu werfen und bis zum letzten möglichen Moment zu warten, und den anderen darüber zu werfen. Ich mach's vor. Jetzt. Ich warte also, bis der Ball fast da ist und werfe dann den anderen. Und dann natürlich in die andere Richtung. Je länger ihr damit warten könnt, den Ball aus der Hand zu werfen, die gleich fangen wird, umso einfacher wird es sein zu jonglieren. Ihr könnt diesen Chunk jetzt gut beobachten, weil ich es schön langsam mache. Schaut nun, ob ihr diesen Chunk auch in dem Drei-Ball-Problem finden könnt. Seht ihr, wie das Zwei-Ball Problem eigentlich das Drei-Ball-Problem löst? Doch die Grenze für euer Training wird heute einfach sein; es ist das Zwei-Ball-Problem. Ja genau, ich will, daß ihr wirklich hungrig seid. *(Lachen)* Gibt es Fragen zu der Aufgabe für heute? Denkt daran, daß der wichtigste Aspekt dieser Sache der ist, euren Zustand zu kontrollieren. Viel Spaß bei eurem Jonglieren heute.

Pause

Judy: Ja, hattest du eine Frage?

Teilnehmer: Die Nominalisierung „Gleichgewicht" ist ... ich brauche etwas Hilfe damit ...

John: ... nun, machen wir es auf folgende Weise. Du möchtest Stabilität in deinem System. Und du möchtest Zufriedenheit (comfort). Das sind einige der Dinge, über die wir geredet haben. Aber wo willst du die Zufriedenheit? Auf welcher logischen Ebene? Ich kann Zufriedenheit aus dem Wissen ziehen, daß ich körperlich fit bin. Es gibt keine Zufriedenheit in der unmittelbaren Erfahrung des Herumlungerns selbst, aber Zufriedenheit in dem Sinne, daß ich gelernt habe, meinen Körper für bestimmte Arten körperlicher Betätigung mit Geschick zu benutzen. Zufriedenheit kann sich also auf eine Reihe verschiedener logischer Ebenen beziehen. Das gleiche gilt für Gleichgewicht und Stabilität. Die Frage hier ist, wo man Stabilität einsetzt. Wenn ich mich zum Beispiel in verschiedenen Sprachen und Kulturen bewege, dann gibt es ein Kern-Ich, das gleich bleibt. Aber es ist nicht sprachlich oder verhaltensmäßig in den Feedbackkreisen. Die Daimon-Zustände sind sehr verschieden in Italienisch, Deutsch, KiSwahili, usw. Da ist also das Gefühl von Stabilität, das du willst. Andererseits liegt der Sinn von Entropie-Agenten und der Sinn von Nachrichten darin, Flexibilität zu bewahren. Der Sinn des Entropie-Agenten liegt darin, die Struktur anzustoßen, damit sie Widerstandsfähigkeit und Flexibilität demonstrieren kann und diese Flexibilität bewahrt.

Judy: Du erweiterst also den Bereich deiner Variablen, damit du nicht auf einem Wert bleibst und damit deine Flexibilität nicht aufgefressen wird.

John: Ich würde sagen, daß einer der wichtigsten Unterschiede zwischen uns oder zwischen zwei Menschen allgemein, genau die Frage ist, die du gestellt hast: „Wo setzt du Stabilität ein?" Und: „Wo ist Flexibilität?" Und das ist eine Frage des Gleichgewichts. Du möchtest nicht ständig nur Nachrichten erhalten. Ich gehe in Zustände, wo die Welt vollkommen neu ist und ich überhaupt nichts weiß. Das ist übrigens eine eurer Aufgaben für heute Nacht. Ich möchte, daß ihr eine Erfahrung ohne Bedeutung erlebt.

Teilnehmer: Ist das das gleiche wie eine bedeutungslose Erfahrung? *(Lachen)*

John: Es ist nicht das gleiche wie bedeutungslose Erfahrung, nein ...

Ich möchte ein Beispiel geben. Ich bin in dem IBM Data Processing-Gebäude in Fort Worth und ich verhandle einen Vertrag – ob ihr es glaubt oder nicht – mit einem Mann namens J.R. Er wird das Training durchführen. Ich mache die Vorbereitung und den Vertrag, damit er hingehen und das Training durchführen kann. Eines der besten Verhandlungsteams, mit dem ich je gearbeitet habe. Dieses Team war tatsächlich nach Repräsentationssystemen zusammengesetzt. Da war einer, der die ganze Zeit zuhörte, das war der gleiche, der alle Fragen stellte. Ein anderer saß da in dem Land der Bilder und flüsterte ihm Sachen zu. Klick, Klick, Klick. Sie waren auf diese Weise perfekt koordiniert. Der visuelle Typ hörte zu, wie der auditive Typ Fragen stellte und flüsterte ihm zu: „Frag mal nach ..." Dann drehte sich der auditive Typ dem visuellen Typ zu und sagte: „OK." Und der auditive Typ drehte sich dann dem Team-Leader zu und sagte: „In Ordnung." Und der Team-Leader – das war nach dreistündigen Verhandlungen – orientierte seinen ganzen Körper in eine andere Richtung, um den Kinästheten genau vor sich zu haben, der am Ende des Tisches sitzt, wartet, und dann schließlich sagt: „Ich denke, wir sollten es machen. Ich habe ein gutes Gefühl dabei." Der Team-Leader sagt:

„OK, machen wir's." Diese Jungs waren wirklich gut. Und sie wußten – auf der Meta-Ebene – nicht einmal, wie gut sie waren. Aber sie wußten es auf der Ebene die zählt, nämlich auf der Ebene des Verhaltens.

Nach über drei Stunden langen Verhandlungen einigten wir uns hinsichtlich der spezifischen Fragen und ich ging nach unten ... Das Gebäude ist eines dieser interessanten Perimeter-Gebäude – eine Gebäude-Hülle mit einem Garten in der Mitte. Innen ist nur Glas und da ist der Garten. Das Gebäude hat zwölf oder fünfzehn Stockwerke. Ich ging in den Innenhof und da war der Garten, ein schöner Garten mit Wasserfällen, und ich hatte einfach genug gehabt mit Geschäftschinesisch und Englisch und Krawatten tragen und zivilisiert sein und dem ganzen Zeug. Deshalb habe ich an diesem Punkt mein Bewußtsein in das eines WaDogo verwandelt, das ist ein Stamm in Ost-Afrika, mit dem ich gelebt habe. Ich stand da und fühlte mich sehr merkwürdig. Und bevor ich diesen Wechsel vollzog, fragte ich meinen Freund: „Hör zu, sie sollten uns noch ein Papier geben. Kannst du eben zurückgehen und es holen, ich möchte eine Ausfertigung mit nach Hause nehmen." Und er sagte: „Klar, kein Problem. Bin gleich zurück."

Sobald er gegangen war, verwandelte ich mein Bewußtsein. Da stand ich nun, ein WaDogo-Krieger in diesem Garten, Wasser ... es schien alles recht nett, bis ich diesen Mann bemerkte, von dem ich wußte, daß ich irgend etwas mit ihm zu tun hatte und er entfernte sich von mir und ging zu der Wand. Und er drückte einen Punkt auf der Wand und die Wand öffnete sich. Und er ging in die Wand hinein und sie schloß sich und erdrückte ihn. Sie schloß sich und es machte *Kkrrrrscchhhhhh*. Ich war entsetzt. Ich blickte mich um, um mich zu vergewissern, daß keines von diesen Dingern in meiner Umgebung war. Einige Minuten später sah ich mit Verblüffung, wie sich die gleiche Stelle in der Wand wieder öffnete und zwei Frauen herauskamen. *(Lachen)* Das soll kein Kommentar über Gleichheit oder einen Mangel derselben sein. Ich gebe nur meine Wahrnehmungen wieder.

Teilnehmer: Doppelbeschreibung.

John: Doppelbeschreibung.

Judy: Sie sind also wirklich verschieden: Eine Erfahrung ohne Bedeutung und eine bedeutungslose Erfahrung. Es ist nicht das gleiche.

John: Verstehst du, auf welche Weise diese Wahrnehmung zustande kam? In meiner Welt, in der, auf die ich mich committed hatte, indem ich in meine Feedbackkreise hinabgestiegen war, wußte ich nichts über Fahrstühle. Es gab keine an der Küste von Süd-Kenia und Nord-Tansania. Ich war auf der sinnlichen Ebene Zeuge von Ereignissen, die keine Bedeutung hatten. Das heißt, sie waren nicht mit früheren Erfahrungen verbunden und hatten nur Wert auf der Ebene sinnlicher Beschreibung, ohne jegliche Bewertung und ohne Bedeutung. Und mit Bedeutung meine ich die automatische Bewegung in jedem einzelnen von uns Menschen, unsere gegenwärtige sinnliche Erfahrung, innerlich mit Repräsentationen einer Klasse ähnlicher Erfahrungen zu assoziieren.

Judy: Eure Hausaufgabe für diese Nacht besteht darin, eine Erfahrung ohne Bedeutung zu haben.

John: OK, Consuella scheint etwas verwirrt, ich rede also besser noch etwas länger. Wenn ihr das Glück habt, polyglott, polykulturell zu sein und ihr könnt in diesem Rahmen etwas finden, das es in eurer anderen Welt nicht gibt, dann braucht ihr nur einen vollständigen Wechsel zu vollziehen – ihr könnt dafür das Paradigma verwenden, das ich euch beschrieben habe und das mir zufällig zugestoßen ist. Einige von euch werden also in diesem Sinn Glück haben. Wenn ihr nicht vollkommen flüssig in einer anderen Sprache und einer anderen Kultur seid, oder wenn ihr nicht genug Unterschied zwischen dieser Kultur, dieser städtischen Umgebung und anderen Orten finden könnt ... Consuella zum Beispiel kommt aus Mailand. Es gibt eine Menge an Gemeinsamkeiten zwischen San Francisco und Mailand. Es mag also schwierig sein, hier eine Menge an Unterschieden zu finden.

Judy: Jessica hat eine andere Methode. *(Zu Carol)* Ist das nicht der Name deiner Tochter? Carol hat eine zweijährige Tochter, Jessica. Hast du die Übung mit ihr gemacht?

Carol: Noch nicht. Ich werde es heute Abend machen.

John: Wenn ihr präverbale Kinder finden könnt, ist es recht einfach. Ihr dehnt euer Selbst aus und identifiziert euch mit dem Kind. Macht die Arrangements für den Tanz zwischen erster und zweiter Aufmerksamkeit und sorgt dafür, daß die Kontextmarkierungen, Lifeline und der ganze Rest arrangiert sind, so wie ihr es hier gemacht habt. Und nehmt euch dann fünfzehn Minuten, um euch mit dem Kind zu identifizieren ... die Bewegungen, die Atmung, die Scanning-Muster, die Orientierungsreaktion. Ihr werdet eine Fülle wunderbarer Erfahrungen ohne Bedeutung haben. Bereitet eure Lifeline vor, bereitet eure kontextuellen Marker vor – committed euch auf den Zustand.

Susan: In Chinatown ist ein koreanisches Restaurant, die Speisekarte ist in koreanisch und die Gerichte sind sehr anders.

Judy: Das bietet sicher eine Menge an Möglichkeiten, weil es dort Unterschiede gibt, die anders sind als alle Unterschiede, denen ihr bisher begegnet seid. Und das ist es, was ihr sucht.

John: Das Träumen, das ich euch vorschlagen möchte, besteht darin, eine dieser Repräsentationen der ersten Aufmerksamkeit zu nehmen *(zeigt auf die Kugel an der Tafel)* und zu sagen: „OK, was ist eine Repräsentation der zweiten Aufmerksamkeit, die dynamischer und mehrdimensionaler ist als das? Was könnten wir als visuelles Symbol für die Art der Organisation verwenden, die wir suchen?"

Judy: Das ist eure eigene Metapher, von der wir früher gesprochen haben. Das ist eine Art Gedanken-Skelett. Und eure Aufgabe besteht darin, eure eigene Metapher darum herum zu entwickeln, Fleisch dazuzugeben.

John: Wie bekommt ihr Ästhetik da hinein? Eine Alternative zu der Kugel wäre Larrys Vorschlag oder eine von Bobbys Figuren. Was immer ihr macht, sorgt dafür, die Repräsentation sowohl mit eurer ersten wie mit eurer zweiten Aufmerksamkeit zu validieren. Ich möchte abschließend noch eine andere Bemerkung machen. Phil hat auf etwas wirklich Interessantes hingewiesen. Er hat heute morgen die Übung auf der Brücke gemacht. Als er fertig war, erzählte er folgendes: „Warte mal einen Moment!" Und er sagte seiner ersten Aufmerksamkeit: „Erste Aufmerksamkeit, welche Kriterien verwendest du, um die verschiedenen Gruppen (cluster) zu bilden, und welche Kriterien verwendest du, um das System zu betreiben? Was sind die wichtigen Kriterien, die Wohlgeformtheitsbedingungen?" Und seine erste Aufmerksamkeit sagte: „Nun, Sicherheit und Erfolg." Und er war entsetzt. Er sagte: „Warte mal einen Moment! Da gibt es noch eine ganze Menge anderer Dinge, die ich will. Ich will Freude ..." Er führte diese Unterhaltung und bekam eine nette Bestätigung von seiner ersten Aufmerksamkeit. Seine Frage, die wirklich interessant war, lautete: „Wer war er, als er mit seiner ersten Aufmerksamkeit sprach?"

Gruppe: Mmhh-Hmm.

Judy: Aha.

John: Und nun verstehen einige von euch vielleicht die Idee eines Meta-Modells. Ein Meta-Modell sagt einfach: Gehe eine logische Ebene höher. Das heißt, welche Kategorie könnte die Ebene, auf der wir zuletzt operiert haben, einschließen? Er ging eine Stufe über erste Aufmerksamkeit hinaus. Das heißt, er spaltete seine erste Aufmerksamkeit.

Judy: Eine andere logische Ebene.

John: Er modellierte den Modeller und entdeckte, welche Kriterien der Modeller benutzte, um das Modell zu betreiben.

Judy: Gute Idee! *(Lachen)* Schildkröte über Schildkröte, hinauf und hinunter. *(Turtles all the way up and down.)*

Vierter Tag

Judy: Guten Morgen.

Gruppe: Guten Morgen.

Judy: Habt ihr alle gut geschlafen? Fehlanzeige, was?

John: Haben sich eure Schlafmuster geändert? *(Lachen und Stöhnen)*

Judy: Meine übrigens auch.

John: Meine nicht.

Judy: Johns allerdings nicht.

John: Ich schlafe nicht.

Es gibt ein berühmtes balinesisches Gemälde, das von Margaret Mead und Gregory Bateson analysiert worden ist. Es wird in einem Artikel besprochen, der den Titel trägt: „Stil, Grazie und Information in der primitiven Kunst"[1]. Gregory weist darauf hin, daß eines der Merkmale einer ästhetischen Handlung, unabhängig davon, ob das Ergebnis statisch ist – wie z.B. ein Gemälde oder eine Skulptur – oder dynamisch – wie Tanz und Musik –, daß eines der Merkmale also darin besteht, daß es mehrdimensional, facettenreich ist. Denkt an einige der Unterschiede in bezug auf Codiersysteme. Ihr könnt keine auditive Erfahrung haben, die nicht eine gewisse Dynamik hat – denn Unterschied kann nur in einer Sequenz auftauchen. Aber in einer visuellen Kunst ist es möglich, statische Repräsentationen zu haben.

In diesem besonderen Bild ist das offenkundige Thema eine Einäscherung – ein sehr wichtiges soziales, politisches und ökonomisches Ereignis auf Bali. Bali ist die einzige traditionelle Kultur, die ich je besucht habe, die durch den Verbrennungsmotor beeinflußt worden ist …

Judy: ... was übrigens kein kleiner Einfluß war ...

John: ... und wo sie Erfolg damit hatten, diesen Einfluß zu nutzen, um traditionelle Werte zu verstärken. Ihr findet dort diese Fahrzeuge, *Beemos* genannt ...

Judy: ... kleine offene Busse, die herumfahren ...

John: ... und ihr sitzt hinten drin und fahrt die Landstraßen entlang. Wenn ihr nicht eine Expreßfahrt von einem Ort der Insel direkt nach Dimpansar macht, zum Flughafen oder den Regierungsgebäuden, dann werdet ihr feststellen, daß ihr, wenn ihr von Punkt A nach Punkt B fahren wollt, einen *Beemo* nehmen müßt, um von Punkt A nach Punkt A_1 zu kommen; der *Beemo* hält und ihr steigt aus ...

Judy: ... und steigt in einen anderen Beemo, fahrt nach A_2, steigt aus, steigt in den nächsten, nach A_3 ... A_4 ...

John: ... Punkt, Punkt, Punkt, $A_{\tilde{n}}$ und schließlich B. Und wenn ihr dann auf die alten Stammes-, Familien- und politischen Grenzen des Gebiets schaut, durch das ihr gefahren seid, werdet ihr feststellen, daß diese Umsteigeplätze genau mit der traditionellen Aufteilung des Landes in Bali übereinstimmen.

Judy: Jeder, dem wir in Ubud begegnet sind, das ist der Teil von Bali, wo wir uns aufgehalten haben, ist ein Künstler.

John: Der normale Sozialisierungsprozeß in diesem Teil Balis führt zu einer Kompetenz in Tanz, Musik, Holzschnitzerei ...

Judy: ... Maskenbildnerei, Malerei, Schattenspiel-Puppen. Sie unterscheiden verschiedene Arten von Gemälden, je nach dem Zustand in dem der Künstler ist, wenn er das Gemälde malt. Es ist eine sehr, sehr reiche künstlerische Kultur. Die Menschen, die wir in Ubud getroffen haben, erreichen in ihrem normalen Sozialisierungsprozeß eine Stufe der künstlerischen Kompetenz, die in unserer Kultur als professionell gelten würde.

John: Die wirklichen Professionellen in ihrer Kultur sind natürlich wieder anders; sie sind diejenigen, die wirklich herausragen und sich dann in einer bestimmten Kunstform spezialisieren.

Judy: Ich weiß nicht, ob ihr je balinesische Malerei gesehen habt; sie ist unglaublich detailreich. Und wenn es ein *Satori*-Gemälde ist – das ist ein Gemälde, das bereits vollkommen fertig in einem bestimmten Zustand in den Geist des Künstlers gelangt …

John: In diesem bestimmten Gemälde – dem, das Gregory bespricht – besteht der Hintergrund aus einem Blattmuster; das Blatt gehört zu einer Pflanze, die man überall auf der Insel findet. Und das Interessante – auch hier wieder wie bei den Scheren des Krebses – ist die Idee der Gleichförmigkeit, die durch das Blattmuster am Rande des Gemäldes vermittelt wird und das perzeptuell überwunden wird, indem der Künstler auf subtile Weise zur Mitte des Bildes hin Variationen einführt. Es gibt eine subtile Andeutung der absoluten Symmetrie und Gleichförmigkeit in den Scheren des Krebses, die durch den Unterschied in der Größe zwischen den beiden Scheren überwunden wird. Dieses Überwinden der angebotenen Symmetrie führt zu einer bestimmten Spannung im Beobachter, die zum Teil den künstlerischen Wert des Bildes ausmacht.

Wir waren zufällig auf der Insel, als ein Prinz aus einer der alten Familien der Insel starb.

Judy: Eine Riesenparty.

John: Die Einäscherung ist ein freudiges Ereignis, sie ist die einzige Art und Weise, auf die die Seele des Toten befreit werden kann und das Rad der Wiedergeburt fortsetzen kann. Es kommt vor, daß eine Familie wegen der Kosten der Einäscherung – die Ausgabe ist enorm im Vergleich zu ihrem Einkommen – ihre toten Angehörigen eine Zeitlang in der Erde begräbt, bis die Familie das Geld für die Einäscherung zusammenhat. Sie graben die Leiche dann wieder aus und verbrennen sie.

Judy: Diese Zeremonie war nun für einen der alten Prinzen. Stellt euch eine tropische Umgebung vor …

Judy: … eine nicht sehr große Insel …

John: … aber dafür üppig, grün. Temperaturen um die dreißig, fünfunddreißig Grad. Luftfeuchtigkeit um die achtzig Prozent. Und eine Ansammlung von zwei- oder dreitausend Menschen vor dem Tempel, in dem die Körper aufbewahrt werden, bevor die Einäscherung beginnt. Sie haben dafür einen fünfzehn Meter hohen Turm gebaut und die Basis war fünfzehn Meter lang, quadratisch. Der Turm wurde von achtzig Männern getragen. Er war aus Bambus gebaut – ein sehr leichtes Material. Doch es war stark genug, um ein …

Judy: … komplettes Gamelanorchester zu tragen – ein balinesisches Musikorchester …

John: … auf der untersten Stufe des Verbrennungsturms. Der Turm war natürlich sehr hoch.

Auf Bali müßt ihr nun mit den Dämonen sehr vorsichtig sein. Sie haben andere Arten von Daimonen als wir, mit denen wir hier gearbeitet haben.

Judy: Sie müssen die Strecke zu dem Platz, auf dem die Verbrennung stattfindet, im Laufschritt bewältigen und rennen tatsächlich während sie diesen Turm tragen.

John: Vorneweg Männer mit Äxten …

Judy: … die Bäume abhackten …

John: … entlang der gesamten Strecke, weil der Turm so groß war. Das war die einzige Möglichkeit, ihn zum vorgesehenen Platz zu bringen …

Judy: … so breit war der Turm.

John: Stellt euch vor, wie die Gamelanspieler auf diesem Ding sitzen, achtzig Männer tragen diesen Turm auf Bambusstangen und zwei- bis dreitausend Menschen drängen sich in den Straßen. Sie heben den Turm hoch, kippen ihn etwas, wirbeln herum und laufen den Boulevard hinunter.

Judy: Und jedesmal, wenn sie an eine Kreuzung kommen, müssen sie ihn ankippen und herumwirbeln, um die Dämonen abzuschütteln.

John: Warum? Weil Dämonen sich nur in geraden Linien fortbewegen können. *(Lachen)* Hey, ihr lacht … Ein guter Freund von mir, der ein sehr guter Gamelanspieler ist …

Judy: … und schon lange auf Bali lebt und dort von den Meistermusikern gelernt hat, ging vor uns als eine Art Vorhut, um Vorbereitungen für unsere Gruppe zu treffen.

Er hatte einen Pavillion im Freien gebaut, mit Strohdach, Lehmfußboden, an den Seiten offen, wo alle Gamelanspieler untergebracht werden konnten.

Judy: Dieser Pavillion war noch nicht in der offiziellen balinesischen Weise gesegnet worden, und unser Gastgeber Ketut Madra forderte, daß niemand bis zum nächsten Morgen auf den Instrumenten spielen sollte, bis wir und die Instrumente und unser gesamtes Seminar und alles, was wir vorhatten, gesegnet worden sei ...

John: ... durch den örtlichen Priester ...

Judy: ... auf balinesische Weise ...

John: Unser Freund ging am Abend vorher in den Pavillion, um die Gamelan zu stimmen. Innerhalb von einigen Augenblicken zerbrach das Instrument, auf dem er spielte, und er zog sich einen so tiefen Schnitt in seiner Hand zu, daß er noch Tage später nicht in der Lage war, Gamelan zu spielen.

Also weder Gott noch die Natur lassen in solchen Situationen mit sich spaßen. Und für Abweichungen von bestimmten Verhaltensweisen muß man immer den ein oder anderen Preis zahlen.

Judy: Trance wird auf Bali sehr geachtet. Eine meiner Freundinnen, die mit uns dort war, wollte sich vollkommen auf die Kultur einlassen und wußte nicht genau, wie sie das tun sollte. Sie versuchte sich etwas in der Sprache, hatte schon einige balinesische Freunde, aber sie hatte immer noch ihren Wunsch nicht erfüllt, wirklich Zugang zu der Kultur zu finden.

Wir bereiteten uns vor, zu der Einäscherung zu gehen und ich hatte ihr gesagt – weil wir alle jeden Tag tanzten und Musik machten –, daß kleine Mädchen die Tänze bereits von klein auf lernen; ihre Eltern beginnen ihre Körper in diese Stellungen zu bringen, die später im Tanz verwendet werden. Ich erzählte ihr, daß ich bei Bateson gelesen hätte, wie diese kleinen Mädchen im Verlauf des Trainings sehr oft anfangen zu tanzen, in Trance gehen und hinfallen. Ihre Mutter oder eine ältere Frau hebt sie dann auf und bringt sie wieder in die Körperhaltung, in der sie gerade waren, und sie tanzen weiter.

John: Aus dieser Position.

Judy: Aus dieser Position.

John: Direkte kinästhetische Programmierung. Diejenigen von euch, die in unseren Zertifizierungsseminaren in Hypnose ausgebildet worden sind, wissen, daß diese Art der Bewegung *(macht eine entsprechende Bewegung mit der Hand)* nur für unbewußte Zustände typisch ist.

John: Die Bewegung der Hand und des Arms zum Gesicht unterscheidet sich in veränderten Bewußtseinszuständen sehr stark von der gleichen Bewegung in normalen Bewußtseinszuständen; sie ist daher ein guter Indikator für die Tiefe der Trance. *Clonus* – kleine, eher ruckartige, unebene Bewegungen – sind in viele Teile des Tanzes eingebaut; sie sind in jedem Tanz, den ich auf Bali gesehen habe. Der Tanz selbst stellt also die physiologische Anforderung, den Zustand zu verändern.

Judy: Ich schlug also meiner Freundin vor, Trance selbst als einen Weg ...

John: ... einen Einstieg ...

Judy: ... in die Kultur zu sehen. Wir gingen also zu dieser Totenfeier; sie dauert den ganzen Tag und ist eine sehr glückliche Angelegenheit. Ich sitze auf einer Seite der Straße und schaue hinüber auf die andere Straßenseite, wo ein Pavillion steht, etwas größer als eine Bushaltestelle. Dort stehen ungefähr einhundert Frauen. Das Gamelanorchester spielt und es wird viel gesungen. Ich schaue hinüber und sehe meine Freundin; sie war in Trance gegangen und hingefallen ...

John: ... sie hatte sich so vollkommen hingegeben, daß sie für einen Moment das Gleichgewicht verloren hatte ...

Judy: ... und als sie wieder aus der Trance zurückkam, saß sie zwischen den Beinen einer alten Frau, die sie hielt, und meine Freundin hatte ein Baby auf dem Schoß. Überhaupt keine sprachliche Kommunikation. Als dann jeder aufsprang, um mit der Prozession weiterzuziehen, packten sie sie einfach und zogen sie mit sich. Sie fand sich schließlich am Abend im Haus von irgend jemand wieder, der ein Fest gab, ohne daß sie ein Wort gesprochen hätte ...

John: ... aber sie kommunizierte auch so recht gut.

Judy: … und sie schloß dort Freundschaften, die für die Dauer ihres Aufenthaltes fortbestanden.

John: Dieses besondere Gemälde, das Bateson in „Ökologie des Geistes“ bespricht, ist in mehrfacher Hinsicht interessant. Es ist ein Beispiel dafür, daß jeder ästhetische Akt eine mehrdimensionale Angelegenheit ist. Künstler wehren sich gegen jeden, der ihrem Werk eine besondere Bedeutung zuschreiben will. Auch wenn es tatsächlich die Bedeutung haben kann, die die Kritiker vorschlagen, so hat es doch nicht *nur* diese Bedeutung. Es ist nur eine von einer Reihe von Bedeutungen, die das Kunstwerk hat. Dieses Gemälde ist in dieser Hinsicht besonders amüsant. Es zeigt einen hohen Beisetzungsturm und ganz oben in dem Gemälde die Blätter und Bäume usw. dahinter. In dieser besonderen Schule der Malerei auf Bali werden sechs Farbschichten aufgetragen – die Farbe wird eigenhändig hergestellt –, um diese Art der Durchsichtigkeit zu erzeugen, die die Blätter in diesem Gemälde haben. Und wenn das Blattmuster der Mitte des Bildes näherkommt, ist die Symmetrie, die am Rand gleichmäßig verteilt ist, plötzlich nicht mehr so symmetrisch. Wie im Fall der Scheren des Krebses, wird eine Symmetrie, eine Gleichförmigkeit angeboten und dann leicht aus dem Gleichgewicht gebracht, um die Aufmerksamkeit einzufangen …

Judy: … die Regeln kennen und sie dann beugen …

John: Nun, wie Bateson sagt, gibt es verschiedene Interpretationen des Gemäldes. Zunächst einmal könnten wir es als ein Gemälde von einer Einäscherung auffassen, weil das der offenkundige, manifeste Inhalt ist.

Judy: Oder als eine Aussage über das soziale Leben auf Bali. In der balinesischen Kultur wird Stabilität nicht durch eine solide Grundlage erreicht; sie wird vielmehr durch Mobilität der Basis erreicht. In einem der Tänze steht ein kleines, vorpubertäres Mädchen auf den Schultern eines Mannes und balanciert dort, indem es die Hand des Mannes hält. Das Mädchen ist in der Regel in einer Tieftrance und lenkt genaugenommen den Mann, indem es sich in eine bestimmte Richtung lehnt. Wenn sie ihr Gewicht nach vorne verlagert, muß der Mann, um die Stabilität des gesamten Systems zu bewahren, sich unter ihrem Gewicht bewegen – so wie sich ein gutes Pferd unter einem Reiter bewegt. Die Stabilität des Systems beruht also in jeder Hinsicht auf Beweglichkeit.

John: Das findet sich in dem Gemälde darin wieder, daß die Linien oben in dem Gemälde sehr scharf definiert sind, im unteren Teil des Gemäldes aber verschwommen werden, dort gibt es einen Mangel an Auflösung, einen Mangel an Aufteilung, der, wie Gregory bemerkt, als Kommentar der sozialen Struktur Balis aufgefaßt werden könnte. In der balinesischen Kultur findet sich insofern eine perfekte Parallele dazu wieder, als die unteren Kasten sich verändern, für die oberen Kasten balancieren, während sich diese mal in die eine und mal in die andere Richtung lehnen. Dann gibt es noch eine dritte Beschreibung dieses Gemäldes. Wenn ihr einen Schritt zurückgeht und vergeßt, daß ihr auf ein balinesisches Gemälde schaut, sieht der Beisetzungsturm aus wie ein riesiges Phallus-Symbol. Und das Laub und die Bäume im oberen Teil könnten ohne weiteres als weibliches Genital aufgefaßt werden. Dieses Werk könnte also auch als ein sexueller Kommentar interpretiert werden. Doch das, was es laut Gregory zum Kunstwerk macht, ist, daß alle diese drei Interpretationen und vielleicht noch einige mehr, die er nicht kommentiert hat und die ich nicht bewußt in erster Aufmerksamkeit finden konnte, dem Wahrnehmenden zur Verfügung stehen, unabhängig davon, ob sie je ins Bewußtsein gelangen oder nicht. Jeder ästhetische Akt ist eine multidimensionale Angelegenheit.

Die Balinesen können etwas, was sie in meiner Erfahrung einmalig macht: Sie wissen, wie sie Dinge zu Ende bringen können. Sie sind das einzige Volk, das ich je getroffen habe, das etwas genauso gut zu Ende bringen wie anfangen kann. Das trifft auf ihre sozialen Beziehungen zu; es trifft auf ihre Kunst zu. Wenn man z.B. Gamelan spielt, schlägt man mit einer Hand und dämpft mit der anderen Hand, und wie sauber der Ton gedämpft wird ist genauso wichtig wie das saubere Anschlagen des Tons. In unserer Kultur liegt der Schwerpunkt in der Musik in der Regel auf dem Anschlag; der Länge wird auch noch eine bestimmte Berücksichtigung geschenkt. In der balinesischen Musik ist die Sauberkeit des Dämpfens genauso wichtig und ist oft das, was fortgeschrittene Spieler von solchen unterscheidet, die nur gelegentlich spielen.

Judy: Das Gamelan ist auf eine interessante Weise organisiert: Die musikalisch am wenigsten geübte Person, die am meisten damit beschäftigt ist, was sie alles anstellen könnte, ist …

John: … zumindest am Anfang …

Judy: ... die Person, der die entscheidende Rolle zuteil wird.

John: Es gibt da den sogenannten „Gottes-Gong". Wenn ihr den Bogen, den ich mit meinem Arm beschreibe, in Gedanken beendet, habt ihr die Größe des Gongs *(macht eine Geste, die einen Kreis mit ungefähr einem Meter Durchmesser beschreibt)*, der von einem verzierten Gerüst herabhängt.

Judy: ... und nie den Boden berührt ...

John: ... und mit einem großen Klöppel geschlagen wird ...

John: ... und die Zeitvorgabe für jedes andere Instrument im Gamelanorchester gibt. Es wurde sofort dem Mitglied in unserer Gruppe zugewiesen, das die geringste musikalische Vorbildung hatte. Das war ein ganz selbstverständlicher Teil der Zusammensetzung einer Gamelan-Gruppe. Nicht nur das, unser hervorragender Lehrer, Suecha, unterrichtete diejenigen in der Gruppe, die am schnellsten lernen konnten ... In unserer Gruppe waren drei oder vier Personen, die entweder aufgrund ihres Engagements oder aufgrund ihrer Fähigkeit Trancezustände zu kontrollieren, oder aufgrund ihrer Vorerfahrung schnell eine sehr gute Lernstrategie für diese Art von Instrumenten entwickelten und relativ schnelle Fortschritte machten. Er unterrichtete diesen Teil unserer Gruppe. Und wenn einige Mitglieder der Gruppe die typischen westlichen Frustrationen erlebten, weil sie nicht mit dem Tempo seines Unterrichts Schritt halten konnten, ihn ansprachen und um eine Einzelstunde baten, in der sie aufholen könnten, wandte er sich an die ganze Gamelan, die gesamte Gruppe, und sagte: „Nein, das ist die Verantwortung der anderen Mitglieder des Gamelan." Indem er also absichtlich die Stärken in diesem Fall förderte, erzwang er ein Zusammenschließen der Gruppe, so daß wir schließlich doppelt solange am Tag Gamelan spielten; wir verbrachten jeden Tag bevor er kam genauso viel Zeit damit, den Mitgliedern, die am Tag zuvor nicht mitgekommen waren, die Melodien und Teile beizubringen wie mit dem Unterricht selbst.

Judy: Ein anderes schönes Merkmal der Gamelan ist, daß es eine Rolle für jeden gibt. Jeder hat Teil daran.

John: Und jeder dieser Teile ist gleichermaßen wichtig für die gesamte Klangproduktion.

Judy: Ich hatte einmal einen Lehrer an der U.C.S.C. *(Universität von Kalifornien, Santa Cruz; Anmerk. d. Übers.).* Ich hatte großes Glück, diesen Mann als Lehrer zu haben. Ich erfuhr später, daß er der Biologe war, der das Oceanic Institute auf Hawaii leitete, als Gregory Bateson dort seine Delphinversuche durchführte. Ich hatte nur einen Einführungskurs über die Biologie der Wirbeltiere belegt und erwartete, daß es dabei darum gehen würde, zehn Wochen lang lateinische Worte zu lernen. Ich war sehr überrascht, als sich herausstellte, daß wir zwar einige Zeit mit dem Lernen lateinischer Klassifikationsbegriffe zubringen mußten, Klassifikation aber nicht das einzige war, was dieser Lehrer unterrichtete. Er hatte als Wüstenbiologe begonnen. Ich glaube, er kam irgendwo aus Arizona oder New Mexico. Er erzählte, daß er damals mit seinen Doktoranden hinauszog und sich auf einen Zaun setzte, um Eidechsen zu beobachten. Er sagte ihnen: „Eure Aufgabe besteht darin, diese Eidechsen zu beobachten und eure Beobachtungen in eurem Heft zu notieren."

John: Bestandsaufnahme, Bestandsaufnahme mit erster Aufmerksamkeit.

Judy: Recht einfach. Er erzählte, wie er mit den Doktoranden auf dem Zaun saß. Es gab Mengen von Eidechsen zu beobachten, das war kein Problem, und sie fingen an Notizen zu machen. Nach zwei Stunden waren die Doktoranden fertig. Sie hatten jeweils ungefähr zwei Seiten mit Notizen. Als er fertig war, hatte er zwanzig Seiten mit Notizen. Was glaubt ihr, worin der Unterschied lag?

Teilnehmerin: Er sah mit neuen Augen.

Zweite Teilnehmerin: Gutes Chunking.

Dritte Teilnehmerin: Präzision.

Judy: Ja, das trifft alles zu. In seinen eigenen Worten: „Die Doktoranden dachten in ihren Köpfen daran, was die Eidechsen tun sollten."

John: Beschreibungen, die sie aus den Berichten anderer Leute vor dieser Erfahrung erhalten hatten.

Judy: Und versäumten auf diese Weise das, was die Eidechsen tatsächlich taten. Später wurde dieser Mann dann die Nummer eins unter den Meeresbiologen, nachdem er zuvor ein Wüstenbiologe gewesen war. Es hat nun schon seit längerem eine Menge von Theorien über den Pottwal gegeben, ihr wißt schon, dieses Riesenorgan, das Spermaceti-Organ des Pottwales, und wozu das wohl gut sei. Es gab mehrere Theorien, um seine Funktion zu erklären. Ich kann mich nicht mehr im einzelnen erinnern, wie die einzelnen Theorien lauteten – eine davon besagte, daß es sich um Ballast handelte; sie glaubten, es diene dem Wal als Ballast beim Tauchen in großer Tiefe. Es gibt nun auch nicht sehr viele Pottwale, die an den Strand geschwemmt werden, damit man es überprüfen könnte. Aber eines Tages wurde einer angeschwemmt und sie brachten sofort diesen Biologen dorthin und sagten: „Wir müssen das herausfinden, wir müssen eine Entscheidung darüber treffen, welche dieser Theorien richtig ist."

Judy: Er kommt also dorthin. Was weiß er? Er weiß den Kontext, in dem der Wal lebt. Und er weiß – er schaut sich die anatomische Struktur vor seinen Augen an, als er den Körper des toten Wales aufschneidet – wie er die Struktur dieses Organs untersuchen kann, um zu entscheiden, was seine Funktion ist. Und er fügt nach und nach seine Beobachtungen zusammen. Er denkt sich: „Hmm, an einem Ende dieser Struktur ..." Er nannte das Affenlippen, weil es wie ein Kreis mit Lippen aussah. Er konnte damit Geräusche erzeugen. Und am anderen Ende dieses Riesenorgans war eine Membran, von der die Geräusche in dieses riesige, mit Flüssigkeit gefüllte Ding in diesem Riesenorgan abprallen konnten, das fünfunddreißig Prozent des Walkörpers ausmacht. Es ist enorm. Er sagt sich also: „Das ist ein hervorragendes Instrument, um Geräusche zu erzeugen." Er bildet also von der Umgebung, dem Kontext, auf die Struktur dessen ab, was da ist und entwickelt eine Theorie über die Funktion, die sich als richtig herausstellt. Es ist ein Mechanismus zur Erzeugung von Geräuschen. Eine der Fähigkeiten, die ihn zu einem so guten Biologen machten, war, daß er aufgrund eines Kontextes und einer Funktion eine recht gute Vermutung darüber anstellen konnte, wie die Struktur aussah. Wenn man ihm eine Struktur und eine Funktion gab, konnte er sagen was der Kontext war – da er in der Lage war, überkreuz abzubilden.

John: Ihr könnt sehen, daß mit etwas Übung eine Doppelbeschreibung es euch erlaubt, vorausgesetzt die Wahrnehmungspositionen sind sinnvoll gewählt, wirklich intelligente Vermutungen über eine dritte Wahrnehmungsposition anzustellen, die ihr dann in der Welt suchen könnt. Das beste Heilmittel gegen hartnäckige Glaubenssätze in den Wahrnehmungsfiltern ist die Fähigkeit, nicht nur interessante Vermutungen anzustellen, sondern diese Vermutungen ernst genug zu nehmen, um in die Welt zurückzugehen und Evidenz für oder gegen die Hypothese zu suchen, die ihr formuliert habt, auf iterative, rekursive Weise, immer wieder und immer wieder. Doch diese beiden Dinge sind an sich noch nicht ausreichend, um euch davor zu bewahren, zu einem lebenden Toten zu werden. Es gibt hier noch ein drittes Prinzip. Das dritte Prinzip besteht darin, ein Gegenbeispiel zu suchen. Das heißt, wenn ihr den Begriff der Wahrnehmungsfilter versteht, ob es nun dabei um die Verzerrungen des Bewußtseins geht, die entstehen, wenn zweite Aufmerksamkeit in erste Aufmerksamkeit gemappt wird, oder ob ihr dabei an die Peripherie denkt, an die Summierungen, die in dem optischen Nerv stattfinden, wenn man von der Retina aus zum zentralen Nervensystem zurückgeht … Ihr müßt erkennen, daß mit der Zeit eure Glaubenssätze, die Hypothesen, die ihr formuliert, wenn ihr nach bestätigenden Informationen sucht, den Input durch die Wahrnehmungsfilter so strukturieren werden, daß sie zu Bandfiltern werden, die keine Information über Unterschiede hindurchlassen werden.

Judy: Der Unterschied macht den Unterschied.

John: Ihr könntet inmitten von toten Fliegen verhungern. *(Lachen)* Meine erste Begegnung mit dem menschlichen Gegenstück für die Insekten-Rezeptoren im Froschauge ist ein hervorragendes Beispiel. Ich traf eine Frau in einem Workshop, die in ein Kleefeld gehen und innerhalb von sechzig Sekunden mit einem vierblättrigen Kleeblatt zurückkommen konnte. Und es war recht offensichtlich, wie sie es machte. Sie war sogar selbst sehr explizit. Sie bildet in ihrem inneren visuellen System eine Schablone, eine Silhouette eines vierblättrigen Kleeblatts und betont vor allem die Merkmale, die ein vierblättriges Kleeblatt von einem dreiblättrigen Kleeblatt unterscheiden. Dann geht sie einfach in einen Mischzustand, in dem die Schablone sozusagen an die Peripherie geschoben wird, so daß kein reflektives Bewußtsein erforderlich ist – eine viel zu komplexe Angelegenheit, um erste Aufmerksamkeit daran zu beteiligen –, bis es zu einer Übereinstimmung der Schablone mit einer Form in der Umgebung kommt. Beachtet hierbei, daß sie erste Aufmerksamkeit benutzte, um diese Vorkehrungen zu treffen. Ihre Fähigkeit, das mit sehr viel Geschick zu tun, führte zu diesem bemerkenswerten und amüsanten Talent, vierblättrige Kleeblätter zu finden.

Judy: Ich habe einen älteren Bruder, der ein wirklicher Naturmensch ist – einer dieser Leute, die nach draußen gehen, sich umschauen und sagen: „Ja, genau da drüben.“

Dann geht er zu der Stelle, buddelt etwas im Boden herum und findet Pfeilspitzen. Ich fragte ihn einmal: „Wie machst du das?" und er antwortete: „Ich suche nur nach irgend etwas, das anders ist, weil meine Augen so geübt darin sind, das zu sehen, was in dieser Umgebung normal ist", – also in der Gegend wo er lebt, in Missouri, so daß er nur nach Verschiedenheit zu suchen braucht. „Eigentlich", sagt er, „überschaue ich nur das Gebiet sehr schnell, um zu sehen, was nicht paßt oder nicht mit dem übereinstimmt, was ich kenne. Wenn ich einen Unterschied bemerke, untersuche ich ihn gründlicher."

John: Beachtet, daß er umhergeht, während er nach Unterschieden sucht. Das heißt, er nimmt verschiedene Wahrnehmungspositionen ein. Wenn ihr Doppelbeschreibungen machen könnt, ist eure Epistemologie zumindest der einer Dohle überlegen. *(Lachen)*

Judy: Konrad Lorenz war ein berühmter Verhaltensforscher[2]. Er hat einige wunderschöne Untersuchungen durchgeführt; er scheint in vieler Hinsicht ein wirklich bemerkenswerter Mann gewesen zu sein. Eine Eigenschaft, die mich wirklich beeindruckte, war seine offenkundige Fähigkeit, mit Tieren zu kommunizieren. Er war in der Lage, die Grenzen seines Selbst in wirklich phänomenaler Weise auf Tiere auszudehnen und so zu wirklich erstaunlichen Informationen über die Möglichkeiten in dieser Welt zu kommen. Wenn er unterrichtete, konnte er mit großer Genauigkeit Tiere an die Tafel zeichnen, und indem er nur einen kleinen Aspekt der Zeichnung veränderte ...

John: ... einen kleinen Bogen in dem was er zeichnete...

Judy: ... er zeichnete zum Beispiel ein Bild von einem Hund in einer unterwürfigen Haltung, und eine winzige Veränderung machte es zu einem Hund in einer Angriffshaltung. Das Interessante ist, daß er keine Menschen zeichnen konnte. Er konnte Menschen nur als Strichfiguren zeichnen. Das ist ein interessantes Rätsel wie ich finde. Denkt an die primitiven Höhlenzeichnungen. Primitive Menschen konnten Bilder von Antilopen und anderen Tieren zeichnen, aber nur Strichfiguren für Menschen.

John: Ich bin also sicher, daß ihr entzückt darüber seid, einen epistemologischen Stand erreicht zu haben, der über dem einer Dohle ist.

Teilnehmerin: Was ist eine Dohle?

John: Eine Dohle ist so ähnlich wie eine Krähe. Ein großer rabenähnlicher Vogel, über den Lorenz ziemlich viel geforscht hat. Er fand eine Reihe interessanter Dinge heraus. Mit Dohlen-Epistemologie meine ich das folgende: Wenn Dohle A Dohle B mitteilen wollte, daß Lorenz – wenn dieser sich ihnen näherte – nicht vertrauenswürdig sei …

Judy: Dohlen verschwanden unter merkwürdigen Umständen, sobald Lorenz in der Nähe war. *(Lachen)*

John: Aufgrund der Dohlen-Epistemologie war es den Dohlen vollkommen klar, daß ...

Judy: … dieser Kerl Dohlen ißt.

John: Nein, das Problem ist folgendes: Nehmen wir an, du wärest eine Dohle und ich wäre eine Dohle und Judy hätte den Ruf, eine Dohlen-Esserin zu sein, wie würdest du mir, der das nicht weiß, dann mitteilen, daß sie eine Dohlen-Esserin ist?

George: Ich würde versuchen dich zu essen.

John: Du als Dohle würdest also analoge Bewegungen und Gesten und Mitteilungen in meine Richtung machen, so als ob du versuchen würdest, mich in Lorenz Gegenwart zu fressen. Es besteht kein Zweifel daran, daß du eine epistemologische Stufe erreicht hast, die der einer Dohle überlegen ist, denn das, was Dohlen ausnahmslos taten, war Lorenz anzugreifen. Sie demonstrieren ihre eigene Wahrnehmungsposition in der Beziehung und es gibt in ihrem Verhalten kein Anzeichen dafür, daß sie referentielle Indices wechseln können – und das ist eine Voraussetzung für das, was du getan hast. Sie können nur ein Ende der Schleife einnehmen, das Ende, das die Natur ihnen, in dieser Beziehung zu anderen Teilen der Umgebung, zugewiesen hat. Wie Gregory bemerkt: „Wenn eure Katze sich an euch reibt …"

Judy: … signalisiert das: „Abhängigkeit, Abhängigkeit". *(Lachen)*

John: Könntest du das etwas ausführen?

Judy: Nein, ich nicht, mich macht das wahnsinnig.

John: Wie viele von euch haben Haustiere gehabt – sagen wir Hunde und Katzen – und haben erlebt, daß der Hund oder die Katze zu euch kommt und euch mit der Pfote streichelt? Tatsächlich. Dann müßt ihr epistemologisch sehr weit entwickelte Tiere bei euch zu Hause haben. Die Katzen, die ich beobachtet habe, kommen auf einen zu und drücken ihren Körper in genau der gleichen Weise gegen euren, in der sie selbst berührt werden wollen. Nicht aus eurer Wahrnehmungsposition des Streichelns, die bedeuten würde, daß sie ihre Pfoten heben und euren Körper so streicheln wie sie von euch gestreichelt werden wollen, sondern sie schieben ihren Körper gegen euren, so als ob ihr sie streicheln würdet, um eine komplimentäre Reaktion auszulösen, nämlich, daß ihr herunterreicht und sie streichelt. „Abhängigkeit, Abhängigkeit."

Judy: Wir haben eine kleine Katze mit Namen „Echo". Und ich habe lange versucht, Echo dazu zu bringen, mit mir zur Pferdekoppel hinunterzugehen. Die Koppel ist nicht sehr weit, aber manche Katzen entfernen sich nicht gerne vom Haus oder anderen Unterschlüpfen. Sie leben zwar draußen, aber sie möchten sich trotzdem nicht zu weit entfernen.

John: Das ist übrigens eine der Gefahren dabei, nur einen einzigen Bezugspunkt, eine nur auf einer Beschreibung beruhende Epistemologie zu haben.

Judy: Mit der Zeit lernte die Katze, mir nach unten zu folgen, denn die Reihenfolge ist so, daß zuerst die Pferde, dann die Hunde und dann die Katzen gefüttert werden; also gerieten sie alle aus dem Häuschen, sobald ich anfing die Pferde zu füttern. Diese Katze kam also ungefähr bis zur Hälfte mit und lief dann wieder zurück. Sie kam nicht den ganzen Weg mit, aber doch jeden Tag ein kleines bißchen mehr, ein kleines bißchen mehr. Das dauerte eine ganze Weile, ungefähr ein Jahr. Schließlich ging sie den ganzen Weg mit mir hinunter, ging sofort an ein Pferd heran und fing an, sich an den Hinterbeinen des Pferdes zu reiben, das Pferd erschrak und verpaßte ihr einen Tritt, der sie ungefähr zwanzig Meter durch die Luft schleuderte. Sie wird nie wieder dorthin mitgehen. *(Lachen)*

John: Es ist das gleiche mit Kenge, wenn er den Regenwald verläßt. „Die Luft ist schlecht, der Boden ist schlecht und ich steige nicht eher aus dem Wagen, bis wir diesen Ort verlassen haben." *(Lachen)* Eine einzige Wahrnehmungsposition führt zu schrecklichen und sehr restriktiven Epistemologien. Jean Piaget hat hervorragende Untersuchungen mit Kindern durchgeführt, vor allem über die Entwicklung epistemologischer Strukturen. Er behauptet, daß es interessante Entwicklungssequenzen gibt, in denen eine Korrelation zwischen Sprachentwicklung und bestimmten anderen Arten symbolischer Repräsentation besteht, wie zum Beispiel Mustern, die in der Arithmetik oder der Physik auftreten, in denen die Kinder über Konservierung von Masse oder Energie lernen. Nach Piaget ist der Test dafür, daß ein Kind in seiner kognitiven Entwicklung die Reife eines Erwachsenen erreicht hat, dem Kind zwei Seiten eines Gegenstandes zu zeigen, die verschiedene Farben haben, zum Beispiel die Umschlagseiten eines Buches, und dann, nachdem das Kind das Buch ausreichend untersucht hat, zu fragen: „Welche Farbe sehe ich?" Nun, das setzt zwei Dinge voraus: Gedächtnis, sowohl Speichern wie Abrufen, und, was noch wichtiger ist, …

Judy: … Referenz-Index…

John: … Wechsel. Was wird dadurch vorausgesetzt, in bezug auf die NLP-Technologie, mit der ihr vertraut seid? Es setzt eine Doppelbeschreibung und die Fähigkeit voraus, aufgrund der verfügbaren Information zu verstehen, was meine Wahrnehmungsposition ist. Es ist wieder das Medizinrad.

Judy: Oder die Struktur und die Funktion kennen und herausfinden, was der Kontext ist. Oder den Kontext und die Struktur kennen und herausfinden, was die Funktion ist.

John: Gibt es im Tierreich irgendwelche Beispiele für einen Wechsel des Referenzindex zur zweiten Position?

Karen: Ich weiß eine Geschichte, die so gut zu dem paßt, was du sagst, daß ich sie gerne erzählen möchte. Ich habe einen Freund, der Biologe an der Brown University ist und der vor kurzem ziemlich viel Aufmerksamkeit für seine Beschreibung der Evolution von Flügeln erhalten hat. Er arbeitete früher in Berkeley und schaute sich die paläontologischen Abdrücke von Insekten mit „Vestigialflügeln" an – Flügeln, die nicht zum Fliegen geeignet waren. Vielleicht haben einige von euch die Untersuchungen gelesen; sie waren im *Scientific American* nachzulesen. Seine Frage lautete: „Wie haben die Insekten aus diesen kleinen Gebilden etwas entwickelt, das es ihnen erlaubte zu fliegen?" Viele haben sich schon seit längerem damit beschäftigt und gefragt, warum Insekten zu fliegen begannen. Seine Leistung lag nun darin, daß er den Rahmen der Frage hinsichtlich der Funktion ausgedehnt hat – was konnte der Sinn dieser Anhängsel sein? Was er schließlich entdeckte, war, daß die Flügel nicht zum Fliegen entwickelt wurden, sondern vielmehr, um mehr Wärme zu absorbieren, was den Insekten einen Entwicklungsvorsprung gab. Sie konnten sich besser vermehren und besser in einer kühleren Umgebung überleben; daß sie dann damit fliegen konnten war nur eine sekundäre Konsequenz.

Judy: Sobald die Flügeloberfläche groß genug geworden war, bekamen sie Auftrieb. Toll.

Karen: Er mußte also unabhängig von der Funktion des Flügels darüber denken, um zu entdecken, wie der Flügel entstanden ist. Das hat, wie ich glaube, auch wieder damit zu tun, eine andere Wahrnehmungsposition einzunehmen.

John: Doppelbeschreibung. „Welche andere Funktion kann dieses Ding haben?"

Judy: Wenn ihr also die gerade befruchtete Zelle eines Seeigels nehmt ...

John: ... erste Teilung ...

Judy: ... zwei Zellen ...

John: ... was könnte zerbrechlicher sein?

Judy: Ihr durchbohrt eine Zelle. Erledigt sie ...

John: ... zerstört sie.

Judy & John: Was bekommt ihr?

Judy: Einen halben Seeigel?

John: Wozu zum Teufel wäre ein halber Seeigel gut, George? Man könnte ihn nicht einmal auf Sushi legen. Nein, man bekommt einen ganzen ausgewachsenen Seeigel.

Judy: Man bekommt einen ganzen Seeigel, der aber nur halb so groß ist wie ein normaler Seeigel.

John: Wenn ihr bis zur Vier-Zellen-Phase wartet – zwei Teilungen – und eine, zwei oder drei dieser Zellen zerstört, erhaltet ihr einen entsprechend kleineren, aber tadellos geformten Seeigel.

Judy: Das Beispiel stammt aus „Biology: The New Science of Life" von Rupert Sheldrake[3], mein Kandidat für den Titel „Werkzeug der Entropie" in der Biologie. Er sagt: „Hey, mischen wir das Ganze etwas auf." – „Wie steht es mit all diesen Dingen? Niemand weiß was darüber. Niemand erwähnt sie." Wie bekommt man dann einen Riesen-Seeigel, John?

John: Ihr nehmt zwei Seeigel – ganz genau – und macht einen visuellen Squash; ihr integriert sie. *(Lachen)* Und der Seeigel wird doppelt so groß.

Teilnehmerin: … und macht dann Sushi aus dir. *(Lachen)*

Judy: Es funktioniert tatsächlich. Ihr bekommt einen Seeigel, der doppelt so groß ist.

John: Perfekt geformt. Die Gesetze der Form, die Gesetze der Form. Regenerationsphänomene. Ihr nehmt einen Wassermolch und denkt euch ein Trauma aus, das in seiner natürlichen Umgebung kaum vorkommen würde, außer durch die denkbar unwahrscheinlichsten und verwickelten Umstände – ihr trennt zum Beispiel die Linse eines Auges ab.

Judy: Und innerhalb eines Monats …

John: … hat sich ein Teil der Cornea ausgedehnt und eine neue Linse gebildet. Das Sehen des Wassermolchs scheint dadurch in keiner Weise beeinträchtigt.

Teilnehmer: Haben Bienen nicht einen Wechsel des Referenzindex, wenn sie zu ihrem Stock zurückfliegen und den anderen Bienen mitteilen, wo die Blumen sind?

Judy: Wenn sie den Wackeltanz machen?

John: Ich glaube, daß sie nicht relativ zum Zuschauer, sondern immer relativ zur Kompaßrichtung orientiert sind. Ich glaube also nicht, daß ein Wechsel des Referenzindex vorliegt. Ich werde euch das einzige Beispiel nennen, das ich gefunden habe und von dem ich glaube, daß es dem nahekommt; es ist wirklich interessant. Es gab einen Mann namens Köhler[4], ein deutscher Forscher, der während des ersten Weltkriegs auf den Kanarischen Inseln festsaß – festsaß in dem Sinne, daß die Inseln durch ein Flottenembargo von Deutschland, seinem Herkunftsland, abgeschnitten waren und …

Judy: ... auf dieser Insel gab es Schimpansen in der Primate Study Station ...

John: ... er nutzte also die Gelegenheit, um Primatenforschung zu betreiben und entdeckte einige faszinierende Dinge.

Judy: Es kann nun keinen Zweifel daran geben, daß andere Gattungen interne Repräsentationen von der Qualität und Art haben, wie sie in unserem Repräsentationssystem bestehen – das Umweg-Problem für Hunde ist ein Beispiel ... ihr nehmt einen sehr hungrigen Hund, und zeigt ihm vom anderen Ende eines Hindernisses, das er nicht direkt überqueren kann, etwas Freßbares. Der Hund wird überhaupt keine Schwierigkeiten haben, einen Weg um das Hindernis herum zu finden. Denkt an die Voraussetzungen, die gegeben sein müssen, um einen Weg um das Hindernis herum zu finden – einen Umweg, bei dem der Organismus sich von seinem Ziel fortbewegen muß, um es zu erreichen.

John: Die Vogelhierarchie weist eine Diskontinuität in ihrer kognitiven Entwicklung auf, die sich in ihrem Verhalten zeigt.[5] Nehmt eine Situation, wo ihr einen Raum mit einem Schlupfloch im Dach habt, so daß die Vögel nach draußen fliegen können. Ihr nehmt eine durchsichtige Abschirmung – zum Beispiel Maschendraht – und spannt sie vom Boden bis zur Decke entlang der Länge des Raums und laßt ganz am Ende eine Öffnung. Dann nehmt ihr ein Nest der Vogelart, die ihr untersuchen wollt, und plaziert es unmittelbar neben das Schlupfloch, aber auf die andere Seite des Maschendrahts. Ihr habt eine Situation geschaffen, die dem Umweg-Problem insofern gleicht, als der direkteste Weg verstellt worden ist ...

Beide untersuchten Arten setzten anfangs das gleiche Suchmuster ein. Sie flogen direkt in den Draht hinein und entdecken das Hindernis ...

Judy: ... und beginnen dann im Kreis zu fliegen ...

John: ... sie fliegen in einer ausgedehnten Spirale und suchen systematisch die Umgebung ab ...

Judy: ... und finden schließlich ...

John: ... den Weg nach draußen. Der interessante Unterschied zwischen diesen beiden Arten zeigt sich nun am zweiten Tag. Eine Art, ich glaube es waren die Stare, flogen am zweiten Tag direkt nach draußen, um das Hindernis herum.

Judy: Ja. Die andere Art mußte noch einmal die gleiche Sequenz durchlaufen wie am Vortag.

John: Zurück zu den Kanarischen Inseln. Bei seinen Untersuchungen auf den Kanarischen Inseln schuf Köhler[6] eine Situation, wo entlang zweier Seiten eines offenen Karrees Käfige für die Schimpansen angebracht waren. Eines Tages gingen Köhler und einige seiner Mitarbeiter zu einem zufällig ausgewählten Punkt innerhalb des Karrees, so daß die Schimpansen sie sehen konnten, gruben ein Loch, legten eine wunderschöne Bananenstaude hinein und gruben das Loch wieder zu, so daß ein kleiner Erdhügel noch anzeigte, wo sie die Bananen vergraben hatten. Das Interesse der Schimpansen war damit geweckt. *(Lachen)* Die Forscher warteten dann bis spät in der Nacht, als alle Tiere schliefen. Dann gingen sie hinaus und versetzten den Erdhügel an einen zweiten, zufällig gewählten Ort in der Nähe, wobei sie dafür sorgten, daß keines der Tiere diese Täuschung beobachtete. Gegen Mittag des nächsten Tages, vierundzwanzig Stunden nachdem die ursprüngliche Information dargeboten worden war, nahmen sie die Schimpansen nacheinander aus den Käfigen, führten sie ins Karree und verstellten den übrigen Schimpansen die Sicht, so daß sie die Aktivitäten der Schimpansen, die gerade getestet wurden, nicht sehen konnten. In jedem Fall ereignete sich das offensichtliche – das, was man erwarten würde. Sobald sie den Erdhügel sahen, rannten die Schimpansen zu der Stelle im Hof und gruben wie besessen bis zu einer bestimmten Tiefe …

Judy: … keine Bananen. So ein Ärger …

John: … und saßen dann da *(Lachen),* bis sie schließlich nach einer bestimmten Zeit weggeführt wurden und ein anderer Schimpanse hereingeführt wurde. Doch ein Schimpanse machte etwas wirklich Verblüffendes. Er lief Hals über Kopf zu dem kleinen Erdhügel, grub vergebens nach den Bananen. Keine Bananen! Saß dann da wie die anderen Schimpansen, schaute sich um und dachte nach. *(Lachen)* Das angemessene Schimpansenverhalten eben …

Judy: … und was glaubt ihr, hat er dann gemacht?

John: Hat jemand eine Vermutung, wie er das Problem gelöst hat?

Teilnehmerin: Ging er zu seinem Käfig zurück und …

John: Ja, er drückte sich gegen den Käfig, nahm eine Wahrnehmungsposition ein, die der, die er am Vortag eingenommen hatte, sehr nahe kam – ich bin sicher, daß ein in NLP ausgebildeter Mensch eine Erweiterung der Pupillen hätte beobachten können *(Lachen)* oder eine Augenbewegung nach links oben – und rannte dann geradenwegs von dieser Position zu der nicht gekennzeichneten Stelle in dem Hof, wo die Bananen vergraben waren ...

Judy: ... fand die Bananen ...

John: ... und zog sie aus der Grube. *(Applaus)* Ich weiß nicht recht, wie ich das interpretieren soll ... *(den Applaus)*

Judy: Was man nicht alles auf einer Insel während des Krieges machen kann!

Marshall: Hat er tatsächlich für den Gouverneursposten der Insel kandidiert?

Judy: Nein, das war der Affe.

John: Ich behaupte, daß eines der drei Merkmale, das uns von anderen Gattungen unterscheidet und uns im Moment auf diesem Planeten überlegen macht, ob man das nun für einen Vorteil halten mag oder nicht, reflektive erste Aufmerksamkeit ist. Oder noch spezifischer: Erste Aufmerksamkeit kann nicht nur zweite Aufmerksamkeit modellieren, sondern auch sich selbst. Das nennt man reflektives Bewußtsein. Ich kenne keinerlei Hinweise in der Literatur zur Verhaltensforschung, daß Tiere nicht nur Modelle bilden können, sondern wie wir Modelle bilden können, die eine Repräsentation des Modellierenden einschließen, d.h. sich selbst in dem Modell mit abbilden. Das ist der Unterschied, der reflektives Bewußtsein ausmacht.

Achtet nun darauf, was passiert, wenn ihr in der Lage seid, das zu tun. Wenn ihr diese Gelegenheit ergreift, braucht ihr nie wieder in der realen Welt etwas zum ersten Mal auszuführen. Ihr könnt es einüben, euch vorbereiten, die Macken innerlich ausbügeln. Ihr könnt selbst, durch diese Art der Dissoziationen, euer eigener Planer und Coach werden. Das heißt, ihr könnt euch mental vorbereiten, bevor ihr euch in den betreffenden Kontext begebt; ihr könnt verschiedene Verhaltensmuster in dem halluzinierten internen Kontext ausprobieren; ihr könnt die Klassen von Ereignissen auswählen, die ihr tatsächlich in der realen Welt erleben wollt. Wir haben uns ausführlich über den Preis reflektiver erster Aufmerksamkeit unterhalten. Sie wird so selbstbezogen, daß es das Unbekannte ausschließt, weil es dies nicht kennen kann. Daher wird es in unserer Arbeit hier wichtig, an dieser Stelle zwischen drei verschiedenen Arten von Aufmerksamkeit zu unterschieden: Zweite Aufmerksamkeit in dem Sinne, in dem wir bisher immer darüber gesprochen haben, und dann noch zwei Arten von erster Aufmerksamkeit – reflektive erste Aufmerksamkeit, bei der man dissoziiert ist und Repräsentationen entwickelt, die Repräsentationen eurer selbst enthalten, also eine Repräsentation des Repräsentierenden in der Repräsentation, und die eigentliche erste Aufmerksamkeit, bei der es sich um diese gleitende Definition des Selbst handelt, die ihr verwenden könnt, um das Selbst in verschiedene Teile der zweiten Aufmerksamkeit hinein zu erweitern oder zu schrumpfen, um ein hundertprozentig leidenschaftliches Commitment zu erreichen – wenn es eurer Einschätzung nach in dem Kontext, in dem ihr euch befindet, angemessen ist.

John: Hier ist ein Rätsel für euch. Was glaubt ihr, wie lange ein Säugetier – ihr könnt euch ein beliebiges aussuchen – überleben kann, ohne Wasser zu trinken?[7]

Tom: Känguruh-Ratten brauchen überhaupt kein Wasser.

John: Känguruh-Ratten brauchen kein Wasser? Bist du wahnsinnig? Nie?

Jack: Nie.

Judy: Selbst wenn man ihnen Wassermelonen-Kerne gibt?

John: Übrigens, nicht weit von hier, in der Stanford-Universität, hat man genau das bewiesen, was Tom und Jack uns gerade erzählt haben. Känguruh-Ratten in der Wüste brauchen kein Wasser zu trinken. Sie brauchen nicht nur kein Wasser zu trinken, wenn ihr nichts außer trockenen Hopfenkörnern in ihren Käfig legt – kein Wasser – können sie unbegrenzte Zeit überleben, nur mit Hopfenkörnern, ohne Wasser. Und 65% ihres Körpergewichts wird immer aus Wasser bestehen.

Judy: Wenn man sie in einen anderen Käfig steckt und ihnen nichts anderes als Wassermelonen und Wassermelonenkerne gibt, werden sie immer noch zu 65% aus Wasser bestehen.

John: Sie haben eine Reihe wirklich faszinierender Anpassungen vollzogen. Eine besteht darin, daß sie in ihrer natürlichen Umgebung Nachttiere sind, so daß sie sich nie der verdunstungsintensiven Umgebung der Wüste bei Tage aussetzen.

Judy: Sie bewegen sich nur in einem recht begrenzten Umkreis. Sie ziehen nicht zu weit herum …

John: … nie mehr als ein paar Hundert Meter, auch bei Nacht nicht. Die Feuchtigkeit in ihrer Löchern beträgt ungefähr 60% mit einer Durchschnittstemperatur von ungefähr 24°C. Sie haben ein sehr ausgeklügeltes Nierensystem. Aber wie zum Teufel glaubt ihr, bewahren sie ohne Wasserzufuhr einen Wassergehalt von 65% in ihrem Körper?

Judy: Das ist eine wundervolle Frage?

Teilnehmerin: Sie recyclen es.

John: Ja, selbstverständlich. Sie können allerdings nicht mehr recyclen als sie zu sich nehmen, und sie nehmen nichts zu sich.

George: In den Hopfen-Körnern ist Wasser.

John: Ja, 13 Millionstel oder so etwas ähnliches.

Teilnehmerin: Wie ist es mit Licht?

Judy: Nun, sie sind Nachtlebewesen. Ist es das, was du meinst.

Teilnehmerin: Gut, sie sind Nachtlebewesen, aber wenn ihre Käfige beleuchtet wären und sie nicht die Gelegenheit hätten Nachtlebewesen zu sein, könnten sie dann stets 65% …

John & Judy: Ja, sie können.

John: Sie können. Bei 24°C und 60% Bodenfeuchtigkeit.

Teilnehmerin: Was fressen sie?

John: Trockene Hopfen-Körner.

Zweite Teilnehmerin: Sie müssen es synthetisieren – Wasserstoff und Sauerstoff.

Judy: Wasserstoff und Sauerstoff.

John: Das ist es.

Judy: Sie oxydieren; sie erzeugen ihr eigenes Wasser.

John: Sie oxydieren ihre Nahrung, und das natürliche Nebenprodukt dieses Oxydierungsvorgangs ist H_2O. Adaptation. Flexibilität.

Judy: Mein Favorit ist der Gepard[8] mit all diesen Adaptationen von Muskeln und Knochen, die es ihm erlauben, so schnell zu laufen. Es gibt da auch diese Adaptation in der Wirbelsäule. Die Flexibilität in der Wirbelsäule ist so groß, daß sie sich – ohne Beine – mit einer Geschwindigkeit von 6 Meilen pro Stunde bewegen könnte; sie hat so viel Flexibilität.

Teilnehmerin: Wie hat man das gemessen?

Judy: Sie hatten da diesen alten Gepard namens Slinky ... Da hat man so und so gemacht und ihn dann gehen lassen. *(Lachen)*

Philip: Was sind die anderen zwei Merkmale, die Menschen unterscheiden?

John: Ich mag Leute, die auf Zahlen aufpassen. Ich behaupte, Nummer eins ist die Fähigkeit, uns selbst zu modellieren, eine sehr besondere Art von Repräsentationen zu schaffen, Repräsentationen, die eine Repräsentation des Repräsentierenden mit einschließen – was wir im NLP gewöhnlich Dissoziation nennen – bei der sich erste Aufmerksamkeit selbst modelliert.

John: Als Lehrer habe ich in diesem Kontext die Pflicht, euch daran zu erinnern, daß Dissoziation einen Preis hat. Sie kann kosteneffektiv sein und ist es auch, wenn ihr daran denkt, euch einen Knoten ins Taschentuch zu machen.

Wenn ihr dissoziiert, sollte das ein Vorgang sein, der durch ein automatisches Programm validiert wird, das ihr mit Erste-Zweite-Aufmerksamkeits-Feedbackkreisen eingerichtet habt. Ihr habt im Wesentlichen ein Arrangement von erster Aufmerksamkeit aus gemacht, daß euch die zweite Aufmerksamkeit automatisch aus Situationen herausreißen wird, in denen ihr in einer dissoziierten Position sein müßt, um effektiv zu funktionieren.

Judy: Und es ist auch eine andere Wahrnehmungsposition, aus der ihr viel lernen könnt.

John: Ich denke dabei auch an solche Berufe wie zum Beispiel die Heilberufe. Nehmt an, ihr wollt an einem Unfallort Verletzten helfen. Eure Fähigkeit zur Identifikation, euch mit ihnen zu identifizieren und euer Selbst so auszudehnen, daß es sie umfaßt, ist zu diesem Zeitpunkt nicht nur nutzlos, sie könnte sogar eure Fähigkeit beeinträchtigen, die Situation zu bewältigen. Es ist nicht sehr hilfreich zu fühlen, was ein Verletzter fühlt, wenn man ihm helfen will. Die Fähigkeit, automatisch zu dissoziieren und die angemessenen Maßnahmen zu ergreifen, um diese Person zu retten, ist dagegen sehr hilfreich.

Alan: Ist das eine Dissoziierung oder nur eine Begrenzung des Selbst?

Judy: Dissoziation ist eine Funktion. Wenn wir bei einem Abendessen zusammensitzen und ein persönliches Gespräch führen, teilen wir gemeinsame Feedbackkreise, in dem Sinne, daß wir zusammenarbeiten. Ich kann von der anderen Person dissoziieren und die Definition des Selbst aufheben, so daß sie nur die Feedbackkreise einschließt, die für meine Integrität von minimaler Bedeutung sind oder ich kann sie ausdehnen. Es gibt eine zweite Bedeutung von Dissoziation und zwar Dissoziation von den normalen Kreisläufen, aber auf einer Meta-Ebene. Wir haben darüber gesprochen, in die Feedbackkreise hineinzugehen, um zu Daimonen zu werden. Das andere Ende des Kontinuums wäre: von den Kreisläufen zu dissoziieren, die uns unterstützen. Das heißt, das Selbst zeitweise darauf zu beschränken, ein Beobachter in einer äußeren Position zu sein. Eure Editoren haben z.B. diese Eigenschaft.

Judy: Richtig. Das ist der Fall wenn ihr modelliert, wenn Bewußtsein sich selbst modellieren kann …

John: … auf reflektive Weise. Beides sind also Arten der Dissoziation. Dissoziation läßt sich also mit einigem Gewinn als entweder ein Schrumpfen oder ein Ausdehnen des Selbst auffassen, dieser dynamischen Funktion, mit der wir hier gespielt haben.

Das erinnert mich an R.D. Laing. Er definierte Verdrängung einmal als „etwas vergessen und dann vergessen, daß man es vergessen hat“. Und wenn das geschieht, dann wirkt das ziemlich genau wie ein Wahrnehmungsfilter, den man an die Peripherie gedrängt hat. Ihr könnt es nicht mehr unterscheiden, weil der Unterschied so früh vor der zweiten oder ersten Aufmerksamkeit abgeblockt wird. Undenkbar, daß die Welt anders sein könnte. Es ist wieder das Problem, daß man nicht weiß, was man nicht weiß. Wenn ich euch eine Eigenschaft empfehlen kann, die es in eurer Arbeit zu fördern lohnt, dann ist es die, nicht nur zu wissen, was ihr wißt, sondern – und das ist noch wichtiger – zu wissen, was ihr nicht wißt. Das ist im Wesentlichen der Weg, wie ihr durch die Welt gehen könnt und Gleichgewicht wiederherstellen könnt, indem ihr euren Schwächen zuspielt.

Judy: Dort werdet ihr auch die Edges, die Stellen, über die man hinauswachsen kann, finden.

John: Die meisten Humanisten würden sagen, daß der Preis der Dissoziation also darin liegt, daß man weniger menschlich wird. Wenn ihr euch nun den richtigen Knoten in euer Taschentuch macht, so daß ihr nicht vergeßt, was ihr gemacht habt, könnt ihr in einen voll assoziierten, teilnehmenden, spontanen, warmen Zustand zurückkehren und auf wundervolle und sehr befriedigende Weise als Mitglied eurer Gemeinschaft funktionieren. Phil, wie oft begegnest du im Geschäftsleben Männern und Frauen, die aufgrund der Belastungen des Geschäftslebens gelernt haben, ihr kinästhetisches System zu dissoziieren und die vergessen haben, es wieder zu nutzen. Sie sind gefangen. Sie sind an der Spitze gefangen und können nicht mehr zurück. Sie könnten zwar ohne weiteres zurück, aber sie wissen nicht wie.

Das ist also das eine Merkmal, eines, über das ich bereits gesprochen hatte. Das zweite ist Humor – und ich sage das mit einem Lachen. *(stöhnt)* Das dritte ist fast genauso lustig, es ist Syntax. Es ist eine der ersten Unterscheidungen, die wir in diesem Seminar getroffen haben. Ich kenne kein Beispiel für Kommunikationssysteme bei anderen Lebewesen, die syntaktisch sind. Diese Diskussion ist mit einer sehr wichtigen Einschränkung versehen, und diese Einschränkung lautet: „Wie zum Teufel können wir da so sicher sein ...?"

Der Mangel an Überschneidung in der Bandbreite unserer Sinnesrezeptoren ... – wann habt ihr zum letzten Mal einen sinnvollen Austausch mit einer Termite gehabt?

Also eine epistemologische Mahnung. Solche Information müßte ohnehin durch unsere Neurologie hindurchgehen ... Ich kenne keine Beweise für ein Kommunikationssystem bei anderen Lebewesen, bei dem die Reihenfolge der Signale einen Unterschied in der Bedeutung der Botschaft ausmacht. Am ersten Tag haben wir über diese beiden Sätze gesprochen:

Die Katze jagte die Ratte.

Die Ratte jagte die Katze.

Es gibt keinen bestimmten Ort, auf den man für den Unterschied zwischen diesen beiden Sätzen verweisen kann. Genaugenommen habe ich hier eine irreführende Repräsentation wiedergegeben. Ich habe gesagt, der Unterschied in der Bedeutung sei ein Resultat des Unterschieds in der Reihenfolge der Worte. Das ist nur ein Teil. Das ist lineares Denken. Das ist eine Aussage aus erster Aufmerksamkeit. Was ist der Kontext, auf den das bezogen werden muß? Und der Kontext ist ... de Saussure[9], ein Franzose, der vor hundert Jahren gelebt hat, hat darauf hingewiesen, daß Worte nur im Kontext anderer Worte Bedeutung haben, das heißt also durch Kontrast. Also sind „Die Katze jagte die Ratte" und „Die Ratte jagte die Katze" sehr verschieden in dem Sinne, daß ihre Reihenfolgen verschieden sind, ihre Bedeutungen verschieden sind. Es besteht eine Neigung, den Unterschied in der Bedeutung nur auf den Unterschied in der Reihenfolge zurückzuführen – so, wie ich das vor ein paar Tagen getan habe; doch das muß in den Kontext der Frage gestellt werden, welche anderen Sequenzen in der Sprache wohlgeformt sind. Achtet z.B. darauf, daß ich sagen kann: „John nahm seinen Hut ab", und: „Seinen Hut nahm John ab." Beide Sätze bedeuten dasselbe. Sie haben eine verschiedene Reihenfolge. Also führen nicht alle Unterschiede in der Reihenfolge zu Unterschieden in der Bedeutung, und die Frage, welche Unterschiede in der Reihenfolge die Bedeutung nicht verändern und welche Unterschiede in der Reihenfolge zu einem Unterschied in der Bedeutung führen, ist eine der Fragen, mit der sich ein Syntaktiker bei der Analyse einer Sprache beschäftigt.

Judy: Wie steht es mit Verneinung?

John: Darüber möchte ich *nicht* sprechen. *(Lachen)*

Judy: Das könnte auch ein Unterschied sein.

John: Wie signalisieren andere Lebewesen Verneinung? Wie sagt ein Hund: „Kämpfen wir nicht!"? Wenn ein Hund eine unterwürfige Haltung einnimmt, macht er eine positive Aussage. Er sagt: „Ich unterwerfe mich dem dominanten Tier."

Teilnehmer: Und dann machen sie irgend etwas anderes.

Teilnehmerin: Aber es ist eine positive Aussage.

John: OK, aber wenn du irgend etwas anderes machst, hast du noch nicht kommuniziert was es ist, das du nicht tun willst.

Teilnehmer: Wenn der andere Hund gewissermaßen durch sein Verhalten sagt: „Laß uns das und das machen", und der andere Hund sich entscheidet, etwas anderes zu tun, dann ist das die Negation.

John: Das akzeptiere ich. Doch das Entscheidende ist, daß keiner der beiden Hunde gesagt hat: „Laß uns nicht kämpfen." Ein Hund sagt: „Laß uns kämpfen", und der andere Hund geht davon, um irgend etwas anderes zu tun. Ich kann sagen: „Sprechen wir nicht mehr darüber." Wir können dann zwar darüber reden oder auch nicht, aber ich habe kommuniziert, was ich tun will.

Judy: Wir können unsere Repräsentationen negieren, darum geht es.

Marshall: Der Hund würde seine Zähne fletschen und sich dann zurückziehen. Er würde in der Angriffshaltung anfangen und dann mit einer Nicht-Angriffshaltung entgegnen.

John: Das ist die klassische Analyse. Das heißt, ein Teil der gesamten Angriffssequenz wird dargeboten, aber irgend etwas stimmt damit nicht ganz; der betreffende Teil ist entweder in der Intensität reduziert und/oder andere Teile der Angriffssequenz werden nicht dargeboten.

John: Es zieht im Batesonschen Sinne eine Grenze durch einen Bereich instinktiven Verhaltens. Was für eine beeindruckende Leistung. Sie digitalisiert oder chunkt innerlich zu einem einzelnen Verhaltenselement herunter. Ihr bemerkt, daß die gesamte Sequenz ikonischer Natur ist; sie demonstriert eine Beziehung, in der ein Teil für das Ganze steht.

Teilnehmer: Der Hund negiert die Botschaft also nicht. Der Hund bestätigt die Botschaft.

John: Der Hund, der die Zähne fletscht ... er erwähnt die Möglichkeit eines Angriffs und führt ihn dann nicht durch.

Judy: Wenn ihr an die gesamte Eskalation denkt, die gesamte Verhaltens-Schleife wäre der Kampf. Er erwähnt ihn und hält dann ein.

John: Derjenige von euch, der herausfindet, wie man davon zu Negation gelangt, zu digitaler, sprachlicher Negation, erhält den Nobelpreis.

Alan: Dieses Muster wird von Tieren aber auch häufig als Warnung gebraucht.

John: Es besteht also auch Ambiguität im Zusammenhang mit der Botschaft. Nicht nur das, die Tiere könnten auch einen schrecklichen Fehler machen. Wenn man zufälligerweise nur das erste Signal in der instinktiven Sequenz wählt, besteht für den anderen Hund kein Grund seine Reaktion zurückzuhalten, sie ist ein Teil der Schleife. Ein Teil der Bedingung, damit der Hund also wirksam entscheidet, welchen Teil der Kommunikation er als Signal verwenden soll, besteht darin, alles außer dem ersten und dem letzten Teil der Sequenz zu verwenden. Falsche Reihenfolge ist also ein weiterer typischer Weg bei anderen Lebewesen, diese Art von Botschaften zu kommunizieren. Wenn ich euch jetzt sage:

Die Katze jagte die Ratte,

woher wißt ihr, was das bedeutet? Ich habe eine auditiv-digitale Repräsentation verwendet und jeder hier, der die Sprache fließend spricht, ob es seine Muttersprache ist oder nicht spielt dabei keine Rolle, versteht was es bedeutet. Woher wißt ihr, was es bedeutet? Welches Ereignis findet innerlich statt, das es euch erlaubt, die Bedeutung zu begreifen? Was ist Bedeutung in diesem Kontext?

Teilnehmer: Internale Repräsentation.

John: Ihr greift also auf eine bestimmte Klasse internaler Repräsentationen zu. Wie viele von euch haben das visuell gemacht? Haltet das Bild einen Moment lang fest. Tut es irgendwo hin, wo ihr es schnell wiederholen könnt, denn ich will, daß ihr mir sagt, woher ihr die Bedeutung dieser Repräsentation wißt:

Die Katze jagte die Ratte nicht.

Was genau ist die Beziehung zwischen dem ersten Bild und dem zweiten Bild?

Teilnehmerin: Bewegung. Das war ...

Teilnehmer: ... statisch, richtig.

John: OK, also in dem einen Fall habt ihr ein Bild, das die Bewegung zeigt – die Katze jagt die Ratte – und in dem anderen Bild sind sie in der gleichen Position, aber bewegungslos.

Gruppe: Nein.

John: Oder sitzen sie Seite an Seite?

Teilnehmer: Bei mir gehen sie in entgegengesetzte Richtungen.

Judy: Falsch abgebogen.

John: Gehen sie bei dir auch in entgegengesetzte Richtungen?

Consuella: Bei mir ist ein schräger Balken über ihnen.

John: Eine Batesonianerin. *(Applaus)* Wie viele haben ein großes X über dem Bild? Wie viele haben ein anderes Symbol darübergestempelt? Versteht ihr nun den Unterschied zwischen einer Katze, die nur dasitzt oder in eine andere Richtung läuft, und einem Bild mit diesem darübergelegten Balken? Verschiedene logische Ebenen.

Judy: Internationale Verkehrszeichen.

Alan: Könntest du das etwas ausführen, ich habe es nicht ganz verstanden.

John: Achtet hier vor allem darauf, daß wenn ich George einen Satz mit einer Negation sage oder Robert oder irgendeinem von euch, dann ist die Bedeutung, die ich beabsichtige, d.h. die Klasse der Repräsentationen in mir, von der ich diese auditive Botschaft, die digitale Botschaft ableite, gar nicht die, die ihr empfangt.

Teilnehmerin: Kannst du das bitte noch einmal sagen?

John: Die Implikationen der Unterschiede in den Repräsentationen, also zwischen den visuellen Bildern von Tieren, die in verschiedene Richtungen laufen oder einer Katze, die dasitzt und zusieht wie die Ratte vorbeiläuft, oder welche anderen

Variationen dieses Themas auf der gleichen logischen Ebene es noch geben mag, bedeuten, daß die Bedeutung, die jeder von euch herstellt, sich in starkem Maße von dem unterscheidet, was ich beabsichtigt hatte, und es unterscheidet sich auch von den Bedeutungen der anderen. Wenn ihr nach einer Stelle sucht, in der es enorme Ungenauigkeit in der Kommunikation gibt, dann ist das hier. Der Punkt, um den es mir jedoch geht, ist, daß diese Unterschiede in den Bildern Unterschiede auf der gleichen logischen Ebene sind. Das heißt, George sah, wie die Katze die Ratte jagte, Bewegung, und dann sah er die beiden Tiere in Bewegung, wie sie voneinander weglaufen. Robert hat die Bewegung herausgenommen. Du *(zeigt auf einen anderen Teilnehmer)* hast die Bewegung zur Hälfte aus der Beziehung herausgenommen. All das sind sehr verschiedene repräsentationale Manöver, auch wenn sie alle auf der gleichen logischen Ebene sind. Consuella zieht nun einen dicken Strich durch das Bild. Die ursprüngliche Repräsentation wird beibehalten und die gesamte Aussage wird negiert durch den Wechsel auf eine logische Ebene, die eine Ebene höher ist als das ursprüngliche Bild – die ursprüngliche Repräsentation.

Alan: Es lohnt sich also, diesbezüglich explizit zu sein, ist es das, was du meinst?

John: Ich sage im Moment nicht, daß sich irgend etwas lohnt, außer darauf zu achten, daß es ein wohlstrukturiertes Gebiet der Forschung definiert, das letztlich ein entscheidender Teil der Untersuchung der Verzerrungen sein wird, die durch die Verbindung zwischen Sprache, A_d und dem primären repräsentationalen System entstehen:

Epistemologie ist die Beschäftigung mit der Sequenz dynamischer Transformationen, die die Welt mit unseren Modellen der Welt und der Schnittstelle Sprache/Repräsentationssystem verbinden – sicher eine der zugänglichsten und am wenigsten gewürdigten in der Sequenz der Transformationen. Ein explizites Modell der Verzerrungen, der Transformationen, die durch diese Reihe der Mappings, durch Sprache und Bewußtsein erzeugt werden, ist dringend nötig – bedenkt z.B. die Konsequenzen dessen, was wir gerade entdeckt haben im Zusammenhang mit Verhandlungen auf internationaler Ebene. Wer weiß, welche Repräsentationen Reagan oder Gorbatschow* haben, wenn einer von beiden sagt: „Wir werden euch nicht mit Nuklearwaffen angrei-

* Das hier wiedergegebene Seminar fand einige Jahre vor dem Zusammenbruch des Ostblocks statt; Anmerk. d. Übers.

fen.“ Greift der andere dann, bewußt oder unbewußt, auf Bilder zu, wie er mit biologischen Waffen angegriffen wird oder ein Wirtschaftskrieg beginnt oder Repräsentationen, in denen zwar die UdSSR nicht angreift, aber dafür China usw. Ohne mehr epistemologische Arbeit sind wir auf total wackligem Boden – und die Konsequenzen sind nicht annehmbar.

Wenn Bewußtsein und Sprache weiter als Schnittstelle zwischen Menschen in einer Gemeinschaft und in der Welt verwendet werden sollen, um Entscheidungen zu treffen die Weisheit haben, die Respekt für den Kontext haben, dann ist es unsere Aufgabe – und wir sind meines Wissens im Moment besser dazu geeignet, als sonst irgendwer auf der Welt –, die spezifischen Verzerrungen zu beleuchten, die durch diese Klassen von Transformationen bewirkt werden. Und hier liegt ein wesentlicher Unterschied.

Judy: Nur einer. Es gibt eine Menge davon.

John: Wir operieren in der gleichen Sprache. Was passiert, wenn wir in eine andere Sprache wechseln?

Judy: Oh je.

Teilnehmerin: Wie ist es eine andere logische Ebene, wenn man einen Strich durch das Bild zieht?

John: Wie? Ja, wie. Das frage ich euch. Welcher Unterschied besteht zwischen dem Einfrieren der Bewegung in dem Bild und dem Darüberlegen eines diagonalen Balkens?

Rosalie: Ein Unterschied in der Perspektive.

Teilnehmerin: In dem einen Fall kommt es von außerhalb der Position.

John: Es ist eine Manipulation der Repräsentation, um etwas innerhalb der Repräsentation zu verändern – eine Manipulation auf der gleichen logischen Ebene. Im anderen Fall bleibt die Repräsentation konstant und es wird ein Marker darübergelegt, der ausdrückt: „Das nicht.“ Das ist ein digitaler Schritt. Es ist ein Wechsel logischer Ebenen.

Judy: Macht Epistemologie nicht Spaß?

John: Trisha.

Trisha: Ist es nicht auch viel reiner, weil ...

John: Ich weiß nicht, was das „rein“ in deinem Satz bedeutet.

Trisha: Consuella hatte also dieses Bild; sie streicht es durch, negiert das Bild. Einige von uns konnten nicht repräsentieren, daß die Katze nicht die Ratte jagt, ohne die Katze und die Ratte in eine andere Beziehung ...

John: ... ohne daß sie etwas anderes tun. Genau. Danke. Sehr gut ausgedrückt. Die Beziehung, die George herstellte, und die Beziehung, die Robert und Marne herstellten, sind sehr verschieden und in diesem Sinne verstehen wir nie – wir greifen nicht auf die gleiche Klasse von Repräsentationen zu –, wenn wir auf verbale Aussagen reagieren. Und Negation eignet sich sehr gut, um das zu demonstrieren.

Teilnehmerin: Meine Frage bezieht sich darauf, wie ... wenn du sagst: „Die Katze jagt die Ratte“ und „Die Ratte jagt die Katze“, wie wird das durch einen Strich negiert, denn das Bild ist ja immer noch da, auch wenn ein roter Strich mittendurch geht.

John: Weil du von einer anderen logischen Ebene aus einen Marker darüber legst – wie mit dem Knoten im Taschentuch – der besagt: „Das nicht.“

Judy: Ich verstehe es so, daß es besagt, das ist die Schleife: Die Katze jagt die Ratte. Sie geht auf die nächste logische Ebene ...

John: ... diese Schleife, diese Beziehung besteht nicht – Strich durch!

Es mag andere Schleifen geben und das ist das, was George und du, Marne und Robert und der Rest von euch, die verschiedene Arten von Bildern auf der gleichen logischen Ebene hatten, gewählt haben, um Negation zu repräsentieren. Ihr sagt also: „Eine andere Beziehung.“ Es hat große Ähnlichkeit mit dem Zähnefletschen.

Teilnehmerin: Ich verstehe nicht wie es das Bild negiert.

Judy: Ich glaube dir, daß du das nicht verstehst.

John: Aber du wirst es.

Alan: Es scheint, als ob es mit einem System ein *clearing out* gäbe. In dem anderen System gibt es eine Alternative. Aber in dem einen vermeidet man es, eine Alternative zu bieten. Und in dem anderen ist eine Alternative ...

John: ... und die Frage, mit welcher Art von Denker man redet, ist entscheidend dafür, wie man seine verbale Kommunikation formuliert. Nehmt ein Kind z.B. Ein kleiner Fünfjähriger trägt ein Glas Milch durch das Wohnzimmer und die Mutter sagt: „Verschütte die Milch nicht." Wir haben in unserer Arbeit über die Logik der zweiten Aufmerksamkeit, in „Patterns of the Hypnotic Techniques of Milton H. Erickson", die Behauptung aufgestellt, daß das Unbewußte, das, was wir hier vornehmlich als zweite Aufmerksamkeit bezeichnen, Negation nicht verarbeiten kann.

Judy: Denkt nicht an blau.

John: ... oder grün.

John: Wißt ihr, wieviel wirksamer und einfacher eure Beziehung mit euren Kindern ist, wenn ihr sagt: „Würdest du nach draußen gehen und mal nachschauen, ob die Äpfel auf dem Baum schon reif sind?", wenn sie etwas im Haus machen, das euch wahnsinnig macht, anstatt zu sagen: „Mach nicht so viel Lärm." Wenn ihr „mach nicht" sagt, habt ihr keine Alternative angeboten. Oder aber, die Klasse der Alternativen, die ihr angeboten habt, die sind zu eng miteinander verbunden, so wie z.B. die Katze und die Ratte in zwei verschiedene anstatt in die gleiche Richtung laufen zu sehen. Es gibt eine Fülle von Hinweisen dafür, daß das einer der wichtigsten Teile der Verzerrung ist.

Eine andere klassische Täuschung, die die Syntax unserem Erleben auferlegt, eine weitere Verzerrungsfunktion – eine Transformation –, die aus der Struktur der Sprache entsteht und nichts mit der Struktur der Welt zu tun hat, auch wenn wir so tun, als sei es die Welt, in der wir leben.

John fällte den Baum mit einer Axt.

Die Linguistik sagt mir, daß es da einen Handelnden gibt, ein handelndes Prinzip, John, der ein Instrument benutzt, eine Axt, um ein unbewegliches, nichthandelndes Objekt, einen Baum, zu fällen. Nichts könnte von anderen Wahrnehmungspositionen aus, von zweiter und dritter Position aus, weiter von der Wahrheit entfernt sein. Wenn ich Mathematiker wäre und mich dafür interessierte, eine Gleichung aufzustellen, die das zukünftige Verhalten des Baumes, der Axt und des Mannes vorhersagt, der in dem Satz „John fällte den Baum mit einer Axt" erwähnt wird, könnte ich eine Gleichung aufstellen, die Johns Bewegungen zu der abhängigen Variable machen, zu einer Funktion der Stelle und Tiefe der Kerbe in dem Baum. Und es wäre eine ebenso präzise Repräsentation und epistemologisch ebenso richtig wie der Satz „John fällte den Baum". Denn die Bewegungen der Person, die die Axt schwingt, und die Bewegungen der Axt sind in jedem Moment durch die jüngste Kerbe in dem Baum bestimmt. Man kann also die Sequenz beliebig interpunktieren und ich hoffe, ihr beginnt zu verstehen, daß Sprache ein besonders gefährlicher Fall ist, in dem die Wohlgeformtheitsbedingungen der Doppelbeschreibung verletzt werden ... und wie wichtig es ist, alternative Repräsentationen zu haben.

Judy: Was ist los Consuella? Ahhhghhh.

Consuella: Als du uns gesagt hast, den Satz „Die Katze jagte die Ratte nicht" zu repräsentieren, habe ich kein Bild gesehen. Ich sagte mir: „Alle anderen Möglichkeiten."

John: Das hast du gesagt.

Consuella: Ich meine, das habe ich gehört. Ich habe von visuell zu auditiv gewechselt.

John: Eine der Möglichkeiten dafür zu sorgen, daß man eine Doppelbeschreibung bekommt, ist Repräsentationssysteme zu wechseln. Wenn du nun sagst: „alle anderen Möglichkeiten", hast du einfach eine Datei aufgerufen, die besagt: „In Abhängigkeit von anderen Hinweisen in dem Kontext kann ich zu dieser Datei gehen, in der alle anderen, möglichen Beziehungen enthalten sind." Das ist eine höhere logische Ebene, wie der diagonale Balken, aber in einem anderen System – ein anderer logischer Typ –, du hast also den Vorteil einer vollständig separaten Wahrnehmungsposition ...

Judy: ... Sehen-Fühlen oder Hören-Fühlen, die du in die andere Komponente in dem System bringen mußt.

Teilnehmerin: Ich hatte eine ähnliche Erfahrung wie Consuella. Mir fiel ein, daß meine Repräsentation von „Die Katze jagte die Ratte nicht" nur eine von vielen Möglichkeiten war. Ich wußte, daß da eine Katze und eine Ratte war und, daß das, was mir fehlte, eine Beziehung war.

John: Richtig.

Teilnehmerin: Und meine Tendenz wäre es gewesen, *eine* Beziehung einzufüllen.

John: Und das ist die Tendenz, der George nachgegeben hat, der Marne nachgegeben hat, der Robert nachgegeben hat. Richtig. Gut.

Kari: Bei mir löste sich das Bild auf.

John: Es verschwand einfach. Das wäre so ähnlich wie „alles andere".

Georgine: Zu der Negierung – ich bin vertraut damit, daß Kinder eine negative Polaritätsreaktion haben, wenn man ihnen sagt: „Mach das nicht."

John: Nein, nein, sie gehorchen nur dem Teil der Anweisung, den sie mit ihrer zweiten Aufmerksamkeit hören. Sie verarbeiten die Negation nicht.

Georgine: Sie verarbeiten die Negation nicht. Wenn man also z.B. sagt: „Mach das nicht!"

John: Dann machen sie es.

Georgine: Das Kind hört: „Mach das!"

John: Richtig.

Georgine: Wie würdest du das entgegengesetzte Muster klassifizieren, wo z.B. ein Lehrer oder ein Elternteil sagt: „Machen wir das", und das Kind hat buchstäblich die entgegengesetzte Erfahrung?

John: Als Wachstum einer selbständigen Persönlichkeit. Es ist, glaube ich, eine andere logische Ebene des Funktionierens als die Ebene des Entschlüsselns und Decodierens und digitaler Kommunikation. Die Russen haben eine Reihe von Experimenten mit Kindern durchgeführt. Sie schufen eine Situation, in der sie ein Kind – in der Regel gerade so um die vier Jahre alt, wo die Beherrschung der Sprache noch etwas unsicher ist – vor einen Knopf und zwei Lichter setzten und ihm sagten: „Wenn dieses Licht angeht, dann drück den Knopf so schnell wie du kannst. Und wenn dieses Licht angeht, dann drück den Knopf nicht."

Judy: Nun, wir können alle erraten, was das durchgängige Ergebnis war. Die Reaktionszeit war für beide Lichter fast die gleiche. Sie konnten den Knopf nicht *nicht* drücken. Denkt unter dem Gesichtspunkt physiologischer muskulärer Prozesse in einem sich entwickelnden Organismus darüber nach. Da passiert in etwa folgendes: „Stimulierung von außen! Handeln!" Und es spielt keine Rolle welche Stimulation, auch wenn die Kinder auf einer kognitiven Ebene den Unterschied kennen. Indem sie die Spannung in dem Körper schaffen – die Erwartung –, ist die Stimulation selbst dann der einzige Auslöser, den sie noch brauchen. Sie differenzieren das Verhalten nicht.

Teilnehmerin: Unter diesem Gesichtspunkt wird also ein Schild mit der Aufschrift: „Don't drink and drive" *(„Fahre nicht, wenn du trinkst!" – Slogan einer Kampagne zur Bekämpfung von Trunkenheit am Steuer; Anmerk. des Übers.)* nicht dieselbe Wirkung haben, wie ein Bild von einem Wagen und einem Martiniglas mit einem roten Kreis und einem Balken darüber. Wäre die ikonische Repräsentation wirkungsvoller?

John: Um was zu erreichen?

Teilnehmerin: Um Verhalten hervorzurufen ...

Judy: Daß die Leute nicht trinken und fahren?

Teilnehmerin: Richtig. Denn bei einem visuellen Schild zeigt man die Kombination und durchtrennt dann den Feedbackkreis, anstatt die Worte auszuschreiben.

John: Ich kann nur raten, aber ich habe nicht genug Erfahrung damit. Ich finde es eine interessante Frage. Benjamin Whorf arbeitete eine Zeitlang als Sicherheitsbeauftragter. Whorf war ein Linguist, der solchen Fragen gegenüber recht aufgeschlossen war. Whorf war eine Weile Verkäufer und auch Sicherheitsbeauftragter in Fabriken und wies darauf hin, daß „nicht brennbar", „unbrennbar" und „brennbar" – was zum Teufel bedeuten all diese Repräsentationen? Er sammelte Informationen, die darauf hinwiesen, daß die Unfallhäufigkeit in Fabriken unterschiedlich war, je nachdem welches Schild verwendet wurde.

Das russische Stimulations-Experiment mit Kindern ... In Charlotte Brettos Zertifizierungsprogramm in South Carolina war ein Teilnehmer, der eine ähnliche Anwendung fand. Ihr erinnert euch an die Anfangsübung in Zertifikationstrainings, mit der die Wahrnehmungsfähigkeit geschult werden soll, bei der man subtile Unterscheidungen zwischen verschiedenen Tönen, Gefühlen und visuellen Reizen trifft. Dieser Teilnehmer ging in eine Fabrik und führte ein kurzfristiges Konditionierungsprogramm durch. In dieser Fabrik hatten sie folgendes Problem: Sie betrieben irgendeine Maschine mit Zahnrädern. Das Geräusch dieser Maschine änderte sich, wenn etwas in die Zahnräder geraten war. Die Arbeiter versuchten, reflexartig die Zahnräder wieder freizubekommen und verloren dabei natürlich Finger, Hände, usw. Dieser Teilnehmer ging dorthin und konditionierte sie, einen Schritt zurückzugehen, sobald sie eine Veränderung in dem Geräusch der Maschine hörten; er erreichte durch diese einfache Konditionierungstechnik, die er aus dem Practitioner-Training mitgenommen hatte, eine phänomenale Verringerung in der Zahl der Verletzungen. In dem russischen Experiment mußten die Kinder etwas tun. Wenn man den Kindern zwei Knöpfe zu drücken gegeben hätte oder wenn man ihnen gesagt hätte: „Wenn dieses Licht angeht, drück auf den Knopf. Wenn dieses Licht angeht, berühre deine Stirn" ...

Judy: ... hätte es wahrscheinlich funktioniert.

John: Das zweite Merkmal ist also Humor und das dritte Syntax. Und da gibt es Welten über Welten zu erforschen. Und ich meine es ziemlich ernst, wenn ich uns als die Gruppe von Menschen sehe, die in diesem historischen Moment, meines Wissens nach, mehr Instrumente und präzisere Instrumente haben, um diese Mappings zu erforschen – Mappings, die die Verzerrungen umfassen, die laut Gregory in starkem Umfang zu der bestehenden ökologischen Krise geführt haben, sowohl in sozialer Hinsicht wie auch hinsichtlich der Umwelt.

Judy: Wo sind die epistemologischen Fehler? Und ich bin sicher, daß wir noch einen weiten Weg zu gehen haben, bevor wir an bisher unbekannte Grenzen stoßen.

Alan: Ich habe für einen Moment den Faden verloren. Sind das die drei Dinge, die ...

John: ... unsere Gattung ...

Alan: ... von anderen unterscheidet?

John: Kann ihn jemand mal anfassen. Faß ihn an. Gut, die Realitätsstrategien funktionieren wieder. *(Lachen)*

Alan: Reden wir von dem Preis, den man für die Dissoziation zahlt?

John: Nein. Du redest von dem Preis, den DU für Dissoziation zahlst. (*Lachen und Applaus*)

Alan: Mach weiter, was sind also ...

Judy: ... die drei Dinge, die unsere Gattung von anderen Gattungen unterscheiden. Eines ist die Fähigkeit zu dissoziieren. Dafür zahlen wir einen Preis. Syntax ist ein anderes. Humor ist das dritte.

John: Es gibt da eine interessante Anekdote über den Preis, den wir dafür zahlen, daß wir uns von der Weisheit unseres Erbes abkapseln. In Castaneda ist eine Situation beschrieben, in der Carlos lernt, seine Erfahrung als Jäger zu aktivieren. Wie Judy schon sagte, hatte er einen Onkel, der eine Hühnerfarm hatte ...

Judy: ... eine Leghorn-Hühnerfarm ...

John: ... und der zur Falkenjagd ging. Später bemerkte Don Juan, daß es mehrere Formen des Sich-Gehen-Lassens gibt. Eine der Formen des Sich-Gehen-Lassens, in denen Carlos es zu beeindruckender, verblüffender Meisterschaft gebracht hatte, war Über-Identifizierung (over-identification), oder das, was wir „die unangemessene Ausdehnung des Selbst" (extending the self inappropriately) nennen. Er ließ sich also gehen, indem er mit Teilen seiner Umgebung *confluent* wurde und sich nicht differenzieren konnte. Das ist eine Gabe, die ein Künstler haben muß. Das ist eine Gabe, die ein Jäger braucht, aber es gibt eine Fülle von Berufen, in denen man das für bestimmte Aspekte der Erfahrung nicht machen kann; man wird auf seinem Weg in der Welt keinen Erfolg haben, wenn man es tut. Der Trick besteht natürlich darin, zu wissen, wann man sich gehen läßt und wann man diese Instrumente angemessen einsetzt.

Er läßt Carlos also eine Falle bauen und einen Hasen fangen. Und dann trägt er Carlos auf, diesen Hasen mit eigenen Händen zu töten, weil es ihm, Don Juan, klar ist, daß Carlos sich gehen läßt, indem er sich mit dem Hasen überidentifiziert. Es besteht eine legitime Beziehung, die wir Menschen aufgebaut haben, insbesondere in der Yaqui-Kultur, daß man, um die Ökologie des Systems zu respektieren, in dem man lebt, nur das nimmt, was man verwenden kann – nie mehr als man verwenden kann. Die Jäger-Beute-Beziehung ist eine akzeptable und weise Beziehung in der Welt. Man kann auf viele verschiedene Weise darüber nachdenken. Zimperlichkeit aufgrund von Über-identifizierung, unangebrachte Ausdehnung des Selbst, ist etwas anderes. Jagen ist, wenn es auf respektvolle Weise geschieht, in diesem Kontext sehr angemessen.

Denkt an die rituellen Tänze in Kulturen, die sich auf die Jagd vorbereiten. Unter den !Kung San, den Buschmännern der Kalahari, und vielen anderen jagenden Stämmen, führen die Jäger einen rituellen Tanz auf, bevor sie auf die Jagd gehen. Welche Rolle nehmen sie in dem rituellen Tanz ein?

Teilnehmer: Die der Beute.

John: Anthropologen nennen es sympathetische Magie. Es geht noch viel tiefer; es ist die Fähigkeit, Zugang zu der Klasse von Repräsentationen zu schaffen, die der Jäger brauchen wird, um mit Erfolg zu jagen. Sie erreichen das, indem sie zur Beute werden.

Judy: Carlos hat als Junge gejagt. Don Juan sagt: „Was meinst du damit, du kannst diesen Hasen nicht töten? Du hast Falken getötet. Du hast all diese anderen Tiere getötet. Warum kannst du diesen Hasen nicht töten?"

John: Ardry und in gewissem Umfang Lorenz würden auch auf den Preis der Dissoziierung verweisen – die ernste Gefahr, die entsteht, wenn man sich nur auf Technologie konzentriert – wegen der Beseitigung des Kontexts und des Verlusts an Weisheit, in diesem Fall durch die Beseitigung des Signalsystems. Wenn in einem Wolfsrudel eine Wölfin ein Junges entwöhnen will und das Junge kommt, um gesäugt zu werden, wird das Weibchen ihren Kopf auf den Kopf des Jungen drücken und das Junge am Boden halten. Es verletzt das Junge nicht, aber es ist ein Signal, das typischerweise für die Entwöhnung gebraucht wird. In einem Wolfsrudel ist sexueller Zugang zu den Weibchen eines der „Privilegien" – ich glaube, es kommt darauf an, wie man es sieht –, das das dominante Männchen in dem Rudel hat. Es ist immer wieder beobachtet worden, daß, wenn eines der anderen Männchen mit einem der Weibchen im Rudel Geschlechtsverkehr hat und das dominante Männchen vorbeikommt, er das andere auf diese Weise beschäftigte Männchen nicht angreift. Er verletzt den anderen Wolf nicht. Er verwendet die gleiche Entwöhnungsbewegung und drückt den Kopf des ausgewachsenen Männchens auf den Boden, als ein Signal zwischen den beiden. Sobald er das reziproke Signal bekommt, das Signal der Unterwerfung, das die Annahme der Beziehung durch den Übeltäter ausdrückt, ist nichts weiter notwendig.

Teilnehmerin: Wir brauchen keinen Krieg mehr.

Judy: Das glaube ich auch.

John: Wenn ihr in einem Raketen-Silo sitzt oder einen Bomber in 70.000 Fuß Höhe fliegt, wie zum Teufel sollt ihr dann die Unterwerfungssignale sehen, die besagen, daß es nicht nötig ist, den Knopf zu drücken oder die Bombe abzuwerfen.

Teilnehmerin: ... bevor man einen Angriff fliegt ...

John: Ich kenne noch nicht einmal jemanden da drüben. Wie soll ich diese Signale bekommen? Und das ist eine der Gefahren, die sich daraus ergeben, daß wir unsere Verbindung mit dem Kontext abbrechen, indem wir uns durch Technologie isolieren. Es beseitigt die Weisheit abertausender von Generationen unserer Ahnenkette.

Judy: Als ich Griechisch lernte, war eine der Sachen, die meine griechischen Freunde für wirklich verblüffend hielten, daß die Leute hier nicht wissen, wo ihre Nahrung herkommt. Das war ein wirkliches Phänomen für sie, daß viele Amerikaner, die in Städten wohnen, nicht wissen, wo ihre Nahrung herkommt.

John: Jeder weiß, daß sie aus dem Supermarkt kommt.

Judy: Richtig.

John: Ich habe nie verstanden, wie sie diese Konserven auf Bäumen züchten.

Teilnehmer: Wenn wir wüßten, wie es in den Supermarkt gekommen ist und was sie alles damit gemacht haben ...

John: Verpackt, das meinst du. Ich weiß nicht – es könnte eine Zeitlang ein Problem sein. Dann wäre es überhaupt kein Problem mehr.

Judy: Machen wir eine Pause.

John: Zehn Minuten, Leute.

Pause

John: Der Begriff der Dissoziierung wird nun zu einer sehr viel allgemeineren Funktion. Wir können das reflektive Bewußtsein dissoziieren wie in der traditionellen V-K-Dissoziation. Ihr könnt durch Sorting in den Repräsentationssystemen dissoziieren; ihr könnt von höheren Stufen des Geistes dissoziieren und zu niedrigeren Feedbackkreisen gehen, um zu einem Daimon zu werden. Dissoziierung wird also zu einer sehr fließenden Funktion in dem System, das wir hier geschaffen haben.

Ein einfaches Beispiel: Wir saßen in einer japanischen Trocken-Sauna. Das Thermometer stand auf 90° C ...

Judy: ... und wir hatten einen Eimer Wasser, einen kleinen Eimer mit kaltem Wasser da drin ...

John: ... und als es so heiß wurde, daß wir hinaus wollten, aber immer noch etwas bleiben wollten, steckten wir einfach unsere Füße, jeder einen Fuß, in dieses kalte, kalte Wasser ...

Judy: ... und das Selbst verlegte sich dorthin ...

John: ... und wir lebten in unseren Füßen. Und uns war nicht mehr heiß. Das ist ein Beispiel, ein sehr physiologisches Beispiel dafür, seine erste Aufmerksamkeit schrumpfen zu lassen. Das bedeutet, diese Funktion der ersten Aufmerksameit zu verändern – reflektive Aufmerksamkeit insgesamt fallenzulassen – und dann erste Aufmerksamkeit in einem sehr begrenzten Teil unseres gesamten Feedbackkreises zu schrumpfen, in die untergeordneten Feedbackkreise hineinzugehen und nur die Klasse von Sub-Kreisläufen zu finden, die eine Temperatur haben, mit der wir leben wollten. Wir lebten für die Zeit, die wir in der Sauna verbringen wollten, in unseren Füßen und konnten mit Leichtigkeit, ohne Unbehagen, in dieser ungeheuren Hitze bleiben.

David: Deine „Sole" war dort. *(Das englische Wort „sole" hat eine phonetische Ambiguität: Seele/Sohle, die im deutschen nicht wiedergegeben werden kann; Anmerk. d. Übers.)*

Judy: Milton würde das eine Billig-Ambiguität nennen.

John: Nein, nein, er hätte es gemocht. Milton schrieb Richard Bandler und mir einmal einen Brief. Betty Erickson hatte uns geschrieben und uns gefragt: „Würdet ihr mir bitte die Widmung im ersten Band von „Patterns I"erklären und bot uns ihre Interpretation an. Ich erinnere mich nur an einen Teil davon. Wir widmeten es diesem, jenem und schließlich auch „Mazda, dem Wagen für Menschen, die hören können". Wenn ihr einen Wankelmotor-getriebenen Mazda fahrt, ist der Ton bei optimaler Drehzahl des Wankelmotors, 3000 Umdrehungen pro Minute oder weniger, fast genau der gleiche Ton, den man hört, wenn jemand „Hmmm" sagt, wie z.B. in: „Hmmm, mal sehen". Wenn ihr also ein Ohr für diese Art von Klängen habt, dann versetzt euch der Klang des Motors ständig in einen visuellen Zugangsmodus. Frau Erickson hatte eine sehr viel ästhetischere Repräsentation über Mazda, den Gott des Lichts im Pantheon der persischen Götter. Wir schrieben ihr einen recht interessanten, doppeldeutigen *(Lachen)* Brief, in dem wir Ericksons Muster verwendeten und bekamen sofort einen strengen Brief von Milton, der uns ermahnte ...

Judy: ..., daß das nicht Bettys Art zu denken sei ...

John: ... und wenn man mit einem linearen Denker denkt, dann denkt man auch linear, aus Respekt ihm gegenüber, und mit einem nonlinearen Denker denkt man nonlineaer aus dem gleichen Grund – natürlich gibt es hier offensichtliche Ausnahmen, um die andere Person auf angemessene und respektvolle Weise zu fordern.

Wir waren natürlich in angemessener Weise – ich zumindest war auf angemessene Weise zerknirscht. Ich weiß nicht, ob ich Richard je auf angemessene Weise zerknirscht erlebt habe. *(Lachen)*

Teilnehmerin: Als du deine Füße in den Eimer gesteckt hast, hast du da eine Veränderung in deiner Physiologie bemerkt?

John: Ja, mir wurde richtig kühl.

Teilnehmerin: Hörte das Schwitzen auf?

John: Ich hörte auf zu schwitzen, weil ich in dem Wassereimer steckte. Ich bemerkte, daß die übrigen Feedbackkreise, die ich zurückgelassen hatte, so stark schwitzten wie zuvor. Und es war auch meine Absicht, das nicht zu unterbrechen, weil das einer der Gründe ist, warum man in die Sauna geht.

Judy: Ein Teil des Prozesses.

Zweite Teilnehmerin: Was geschieht mit deiner restlichen Physiologie, wenn du deine Füße in dem Eimer hast. Gibt es da ein Risiko?

John: Natürlich. Jede Dissoziation birgt ein Risiko.

Kari: Ich dachte gerade daran, daß ich, wenn wir hier tanzen, überhaupt keine Schmerzen oder keine Erschöpfung spüre und den dissoziierten Zustand wahrnehme, der das ermöglicht. Aber wenn ich Aerobic mache und immer zu der gleichen Popmusik tanze, dann spüre ich manchmal Erschöpfung, und diesen Zustand mag ich nicht. Deshalb richte ich im allgemeinen meine Aufmerksamkeit auf etwas anderes; anstatt an meine Beine zu denken, die müde und erschöpft werden, denke ich an meine Hände, daran, wie Blut in meine Fingerspitzen fließt, und das ist wunderbar.

Judy: Hast du Muskelkater, wenn du dich nachher wieder assoziierst?

Kari: Nein.

John: Siehst du, das ist ein Phänomen, das es zu untersuchen lohnt. Diejenigen von euch, die daran interessiert sind herauszufinden, ob Levitation wirklich stattfindet – wie ist es jemandem möglich, stundenlang kataton zu sein und keine Erschöpfung in seinen Muskeln zu spüren? Was ist das? Ich verstehe das nicht. Ich habe es selbst gemacht, ich habe es mit anderen gemacht und ich habe keine Ahnung, was da passiert. Die Epistemologie der Dissoziation von Körperteilen ist verblüffend, was die physiologische Wirkung angeht.

Teilnehmer: Hat das mit dem „Anhalten der Welt" zu tun?

John: Das „Anhalten der Welt" ist sicher ein Teil davon, ja.

Kari: Wenn ich daran denke, von meinem Körper dissoziiert zu sein, bedeutet das, daß ich kein ...

Judy: ... daß du kein Feedback von deinem Körper hast?

Kari: Ja, ich habe kein Feedback von meinem Körper. Aber wenn ich tanze, ist es, als würde ich mich so konzentrieren, daß ich beschließe, einen Teil meiner bewußten ...

Judy: ... Chunks ...

Kari: ... Chunks in einem bestimmten Ort aufzubrauchen. Aber ich bin in sehr intimer Weise in diesem Ort (place).

John: ... du bist in diesen bestimmten Ort assoziiert und *du* dissoziierst von dem Rest.

Kari: Ich bin vollkommen assoziiert. Ich bin wirklich im Tanz; ich tanze, ich spüre keinen Schmerz, keine Erschöpfung. Und wenn ich nur zum Teil drin bin, dann spüre ich es. Es ist, als ob ...

John: Kari hat bereits ein leidenschaftliches Commitment zu der Kunst des kongolesischen Tanzens gemacht. Wenn sie Aerobic macht ist es repetitiv. Berechenbarkeit macht den Jäger zum Gejagten. Vorhersagbarkeit, selbst auf physiologischer Ebene, bedeutet, daß ihr immer den gleichen Feedbackkreis verschleißt. Ein Merkmal einer Kunstform ist, daß sie nicht hoch repetitiv ist.

Judy: ... und sie ist auch höchst effizient.

John: Sie löst den Umstand, daß sie zu Aerobic – im Gegensatz zu Afrobic *(Lachen)* – nicht 100% committed ist, indem sie von einem Teil ihres Körpers zu einem anderen wechselt. Sie geht in ihre Füße, wie wir es in der Sauna gemacht haben, sie geht in ihre Arme, in ihr Kreuz, in ihr Becken, in ihre Waden, um weiter beteiligt zu bleiben und nicht an diesem Punkt aufzuhören. Langläufer können euch viel darüber erzählen. Das, wovon du redest, ist die gleiche Art von Commitment, von der wir behaupten, daß sie auf jeden Daimonzustand zutrifft. Man kennt keine Müdigkeit, man kennt nichts von alledem, es sei denn man gebraucht einen Vergleich und macht gleichzeitig Repräsentationen nicht nur von dem, was man gerade macht, sondern auch von anderen Sachen, die man statt dessen tun könnte. Das führt dazu, daß man teilweise dissoziiert ist, nicht in leidenschaftlicher Weise in diesem Moment committed ist. Wenn ihr die Fähigkeit erlangt, ein 100prozentiges leidenschaftliches Commitment zu Daimonzuständen einzugehen, was, wie wir gesagt haben bedeutet, daß ihr vom Zentrum der Kugel ...

Judy: ... zur Peripherie der Kugel geht und nur aus diesem Feedbackkreis heraus handelt – wie in unserem Beispiel aus der Sauna, indem wir in unseren Füßen gelebt haben –, also nur in einem Teil eures Körpers lebt, ohne zu repräsentieren, was ihr sonst noch tun könntet, ob ihr müde seid, wie lange ihr schon getanzt habt, ob die Trommeln gerade ... Das sind Meta-Kommentare, die von einer höheren logischen Ebene eindringen und euch aus einem leidenschaftlichen Zustand des Commitments herausreißen. Je besser euch diese Art des Commitments gelingt, umso wichtiger ist es, daß die kontextuellen Marker à la Viola Legere und die Prioritäts-Überlebensprogramme eure Daimonzustände unterbrechen können. Sonst könntet ihr euch ernsten Schaden zufügen. Und ihr würdet es nicht merken, bis die betreffende Variable einen Wert erreicht hat, der für eure Physiologie schädlich ist.

Teilnehmerin: Wäre dann bei Aerobic die Verletzungsgefahr größer?

John: ... es sei denn, man hat die Prioritätsprogramme eingerichtet, die die Daimonzustände unterbrechen. Aus diesem Grund haben Sportler die Fähigkeit, nicht nur zu dissoziieren, sondern auch Prioritätsprogramme, die ihnen mitteilen, wann bestimmte Schwellenwerte erreicht sind, die ihre Aufmerksamkeit verdienen. Wenn sie das nicht haben, werden sie nicht lange Sportler bleiben.

Judy: Die Kraft und die Kontrolle und das Gleichgewicht und die Kunst ... die Leichtigkeit, die Titos als Tänzer hat, sind unglaublich. Wir stellten ihn einmal auf ein Trampolin und das gefiel ihm nicht. Er hatte keine Erfahrung mit Oberflächen, die sich bewegen. Mit all dieser Leichtigkeit, Kraft und Fähigkeit ...

John: Wir nahmen Titos mit zu den Pferden. Als Kind hatte er im Kongo viele Cowboy-Filme gesehen und für ihn waren Pferde einfach atemberaubend. Ihr müßt wissen, daß keiner der westafrikanischen Stämme, die mir bekannt sind, eine Beziehung zu größeren Tieren hat wie wir sie mit Pferden haben. Judith Ann und ich gingen mit ihm zur Koppel, und während wir die Pferde bürsteten und vorbereiteten, fingen wir an, ihm über Pferde zu erzählen – was man macht und was man nicht macht, wirklich einfache Sachen. Er hörte ein paar Minuten zu, drehte sich dann zu Judy und sagte: „Ich muß in eine Trance gehen."

Er ging fort, ging in diese sechs-sieben Minuten lange Tieftrance, organisierte seine Erfahrung aufgrund dessen, was wir ihm gesagt hatten neu und machte dann – und nun rate ich, aber die Trance war offensichtlich – die Möglichkeiten einer anderen Beziehung zu einem Tier dieser Größe zu einem Teil seiner persönlichen Geschichte. Das war der erste Schritt. Damit war er im Spiel. Dann beobachtete er sehr genau und hatte diesen Moment der Erleuchtung, als er mir dabei zusah, wie ich mit meinem Pferd in einer Acht in der Koppel trabte. Er rief: „Oh, du tanzt mit dem Pferd!" Er stieg dann auf und ritt ohne Sattel mit einem Können, das man sonst erst nach jahrelanger Übung erreicht.

Judy: Dann nahm er das Pferd aus der Koppel und galoppierte damit und das war etwas, das er machen wollte, seit er ein kleiner Junge war.

John: Wir kamen zu einem schönen, langen Hügel. Ich sagte: „Fertig?" Er sagte: „Ja", und ich trabte den Hügel hinauf und als ich oben angekommen war, zog ich meine Zügel an und drehte mich um, um zu sehen ob er zurechtkam. Er kam hinaufgeritten und fiel fast vom Pferd, weil er so lachte. Er war in dem Moment nur vier Jahre alt. *(Lachen)*

Judy: Er trug ein afrikanisches Gewand und einen Cowboyhut. Es war wunderbar. *(Lachen)* Er machte Fotos davon und schickte sie an seine Mutter.

John: Seine Mutter fand das ziemlich toll.

Übung: Der Blinde

John: Wir haben eine kleine Übung; es ist keine schwierige Übung, aber eine, die enorme Lernerfahrungen ermöglicht. Wir haben hier diese ein Meter langen Stöcke. Wir haben Stöcke, und was ich nun von euch will, ist, euch in Paaren zusammenzutun und entweder eine Augenbinde zu nehmen oder eure Augen geschlossen zu halten ...

Judy: ... auf euer Ehrenwort ...

John: Ich möchte, daß ihr eure Umgebung erforscht und den Stock so benutzt, wie ein Blinder ihn benutzen muß. Dabei gibt es mehrere Punkte zu beachten. Erstens möchte ich, daß ihr entdeckt – durch eine Bitte von der ersten an die zweite Aufmerksamkeit –, daß die erste Aufmerksamkeit zu den Feedbackkreisen eingeladen werden kann, die notwendig sind, damit ihr euch sicher ohne visuelle Hilfsmittel in eurer Umgebung bewegen könnt, indem er diese durch euren taktilen Sinn ersetzt. Und ich möchte, daß eure Babysitter sich Probleme für euch ausdenken, sobald ihr

Gelegenheit hattet etwas herumzuspielen, d.h. euch in einen Teil der Umgebung führen und nah genug bei euch bleiben, damit ihr sicher seid …

Judy: … nicht den Swimming Pool.

John: Ich weiß nicht, wie weit ihr euch darauf einlassen wollt. Ihr könnt die Einschränkungen besprechen, unter denen ihr vorgehen wollt. Und ich möchte euch darum bitten, Strategien zur Akzentuierung zu erforschen – euer Selbst gewissermaßen zu schrumpfen, indem ihr den visuellen Input weglaßt und es in einem anderen Sinne erweitert, taktil, auditiv und olfaktorisch – eure Art die Umgebung zu mappen, so daß ihr euch unter dieser besonderen Bedingung sicher in eurer Umgebung fortbewegen könnt.

Judy: So, daß wir genau herausfinden können, wo auf diesem Stock das Selbst ist.

John: Wie weit könnt ihr euch auf diesem Stock nach unten verlegen? Wie weit könnt ihr, was eure auditive Wahrnehmung angeht, nach außen gehen? Versteht ihr die Aufgabe? Eine halbe Stunde. Ich möchte, daß jeder fünfzehn Minuten hat, um mit diesen Strategien zu spielen. Viel Spaß. Und nun ab in die zweite Aufmerksamkeit.

Übung

John: Ich hoffe, daß eure Erfahrung während der Übung viel zu komplex war, als daß ihr sie in die lineare Form bringen könntet, die wir Sprache nennen. Aber ich möchte euch auffordern, vor allem in zweiter Aufmerksamkeit, Veränderungen der Strategie, Veränderungen des Mapping festzustellen … Es gab weitreichende Unterschiede, wenn ihr z.B. mit offenen Augen in einem bestimmten Bereich begonnen habt und dann von diesem Punkt aus eure Nachforschungen blind fortgesetzt habt, mit einem anfänglichen Bezugspunkt … ein großer Unterschied zwischen dieser Situation und völliger Desorientierung, herumgewirbelt zu werden, usw. und dann zu einem Teil der Umgebung geführt zu werden, wo ihr den Bezugspunkt, von dem aus ihr begonnen habt, nicht kanntet. Die Art der Landkarten, die ihr in der einen Situation gebildet habt, war deutlich verschieden von den Landkarten, die ihr in der anderen Situation gebildet habt.

Genauso wichtig für unsere Zwecke ist die Idee der Ausdehnung des Selbst, die Fähigkeit, sich aufgrund einer kontextuellen Veränderung – in diesem besonderen Fall der Beseitigung eines Sinneskanals – mit Teilen von Feedbackkreisen zu identifizieren und die sich anschließende Erweiterung des Selbst in andere Kanäle hinein, um die Klassen an Information zu ersetzen, die durch die normalen Kanäle verwehrt werden. Eine der powervollsten Ressourcen, die euch in eurem Umfeld zur Verfügung steht, sind Menschen, die eine Art der Sinnesdeprivation erlitten haben. Aufgrund dieser Situation haben einige von ihnen Strategien und Wahrnehmungsfähigkeiten in alternativen Repräsentationssystemen und Inputkanälen entwickelt, die nahelegen, daß es nur unsere Bequemlichkeit auf alten homöostatischen Stufen ist, die uns daran hindert, unseren Sinnesapparat in diesem Maße zu verfeinern.

Und es gibt uns eine Ahnung davon, was unsere Bandbreite sein könnte ... wenn wir sie tatsächlich an die Grenzen hin ausdehnen könnten, denen sowieso noch niemand von uns nahegekommen ist. Vor einigen Jahren traf ich einen fünfzehnjährigen Jungen, der blind war, nicht von Geburt an, sondern seit ungefähr seinem sechsten Lebensjahr. Wißt ihr übrigens, wie ihr jemanden, der von Geburt an blind ist, von jemandem unterscheiden könnt, der später erblindet ist? Ist euch je aufgefallen, daß Menschen, die von Geburt an blind sind, Sonnenbrillen tragen? Es ist nicht, um ihre Nicht-Augen vor der Sonne zu schützen, sondern weil die sehende Bevölkerung die Tatsache, daß es Augenbewegungen bei Menschen gibt, die von Geburt an blind sind, kinästhetisch nicht verkraften kann. Ihre Augenbewegungen sind nicht systematisch. Sie sind genaugenommen diagnostisch; daran, ob jemand systematische anstatt zufällige Augenbewegungen hat, kann man sofort erkennen, ob jemand von Geburt an blind ist.

In den zwanziger, dreißiger Jahren nannte man reflektierende Sonnenbrillen „Cheaters" *(„Schummler" – von „to cheat", schummeln, betrügen; Anmerk. d. Übers.),* weil sie einem eine bestimmte Menge an Informationen vorenthalten, die einem normalerweise aufgrund der systematischen Augenbewegungen einer Person zugänglich sind.

John: Ein fünfzehnjähriger Junge, der im Alter von ungefähr sechs Jahren bei einem Unfall erblindete, war so gut geworden, daß er in einen Raum hineingehen konnte, in dem er noch nie zuvor gewesen war und *(John klatscht sechs Mal in die Hände)* euch die Dimensionen des Raumes auf einen halben Meter genau sagen konnte, wieviel

Möbel ungefähr darin standen, manchmal sogar die Art der Möbel. Er verwendete visuelle Prädikate. Blinde verwenden eine Fülle visueller Prädikate. Das ist eine Anpassung an die visuelle Welt in unserer Kultur. Wenn man ihn aufforderte, Worte wie z.B. „grün" zu definieren, gab er die elganteste olfaktorische, taktile, auditive, gustatorische Beschreibung, die ich je die Gelegenheit hatte zu hören; es war kunstvoll. Aufgrund dieses „Defizits", das er aufgrund des Verlusts seines Augenlichts erlitten hatte, hatte er begonnen, Verfeinerungen in den Unterscheidungen vorzunehmen, die er in anderen Sinneskanälen treffen konnte. Das andere, was wirklich außergewöhnlich an ihm war: er fuhr Skateboard. Viel besser als ich es kann.

John: Jerry, hast du irgendwelche Kommentare dazu? Jerry arbeitet im Moment mit einem blinden Mann.

Jerry: Ja, ich bekam ein Angebot, Musik am Cabrillo College für – sogenannte – Behinderte zu unterrichten und …

Judy: … es war schwer zu sagen, wer behindert war.

Jerry: Der einzige, der im ersten Semester kam, war ein Mann, der von Geburt an blind war. Er war eines dieser Babys, die zu früh geboren werden und zu viel Sauerstoff im Brutkasten bekommen hatten, was die Retina beschädigte, und dann verlor er sein Sehvermögen ganz.

Das ist keine kongeniale Blindheit und er hat systematische Augenbewegungszugangshinweise – was mich zum ersten Mal vermuten ließ, daß Visualisierung etwas anderes sein könnte als das was wir glauben. Ich traf eine Vereinbarung mit ihm. Er wollte Geige spielen lernen und da ich Geigenspieler bin, sagte ich: „Gut. Hast du eine Geige?" Er antwortete: „Ja, ich habe mir vor drei Monaten eine gekauft. Ich kann zwar nichts damit anfangen, aber ich habe sie gekauft." Beim nächsten Mal brachte er sie mit. Ich wußte nicht, was ich tun sollte. Ich meine, ich war oft in ähnlichen Situationen, aber diese war wirklich eigenartig. Wie soll ich …? Alle meine Unterrichtsstrategien bis dahin …

John: Wenn ihr in eure Schwächen unterrichten wollt, begebt euch in Situationen, die euch herausfordern – das ist ein Merkmal eines Kriegers. Alles, was euch passiert, ist nur eine Herausforderung, wenn ihr die Position eines Kriegers einnehmt. Es ist keine gute Herausforderung, keine schlechte Herausforderung, es ist keine angenehme Herausforderung, keine unangenehme Herausforderung. Das sind bewertende Funktionen. Es ist einfach nur eine Herausforderung. Und wenn ihr darin sehr gut seid, sucht ihr die Herausforderungen, die euch maximal beanspruchen.

Jerry: Ich dachte, also gut, er kann fühlen und er kann hören und er hat alles außer seinem Sehvermögen. Er ist etwas kleiner als ich, also bückte ich mich etwas und hielt seine Geige in der richtigen Position und dann ließ ich ihn mit seinem Körper gegen meinen lehnen, bis wir, ohne ein Wort zu sagen, sehen konnten, daß er ein Gefühl für die Bewegung hatte. Dann sagte ich: „Gib mir Bescheid, wenn du soweit bist, ich höre dann auf und du machst weiter – du bewegst mich." Also bewegte er mich. Wir machten das einige Minuten lang und dann bat ich ihn aufzuhören, stand auf und sagte: „Stell dich hin und nimm die Haltung ein." Er spielte – ohne Geige – schöner als ich je jemanden das erste Mal habe spielen sehen. Als ich ihm dann die Geige gab, war die Haltung immer noch da. Wir machten also weiter ... es ist natürlich viel mehr an der Geschichte, aber was mich so beeindruckte, war, daß man nicht sehen muß, um Geige zu spielen. *(Lachen)*

John: Kognitiv ist das leicht, aber wenn man ein Cellist oder Geiger ist und es unterrichtet hat, dann ist es eine Offenbarung.

Jerry: Richtig. Dann fragte ich mich, was geht im Gehirn dieses Jungen vor? Was sieht er? Wie organisiert er die Welt? Er macht ähnliche Sachen wie der fünfzehnjährige Junge, von dem John sprach, er spürt seine Umgebung per Echolot, mit der Ausnahme, daß er in einen Raum kommt und so macht *(Jerry schnippst einmal mit den Fingern)* und er weiß Bescheid. Er kann aufgrund des Luftdrucks sagen, wie weit ein Gebäude oder ein anderer Gegenstand von ihm weg ist, wie groß er ist, ob da Pflanzen sind, usw. Er kann sagen, wie weit Menschen von ihm weg sind und – ich habe das noch nicht untersucht, weil ich auch hier noch nicht weiß wie, aber mir wird schon etwas einfallen – er kann aufgrund der Emanationen, die von einer Person ausgehen, etwas über diese Person sagen. Ob er in Sicherheit ist oder ob er so schnell wie möglich abhauen soll. Er ist wirklich gut darin.

Aber, was schön war – nachdem ich eine kleine Decodierungsübung gemacht hatte mit der Frage: „Wie kommst du von hier zur Bushaltestelle?" –, war, ihn sein „visuelles"

System beschreiben zu lassen. Wir haben alles versucht. Wie bringt man jemanden, der noch nie gesehen hat, dazu, über Dinge zu reden, die man sehen kann? Ich sprach während eines Frühstücks mit John und er sagte: „Laß ihn auf deiner Hand zeichnen. Vielleicht geht das." Er zeichnete also auf meiner Hand und die einzige Art und Weise, wie ich Zugang zu dem finden konnte, was auf meiner Hand passierte, war, selbst blind zu werden. Ich mußte also so *(schnippst mit den Fingern)* in Trance gehen und mir selbst sagen: „OK, du bist blind. Du kannst nicht sehen. Was passiert jetzt auf deiner Hand?" Dann verstand ich, daß das, was auf meiner Hand passierte, Versionen dieser lustigen kleinen Bilder waren, die ihr beiden in den letzten Tagen auf der Tafel aufgezeichnet habt, mit der Ausnahme, daß es geometrische Landkarten der Welt waren. Manche waren weit und andere wirklich dicht. Sie haben mit erster und zweiter Aufmerksamkeit zu tun. Er hat eine große Landkarte, die kleine Sachen enthält. Je nachdem, wo er auf der Landkarte ist, bringt er eine Stelle „visuell" in den Vordergrund – in den Brennpunkt seines Sehens – was immer das ist. Dann richtet er seine Aufmerksamkeit darauf, bis er an dem Punkt vorbeigegangen ist, dann kommt eine andere Stelle dran. Er macht keine Fehler.

Er kommt zur Geigenstunde zu mir nach Hause und muß mit dem Bus fahren und dann noch zwei Straßen laufen. Ich bringe ihn zur Tür und wir unterhalten uns. Er hält sich nicht mehr an mir fest, weil er nach einem Durchgang die Gegend kennt. Ich sagte ihm: „Da kommt der Bus", und er läuft los, wie aus der Pistole geschossen. Aber der Punkt ist, daß er die Landkarte erschließen mußte, da er nicht sehen kann. Das war die einzige Möglichkeit. Es gab sonst nichts, was er tun konnte. Wir müssen uns erst alle diese Sachen überlegen, um dahinzukommen wo er schon ist.

John: Die Diskussion des visuellen Systems des Frosches und die Diskussion einiger der Transformationen, die stattfinden, wenn man von dem peripheren Organ, das wir Auge nennen, weiter zurück in das menschliche visuelle Nervensystem geht, sollten euch darauf hinweisen, daß diese Blindenübung, die wir hier gerade gemacht haben, mehr als nur eine Metapher ist. Und ich möchte eure zweite Aufmerksamkeit dazu einladen, sich Gewohnheiten anzuschauen, bis hin zu und einschließlich der Ebene des *Scanning*. Wer von euch *scannt* seinen Körper, z.B. innerlich. Wenn ihr hinfallt, müßt ihr dann automatische Scanning-Programme einsetzen, bevor ihr euch wieder bewegt, um die Situation nicht zu verschlimmern? Inneres Scanning, damit ihr genau wißt – ähnlich den Landkarten, die Jerry beschrieb –, ob ihr euch bewegen könnt, ohne weitere Verletzungen zu verursachen? Es gibt alle möglichen Scanning-Muster, innere wie äußere, die wir im Moment als unsere blinden Flecke auffassen können, wegen unseres Versäumnisses, Alternativen zu etwas zu entwickeln, das uns gute Dienste geleistet hat, aber nichts mit den alternativen Wirklichkeiten zu tun hat, die wahrnehmungsmäßig verfügbar wären, wenn wir den Wechsel vollziehen könnten.

Teilnehmer: Ich habe mal einen blinden Bekannten gefragt, wie er eine verkehrsreiche Straße überquert und er sagte: „Mit Hilfe der Geräusche", und er sagte auch: „Ich bin nur zweimal angefahren worden." Das ist die Haltung eines Kriegers.

Georgine: Ich war einmal an Krebs erkrankt und habe seitdem ein Scanning-Programm für meinen Körper. Wenn ich mich einer Operation unterziehen muß, dann scanne ich zuerst meinen Körper, weil ich nichts ununtersucht lassen kann. Jedes Mal, bevor ich zu einer Operation gehe, weiß ich schon die Antwort auf das, was mich erwartet.

Stephanie: Ich möchte eine Bemerkung zu etwas machen, was Jerry mir über den Mann erzählt hat, mit dem er arbeitete, und hören, was ihr dazu denkt. Jerry sagte: „Wenn er draußen ist, wo eine weite Landschaft ist, dann macht er – und er beschreibt das in visuellen Begriffen – eine Landkarte, ein Bild der Landschaft. Jerry erforschte mit ihm gemeinsam, was genau er machte. Es stellte sich heraus, daß er die Landschaft perspektivisch abbildet. Mit anderen Worten, er weiß, daß da diese riesige Ausdehnung mit Bäumen ist und auch, wenn wahrscheinlich seine unmittelbare Erfahrung jedes einzelnen Baumes „groß" ist – wenn er da steht und eine innere Landkarte der Landschaft macht, dann sind die Bäume, die vorne stehen groß, und die Bäume werden dann nach hinten hin immer kleiner. Ich bin wirklich neugierig, wie er, ohne je gesehen zu haben, Perspektive erworben hat. Bedeutet das, daß Perspektive notwendigerweise eine neurologische Funktion ist?

John: Ich weiß nicht. Es gibt viele Hinweise darauf, daß wir visuelle Phänomene nicht ohne Bewegung lernen können und die Bewegung muß willkürlich sein. Wenn du also Leuten eine Brille gibst, die links und rechts und oben und unten verdreht, und die Personen in einen Bus steckst und durch die Gegend fährst, werden sie nur sehr wenig minimal lernen, d.h. sie werden nicht in der Lage sein, die gesetzten „Verzerrungen" der gewohnten Verzerrungen zu korrigieren – das ist es, was die Brille bewirkt – solange sie sich, erstens, nicht als Teil des Lernprozesses willentlich bewegen können.

Das zweite, was mir passiert ist, Stephanie, ist, daß ich mich erinnere, ein Buch gelesen zu haben mit dem Titel „The World of Mathematics" über die Wiederentdeckung der Perspektive in der Renaissance. Die Menschen haben sich selbst beigebracht, auf mechanische Weise, die Art visueller Verzerrungen zu schaffen, die notwendig sind, um drei Dimensionen auf zwei abzubilden, indem sie buchstäblich Schnüre zwischen verschiedenen Punkten auf dem entfernten Gegenstand, den sie malen wollten, und den entsprechenden Punkten auf der Leinwand gespannt haben, um festzustellen, welche geometrischen Beziehungen bestehen. Die Geometrie der Abbildung ist etwas, mit dem ihr jetzt seit der letzten Übung recht vertraut seid. Vera z.B. fand einen Mast mit ihrem Stock. Sie wußte, was es war, sobald sie den Klang hörte. Sie überprüfte es mit ihrer anderen Hand und ging dann sofort zum nächsten Mast; sie hatte somit begonnen, eine Landkarte zu erstellen. Die ersten Bewegungen waren recht zaghaft, aber nachdem ein paar Teile zusammengekommen waren, konnte sie sich viel sicherer bewegen. Das ist ein Hinweis darauf, wie eine blinde Person möglicherweise ihre taktile und räumliche Kinästhetik nutzt, um Landkarten zu erstellen – wobei die zurückgelegte Entfernung mit der Abnahme der Größe korreliert wird, die visuell mit der zunehmenden Entfernung assoziiert ist; das Interessante dabei ist, daß, wie bei perspektivischem Malen, Dinge, die weiter entfernt sind, in der internen Repräsentation als kleiner dargestellt sind.

Stephanie: Ein Freund hat mir gezeigt, wie ich schrumpfen kann, als ob ich eine Zelle in meiner Hand wäre und alle verschiedenen Teile verfolgen kann – Blut, Muskeln usw. –, so daß ich, wenn ich meinen Finger bewege, die Knochen knarren hören kann. Wenn ich so total in meiner Hand war, habe ich das Gefühl, daß meine Hand zu einem unglaublichen Sensor wird.

John: Indem du deine erste Aufmerksamkeit in die Feedbackkreise der zweiten Aufmerksamkeit bringst, aktivierst du tatsächlich Wahrnehmungsfähigkeiten, die du vorher nicht hattest.

Judy: Es scheint eine Frage der Flexibilität und der persönlichen Alternativen zu sein. Etwas, das mich immer interessiert hat, als ich Biologie studierte, war der Tauch-Reflex der Säugetiere. Pottwale sind ein gutes Beispiel, weil sie fünfundvierzig Minuten unter Wasser bleiben können. Im Wasser lebende Säugetiere, die tauchen, atmen tief ein und gehen dann unter Wasser, bleiben fünfundvierzig Minuten unten, und ihre Körper machen unglaubliche körperliche Veränderungen durch. Ihr Puls verlangsamt sich und nur der Köperteil, der es am nötigsten braucht, wird mit Sauerstoff versorgt – das Gehirn –, die Blutzufuhr zu allen anderen Körperregionen ist verringert. Deshalb frage ich mich: Ich bin ein Säugetier; wie groß ist der Rahmen meiner Flexibilität hier? Es gab Fälle, wo Menschen betrunken ins Wasser gefallen sind …

John: … vor allem, wenn es kaltes Wasser ist …

Judy: … und lange Zeit darin liegenblieben – zwanzig Minuten, dreißig Minuten –, ohne dauernde Schäden zu erleiden. Es gibt hier einige Möglichkeiten, die noch darauf warten entdeckt zu werden. Das ist also wirkliche …

John: … Flexibilität. Ich habe eine Frage für die Gruppe. Wir haben diesen Prozeß mit der Frage begonnen und wir kehren in zyklischen, rekursiven Mustern zu dieser Frage zurück: „Welche Art von Gleichgewicht müssen wir für uns in einer technischen Gesellschaft schaffen, in der wir uns nicht auf eine gemeinsame Kultur, einen Set äußerer Strukturen zur Verstärkung unseres eigenen Wertesystems, verlassen können? Welches Modell können wir für diese Verantwortung wählen?" Wir sind immer wieder auf traditionelle Kulturen zurückgekommen, in denen die Menschen eine Art von Weisheit in bezug auf ihren Kontext haben, Weisheit in bezug auf soziale Beziehungen, weil jede kohärente traditionelle Kultur eine erfolgreiche Adaptation unserer Spezies an die Umgebung und an die anderen Mitglieder dieser Kultur darstellt. Im wesentlichen ist es eine Möglicheit der Menschheit – und das ist für mich der Sinn der Anthropologie –, uns aus unserem engstirnigen Verständnis all dessen herauszuführen, was wir für selbstverständlich halten und was die erste Aufmerksamkeit für Realität hält, was aber sehr wenig Kontakt mit der Realität hat, die möglich wäre, wenn wir uns entschieden, es zu verändern und eine andere menschliche Möglichkeit zu demonstrieren – uns aus unserem epistemologischen Schlummer aufzurütteln.

Wie ich bereits neulich gesagt habe, hat Titos uns eine andere Geste angeboten – eine Gabe bestimmter Rhythmen, Trommeln, Gesänge und Tänze. Ich möchte euch bitten, folgende Frage zu bedenken: Wäre es nützlich für die Modelle, die wir geschaffen haben …

Judy: Mehr Beschreibungen.

John: ... eine Beschreibung von ihm zu haben, wie in seiner Kultur bestimmte Ereignisse – Beziehungen, individuelle Leistungen, usw. – gehandhabt werden? Ich denke dabei daran, morgen Nachmittag möglicherweise ein paar Stunden dafür zu reservieren, wenn ihr es für angebracht haltet. Das setzt ein gewisses Verständnis, ein bestimmtes Gleichgewicht voraus. Laßt es erst einmal in eurer zweiten Aufmerksamkeit. Wenn ihr während des Mittagessens untereinander darüber reden wollt, ist das in Ordnung. Ich werde die Frage gegen drei Uhr noch einmal stellen. Ich glaube, es wäre nur dann angebracht, Titos heute Nachmittag darum zu bitten, wenn wir es tatsächlich tun wollen.

Teilnehmerin: Ich habe bei dieser Blindenübung – ich wollte so etwas schon immer einmal machen, weil ich das als Kind immer im Dunkeln gemacht und versucht habe, die Farbe der Wände zu spüren und solches Zeug ...

Judy: ... oder jemandem etwas auf den Rücken zu zeichnen.

Teilnehmerin: ... und während einer Drogenerfahrung habe ich bemerkt, wie das visuelle Gedächtnis wirklich ...

John: ... die Landkarte verzerren kann, die man zu schaffen versucht.

Teilnehmerin: Ja! *(Lachen)*

Marne: Ich hörte jemand in Richtung auf den Swimmingpool gehen und ich dachte mir: „Toll! Ich möchte mal sehen, wie sich Wasser anfühlt."

Judy: Du meinst, du möchtest fühlen, wie sich Wasser anfühlt.

Marne: ... fühlen, wie sich Wasser anfühlt. Und ich kam hin und bemerkte eine Reihe interessanter Dinge, in bezug darauf, was mir diese Information gab, verglichen mit der Information, die ich durch Überprüfung mit meinen Händen bekam. Und daß meine Finger viel sensibler dafür sind Dinge zu bemerken als meine Augen. Ich habe mit mir selbst abgemacht, diesen Sensoren auch „die Augen zu verbinden". Fair ist fair. Wenn wir schon über Form und Funktion reden und ...

John: ... Kontext ...

Marne: ... Struktur, Funktion und Kontext – auf dem Weg zu dem Swimmingpool war da Information, die ich nicht unbedingt mit meinen Augäpfeln aufgenommen habe; ich habe den Swimmingpool gefunden, aber ich wußte nicht, was zum Teufel es war. Und ich dachte mir: „Wow! Ich kann wirklich damit spielen."

John: An dem Punkt übrigens, gerade vor dem „Wow" – oder vielleicht auch währenddessen – hattest du „eine Erfahrung ohne Bedeutung".

Marne: Jemand anderer hat dazu gesagt: „Ich weiß nicht, wovon du redest."

Judy: „Ich weiß nicht, was du meinst."

John: Ich hoffe, sie haben geklatscht.

Judy: Ein guter Test.

Marne: Ich habe auch bemerkt, daß ich mich für Information an meine rechte Hand wende, wenn ich das Gefühl habe, mein Überleben steht auf dem Spiel. Ich sagte also: „Geh noch weiter. Geh zu deiner linken Hand und fang an." Die Empfindungen waren unglaublich verschieden. Auch in dem Sinne von Stufen, die hoch und herunter gingen.

John: Das war eine der Sachen, um die es mir am meisten ging. Es gibt übrigens eine Beobachtungsaufgabe, die ich euch ohne weiteres stellen kann – genauer gesagt zwei. Eine lautet: Könnt ihr so gehen wie jemand anderer? Wie sehr ändert das eure Würdigung des Kontexts? Wenn ihr Einblick in die Wirklichkeit einer anderen Person gewinnen wollt, könnt ihr bei euren verfeinerten Wahrnehmungs- und Bewegungsfähigkeiten mit etwas so Dynamischem wie der Gehweise eine alternative Wirklichkeit betreten, die euch einen Einblick geben wird, was es bedeuten kann, sich von einer Kultur in eine andere zu begeben, wobei die Unterschiede offensichtlich sind. Wenn ihr euch innerhalb einer Kultur über die Grenzen des Geistes zwischen zwei Personen hinwegsetzt, werden die tiefgreifenden Unterschiede durch die sogenannte „gemeinsame" Sprache und gemeinsame äußere Verhaltensmuster verdeckt. Diese haben sehr wenig mit den Unterschieden des inneren Mapping zu tun, die jeder von uns mit sich herumträgt.

Judy: Ich habe lange mit Titos getanzt, und als ich anfing mit ihm zu tanzen, erschienen mir einige Schritte sehr komplex. Er macht einige Schritte, die so aussehen, als würde man dabei dreimal den Boden berühren und dabei sind es sechs Berührungen, doch bis ich eine bestimmte Stufe der Unterscheidungsfähigkeit erreicht hatte, bemerkte ich das nicht einmal. Ich strengte mich so an und es schien so schwer – es war, als ob sie zwar da seien, aber doch nicht da seien – und er kam auf mich zu und sagte: „Geh mit mir, Mama, geh einfach nur mit mir, das ist alles was du tun mußt", und alles andere ergab sich von selbst.

John: Einige von euch haben Glück gehabt. Ich kann mich erinnern, daß ich Jane dabei zugesehen habe. Alan ist auch ein Beispiel. Wenn ihr in Titos unmittelbarer Nähe tanzt, könnt ihr auf einmal Sachen machen …

Judy: … ihr werdet in dieser Schleife gefangen …

John: … Sachen, die ihr vorher nicht machen konntet. Nähe ist eine der Möglichkeiten, die Ausdehnung des Selbst zu vergrößern; ihr definiert euer Selbst, so daß es Titos als Teil des Feedbackkreises einschließt. Auf einmal könnt ihr Sachen, die euch vorher unmöglich waren.

Antonio: Ich war einmal auf einer Straße in Paris und da war dieser Typ … Wenn Leute vorbeigingen, machte er ihren Gang so genau nach – es war unglaublich. Und der Betreffende merkte es nicht. Jeder sonst merkte es … er ging … jeden, es gab keinen auf der Straße, den er nicht ganz genau nachmachen konnte.

Judy: Er bekam eine Menge Informationen über die Welt … ob er nun etwas Interessantes damit anfing …

Antonio: … nun er verdiente Geld, indem er die Leute unterhielt …

Judy: … das ist interessant …

Antonio: Es war unglaublich. Es konnte ein großer Kerl sein oder ein kleiner, jedes beliebige Gewicht.

John: Formwechsel. Die zweite Beobachtungsaufgabe besteht darin, wie bei dem links-rechts-Unterschied, den Marne in dem Fluß taktiler Information bemerkt hat …

Menschen bieten das eine oder das andere Ohr, je nachdem welche Einstellung sie gegenüber der Person oder der Information haben, die vermittelt wird. Ich möchte, daß ihr in dieser Richtung Beobachtungen macht, um zu entdecken, welche Generalisierungen euch zur Verfügung stehen. Es ist so systematisch wie Augenbewegungsmuster. Versteht ihr die Aufgabe?

Teilnehmerin: Nein.

John: Wenn ich dir zuhöre und dir dieses Ohr, anstelle des anderen anbiete, dann ist das ein Signal, so definitiv wie Augenbewegungen, über meine Reaktion entweder auf dich und/oder die Information, die du mir gibst – oft im Zusammenhang mit Glauben oder Nicht-Glauben. Andererseits kannst du, wenn du auf einer etwas höheren Stufe das inkorporierst, was wir in den letzten dreieinhalb Tagen untersucht haben, dann kannst du es als einen Hinweis darauf interpretieren, wie sehr es mit den Wahrnehmungsfiltern übereinstimmt oder nicht übereinstimmt, durch die wir die homöostatischen Zentren unserer eigenen Glaubenssätze verteidigen. Ich möchte euch ein Rätsel stellen. Wir werden überhaupt zu solide hier im Sinne von Verstehen usw. Ich möchte euch daher etwas vorlesen …

Judy: … ein Werkzeug der Entropie … (an agent of entropy)

John: Ja, ein bißchen Entropie ist hier angebracht. Ich möchte euch einen recht bemerkenswerten Bericht über eine Reihe von Experimenten vorlesen und möchte euch dazu einladen, euch durch den Kopf gehen zu lassen, was sie repräsentieren. Das ursprüngliche Experiment wurde von W. MacDougall 1920 in Harvard begonnen. Der Kontext war der, daß er eine experimentelle Demonstration durchführen wollte, die ein für alle Mal – das ist eine der amüsanten Sachen mit der ersten Aufmerksamkeit – den Streit zwischen der Lamarckschen und der Darwinschen Vererbungslehre lösen sollte.

> Insbesondere hoffte er, eine gründliche Überprüfung der Möglichkeit der Lamarckschen Vererbungslehre zu leisten. Die Versuchstiere waren weiße Ratten der Weistar-Linie, die unter Laborbedingungen sorgfältig über mehrere Generationen hinweg durch Inzucht vermehrt worden waren. Ihre Aufgabe bestand darin, zu lernen, aus einem besonders gebauten Wassertank zu entkommen, indem sie zu einem von zwei Gängen schwammen, die aus dem Wasser herausführten. Der falsche Gang war hell erleuchtet, der richtige Gang nicht. Wenn die Ratte den Tank

durch den erleuchteten Gang verließ, erhielt sie einen Stromschlag. Die beiden Gänge wurden abwechselnd erleuchtet, in einem Durchgang der eine Gang, beim nächsten Durchgang der andere. Die Anzahl der Fehlversuche, die eine Ratte unternahm, bevor sie lernte, den Tank durch den nicht beleuchteten Gang zu verlassen, stellte das Maß ihres Lernerfolgs dar.

John: Und sie hatten sehr schlaue Ratten und sie hatten wirklich dumme Ratten. Die dümmste Ratte brauchte ungefähr 330 Durchgänge bevor sie es begriff.

Der Versuchsleiter bemerkte, daß es einen Punkt gab, an dem es für ihn offensichtlich war, daß die Ratte gelernt hatte, und von diesem Punkt an machte sie keine Fehler mehr. Aus jeder Generation wurden die Ratten, mit denen die nächste Generation gezüchtet werden sollte, nach Zufall ausgewählt, bevor ihre Lernrate gemessen wurde, auch wenn die Befruchtung erst stattfand, nachdem sie getestet worden waren. Dieses Vorgehen wurde gewählt, um jede Möglichkeit einer bewußten oder unbewußten Auswahl zugunsten schneller lernender Ratten zu vermeiden. Das Experiment wurde über einen Zeitraum von 15 Jahren durchgeführt und umfaßte 32 Generationen. In Übereinstimmung mit der Lamarckschen Theorie ergab sich eine deutliche Tendenz für Ratten nachfolgender Generationen, schneller zu lernen. Das ergibt sich aus der Zahl der durchschnittlichen Fehler, die Ratten in den ersten acht Generationen begangen, die über 56 lag, verglichen mit 41, 29 und 20 in der zweiten, dritten und vierten der jeweils acht Generationen umfassenden Gruppe. Der Unterschied war nicht nur in den quantitativen Ergebnissen deutlich, sondern auch in dem beobachtbaren Verhalten der Ratten, die in späteren Generationen immer vorsichtiger und zögernder wurden. MacDougall hatte mit der Kritik gerechnet, daß trotz der Zufallsauswahl der Eltern in jeder Generation eine bestimmte Art der Selektion zugunsten der schneller lernenden Ratten erfolgt sein könnte. Um diese Möglichkeit zu prüfen, begann er ein neues Experiment mit einer neuen Gruppe von Ratten, in der die Eltern tatsächlich aufgrund ihres Lernerfolgs ausgewählt wurden. In einer Serie wurden nur schnelle Lerner in jeder Generation zur Fortpflanzung ausgewählt und in einer anderen Serie nur langsame Lerner. Wie erwartet, lernten die Nachkommen der schnellen Lerner, relativ gesehen, schnell, während die Nachkommen der langsamen Lerner relativ langsam lernten.

John: Hier kommt die erste Anomalie.

Doch selbst in den späteren Serien verbesserte sich die Leistung jeder nachfolgenden Generation sehr deutlich, trotz wiederholter Selektion zugunsten langsamen Lernens. Einer der Kritiker, ein Mann namens F.A.E. Crew aus Edinburgh, wiederholte MacDougalls Experiment mit Ratten, die aus der gleichen, durch Inzucht vermehrten Linie stammten und verwendete einen

Tank ähnlicher Bauweise. Er fügte eine parallele Linie untrainierter Ratten hinzu, von denen einige in jeder Generation auf ihre Lernleistung hin getestet wurden, während andere nicht getestet wurden und als Eltern für die nächste Generation dienten, wodurch die Möglichkeit ausgeschlossen wurde, daß Training als Faktor bei der Weitergabe erworbener Merkmale eine Rolle spielte. Während der nächsten achtzehn Generationen des Experiments fand er weder eine systematische Veränderung in der Lernrate der trainierten noch der untrainierten Linie. Allerdings ähnelten die Durchschnittswerte von Crews Ratten gleich von Beginn an denen, die MacDougalls Ratten nach 30 Generationen Training in dem gleichen Labyrinth erreicht hatten.

John: Versteht ihr?

Es war, als sei das Experiment fortgesetzt worden, bemerkt der Kommentator, obwohl Unterschiede in Zeit und Raum und zwischen den individuellen Organismen bestanden, die nicht erklärt werden konnten, außer durch die übliche Auffassung. Zum Glück ist das nicht das Ende der Geschichte. W.E. Aegar und seine Kollegen in Melbourne wiederholten das Experiment und vermieden die methodischen Schwächen, die Crews Experiment belastet hatten. Im Verlauf von zwanzig Jahren ...

Diese Leute haben Ausdauer, was?

... maßen sie die Lernrate trainierter und untrainierter Linien in 50 aufeinanderfolgenden Generationen. In Übereinstimmung mit MacDougall fanden sie, daß die Ratten der trainierten Linien in nachfolgenden Generationen deutlich schneller lernten.

Und hier kommt das verblüffende Paradox:

Doch die gleiche Tendenz zeigte sich auch bei der untrainierten Linie. – *R. Sheldrake*

Das ist auch noch nicht das Ende der Geschichte.

Zur Vorbereitung für unsere Übung heute Nachmittag, der Übersicht der wichtigsten Beziehungen in eurem Leben, möchte ich vorschlagen, daß eure zweite Aufmerksamkeit eine Liste der Personen zusammenstellt, die seiner Meinung nach eure wichtigsten Beziehungen darstellen. Wir werden euch Anweisungen dafür geben, wie ihr diese Information nutzen könnt, wenn ihr eineinhalb Stunden nach der Zeit, die Josés Uhr jetzt anzeigt, wiederkommt.

Mittag

Judy: *(liest aus Bateson)*[10]

Ernährungsweise, Lebensbedingungen, Temperatur, Freizeitverhalten, sexuelles Verhalten, usw. sind nie derart, daß mehr desselben immer besser ist als weniger desselben. Es gibt vielmehr für alle Gegenstände und Erfahrungen eine Menge, die den optimalen Wert darstellt. Über diesen Wert hinaus wird die Variable toxisch. Unter diesen Wert zu fallen, stellt Entbehrung dar. Dieses Merkmal biologischer Werte trifft nicht auf Geld zu. Geld ist immer ein transitiver Wert. Mehr Geld ist angeblich immer besser als weniger Geld, zum Beispiel sind 1001 Dollar 1000 Dollar vorzuziehen. Doch das gilt nicht für biologische Größen. Mehr Calcium ist nicht immer besser als weniger Calcium. Es gibt eine optimale Menge an Calcium, die ein bestimmter Organismus für seine Ernährung braucht. Darüber hinaus wird Calcium toxisch. Das gleiche gilt für den Sauerstoff, den wir einatmen, oder Nahrung oder Bestandteile der Nahrung und wahrscheinlich alle Komponenten einer Beziehung ...

John: „Wahrscheinlich alle Komponenten einer Beziehung“?

Judy: Nö!

Genug ist besser als ein Festschmaus. Wir können sogar zuviel an Psychotherapie haben. Eine Beziehung ohne Streit ist öde, und eine Beziehung mit zuviel Streit ist toxisch. Wünschenswert ist eine Beziehung mit einem Optimum an Konflikt. Es ist sogar möglich, wenn wir Geld untersuchen, nicht an sich, sondern in seiner Wirkung auf die Menschen, die es besitzen, wir feststellen, daß Geld auch über eine gewisse Menge hinaus toxisch wird. Auf jeden Fall ist die Philosophie des Geldes, die Reihe an Vorannahmen, nach denen mehr Geld angeblich besser ist und besser wird, je mehr man davon hat, vollkommen antibiologisch. Es scheint jedoch, daß diese Philosophie dennoch Lebewesen beigebracht werden kann.

John: Ich würde übrigens behaupten: nur Lebewesen mit erster Aufmerksamkeit.

George: Was war das?

John: Eine Reihe von Worten, aus denen du Bedeutung schaffen kannst. Verstehst du die Idee, daß es nur Lebewesen mit erster Aufmerksamkeit beigebracht werden kann? George, ich sehe *dich* an. *(Lachen)*

George: Ich dachte, wir tauschen Blicke.

Judy: Du hast richtig gedacht.

John: Beziehungen.

Übung: Übersicht persönlicher Beziehungen

Judy: Habt ihr euch alle während des Mittagessens darauf vorbereitet, eine Übersicht eurer wichtigsten Beziehungen vorzunehmen?

John: Ich hoffe, ihr habt eure wichtigsten Bezugspersonen versammelt. Diese Übung ist, was die organisatorischen Prinzipien betrifft, die darin verwendet werden, die Einfachheit selbst. Ich werde sie euch beschreiben und sie in eurer zweiten Aufmerksamkeit sitzen lassen, während wir uns über die Wohlgeformtheitsbedingungen dafür unterhalten, wie diese besonderen Anweisungen auszuführen sind. In Übereinstimmung mit dem ästhetischen Rahmen, den wir zu entwickeln suchen, möchte ich empfehlen, daß ihr eine Metapher für euch selbst wählt, die die Art ästhetischen Gleichgewichts und Wertes hat, die ihr selbst attraktiv findet. Ich möchte die Bedeutung der Periodizität betonen – der zyklischen Natur – dieser Übersicht, dieser Inventur. Ich kann mich erinnern, daß ich einem Freund gegenüber, der mir mit ernster Miene und voller Aufrichtigkeit erzählte, daß alles in seinem Leben völlig durcheinander sei, in absolut begründetes Lachen ausgebrochen bin; und vor nur sechs Monaten hätte er alles vollkommen im Griff gehabt. Als ich aufgehört hatte zu lachen, sagte ich: „Gott sei Dank." Diese Art von Dynamik in einem System besteht darauf, daß ihr lebendig bleibt und eure Filter nicht so sehr nach außen verschiebt, daß ihr durch den Mangel an Unterschieden nicht mehr die in Wandlung begriffenen Beziehungen zwischen euch und anderen Menschen und zwischen euch und dem Kontext würdigen könnt.

Eine Metapher ist, am Rand einer Klippe zu gehen ... Am Rand der Klippe zu stehen ... In die Ferne zu schauen und zu sehen, was es da zu sehen gibt. Und nachdem ihr diese Umgebung eine Weile sehr sorgfältig untersucht habt, dreht ihr euch um und seht, daß hinter euch die Leute versammelt sind, die ihr gerufen habt. Und ihr geht dorthin und nehmt sie nacheinander bei der Hand und geht mit ihnen Hand in Hand zu dem Rand der Klippe. Ihr schaut in die Ferne und haltet ihre Hand. Sie schauen in die Ferne, Schulter an Schulter mit euch. Was wir da draußen sehen, repräsentiert in gewissem Sinne Zukunftsentwürfe für uns beide. Wir sehen uns dann beide an. Es kann sein, daß wir etwas sagen. Bei meinen Vorlieben ist gewöhnlich alles nonverbal. Aber dann wechsle ich Wahrnehmungspositionen, um mich selbst durch die Augen des anderen zu sehen und zu sehen, was er oder sie sah – aus ihren Augen – wenn sie zum Horizont schauen.

Judy: Doppelbeschreibung. Wendet dieses Format mit jeder Person aus dieser Gruppe an, die ihr gerufen habt, und bevor ihr den nächsten an der Hand nehmt und mit ihm zu der Klippe geht, seht von außen wie in der Editing-Funktion – von dritter Position, der nächsthöheren logischen Ebene, der Meta-Position – die Beziehung zwischen euch beiden. An dieser Stelle finden die Wohlgeformtheitskriterien Anwendung. Und das, erste Aufmerksamkeit, ist deine Verantwortung: die zweite Aufmerksamkeit daran zu erinnern, während ihr in diese Schleife hineingeht. Ihr bemerkt, daß wir auf einer Dreifachbeschreibung bestehen: meine Position, die Position der Bezugsperson und die Position des Editors von außen. Ich sollte auch erwähnen, daß es unter diesen Bezugspersonen einige geben kann, die euch eure zweite Aufmerksamkeit anbietet und die ihr nicht kennt, die ihr nicht wiedererkennt. Das ist eine Repräsentation des Ausgleichens (re-balancing), das notwendig ist, um die Art ausgeglichener Dynamik herzustellen, nach der ihr sucht. An dieser Stelle möchte ich eure zweite Aufmerksamkeit auffordern, euch zu überraschen, indem sie euch unter diesen Bezugspersonen einige anbietet, die ihr nicht unmittelbar wiedererkennt. Wenn ihr euch durch ihre Augen seht und aus der Position des Editors, werdet ihr in eurer zweiten Aufmerksamkeit zu einer Würdigung dafür gelangen, welche Bedeutung diese Personen hinsichtlich eines Wiederausgleichs eures Lebens für euch haben. Neuheiten.

John: Mindestens eine Dreifachbeschreibung; das ist das erste Wohlgeformtheitskriterium. Zweitens: Aus der Position des Editors habt ihr die Frage nach der Absicht zu beantworten – d.h. was ist die Absicht in dieser Beziehung? Ihr braucht an dieser Stelle nicht das Editing zu machen, aber irgendein Schreiber da drin sollte darauf aufpassen, wo es einen wichtigen Unterschied zwischen eurer Absicht und eurer tatsächlichen Performanz gibt, wenn ihr mit diesem anderen Geist eine Verbindung zu einer größeren Einheit von Geist eingeht. Und die vielleicht wichtigste Wohlgeformtheitsbedingung hier lautet, daß ihr von dieser äußeren Position aus klar die Fälle beobachten könnt, in denen ihr einen Bogen in den Feedbackkreisen der anderen zu spielen begonnen habt, so daß ihr in bezug auf sie die Tyrannenposition eingenommen habt; ihr habt sie versklavt, ihr preßt die Welt.

Judy: Und die Kehrseite dieser Medaille.

John: Auf welche Weise seid ihr dazu gekommen, darauf angewiesen zu sein, daß diese Person einen Bogen in eurem Feedbackkreis spielt, so daß dieser Feedbackkreis unterbrochen wäre, falls sie nicht da wären, um diesen Bogen zu spielen? Es geht hier nicht um eine Bewertung im Sinne von gut und schlecht. Ich sage, eine Wohlgeformtheitsbedingung für euch als Organismus lautet, daß Integrität der Feedbackkreise besteht, so daß ihr die Fähigkeit habt, euch mit einer anderen intakten Geisteseinheit zu verbinden und durch die dieser Beziehung innewohnende Doppelbeschreibung eine neue Klasse an Informationen zu schaffen. Doch in dem Maße, in dem ihr als ein Bogen in ihrem Feedbackkreis fungieren müßt – oder umgekehrt – versklavt ihr euch gegenseitig.

Das beste Teamwork in eurem Leben, die exotischsten, erotischsten, wunderbarsten, leidenschaftlichsten, bezauberndsten Momente eures Lebens haben damit zu tun, einen Bogen in Feedbackkreisen einer anderen Person zu spielen. Ich meine die Situationen, die durch Nichtgebrauch oder Atrophie eurer eigenen Feedbackkreise, oder der Feedbackkreise einer anderen Person zu einer Abhängigkeitsbeziehung geführt haben, dazu, daß ihr eure Integrität verloren habt.

John: Ich erinnere auch an meine Großmutter als Beispiel für eine Frau, die in der Lage war, ein interessantes, ausgeglichenes Leben zu führen – ihr bemerkt auch, daß sie die gesunde Fähigkeit hatte …

Judy: … die Bögen wiederherzustellen, die ihr Mann in ihren Feedbackkreisen gespielt hatte …

John: … als das nötig wurde; sie erfüllte also die Wohlgeformtheitsbedingung, wovon ich gerade spreche, nämlich, daß ihr die Fähigkeit habt, einen Bogen in dem Feedbackkreis einer anderen Person zu spielen und umgekehrt und wenn es erwünscht oder notwendig ist, diese Bögen, die jemand anderer in euren Feedbackkreisen spielt, wieder zu übernehmen und umgekehrt. Das ist eine Wohlgeformtheitsbedingung in dieser Übersicht persönlicher Beziehungen.

Teilnehmerin: Unter meinen Bezugspersonen ist eine Person, die zwei recht unterschiedliche Rollen erfüllt: eine persönliche, eine berufliche. Als ich meine Liste machte, führte ich diese Person als zwei verschiedene Personen auf. Ist das ein sinnvolles Vorgehen?

John: Nun, ich denke es ist angebracht, wenn es zumindest einen impliziten Vertrag zwischen dir und der anderen Person gibt, der den Kontext würdigt. Wenn in der Beziehung mit dieser Person in einem beruflichen Kontext ihr Verhalten dich zu der Annahme führt, daß sie genau die gleichen kontextuellen Unterscheidungen trifft, wie du und du es für euch beide für effektiv und gesund hältst, dann ist das eine absolut sinnvolle Organisationsweise. Erinnere dich an die Unterscheidung, von der ich sprach, zwischen dem Teil des Raumes, den ich für die Arbeit nutze, mein Pult, und anderen Teilen des Hauses, in denen ich lebe?

Judy: Wenn du diese Übersicht machst, zweite Aufmerksamkeit, sorge dafür, daß du genug Zeit für die Überraschungsgäste läßt, die nicht auf Anhieb von der ersten Aufmerksamkeit erkannt werden. Welche anderen Wohlgeformtheitsbedingungen fallen euch ein, wenn ihr darüber nachdenkt? Erste Aufmerksamkeit, an die Arbeit.

Teilnehmer: Rettungsleinen?

John: Rettungsleinen, ganz richtig. Laßt uns nun die Beziehung zwischen euch und eurem Zeugen besprechen. Ihr werdet in Paaren arbeiten. Ihr habt eine volle Stunde für die Übung, eine halbe Stunde für jeden von euch. Um es noch einmal zu wiederholen, ich empfehle euch ... Consuella und ich unterhielten uns gestern darüber. Sie sagte: „Donnerstag ... das, was ich am Donnerstag mache, zählt. Nicht was ich Samstag, Sonntag, Montag, Dienstag, Mittwoch mache. Am Donnerstag habe ich keinen Babysitter, da bin ich allein." Ich möchte euch also bitten, die Vorbereitungen so zu treffen, als ob ihr keinen Babysitter hättet.

Das heißt entweder „time lapse kickouts" *(Unterbrecher-Programme, die nach Ablauf einer bestimmten Zeitspanne eingreifen; Anmerk. d. Übers.)* oder Kickouts, wenn es eine Zustandsveränderung gibt; eine Stimmung des Sich-Gehen-Lassens (selfindulgent), z.B. wenn ihr Beziehungen betrachtet, erscheint mir vollkommen unangebracht für den Geist dessen, was wir hier tun. Ihr könnt euch gehenlassen, wenn ihr das wollt ... es ist eure Entscheidung. Es erscheint mir weniger angebracht als andere Eigenschaften, wie z.B. Fehlerlosigkeit, die ihr in diesem Gebiet nutzen könntet. Aber das sind jetzt Stilfragen. Solange ihr bereit seid, in jedem Fall die Konsequenzen eurer

Entscheidung zu tragen, respektiere ich diese Entscheidung. Solange es eine Entscheidung ist …

Judy: … und solange sie in einen Rahmen der Kunstfertigkeit und des Respekts eingebettet ist. Respekt ist hier entscheidend, denn wenn ihr draußen seid, in der Position des Editors, und die Beziehung auf Integrität der Feedbackkreise in jedem Individuum hin überprüft, müßt ihr daran denken, daß ihr eine wundervolle Absicht für diese Person haben könnt und umgekehrt … aber was ist, wenn ihr auf der falschen logischen Ebene interveniert? Was ist, wenn ihr Leuten Hilfe in einer Form anbietet, die nicht respektvoll ist, die sie einengt? Oder die einfach nur den Käfig weiter verstärkt, ihn aber für sie jetzt bequemer macht? Wenn die Absicht fürsorglich ist, überprüft, ob auch Kongruenz in der Art und Weise besteht, in der ihr auf ihre Feedbackkreise in dieser Beziehung zugeht? Oder unterstützt ihr den anderen darin, sich gehenzulassen, indem ihr es ihnen bequemer macht? Wenn sie nicht auf diese besondere Weise getröstet würden, wäre das ein Anlaß, für sie sich zu verändern – Bögen ihrer Feedbackkreise wiederzugewinnen, die ihr ungewollt übernommen hattet –, in einer Weise, daß sie ihre Integrität zurückgewinnen würden?

Georgine: Beziehst du dich jetzt auf die Integrität aus der Position der Person, die mit dir arbeitet?

John: Ich behaupte, daß ihr es aus mindestens drei Positionen beurteilen sollt. Eurer, ihrer und der äußeren Position.

Georgine: Das heißt in dir als Subjekt. Du meinst also die Integrität zwischen deinem Editor und deinem …

John: Ich meine die Beziehung, die du mit X hast. Ich möchte, daß du diese Beziehung aus deiner eigenen Wahrnehmungsposition heraus untersuchst; ich will, daß du die Wahrnehmungsposition der anderen Person X einnimmst und eine zweite Beschreibung bekommst; und dann will ich, daß du eine dritte Position einnimmst. Du bist der Regisseur in einem Stück und du beobachtest es. Aus dieser Position heraus mußt du die Absicht wie auch die Kongruenz dieser Absicht mit der aktuellen logischen Ebene beurteilen, auf der du Unterstützung anbietest, was das Übernehmen von Teilen in ihrem Kreislauf betrifft.

Georgine: OK, ich verstehe. Ich hatte angenommen, daß du aus der Position unseres Babysitters in der Übung gesprochen und die Rolle des Babysitters beschrieben hattest.

John: Nein, nein, nein …

Judy: Gute Idee.

John: Babysitter. Alles was der Babysitter macht, besteht darin, nachdem ihr all eure Rettungsleinen-Arrangements für euch getroffen habt – einen Kickout, wenn es eine bestimmte Zustandsveränderung gibt; einen Kickout, wenn es eine bestimmte Veränderung des Kontextes gibt, mit intervenierenden Notfall-Programmen; einen Kickout hinsichtlich der abgelaufenen Zeit – ihr wißt, wieviel Zeit ihr zum Arbeiten habt – ein Signal mit eurer zweiten Aufmerksamkeit zu arrangieren, euch herauszubringen, eure Rettungsleine für euch zu ziehen, wenn es nötig ist. So daß ihr so operiert, als ob der Babysitter absolut redundant sei, 100% redundant.

Georgine: Ich wollte gerade fragen, warum wir den Babysitter überhaupt brauchen.

John: Weil ich möchte, daß ihr diese Rückzugsposition habt.

Judy: Es ist ungefähr so wie beim ersten Alleinflug.

John: David Gaster schaute von unten aus zu, als ich meine ersten Soloschleifen mit Landungen und Starts drehte, und es war beruhigend für mich, selbst als ich vollkommen alleine auf dem Flugplatz war, zu wissen, daß er zuschaute. Albern, aber trotzdem beruhigend. Ich weiß nicht, ob ihr sie an diesem Punkt überhaupt braucht, aber ihr werdet sie haben.

Gibt es irgendwelche anderen Wohlgeformtheitsbedingungen, die ihr vorschlagen möchtet?

Teilnehmerin: Diese Geschichte mit der Zeit interessiert mich – du hast mehrmals Zeitverzerrung angesprochen. Ich frage mich, ob es bei einer solchen Übung ein optimales Zeitelement gibt. Ich kann mir vorstellen, daß es wirklich ein Sich-Gehen-Lassen wäre, diese Übung zu machen und nicht eine wichtige Einsicht daraus zu ziehen. Gibt es …

John: Ich würde an deiner Stelle zwei Uhren gleichzeitig laufen lassen. Ich würde eine Uhr laufen lassen, die der äußeren Zeit entspricht. Das ist eine Voraussetzung, um Symmetrie mit deinem Partner herzustellen. Es ist eine andere Form des Ausgleichens, OK? Das heißt, dein Babysitter wird eine halbe Stunde lang mit dir da sitzen; sie brauchen dann selbst eine halbe Stunde. Der Minimum-Kickout ist also nach einer halben Stunde; und wenn ihr nach einer halben Stunde nicht zurück seid, holen euch die Babysitter zurück. Das ist ihr Recht.

Judy: Ihr werdet bis dahin sicher genug Übung gehabt haben, um das, was ihr begonnen habt, im Traum zu beenden.

John: Die andere Zeit – die innere Uhr – ist eine freie Variable. Ihr könnt, wenn es nötig ist, in dieser halben Stunde Tage, Wochen, Monate und Jahre da drin verbringen. Ich glaube daher, daß beide Uhren wesentlich sind. Sie sind wie zwei verschiedene Wahrnehmungspositionen. Und wenn ihr etwas mit Zeitverzerrung gespielt habt, habt ihr subjektiv eine ungeheure Menge Zeit da drinnen, wenn ihr diese Arrangements getroffen habt.

Teilnehmerin: Du hast von einer kybernetischen Schleife gesprochen und davon, welche Wirkung diese Information aus der Doppel- und Dreifachbeschreibung hat – ob sie implementiert wird oder nicht und in welcher Zeit.

John: Nimm einmal an, daß du in einer Primärbeziehung mit X bist und ...

Judy: ... du hast es bis jetzt wahrscheinlich eh schon bemerkt ...

John: ... du hast eine, wie du glaubtest, angemessene Intention verfolgt, aber auf der falschen logischen Ebene. Du hast Schwäche unterstützt, wo du Stärke in dir selbst und in der anderen Person entwickeln willst. Ich habe gesagt, daß ihr nicht glauben müßt, das ganze Editing jetzt machen zu müssen, aber ihr braucht einen Schreiber da drinnen, der eine Notiz macht: „Das ist inkongruent – und nicht nur das – ich habe einen Teil meiner Integrität verloren und ich versklave die andere Person, während ich gleichzeitig dazu beitrage, daß sie ihre eigene Integrität verliert." Die Notiz wird gemacht. Diese Notiz hat zwei Teile: erstens, auf welcher Ebene ein Wechsel logischer Ebenen vorzunehmen ist, und zweitens, einen Übergangsmechanismus für Veränderung, um Kongruenz zu erreichen. Das ist ein Rahmen des Respekts hier.

Judy: Ja. Das ist der größere Rahmen aus Respekt und der größere Rahmen aus Kunstfertigkeit, den ich angesprochen habe.

John: Seid ihr alle wieder da? Ihr habt nicht alle eure primären Bezugspersonen mitgebracht. Es wäre nicht genug Raum für sie alle hier drinnen.

Judy: Falls ihr es nicht bemerkt habt, ihr seid – und werdet es auch weiter sein – sehr anders als ihr wart, als ihr die Sache begonnen habt. Mag es sich in der Zukunft beschleunigen. *(Lachen)* Das heißt, wir richten Mechanismen ein, die dynamisch sind, nicht statisch. Denkt einmal einen Moment voraus: In 24 Stunden werdet ihr zu eurem eigenen persönlichen Kontext zurückkehren – zu den Menschen, die euch nahestehen. Und ich würde ein Gefühl von Respekt diesen Personen gegenüber wählen, wenn ich zurückkehre um zu verstehen ... Georgine hat uns ein Beispiel gegeben: Wenn ich eine Verbindung mit einer anderen Person eingehe und die Feedbackkreise einrichte und dann so enthusiastisch werde, daß ich das Feedback verliere, kann ich sie buchstäblich „überwältigen". Der Begriff des Überwältigens hat hier eine wirklich bedeutende, konkrete Bedeutung, was die Kreisläufe angeht. Ich überwältige die anderen einfach mit Sachen. Ich könnte sie mit der Geschwindigkeit der Veränderungen überwältigen; ich könnte sie einfach dadurch überwältigen, daß ich in einem Maße anders bin, daß sie es nicht übersehen können, auch wenn sie die Wahrnehmungsfilter haben; oder ich könnte in der Angelegenheit taktvoll sein. TaTitos hat die Schritte, die Bewegungen und die körperlichen Anforderungen an euch allmählich jeden Tag erhöht.

John: Ihr wußtet das alle in zweiter Aufmerksamkeit. Mein Vorschlag ist, daß das als Modell dafür dienen könnte, wie ihr auf respektvolle aber gründliche Weise die Beziehung auf positive Weise zu verändern beginnt. Der Schreiber sollte also eine Notiz machen, daß nicht nur die Absicht und das Verhalten inkongruent ist und das Verhalten auf eine andere logische Ebene gebracht werden muß, sondern auch, daß das auf eine taktvolle Weise geschehen muß, die die Feedbackkreise der anderen Person respektiert. Wenn ihr euch plötzlich aus Bögen von Feedbackkreisen zurückzieht, die ihr für sie gespielt habt, werden sie flach aufs Gesicht fallen. Sie können sich dadurch bedroht fühlen. Es wird ihnen sehr fremd vorkommen. Und denkt daran, das ist ein natürliches konservatives Prinzip des Körpers im Sinne von Homöostase. Sie sind von euch abhängig geworden – oder genauer gesagt, sie haben sich an euch akklimatisiert, wenn ihr diese Metapher vorzieht. Formal sind beide identisch …

Judy: … und umgekehrt …

John: Und der Rückzug – um in euch selbst und in ihnen eine Integrität zu schaffen, die es euch erlauben wird, in euren Interaktionen auf freudvollere und kreativere Weise zusammenzukommen als je zuvor – muß daher sorgfältig, respektvoll erfolgen. Es wäre z.B. nicht weise, das Thema mit dieser Person in erster Aufmerksamkeit anzugehen. Weil erste Aufmerksamkeit nicht mit Schleifen operiert, sie operiert mit Bögen von Schleifen und ihr könnt in einer linearen Auseinandersetzung unterliegen, wenn ihr in erster Aufmerksamkeit vorgeht. Aber auf einer tieferen Ebene wißt ihr genau, daß die logischen Argumente, die ihrem Wesen nach linear sind, durch die verzerrende Wirkung der Sprache und des Bewußtseins belastet sind. Das wird also mit Sicherheit ein Teil eures wohlgeformten Vorgehens sein, wenn ihr in euren persönlichen Kontext zurückkehrt.

Teilnehmerin: Lara Amber Ewing erzählte mir einmal, daß sie im Wesentlichen den Endpunkt in diesem Prozeß einnimmt, in dem Sinne, daß sie ein Wesen hier drinnen hat, das sie den ganzen Tag über hat, das sich natürlich verändert, wenn sich ihre Umstände ändern und sie sich weiterentwickelt, aber sie überprüft von Zeit zu Zeit, wenn sie eine größere Entscheidung treffen muß, damit sie sozusagen ihre Schritte zurückverfolgt, um zu sehen, was die beste Entscheidung wäre, die mit dem Endpunkt übereinstimmen würde, den sie wählen möchte.

John: Solange der Endpunkt ständig durch zweite Aufmerksamkeit validiert wird, ist das in Ordnung – ganz genau wie die Strategie, die ich im Unterrichten verwende. Judy und ich entscheiden, bevor wir hier hereinkommen, daß bestimmte Punkte wahrscheinlich in diese Reihenfolge gehören und ungefähr so viel Zeit für diese Punkte nötig ist, und dann gehen wir beide in zweite Aufmerksamkeit und zusammen in eine Schleife mit euch. Und es ist so unglaublich, daß ihr genau die Art von Fragen gestellt habt, die uns natürlich dahin führen, wo wir hinwollen. Und das zeigt mir, daß wir wirklich kybernetisch solide in unserem Vorgehen waren, was das Zusammenarbeiten in einer Schleife mit euch betrifft.

John: Wenn jemand für diese Übung Ohrstöpsel möchte, als Gegenstück zu den Augenbinden, könnt ihr euch gerne welche nehmen. Sie liegen hier vorne. Wenn sich mein Mund bewegt und ihr keinen Ton hört, dann habt ihr wahrscheinlich schon welche, also ... *(bewegt den Mund, ohne zu sprechen).* Ich bin mit diesen Wohlgeformtheitsbedingungen zufrieden. Überprüft das in zweiter Aufmerksamkeit.

Judy: *(zeigt auf George)* Er hat keinen Test in zweiter Aufmerksamkeit gemacht. Los jetzt.

John: *(unterbricht George)* Nein, nein, ich stimme mit Judy überein. Ich warte auf Input aus der zweiten Aufmerksamkeit. Und es kann ein einfaches „Los" sein. Und wenn das der Fall ist, dann komm wieder zurück und gib mir ein Signal mit erster Aufmerksamkeit, damit ich weiß, daß du wieder zurück bist. OK. Gibt es noch irgendwelche Erste-Aufmerksamkeits-Fragen, George? *(Lachen)* George, weißt du, was für eine wichtige Rolle du spielst? Ich hoffe du weißt, wie sehr ich das schätze.

George: Danke. Wir haben beschlossen, daß Sich-Gehen-Lassen keine Wohlgeformtheitsbedingung ist, doch als wir dann alles besprochen hatten, war es fast zu einer geworden. Ich würde gerne genauer verstehen, woran ich erkennen kann, wenn ich mich gehenlasse. Was ist der Test dafür?

John: Für mich ist Sich-Gehen-Lassen am entgegengesetzten Ende des Kontinuums von Gleichgewicht. Ein Beispiel wäre ein Künstler, der so besessen mit einer Komponente der Welt ist, daß er oder sie buchstäblich keine Überlebensposition einnehmen kann. Jeder Daimon läßt sich per Definition gehen (is self-indulgent). Aus diesem Grund habt ihr Controller, Dirigenten und technische Mitarbeiter – damit die Struktur als ganze ausgeglichen ist, und gleichzeitig seid ihr an jedem daimonischen Punkt *self-indulgent*. Für mich geht es dabei darum, wieviel von eurer Ressource-Basis mit dieser Art von Ereignissen befaßt ist, und um die Zeit, die damit verbracht wird. Möget ihr eine angenehme Reise haben. Kommt in einer Stunde wieder.

Pause

John: Hier findet ein Tanz statt zwischen Fokus-Fokus-Fokus. Wenn ihr diese Art fokussierter Arbeit macht und euch darauf vorbereitet, euch in eure Teil-Feedbackkreise hinein auszudehnen, müßt ihr auf eure physiologischen Bedürfnisse achten. Ihr müßt auch eine Weile schweben. Es geht hier um Gleichgewicht auf der Meta-Ebene. Wir bereiten uns auf eine Tätigkeit vor, die ohnehin an sich schon heilsam ist; dieser Teil wird gut versorgt sein. Wenn die Arbeit mit der Qualität erfolgt ist, die ich in den Übungen beobachten konnte, kann sie unmöglich auf sinnvolle Weise in Codes der ersten Aufmerksamkeit diskutiert werden.

Judy: Hausaufgabe.

John: Identifikation lebender Systeme. Jedes lebende System – ob eure Katze, eine Pflanze, eine Blume, ein Baum, ganz gleich was – kann euch etwas lehren, wenn ihr in der Lage seid, euch sicher in dieses System hinein auszudehnen; das ist eure Aufgabe für diese Nacht. Eure Aufgabe besteht darin, ein lebendes System zu finden und euch in dieses System hinein auszudehnen. Was ich von euch möchte, ist, daß ihr eine so gründliche Erfahrung habt ... daß ihr ... Es gibt ein paar Tricks, die ihr einsetzen könnt: Zunächst einmal besorgt euch die Validierung, daß die zweite Aufmerksamkeit bereit ist sich auszudehnen. Besorgt euch ein Commitment von der ersten Aufmerksamkeit, in die Feedbackkreise hinabzusteigen, die die zweite Aufmerksamkeit auswählt, um dieses lebende System zu umschließen. Ihr könnt sogar den Wechsel des Referenz-Index vornehmen, den ihr in diesem Übersichtsprozeß eingesetzt habt, indem ihr euch von der anderen Seite seht und dadurch eine Veränderung der Identität da drüben erreicht, in die ihr euch dann hineinversetzen könnt. Ich möchte, daß ihr diese Art der Identifizierung erlebt.

John: Diejenigen von euch, die den Film „The Emerald Forest“ gesehen haben, werden sich daran erinnern, daß es für den Protagonisten nicht angebracht war, sich mit dem Adler zu identifizieren; er konnte tatsächlich aus der Perspektive des Adlers sehen. Es gibt bestimmte Merkmale eines lebenden Systems, mit denen sich Leute identifizieren, die euch überraschen werden – wenn ihr diese Identifikation herstellt. Denkt daran, eure Rettungsleinen einzurichten. Ich überlasse es euch, ob ihr einen Babysitter haben wollt. Es ist jetzt an der Zeit, daß ihr in diesem Bereich eure eigenen Entscheidungen trefft.

Christian: Gibt es irgendeine besondere Aufgabe für diejenigen, die das schon früher gemacht haben?

John: Ich habe mehrere. Für dich lautet die Aufgabe: „Power"-Orte zu finden.

Teilnehmer: Was ist ein Power-Ort?

John: Es gibt Orte um uns herum, die uns ein Gefühl der Linderung geben. Es gibt Orte, an denen man sich geschützt fühlt. Es gibt Orte, an denen man sich gestärkt fühlt; es gibt dort etwas, das man aus diesen Orten ziehen kann, in einem noch positiveren Sinne als nur Linderung zu erfahren. Es gibt Orte, die man auf jeden Fall vermeidet; man fühlt sich geschwächt, wenn man sich dort aufhält. Ich wäre ein Narr, wenn ich vorgeben wollte, daß ich euch angemessene verbale Anweisungen geben kann, außer unter Mithilfe eurer zweiten Aufmerksamkeit, die mehr darüber weiß, als ich je in einem Erste-Aufmerksamkeits-Code sagen könnte. Ich habe einiges Geschick in manchen Umgebungen, insbesondere im Hochplateau, solche Power-Orte mit Genauigkeit zu finden und zu unterscheiden und bin bei Leuten in die Lehre gegangen, die mich Rituale gelehrt haben, um mich diesen Orten zu nähern. Was das Annähern an diese Orte betrifft, wäre es angemessen zu überprüfen – überprüft mit eurer ersten Aufmerksamkeit eure zweite Aufmerksamkeit, sobald sie einen solchen Ort ausgemacht hat, bevor ihr euch ihm nähert … einfach nur ein „Hingehen"- oder „Nicht-Hingehen"-Signal auf die Frage: „Kann ich mich sicher nähern?" Wir werden morgen über Rituale diskutieren. Christian, wenn dir im Herangehen ein Ritual einfällt, nutze es. Bitte sei respektvoll in deinem Zugang.

Judy: Fort Point.

John: Falls ihr Interesse habt, es ist ein schöner Ort, selbst für erste Aufmerksamkeit ...

Judy: … und es ist eine andere Perspektive auf die Brücke … von unterhalb der Brücke …

John: Fort Point ist leicht zu erreichen. Wenn ihr euch der Golden Gate Bridge nähert, werdet ihr rechterhand all diese alten Mautstationen bemerken, bevor ihr auf die eigentliche Brücke kommt. Dort ist auch eine Ausfahrt. Wenn ihr dieser Ausfahrt nach rechts folgt, kommt ihr zu einem Stoppschild, geht dann nach links und ich glaube, die erste Straße links, die dann kommt, führt euch hinunter und unter die Brücke, wo das Fort gebaut worden ist, das früher den Hafen von San Francisco beschützte. Und von dort bekommt ihr eine vollkommen andere Perspektive auf eine Erfahrung, die ihr bereits gemacht habt.

Teilnehmerin: Müssen wir in der Gegenwart des anderen lebenden Systems sein?

John: Ich glaube, mit etwas Übung, wie mit den Power-Orten auch, könnt ihr sie aus der Entfernung erreichen. Vielleicht könnt ihr das bei eurem ersten Flug erreichen. Ich persönlich würde in der Gegenwart des lebenden Systems sein wollen, mit dem ich die Identifikation durchführe, bis ich eine gewisse Geläufigkeit mit solchen Identifikationen erreicht habe. Dann könnte ich es aus der Entfernung machen. Wenn ihr nicht schon eine Menge Erfahrung damit habt Entfernungen zurückzulegen, ohne euren Körper im üblichen Sinne zu bewegen ... Und da du die Stirn runzelst, gehe ich davon aus, daß es keine gewohnte Erfahrung ist. Geh dorthin.

Judy: Britt, darf ich dein Beispiel verwenden? Gegen Ende der letzten Übung dachte Britt: „OK, ich bin fertig", und ihr Schutzengel sagte ihr: „Überprüfe deinen sechsten Sinn und vergewissere dich, daß es alle sind." Und dann kamen ihre Katzen und sie nahm die Wahrnehmungsposition ihrer Katze ein, so als würde sie die Welt aus den Augen ihrer Katze sehen. Sie sagte, auf einmal waren da alle diese kleinen Bewegungen in den Büschen, die sie vorher nie bemerkt hatte.

John: Das ist ein Gütemerkmal dafür, daß du die Art von Identifikationen durchgeführt hast, die du dir vorgenommen hattest. Du wirst Wahrnehmungserfahrungen machen, die Menschen normalerweise nicht zur Verfügung stehen, die aber für die lebenden Organismen, mit denen du dich identifizierst, typisch sind.

Larry: John, wie wichtig ist es zu wissen ... Du sprachst davon, Bereiche zu betreten, die andere Kulturen entwickelt und erforscht und verstanden haben und die für unsere Kultur, für uns – oder wenigstens für mich – vollkommenes Neuland sind.

John: Erste Aufmerksamkeit kennt das Unbekannte nicht. Und ein großer Teil des Ausgleichens (Rebalancing) hier hatte damit zu tun, euch dazu einzuladen, ausschließlich zweite Aufmerksamkeits-Kreisläufe einzunehmen.

Larry: Gibt es da etwas, das … Gibt es Anweisungen in bezug auf … Vielleicht ist das alles in der Lifeline.

John: Das ist genau wo du hingehst, und aus dem Grunde ist die erste Übung, die wir gemacht haben, so wichtig. Das ist auch der Grund, warum sie, wie wir betont haben, ein Teil von allem sein sollte, das wir hier im Seminar machen. Ihr habt Kontextmarkierungen, damit ihr wieder herauskommt. Lifelines.

Judy: Somit habt ihr die Freiheit euch zu committen, wie Viola Legere es tut.

John: Ich möchte übrigens, daß ihr zur Kenntnis nehmt, daß hier ein intelligenter, artikulierter Mann versucht, Repräsentationen in zweiter Aufmerksamkeit zu finden.

Larry: Ich verstehe. *(Lachen)* Um die Jahrhundertwende lebte ein Grammatiker, Fowler, der über „tote Metaphern" sprach. „Please examine that pen" (Bitte untersuche diesen Stift). Die Metapher in diesem Satz ist das Wort „examine" (untersuchen). Jeder in diesem Raum hat eine Metapher für „examine," auch wenn nur wenige die Etymologie des Wortes „examine" kennen. Es kommt von dem lateinischen „exima", dem Punkt auf einer Waage. Mir scheint, daß es Teile des Unbekannten gibt, für die die Lifeline-Übung, die wir gemacht haben, vollkommen inadäquat sein kann. *(Lachen)* Weil es Metaphern gibt … Wenn man die Vorannahme akzeptiert, daß einige der Glaubenssätze in der Welt real sind, dann zweifle ich an der …

John: … Angemessenheit der Lifelines, die wir hier eingerichtet haben.

Larry: … der Angemessenheit der Sicherheitsvorkehrungen, die wir getroffen haben, oder zumindest an der Angemessenheit der Vorkehrungen, die ich getroffen habe.

John: Wenn ich voraus klettere, vertraue ich dem Seil. Ich habe auch ein gewisses Maß an Kontrolle darüber, wie ich mich im Verhältnis zu dem Felsen plaziere, so daß ich in sehr starkem Maße das Ausmaß des Risikos bestimmen kann. Aber ein Risiko wird es immer geben.

Larry: Du meinst also, sei nicht übermütig, wenn du dich auf den Weg machst.

John: Ja. Das ist ein Anfang, wir haben zusammen einen Anfang gemacht …

Judy: … und wir reden von dem Ausmaß menschlicher Möglichkeiten …

John: ... nicht nur persönlicher Alternativen ...

Judy: ... sondern dem Maß menschlicher Möglichkeiten.

John: Das Ausmaß persönlicher Alternativen für mich ist in diesem Moment eine kleine, kleine Teilmenge der menschlichen Möglichkeiten. Und du verweist auf Bereiche menschlicher Möglichkeiten, die zu erreichen du jetzt die technische Kompetenz entwickelst und bezweifelst, daß die Lifelines ausreichen werden, um dich zu schützen.

Judy: Darum mußt du die Feedbackkreise respektieren, den Kontext, die Struktur und die Funktion.

John: Du mußt ein Maß an Risiko bestimmen, das für dich akzeptabel ist, da du bemerkt hast, daß es Bereiche gibt ...

Judy: Hast du schon welche gefunden?

John: Ich habe gerade an einige gedacht.

Larry: Ich habe ein Gefühl, daß es sie gibt, aber bisher habe ich es geleugnet.

John: Mit der Möglichkeit, dich in diesen Bereichen zu bewegen, kommt eine zusätzliche Verantwortung für persönliche Sicherheit. Zweite Aufmerksamkeit wird im allgemeinen nicht einmal wahrnehmen – so wie erste Aufmerksamkeit es nie tut –, was du nicht akzeptieren kannst. Die Filter können dich schützen. Doch sobald du beginnst Wahrnehmungsfilter zu wechseln, gehst du ein zusätzliches Risiko ein, und in diesem Zusammenhang hast du die zusätzliche Verantwortung Vorkehrungen zu treffen. Welche Vorkehrungen angemessen sind, ist eine Frage, über die ich heute Nacht gerne träumen werde; ich lade euch alle ein, das gleiche zu tun.

Judy: Auf zum Tanz!

John: Diese Frau sagt: „Auf zum Tanz." Ich sage: „Auf zum Tanz." Kommt in zehn Minuten wieder.

Übung und Ende des vierten Tages

Fünfter Tag

Judy: Guten Morgen.

John: Guten Morgen.

Francis: Als Ökologiecheck für heute Morgen möchte ich fragen, ob wir qualifiziert sind, die Entscheidung zu treffen, die Kongolesen dazu einzuladen, uns heute Nachmittag einige alternative Beschreibungen anzubieten?

Judy: Welche Entscheidung?

John: Welche Qualifikation?

Francis: ... sind wir qualifiziert, die Entscheidung zu treffen?

John: Nein, du nicht. *(Lachen)* Aber wie Judy am ersten Tag gesagt hat, das Leben ist die Kunst, zureichende Schlußfolgerungen aufgrund unzureichender Daten zu ziehen. Das Problem ist, daß man nie qualifiziert ist, aber man ist der einzige, der es tun kann.

John: Es gibt einen Nigerianer namens Babatunde Olatunji, der als der Afrikaner gilt, der traditionelle westafrikanische Rhythmen, vor allem aus Ghana und Nigeria, in die Vereinigten Staaten gebracht hat, vor nicht allzu langer Zeit.

Judy: Er ist ungefähr sechzig Jahre alt und lebt hier schon seit langem.

John: Ihr werdet viele Leute finden, angefangen von John Coltrane, vor etwa zwanzig Jahren, bis hin zu der Chuck Davis Dance Troup, die durch Olatunjis Arbeit dazu inspiriert worden sind, traditionelle westafrikanische Rhythmen in Jazz, Tanz, Blues usw. einzuführen. Die Westafrikaner, die vor mehreren hundert Jahren als Sklaven hierhergebracht worden sind, waren für sehr viel von dem verantwortlich, was wir heute unter amerikanischer Musik verstehen; und dann kam diese Auffrischung, als Olatunji neues Material herüberbrachte. Er war mit TaTitos und TaMalonga und Judy und mir auf der

Ranch und aß Käfer – Hummer, um genau zu sein. Entspann dich, Consuella. *(Lachen)* Du mußt vorsichtig sein mit diesen Hör-Fühl-Feedbackkreisen.

Judy: Alle Kinder in der Nachbarschaft glauben, daß John tatsächlich Käfer ißt.

John: Vor allem tote Fliegen. Es stimmt, fragt sie. Sie glauben es alle.

Judy: Bis wir unsere Patentochter Talia zu Besuch hatten, die ihm eine tote Fliege hinhielt und sehen wollte wie er sie schluckt. *(Lachen)* Dann mußte er …

John: *(Tut so, als würde er eine Fliege essen)* Kein Problem!

Judy: … genau so.

John: Fehlerlosigkeit ist die Losung des Tages. *(Lachen)*

Babatunde Olatunji hat eine Menge über westliche Kultur gelernt. Unter anderem über die Bedeutung von Kapital. Am Tisch sprach er über den bestbezahlten Auftritt, den er je hatte, und es stellte sich heraus, daß das in Poughkeepsie, New York, für IBM gewesen war. Er sagte: „Es ist wirklich erstaunlich, als ich dort war, fuhren sie mich dorthin, wo wir die Nacht verbringen sollten, und es war das luxuriöseste Appartement, in dem ich je gewesen bin. Es hatte alles. Es hatte eine Bar, Instrumente und Stereoanlagen …"

Judy: „… alles, was man sich nur wünschen konnte", sagte er.

Teilnehmerin: Sobald ich letzte Nacht die Augen schloß, träumte ich, daß wir alle zusammen diesen wundervollen Tanz aufführten. *(Lachen)* Es war eine Erfahrung, es war nicht etwas, das ich mir gerade ausdachte.

John: Ja. Übrigens achtet auf den Unterschied! Das ist der Unterschied zwischen einer wirklichen Metapher, einem Produkt zweiter Aufmerksamkeit und dem, was Gregory eine „Allegorie" nennt, was eine Konstruktion der ersten Aufmerksamkeit ist, die vorgibt, aus zweiter Aufmerksamkeit zu kommen. Ihr alle kennt den Unterschied. Es ist wichtig, diesen Unterschied zu respektieren. Das eine ist grob und das andere ist Kunst.

Judy: Ja. Ein guter Punkt, John.

John: Danke. *(Lachen)*

Judy: Ist es wirklich.

Teilnehmerin: Das Schöne an dem Traum war, daß sich alles in solcher Harmonie zusammen bewegte, daß alles einfach stimmte. Der Rhythmus war perfekt und alles paßte vollkommen. Die Bewegungen waren wirklich wundervoll, jeder tanzte fabelhaft und, ah, danke euch. *(Lachen)*

Judy: Du kannst über eine Situation hinausschauen, in der eine andere Person noch nicht die nötige Fertigkeit besitzt – die Grundlage jedes ästhetischen Aktes –, um die Reinheit ihrer Absicht auf der Ebene des Geistes zu würdigen. Es gibt gute Gründe dafür, die Aufmerksamkeit zu verschieben, wenn ihr in Gegenwart einer Gruppe von Menschen seid, die eine gemeinsame Intention haben. Du warst in der Lage, die Teil-Feedbackkreise für Tanz zu besetzen, obwohl die Feedbackkreise noch nicht eingespielt waren. Es besteht ein gewaltiger Unterschied zwischen jemanden, dessen Fokus ein Erste-Aufmerksamkeits-Fokus auf Technik ist – „Bewegen sich meine Füße auf genau die gleiche Weise wie TaTitos Füße?" Die Antwort ist: „Niemals."

John: ... – und jemandem, der zu zweiter Aufmerksamkeit wechselt und sich mit der Leidenschaft committed, die wir hier besprochen haben.

Christian: Ich hatte gestern Nacht ein Erlebnis, das dem Ballett sehr ähnlich war; es war George Balanchines Choreographie, und ich konnte die Fertigkeit würdigen, die in das einfließt was sie machen – weil sie es wirklich so mühelos erscheinen lassen. Hin und wieder würde ich ein feines Zittern der Muskeln bei einem der Tänzer erkennen und mir wurde klar ...

Judy: ... was da wirklich passierte.

Christian: Es war wirklich ein unglaubliches Erlebnis.

John: Wir haben ein Geschenk für euch. Ein letzter Teil – der „letzte" nur in dem Sinne, daß er eure Bereitschaft vervollständigt, in angemessen vorbereiteter Weise mit euren eigenen Explorationen zu beginnen. Ich habe neulich erwähnt, daß einer der Teilnehmer enttäuscht war, weil es ihm gelungen war „die Welt anzuhalten" und er nicht sofort aufschlußreiche Informationen von Gott erhielt *(Lachen)* – oder der Welt

– wie auch immer ihr darüber reden wollt. Ich erinnerte euch daran, daß solche Fertigkeiten Übung voraussetzen.

Ich möchte, daß ihr für euch ein diszipliniertes Programm entwickelt für den Wechsel von erster zu zweiter Aufmerksamkeit und zurück, sauber und ohne Reste. Ihr seht, daß ihr nie wieder zu warten braucht. Es wäre Sich-Gehen-Lassen in einem traditionellen Sinne zu warten, weil ihr von einer Welt umgeben seid, die geheimnisvoll ist, wenn ihr die Möglichkeit habt, mit eurer Aufmerksamkeit hin- und herzuwechseln. Ich erinnere euch an die ästhetische Frage: Wie sehr verändert ihr eure Filter …

John & Judy: … und wie sehr verändert ihr die Welt?

John: Es muß hier ein Gleichgewicht erreicht werden. In manchen Kontexten werdet ihr die Welt direkt konfrontieren wollen und in anderen Kontexten werdet ihr die Filter wechseln wollen. Denkt daran, daß jede Erfahrung ein interaktives Produkt dieser zwei Prozesse ist.

Susan: Werden Bögen gebildet, indem man die Feedbackkreise kreuzt?

John: Mit „Bögen" meine ich Teile eines kompletten Feedbackkreises. Damit der bewußte Geist sieben plus minus zwei Teile von Feedbackkreisen ins Bewußtsein bringen kann. Diese Teile kann man „Bögen" nennen, weil sie Teilmengen des Feedbackkreises sind.

Judy: Man wird nie den gesamten Feedbackkreis im Bewußtsein haben.

John: Bögen für sich allein sind nicht besonders nützlich. Auf diese Weise bekommen wir Schmalspur-, absichtsgeleitete Erste-Aufmerksamkeits-Verhaltensweisen, die durch Kunstfertigkeit und Weisheit ausgeglichen werden müssen, d.h. Kontext – das Einbeziehen des restlichen Feedbackkreises als Mindestanforderung. In diesem Sinne meine ich, daß du eine äußere Vorrichtung nutzt, um deine eigenen Feedbackkreise abzustimmen. Ein gutes Beispiel dafür war, als wir gestern gesungen haben. Wir haben alle gesungen, jeder von uns …

Judy: … als Gruppe und dann sagte TaTitos: „Alle Frauen – hoch."

John: Laßt uns hier differenzieren: „Huu, hu-hu-hu-hu, huu."

Judy: „Und nun singen die Männer tief."

John: Und es war wunderbar, die Differenzierung.

Richard: Gestern habe ich zum ersten Mal eine Doppelbeschreibung des Tanzens erlebt. Was du über die Verbindung zwischen Tänzer und Trommler gesagt hast war interessant; ich hatte das Gefühl, daß die Trommel unter meinen Füßen war und jeder Schlag drückte sie hoch. Und es gab eine Verbindung, wie du gesagt hast, mit Nähe – der Unterschied zwischen den Tänzern, die in Titos Nähe tanzten und denen, die weiter weg tanzten. Es war unglaublich.

Judy: Es ist die Form; du hast die gleiche Form. Es fällt in ...

Teilnehmerin: ... die andere Perspektive, wenn man vor den Trommlern saß und sie gehört und beobachtet hat ...

John: ... wie sie euch bewegen.

Judy: TaTitos hatte gesagt, daß das geschehen würde, nicht wahr? Es sorgt dafür, daß ihr nicht schummeln könnt. Setzt euch vor die anderen Trommler. Ihr könnt so nicht aus dem Tritt kommen.

John: Unser Thema für heute Morgen ist das Wechseln perzeptueller Filter. Erinnert ihr euch an das kleine Diagramm der Wirklichkeit, mit den Augen, den afferenten Nervenbahnen, zweiter Aufmerksamkeit, erster Aufmerksamkeit, möglicherweise reflektivem Bewußtsein oben drüber und wieder zurück zu den efferenten Nervenbahnen mit Querverbindungen, so daß es Subsysteme zwischen den afferenten und efferenten gibt, wo Erwartungen organisiert werden?

Die Frage lautet nun: Welche Schritte muß man unternehmen, um diese perzeptuellen Filter zu wechseln – die Art und Weise zu verändern, in der ihr den Input verzerrt? Es geht nicht darum Verzerrungen aufzuheben. Es geht darum sie zu verändern. Die Frage nach richtig oder falsch ist also nicht relevant für das, was wir hier tun – außer innerhalb des höheren Rahmens der Ästhetik und eurer Verpflichtung im Hinblick auf die Umgebung und anderer Einheiten des Geistes. Wir werden nicht von einem unwirklichen Wert einer dieser Variablen der Wahrnehmung zu einem realen wechseln; sie sind alle nicht real. Die Frage lautet: Habt ihr die Flexibilität, eine zweite und eine dritte und eine vierte perzeptuelle Position einzunehmen – der eigentliche Sinn des Wechsels eurer perzeptuellen Filter?

Antonio: Ich denke an diesen Wechsel von erster zu zweiter Aufmerksamkeit. Während der Fußballweltmeisterschaft wechseln die Menschen in Brasilien wiederholt von erster zu zweiter Aufmerksamkeit.

John: Und sie identifizieren sich vollständig mit der Mannschaft … da besteht kein Unterschied.

Antonio: Genau. Aber es gibt einen unglaublichen Wechsel von erster zu zweiter Aufmerksamkeit … das ganze Land … *(Lachen)* In jeder Stadt …

Judy: Ich glaube, das passiert in Texas, wenn die Cowboys im Superbowl spielen.

Antonio: … eine unglaubliche Veränderung. In Brasilien wird nicht gearbeitet. Wenn Brasilien spielt, geht kein Mensch zur Arbeit.

Judy: Alles steht still.

Antonio: Und wenn die Mannschaft verliert, dann ist das ganze Land …

John: … depressiv …

Antonio: Die Produktion …

John: … fällt.

Antonio: … sackt ab, richtig. Das ganze Land ist depressiv.

John: Die Rentabilität sinkt.

Antonio: Es ist unglaublich.

John: Das Thema heute sind perzeptuelle Filter. Vorweg: Das reflektive Bewußtsein wird euch in diesen Übungen von wenig Nutzen sein. Die Unterscheidung, die wir gestern getroffen haben zwischen erster Aufmerksamkeit und reflektivem Bewußtsein, wird von entscheidender Bedeutung sein. Reflektive Aufmerksamkeit ist noch etwas darüber. George fragte mich gestern, wie man Sich-Gehen-Lassen verstehen könne.

Judy: Heute werdet ihr einige Dinge machen, die ihr nie zuvor getan habt. Heute ist gewissermaßen der Zahltag. Ein Teil davon wird darin bestehen, daß ihr eure erste Aufmerksamkeit von dem Zentrum zur Oberfläche der Kugel verlegt, um eine Würdigung der Muster der Zweiten-Aufmerksamkeits-Logik zu bekommen.

Rosalie: Judy gab mir gestern Nacht eine Aufgabe; ich hatte darum gebeten. Ich habe gelacht, weil ihre Aufgabe darin bestanden hatte, die Logik der zweiten Aufmerksamkeit zu entdecken – ich sollte irgendwie dahinterkommen. Und ich habe gelacht und gesagt: „Judy, ich kann Logik oder Grammatik nicht einmal in erster Aufmerksamkeit. Ich kann nicht nur keine Grammatik, ich hatte einen Job, in dem ich Grammatik unterrichten sollte und konnte es nicht." Und hier ist was dabei herauskam, die Regeln der Logik in zweiter Aufmerksamkeit:

Es ist eine Welt generalisierter Tilgungen und spezifizierten Unsinns,
Wo Häuser eine tiefe grüne Knusprigkeit haben
Und Bäume wiehernd durch die Nacht marschieren.
Wo der sonnen-helle Schlauch meiner Kindheit
Die morgendlichen Haferflocken wärmte.
Es ist eine Welt, in der der untergepflügte Obsidian scheint
Und blaß-blaue Funken fallen,
Sich reiben, bis ah, golden zinnoberrote Wunden klaffen.
Es ist eine Welt, in der der Engel Flügel
Die Dunkelheit vom Herzen fegen
Von dem schwarzen Schrecken des Mittags.
Es ist eine Welt, in der Logik keinen Halt hat
Und die Sinne vielfingerige Modalitäten sind.
Die Tiefe des Wesens wird genutzt, um Wirklichkeiten zu verwandeln.
Es ist eine Welt, in der das Ego wirkt
Und die Welt spiegelnde Fußstapfen in den Himmel setzt.
Ohmmmmm.

(Applaus) Zweite Aufmerksamkeit. Ich hätte es in erster Aufmerksamkeit nicht machen können.

John: Die Regeln der Zweiten-Aufmerksamkeits-Logik sind in diesem Werk enthalten.

Judy: Das stimmt. Ob die erste Aufmerksamkeit diszipliniert und klug genug ist, um es in einem Erste-Aufmerksamkeits-Format herauszufinden, ist eine andere Frage. Du hast deine Aufgabe wirklich sehr gut gemacht.

John: Ich möchte euch vorlesen, wie ein Meister der ersten Aufmerksamkeit, Bateson, versucht hat, genau die gleiche Frage zu untersuchen, die du auf diese ästhetische Weise behandelt hast: die Algorithmen des Herzens.

> Diese Algorithmen des Herzens oder, wie man sagt, des Unbewußten, sind jedoch ganz anders codiert und organisiert als die Algorithmen der Sprache. Und da ein Großteil des bewußten Denkens im Sinne der Sprachlogik strukturiert ist, sind die Algorithmen des Unbewußten doppelt unzugänglich.[1]

Diese letzte Bemerkung trifft übrigens auf euch als Gruppe nicht zu. Das wurde vor etwa zwanzig Jahren geschrieben. Bedenkt, was Bateson in seiner Einleitung zur „Struktur der Magie" schreibt:

> Es ist eine seltene Freude, eine Einführung für dieses Buch zu schreiben, weil John Grinder und Richard Bandler etwas Ähnliches gemacht haben wie das, was meine Kollegen und ich vor 15 Jahren versucht haben ... sie haben etwas gemacht, das wir dummerweise übersehen haben, wie mir heute klar ist ... Diese Entdeckung scheint offensichtlich, wenn die Argumentation von der Linguistik ausgeht ... In der Tat ist aber vieles, was 1955 schwer auszudrücken war, 1975 wesentlich leichter auszudrücken.[2]

Und hier sind wir nun, im Jahre 1986, und wir haben die notwendigen Instrumente, um die Logik der zweiten Aufmerksamkeit zu erforschen – um die Transformationen abzubilden, die an der Verbindung zwischen erster und zweiter Aufmerksamkeit erfolgen, um die korrektiven Prozesse zu entwickeln und zu entwerfen, die notwendig sind, um uns wieder ins Gleichgewicht zu bringen und uns wieder mit uns selbst und mit anderen und mit dem Kontext auf eine Weise zu verbinden, damit unser Verhalten von einer gewissen Weisheit geleitet wird. Aus diesen Gründen würde ich behaupten, daß diese Aussage, die Algorithmen des Herzens seien „doppelt unzugänglich", in unserem Fall keine zutreffende Beschränkung darstellt.

> Nicht nur hat der bewußte Geist sehr wenig Zugang zu diesem Material, sondern es ist auch eine Tatsache, daß ein gewaltiges Übersetzungsproblem verbleibt, wenn ein solcher Zugang gelingt, wie z.B. in Träumen, in der Kunst, Dichtung, Religion, im Drogenrausch usw.[3]

John: Rosalies Werk heute Morgen zeigt, daß diese Art von Zweite-Aufmerksamkeits-Mustern nicht „doppelt unzugänglich" ist. Sie ist direkt zugänglich, wenn man die Disziplin und die Fertigkeit hat, zu zweiter Aufmerksamkeit zu wechseln. Sie ist nur „einfach" unzugänglich und das ist eine witzige Art der Unzugänglichkeit. Eine künstlerische Produktion, wie die von Rosalie, ist ein Zeichen dafür, daß sie in einem Gleichgewichts-Tanz zwischen erster und zweiter Aufmerksamkeit Zugang zu Mustern der zweiten Aufmerksamkeit finden und in Worten zurückbringen kann. Doch die Sprache selbst, in ihrer Struktur, demonstriert, daß es reines Zweite-Aufmerksamkeits-Material ist. Es bleibt das Problem der Übersetzung. Aber das ist nur ein Problem für Lehrer und Übersetzer, nicht für Künstler. *(Lachen)*

Bateson sagt weiter, daß der Primärprozeß – wir haben es zweite Aufmerksamkeit genannt – „durch einen Mangel an Negativen" gekennzeichnet ist und, wenn ihr an Rosalies Produktion denkt, „keine Zeitform kennt", d.h. gestern und morgen und heute und vor zehn Jahren und das zweiundzwanzigste Jahrhundert sind gleichzeitig anwesend ohne Zeitmarkierungen.

> Es trifft auch zu, daß sich das Thema des Diskurses im Primärprozeß von dem der Sprache und des Bewußtseins unterscheidet. Das Bewußtsein spricht von Dingen oder Personen und legt den spezifischen Dingen oder Personen, die erwähnt werden, Prädikate bei. Im Primärprozeß werden die Dinge oder Personen gewöhnlich nicht identifiziert, und der Fokus des Diskurses liegt auf den *Beziehungen*, die zwischen ihnen bestehen sollen.[4]

Judy: Schön.

John: Und wenn ihr euch nochmal anschaut was Rosalie gemacht hat, ein Teil dieser Eleganz bestand darin, eine Beziehung zu nehmen und die Relata einzufüllen – die Dinge, die verbunden, in Beziehung gesetzt werden, die Substantive mit Dingen, von denen die zweite Aufmerksamkeit weiß, daß sie wahr sind. Dinge, die die erste Aufmerksamkeit nie zuvor berücksichtigt hat.

Judy: So wie: „Menschen sind Gras".

John: Syntax – vor zwei Tagen habe ich euch aufgefordert, im Zusammenhang mit der Entwicklung der Vorgänge, die wir Bewußtheit, Aufmerksamkeit und Dissoziation nennen, „mir zu vertrauen" und angekündigt, daß ich später erklären werde, wie wir von dem komplexen und kongruenten grasenden Hirsch auf der Lichtung am Bach zu

McDonald's gelangt sind. Ich sagte, daß der kritische Schritt darin bestünde, zu verstehen, wie die Repräsentation einer möglichen und nie zuvor erlebten Welt in die Neurologie dieses schönen, unschuldigen Hirsches eingedrungen ist.

Haltet das fest – diese erste Dissoziation, den ersten Bruch dieser engen Verbindung zwischen Kreatur und Kontext, Ursünde, der Baum der Erkenntnis und der Apfel der Dissoziation – wie immer ihr es nennen wollt. Der kritische Schritt ist der, der eine Brücke schlägt zwischen dem naiven Organismus, der voll mit dem Kontext verbunden ist – dessen innere Repräsentationen nur natürliche Repräsentationen enthalten, solche, die in der Welt ihren Ursprung haben und eine Sequenz neurologisch spezifizierter Transformationen durchlaufen haben –, und einer Kreatur, die eine Repräsentation hat, die sie nie erlebt hat. Woher kommt diese mögliche, aber nie zuvor erlebte Repräsentation? Danke dafür, daß ihr mir vertraut habt – hier nun meine Geschichte:

Ich habe gestern behauptet, daß Syntax eines der drei Merkmale ist, das unsere Spezies von anderen unterscheidet. Eines Morgens vor langer, langer Zeit tritt Gork, der Höhlenmensch, aus seiner Höhle. Das war natürlich zu einer Zeit, als alles noch zweite Aufmerksamkeit war. Ork kommt also eines morgens aus der Höhle. Ich glaube es war Ork. Ich kann sie nicht auseinanderhalten, für mich sehen sie alle gleich aus. *(Lachen)*

Judy: Es liegt an euch, die Unterscheidung zu treffen.

John: *(gähnt und streckt sich)* Ork kommt also aus der Höhle und schaut sich um. Er sieht das Wasserbecken, dieses Auffangbecken. Da kommt Nork und stellt sich neben ihn. Nun, in ihrer bisherigen, gemeinsamen linguistischen Geschichte hat es einige Sätze gegeben, die nützlich waren und wiederholt worden sind, wie z.B.: „Wasser schmeckt gut."

Judy: „Ich trinke Wasser..."

John: ... und: „Ich sehe Felsen" und: „Ich sehe Wasser" und: „Ich sehe Säbelzahn-Tiger – laufen!" Solche Sachen. Das heißt, es gibt Klassen von Sätzen, die sie produziert haben, die in der Syntax der Sprache, die sie verwenden, wohlgeformt sind, wo Substantive wie „Wasser" und „Felsen" und „Säbelzahn-Tiger" und „George" und „Mary" und „Martha" alle an der gleichen syntaktischen Stelle erscheinen, als Subjekt oder direktes Objekt des Satzes. Beachtet die induktive Konsequenz eines syntaktischen Systems – eines Systems, in dem die Position bezüglich anderer Satzteile zur Bedeutung des ganzen Satzes beiträgt – im Hinblick auf unsere internen Repräsentationen. Vermutlich waren unsere internalen Repräsentationen, bevor sie zu einem Sprachsystem mit einer syntaktischen Grundlage wurden, sehr eng mit bestimmten Merkmalen der physischen Welt verbunden. Die Teile der physischen Welt z.B., die wir erlebt haben, die heiß waren, wurden in eine natürliche Klasse gruppiert – die Teile der physischen Welt, die sehr stark reflektierende Oberflächen haben, oder Teile der Welt, die ein Geräusch machen, wenn sie geschlagen werden –, sie alle stellen eine natürliche Klasse dar.

Die sinnlichen, physischen Eigenschaften der Welt bestimmen daher in ihren Interaktionen mit unseren genetisch spezifizierten neurologischen Filtern die Sorting-Prinzipien, die es uns erlauben, diese vielfältigen Erfahrungen in natürlichen Klassen zu gruppieren. Beachtet, daß jede dieser Klassen epistemologisch gerechtfertigt war – sie waren ein vorhersehbares Ergebnis der starken Interaktion unserer perzeptuellen Filter und der Welt. Und hier kommt jetzt die unberechenbare Größe: Syntax. Die Syntax der natürlichen Sprache etabliert auf induktive Weise ein vollkommen neues internales Sorting-Prinzip. Das bedeutet, daß Teile unserer Erfahrung der gleichen Klasse zugeordnet werden – ohne Rechtfertigung in der Welt oder in unseren neurologisch spezifizierten Filtern –, die daraus folgenden internalen Repräsentationen etablieren Verbindungen und Gruppierungen von Gegenstücken in der wirklichen Welt, die vollkommen willkürliche Verbindungen darstellen, die nie zuvor in der Erfahrung des Subjekts dieser Repräsentationen erfolgt sind. Die Bühne ist nun vorbereitet. Und nun geht Ork ...

Judy: Er ist wirklich müde. Ork ist wahrscheinlich wirklich müde.

John: ... wahrscheinlich, es war eine lange Nacht. Und er sagt: „Ich trinke Wasser. Wasser gut." Und Nork denkt sich: „Oh, ja." Genaugenommen denkt er sich nicht: „Oh, ja", weil er noch keinen internen Dialog hat. *(Lachen)* Das ist einer der Wege, wie sich Bewußtsein entwickelt hat. Er denkt sich also nicht: „Oh, ja." Nur moderne Menschen tun das. Der externe Stimulus löst ein Motor-Programm aus: Wasser trinken. Er geht also hinüber, nimmt einen Schluck Wasser und will gerade sagen: „Ich trinke Wasser", doch als er ungefähr bis zu dem „Ich" in dem Satz „Ich trinke Wasser" kommt, kommt ein Säbelzahn-Tiger hinter einem Felsen hervor. Das ist eine wichtige Nachricht. Das ist eine Nachricht über Unterschiede.

Judy: Etwas, das einem auffällt.

John: ... durch seine Anwesenheit, nicht durch sein Fehlen. In dem Zweite-Aufmerksamkeits-Repräsentationssystem von Nork wird ein Verhalten ausgelöst, nämlich aus naheliegenden Gründen einen Stein zu nehmen. Während des Sprachaktes findet ein innerer Ausrutscher statt und anstatt zu sagen: „Ich trinke Wasser", sagt er: „Ich trinke Felsen."

In unserer zweiten Aufmerksamkeit haben wir die Gesamtheit aller Repräsentationen von Ereignissen in der realen Welt, die uns durch die Filter in unserer Neurologie erreichen. Sie stellen die Summe unserer Erfahrung dar, so wie sie durch die neurologischen Filter verzerrt und dann in relativ unorganisierter Weise in zweiter Aufmerksamkeit gespeichert werden. Das bedeutet, daß es in der zweiten Aufmerksamkeit nichts gibt, was nicht zu irgendeinem Zeitpunkt in der Geschichte dieses individuellen Phänotyps, dieses Organismus, Nork, in der Welt der Erfahrung gewesen ist. In gewissem Sinne ist dieser Organismus zu eng an seine Umgebung gebunden. Sein Versprecher stellt einen magischen Moment in der Menschheitsgeschichte dar, denn später am Abend, nachdem der Säbelzahn-Tiger sich zurückgezogen hat und sie alle um das Feuer versammelt sind, sagt Ork: „Hä, Nork sagte: ‚Ich trinke Felsen.' Ha, ha, ha!", und jeder am Lagerfeuer lacht sich kaputt. Das ist ein magischer Moment in der Menschheitsgeschichte, weil in ihren zweiten Aufmerksamkeiten ... Was war geschehen?

... Etwas ist in ihren Repräsentationen der Welt geschehen, was in der Welt selbst nie passiert ist. Und durch einen Versprecher haben sie sich von der Tyrannei ausschließlicher Sinneserfahrung befreit. Ihr müßt verstehen, daß es für uns kein Problem ist. Wir versuchen wieder zurückzufinden. Aber sie versuchten herauszukommen. Ich kann die Bedeutung dieser merkwürdigen Kreatur, Syntax, gar nicht genug betonen. Ihr könnt einen Eindruck davon bekommen, welche Art von Verzerrungen dieses Geschöpf selbst in modernen natürlichen Sprachen anrichtet. Der Prozeß der Nominalisierung ist ein gutes Beispiel – jedes Geschöpf, das uns dazu bringen kann, zunächst so zu sprechen und dann auch so zu handeln, als ob *Liebe, Entscheidungen* und *Macht* in der gleichen Klasse sind wie *Ziegelsteine, Wasser* und *Kleenex* ist ein listiges und gefährliches Geschöpf – eines, auf das sorgfältig aufgepaßt werden muß.

Judy: Sie haben eine mögliche Welt geschaffen …

John: … durch einen Versprecher. Ich behaupte, daß die Technologie unsere Reaktion auf die Diskrepanz zwischen den Repräsentationen ist, die wir internal in zweiter und erster Aufmerksamkeit durch einen Versprecher kreiert haben und dem, was wir zu diesem Zeitpunkt wirklich erreichen können. Jemand mag eines Tages einen Vogel beobachtet und gesagt haben: „Ich fliegen." Irrtum, Irrtum. Und nun tun wir es. Guter, alter Nork.

Judy: Guter, alter Nork. Wir schulden ihm eine Menge.

John: Allerdings.

Dr. Erickson erfand ein Spiel für seine Enkel, das sowohl ihm wie auch den Kindern Spaß machte und das auf nette Weise den Gebrauch von Zweiter-Aufmerksamkeits-Logik zeigt. Wir lernten dieses Spiel anläßlich eines Besuches bei Erickson kennen. Als wir Ericksons Haus erreichten, begrüßte uns Betty Erickson, Miltons Frau und lebenslange Mitarbeiterin, sehr herzlich und forderte uns auf, uns Milton und einigen Besuchern aus Michigan anzuschließen, die im anderen Haus versammelt waren. Dr. Erickson empfing uns freundlich, und wir waren etwas überrascht zu sehen, daß seine Besucher Leute waren, die wir zu ihm geschickt hatten.

Nach einigen Minuten höflicher und recht angenehmer Konversation gab mir Erickson ein Blatt Papier, mit Schreibmaschine beschrieben, und sagte, daß es ein Rätsel enthalte und wies Judith und mich an, die Hinweise auf diesem Blatt Papier unseren Kindern, Mike, Kathie und Eric sowie den anderen Besuchern vorzulesen. Oben auf dem Blatt war eine einleitende Bemerkung an Ericksons Enkelkinder gerichtet, mit der Aufforderung, das Rätsel zu lösen und die Lösung an Opa Erickson zu schicken, mit dem Angebot von zehn Dollar für den, dessen Lösung mit der des Großvaters übereinstimme. Es besagte weiter, daß die Enkelkinder die Hilfe ihrer Eltern einsetzen durften, um zu einer Lösung zu gelangen, doch daß Opa selbst bezweifelte, ob solche erwachsene Hilfe sich als sehr nützlich erweisen würde. Darunter stand eine Liste von ungefähr einem Dutzend Hinweisen. Diese Hinweise sollten laut vorgelesen werden – so stand es in den Anleitungen – und der Zuhörer sollte an ein Wort denken, das ein Synonym für den Hinweis war. Irgendwann – so stand es weiter in der Anweisung – würde der Name einer beliebten menschlichen Betätigung spontan aus den Zweite-Aufmerksamkeits-Prozessen des aufmerksamen Zuhörers aufsteigen und das sei dann die Lösung des Rätsels. Judith und ich lasen abwechselnd die folgenden Hinweise:

a: das letzte, was eine Dame der Gesellschaft anzieht, bevor sie das Haus zum Tee verläßt
b: eine Gruppe voll ausgewachsener Maden
c: eine Gruppe von Männern, die mit tiefer Stimme singen
d: ein fliegendes Säugetier
e: eine englische Zigarettenmarke
f: ein Stück Kohlenstoff, das starkem Druck und hoher Temperatur ausgesetzt worden ist
g: mehrfache Unvollkommenheiten in Damen-Nylonstrümpfen.

In einer so klugen Gruppe wie der euren – einer Gruppe, die autonome Zweite Aufmerksamkeits-Feedbackkreise respektiert – wird diese Liste von Hinweisen sicherlich ausreichen. Ja. Ich sehe, daß du es erraten hast. Diejenigen von euch, die eine Antwort haben, heben bitte die Hand und wenn eure Antwort überprüft worden ist, gehen diejenigen die Liste noch einmal mit jemandem durch, der die Antwort noch nicht in erste Aufmerksamkeit gebracht hat; gebt ihnen zusätzliche Hinweise, um ihnen zu helfen, seid aber nicht zu offensichtlich … (*Tumult*)

OK, kommt mit eurer Aufmerksamkeit bitte wieder hierhin zurück.

Nachdem wir also die Liste mit den Hinweisen unseren Kindern und Ericksons Gästen vorgelesen hatten, sprachen wir über die Vermutungen, von denen noch keine richtig war, die die Hinweise ausgelöst hatten, bis der alte Mann weise unsere erste Aufmerksamkeit wieder von dem Rätsel fort auf andere Themen lenkte. Da wurde auf einmal Eric, der damals sieben oder acht Jahre alt war, unruhig und bat um Erlaubnis, zu einem kleinen Laden an der Ecke zu gehen – wir hatten ihm morgens versprochen, daß er einkaufen gehen dürfe. Als er eine halbe Stunde später zurückkam, hatten einige von uns das Rätsel gelöst – und stellt euch unsere Begeisterung vor, als er uns stolz zeigte, was er gekauft hatte, ganz richtig, einen Baseball, einen Schläger (bat) und einen Handschuh (glove). Beachtet bitte die Eleganz seiner Lösung. Vor ein Zweite Aufmerksamkeits-Rätsel gestellt, verwendete er ausschließlich Zweite-Aufmerksamkeits-Verhalten und -Kreisläufe, um eine Lösung zu finden. Das ist Kongruenz.

Wie? Natürlich, hier sind die Worte, die Synonyme für die Hinweise darstellen:

a: das letzte, was eine Dame der Gesellschaft anzieht, bevor sie das Haus zum Tee verläßt – Handschuhe (gloves)
b: eine Gruppe voll ausgewachsener Maden – Fliegen (flies)
c: eine Gruppe von Männern, die mit tiefer Stimme singen – Bässe (basses)
d: ein fliegendes Säugetier – Fledermaus (bat)
e: eine englische Zigarettenmarke – Players
f: ein Stück Kohlenstoff, das starkem Druck und hoher Temperatur ausgesetzt worden ist – Diamant (diamond)
g: mehrfache Unvollkommenheiten in Damen-Nylonstrümpfen – Läufe (runs).

Das zugrundeligende Zweite Aufmerksamkeits-Muster hier ist eine phonetische Ambiguität – das Wort *flies* kann sowohl die Antwort auf den Hinweis darstellen: eine Gruppe ausgewachsener Maden, oder auf Baseball und Bälle bezugnehmen, die von den Spielern gefangen werden, bevor sie den Boden berühren. Das gleiche gilt für jeden anderen der Hinweise. Die Lösung kann daher nur als unbewußte, Zweite-Aufmerksamkeits-Schnittstelle der sekundären Bedeutung der phonetisch uneindeutigen Antworten auf die Hinweise auftauchen.

Francis: Es gibt ein Format für kreative Strategien, Synectics, das versucht, das gleiche zu erreichen.

John: Das ist das, wo man sich mit dem identifiziert, was das Problem vorgibt. Ja, das wurde von einer Gruppe in Boston entwickelt.

Francis: Sie haben es in der Werbung und in der Produktentwicklung und ähnlichem eingesetzt. Es scheint eine codifizierte, vorgegebene Zweite-Aufmerksamkeits-Strategie zu sein.

Judy: Es ist eine vorgegebene Zweite-Aufmerksamkeits-Strategie. Es ist wie eine Allegorie. Was Francis anspricht, geht in etwa so: Ihr bringt eine Gruppe von Ingenieuren zusammen und fordert sie z.B. auf, ein Problem aus dem Maschinenbau zu lösen. Ihr tragt ihnen auf, sich mit der Mechanik des Systems zu identifizieren. Wie in Toms visueller Kunst oder Titos Trommeln, Singen und Tanzen, wie in jedem ästhetischen Akt, nehmen sie eine Zweite-Aufmerksamkeits-Identifikation mit dem Objekt oder dem System vor, und indem sie das tun, verändern sie ihre Aufmerksamkeit und bekommen eine zweite Beschreibung, eine Doppelbeschreibung, die oft zu recht erstaunlichen Ergebnissen führt, was das Problemlösen angeht.

Francis: Mir fällt ein Beispiel von einem Farbenfabrikanten ein, der Farbe für eine bestimmte Oberfläche herstellen wollte, und sie fingen an, auf der Oberfläche herumzuklettern und fanden dann heraus, daß sie kleine Klebflächen brauchten, wie die Saugnäpfe eines Tintenfisches, um sich an der Oberfläche festzuhalten. Sie verwendeten das als Metapher, um dann einen Oberflächen-Emulsionsprozeß zu entwickeln, der mikroskopisch kleine Klebflächen schuf, so daß der Farbtropfen an der Oberfläche hängenbleiben konnte, die sonst keine Farbe annahm.

Judy: Toll.

> Im Primärprozeß werden die Dinge oder Personen gewöhnlich nicht identifiziert, und der Fokus des Diskurses liegt auf den Beziehungen, die zwischen ihnen bestehen sollen. Das ist tatsächlich nur eine andere Ausdrucksweise dafür, daß der Diskurs des Primärprozesses metaphorisch ist. Eine Metapher läßt die Beziehung, die sie „veranschaulicht", unverändert, wobei sie die Relata durch andere Dinge oder Personen ersetzt.[5]

Kommt euch das bekannt vor aus der Zeit, als ihr gelernt habt Metaphern zu bilden?

John: Ihr kennt es auch von Rosalies Gedicht.

Judy: Die Beziehung unverändert lassen und die Charaktere und den Kontext verändern.

John: Erickson hatte ein Verfahren: „Erlaube deinem Arm zu sinken, nur so schnell, wie du einen Traum träumen kannst, in dem genau die Dinge dargestellt werden, die du berücksichtigen mußt, um die Veränderungen durchzuführen, die du machen wolltest, als du hierhergekommen bist." Ehrliche unbewußte Bewegungen, der träumende Arm sinkt, Zeitverzerrung, *Päng*! Hebt den Arm wieder, „Träum den Traum noch einmal, halte die Beziehungen konstant und wechsle die Beteiligten aus", und er ließ sie diesen Traum ein Dutzendmal träumen. Was macht er? Er aktiviert genau die Klassen von Feedbackkreisen, die ausgeglichen und neu arrangiert werden müssen, auch hier wieder, die fehlenden Bögen müssen eingesetzt werden … oder nehmt z.B. Moshe Feldenkrais – jemand kommt zu Moshe und klagt über Schmerzen in einem Muskel im

Oberarm. Berührt Moshe diesen Muskel? Wahrscheinlich nicht. Er findet eine Serie von Motorprogrammen, die diesen bestimmten Muskel als Komponente beinhalten – er aktiviert die größeren Feedbackkreise, den physiologischen Kontext für den Muskel – das kinästhetische Gegenstück zu Ericksons Vorgehen mit dem träumendem Arm. Er macht direktes Programmieren in dem gleichen Sinne, in dem wir hier darüber sprechen, er sorgt dafür, daß die Kreisläufe, die am relevantesten für die Situation sind, die die Person verändern möchte, Integrität haben.

> In einem Gleichnis wird die Tatsache, daß eine Metapher verwendet wurde, durch Einfügen der Worte „als ob" oder „wie" kenntlich gemacht. Im Primärprozeß gibt es (wie in der Kunst) keine Markierungen, die den bewußten Geist darauf hinweisen, daß das Botschaftsmaterial metaphorisch ist.[6]

Erinnert ihr euch an Rosalies Gedicht heute morgen? Es enthielt keine Meta-Markierungen.

> Der Fokus der „Beziehung" ist jedoch etwas enger, als durch den bloßen Hinweis angezeigt wird, das Material des Primärprozesses sei metaphorisch und identifiziere nicht die spezifischen Relata. Das Thema des Traums und anderer Materialien des Primärprozesses ist in der Tat eine Beziehung in dem engeren Sinne von Beziehung zwischen dem Selbst und anderen Personen oder zwischen Selbst und Umgebung.
>
> Angelsachsen, die mit der Vorstellung, daß Empfindungen und Gefühle die äußeren Zeichen genauer und komplexer Algorithmen sind, nicht zurechtkommen, müssen gewöhnlich darüber aufgeklärt werden, daß diese Dinge, die Beziehung zwischen Selbst und anderen sowie die Beziehung zwischen Selbst und Umgebung, in der Tat das Thema dessen sind, was als „Empfindungen" bezeichnet wird – Liebe, Haß, Furcht, Vertrauen, Angst, Feindschaft usw. Leider haben diese Abstraktionen …[7]

… die, wie ihr jetzt wißt und Gregory zu der Zeit, als er das schrieb, nicht wußte, Nominalisierungen sind. Es gibt einen sehr spezifischen linguistischen Prozeß der ersten Aufmerksamkeit, der ein Prädikat mit seinem dazugehörenden Material zu einer Nominalisierung reduziert, in der die Relata verschwunden sind. Und wir verhalten uns dann in erster Aufmerksamkeit so, als ob das ein Ding sei. Und die zweite Aufmerksamkeit lacht uns aus.

Leider haben diese Abstraktionen, die auf Beziehungs*muster* verweisen, Namen erhalten, die gewöhnlich so behandelt werden, als seien die „Empfindungen" im wesentlichen durch Quantität und nicht durch ein präzises Muster gekennzeichnet.[8]

John: „Welches intensive Gefühl hast du dazu?" Unsinn! „Welches Muster wird in zweiter Aufmerksamkeit durch diese Klasse an Erfahrungen aktiviert?" Ja, jetzt bewirkt ihr etwas in dem Tanz zwischen erster und zweiter Aufmerksamkeit, das es sich lohnt zu verfolgen …

Judy: … auf der richtigen logischen Ebene.

Das ist einer der unsinnigen Beiträge der Psychologie zu einer verzerrten Erkenntnistheorie.[9]

Judy: Hat jemand eine Bemerkung dazu?

George: Kannst du das letzte bitte erklären?

John: *(lacht)*

Judy: *(schreit)* Aaaarrrhhh.

Das hier ist „Evolution des Verhaltens". Es ist ein Artikel, den Konrad Lorenz im Dezember 1958 geschrieben hat.

Die Flosse des Wales, der Flügel der Fledermaus, der Arm des Menschen sind in ihrer äußeren Erscheinung so verschieden voneinander, wie die Funktion der sie dienen. Doch die Knochen dieser Strukturen weisen eine grundlegende Ähnlichkeit im Entwurf auf. Der Zoologe zieht die Schlußfolgerung, daß der Wal, die Fledermaus und der Mensch von dem gleichen Vorfahren abstammen. Auch wenn es keine anderen Beweise gäbe, würde der Vergleich der Skelette dieser Geschöpfe für diesen Schluß ausreichen. Die Ähnlichkeit der Skelette zeigt, daß die grundlegende Struktur übcr geologische Perioden hinaus fortbestehen kann, trotz großer Unterschiede in der Funktion. Dem Beispiel der Zoologen folgend, die diese komparative Methode schon lange nutzen, haben die Verhaltensforscher begonnen, eine bohrende Frage zu stellen. Wir wissen alle, wie verschieden das Verhalten von Tieren sein kann. Vor allem unter der Wirkung des Lernprozesses. Psychologen haben vornehmlich Beobachtungen und Experimente am Verhalten einzelner Tiere durchgeführt. Nur wenige haben das Verhalten einer Spezies berücksichtigt. Ist es aber nicht möglich, daß es unter all den Variationen individuellen Verhaltens eine innere Struktur ererbten Verhaltens gibt, die alle Mitglieder einer bestimmten

Spezies, eines Genus oder einer größeren taxinomischen Gruppe charakterisiert, so wie das Skelett eines primordialen Vorfahren die Form und Struktur aller Säugetiere von heute charakterisiert? Es ist möglich und ich möchte ein Beispiel geben, das, obwohl anscheinend belanglos, einen Bezug zu dieser Frage hat. Jeder, der je einen Hund beobachtet hat, der sich am Kopf kratzt oder einen Vogel, der seine Federn putzt, kann bestätigen, daß sie es auf die gleiche Weise tun.

John: Nehmt eure eigenen Repräsentationen. Überprüft das selbst. Ein Hund, der sich am Kopf kratzt ...

Judy: ... ein Vogel, der seine Federn putzt.

Der Hund stützt sich auf drei Punkte, einen Hinterlauf und seine beiden Vorderbeine und reicht mit einem Hinterlauf nach vorne vor seine Schulter. Das Merkwürdige ist nun, daß die meisten Vögel, genau wie fast alle Säugetiere und Reptilien, sich mit genau derselben Bewegung kratzen. Ein Vogel kratzt sich auch mit dem hinteren Gliedmaß, das seine Klaue darstellt, und senkt dabei seinen Flügel und reicht mit der Klaue nach vorne, vor die Schulter. Man sollte glauben, daß es für den Vogel einfacher wäre, die Klaue direkt zum Kopf zu bewegen, ohne den Flügel zu bewegen, der weit entfernt am Rücken anliegt. Ich wüßte nicht, wie ich diese ungeschickte Bewegung erklären sollte, außer daß wir zugeben, daß sie angeboren ist. Bevor sich der Vogel kratzen kann, muß er alte räumliche Beziehungen der Gliedmaßen unseres gemeinsamen, vierbeinigen Vorfahren rekonstruieren, den er mit den Säugetieren gemein hat. Rückschauend scheint es erstaunlich, daß Psychologen diese Anzeichen vererbten Verhaltens nur so zögerlich verfolgt haben.[10]

John: In dieser Passage sind eine Reihe sehr wichtiger Punkte. Der, den ich ausgewählt habe, ist die Genauigkeit und die Zweite Aufmerksamkeits-Zustände, die durch die Beobachtung vorausgesetzt werden, die dieser Mann machen konnte. Er weiß, wie er sein Selbst ausdehnen kann. Und es beinhaltet das Schrumpfen des Selbst von reflektivem Bewußtsein und erster Aufmerksamkeit zu Feedbackkreisen der zweiten Aufmerksamkeit und der Ausdehnung des Selbst auf den Organismus, den er verstehen will. Es gibt Welten über Welten um uns herum, die uns zur Verfügung stehen, wenn wir die Fähigkeit haben, die perzeptuellen Filter zu wechseln, mit denen wir uns heute morgen beschäftigen. Ich habe mich oft gefragt, nachdem ich mit Leuten geredet habe, die Lorenz kannten und die mir alle Geschichten über seine außerordentliche

Fähigkeit erzählt haben, sich mit anderen Arten zu identifizieren, als seinem ersten Schritt, um zu einem Verständnis der Bedeutung ihres Verhaltens zu kommen. Ich habe immer vermutet, daß der Alte Feedbackkreise in sich selbst aktivierte, die Entsprechungen der Feedbackkreise der Geschöpfe sind, mit denen er sich identifizieren wollte … *(Pause)* … Eure Aufgabe besteht darin, an jeder beliebigen Stelle entlang der afferenten oder efferenten Kette der Ereignisse zwischen euch und der Welt nachzuforschen. Insbesondere heute Morgen geht es nicht darum die Welt zu verändern, es geht darum, die perzeptuellen Filter zu ändern, die ihr benutzt, um mit der Welt in Kontakt zu treten …

Judy: … an der Peripherie oder an jeder anderen Stelle des Kreislaufs. Ich möchte euch dringend raten, so dicht an die Peripherie zu gehen, wie es euch in diesem Moment möglich ist, und euch eine genaue Aufgabe zu stellen, in den nächsten Wochen, Monaten und Jahrzehnten zwischen erster und zweiter Aufmerksamkeit hin- und herzutanzen, um zu sehen, wie dicht an der Peripherie ihr den Wert dieser Filter verändern könnt.

Diejenigen von euch, die Brillen tragen, nehmt eure Brillen ab und gebt sie jemandem, der keine Brille trägt … Zwei Brillenträger können ihre Brillen auch tauschen.

John: Achtet darauf was passiert, wenn sich der visuelle Wert verändert; was passiert kinästhetisch und auditiv? „Verzerrt" oder „verändert" – ich würde „verändert" vorziehen, weil es Unterschied ohne Bewertung bezeichnet. Seht die Welt mit neuen Augen.

Allen: Bewegt den Kopf, wenn ihr die Brille aufhabt.

Judy: Ja, bewegt den Kopf, wenn ihr die Brille aufhabt. Streckt die Hand nach etwas aus und greift es.

Teilnehmer: Das Neue daran, eine Zweistärkenbrille zu tragen ist, daß ich zwei Bilder von dir gleichzeitig sehen kann.

John: Doppelbeschreibung. Reicht die Brille noch mal herum, was kann schon passieren?

Teilnehmerin: Ich trage eine Brille seit ich zwölf bin und habe letztes Jahr zu einer Zweistärkenbrille gewechselt, aber aus offensichtlichen Gründen wollte ich keine

Omagläser, deshalb habe ich eine einfache Brille genommen. Mir wurde richtig übel. Jedesmal, wenn ich sie aufhatte, dachte ich: „Oh, mein Gott!" Es ging vor und zurück ... rauf und runter ...

Judy: ... diese Verzerrung ... ich habe von anderen genau das gleiche gehört.

John: *(streng)* Kommt wieder zu erster Aufmerksamkeit zurück! Wo seid ihr Leute? Kommt wieder zurück, kommt wieder zurück. Kleinliche Tyrannen sind in der Nähe. Gebt die Brillen bitte wieder ihren sogenannten Eigentümern zurück, die vielleicht darüber nachdenken wollen, wie viele verschiedene Formen kleinliche Tyrannen annehmen können.

Maureen: Ich möchte eine Erfahrung berichten, die ich hatte – falls einer von euch Schwimmengehen sollte. Ich hatte mich entschlossen, ernsthaft Langstrecken zu schwimmen, was den Gebrauch von ...

John: ... Schutzbrillen ...

Maureen: ... Schutzbrillen voraussetzt. Und ich konnte nicht schwimmen, wenn ich sie aufsetzte. Ich stieß gegen die Wände ... Ich mußte von Neuem lernen, mit einer Schutzbrille zu schwimmen. Jetzt kann ich nicht ohne Schutzbrille schwimmen.

Judy: Kannst du wohl.

John: Das ist die Bedeutung somatischer Flexibilität im Gegensatz zu genetischem Code. Wenn Lamarck recht hat, dann wäre deine kleine Tochter Katy in Schwierigkeiten.

Judy: Erworbene Merkmale werden weitervererbt.

John: Und aus diesem Grunde muß Lamarck sich irren. Genauer gesagt hat er recht, aber auf der falschen logischen Ebene. Wie wir vor ein paar Tagen gesagt haben, ist Lamarcksche Evolution das dynamische Selektionsprinzip in der Welt des Geistes. Darwinsche Evolution bestimmt die Welt der Biologie.

Manchmal wird gesagt, daß die Verzerrungen der Kunst (sagen wir van Goghs „Stuhl") unmittelbar für das stehen, was der Künstler „*sieht*". Beziehen sich solche Behauptungen auf das „Sehen" im einfachsten physischen Sinne (das z.B. durch eine Brille verbessert werden könnte), dann nehme ich an, daß sie Unsinn sind. Hätte van Gogh den Stuhl nur in ungestümer Weise sehen können, dann wäre es seinen Augen nicht gelungen, ihn bei der sehr genauen Anordnung der Farbe auf der Leinwand richtig anzuleiten.[11]

John: Es gibt eine Geschichte, nach der Picasso irgendwo in Europa mit dem Zug unterwegs war und in dieses Abteil stieg, in dem ein älterer Herr saß, der ihn dann erkannte …

Judy: … und der seine Kunst nicht mochte …

John: … ein totaler Erste-Aufmerksamkeits-Typ …

Judy: … total.

John: Könnt ihr verstehen, auf welche Weise Menschen so unausgeglichen und schließlich eindimensional werden? Sein Mitreisender bestand darauf, Picassos Kunst zu kritisieren. Anscheinend war Picasso höflicher, als ich es gewesen wäre und hörte ihm zu; schließlich behauptete der Mann, daß die wahre Funktion der Kunst nicht diese verrückte Geschichte sei, die Picasso machte …

Judy: … die Wirklichkeit verzerren.

John: … die wahre Funktion der Kunst sei es, die Wirklichkeit darzustellen.

Judy: „… die Wirklichkeit darzustellen." Was glaubt ihr, sagte Picasso? Er sagte: „Haben Sie ein Beispiel für Wirklichkeit in der Kunst?"

John: Der Mann nimmt seine Brieftasche heraus und gibt Picasso eine Photographie seiner Frau.

Judy: Und Picasso sagte: „Sie ist wirklich ziemlich klein." *(Lachen)*

John: „Und sie ist sehr flach."

Judy: „Sie hat auch nicht sehr viel Farbe."

John: Erinnert ihr euch an das, worüber Larry und ich gestern sprachen? Es gibt Welten über Welten da draußen und einer der Wege sie zu finden, ist perzeptuelle Filter zu wechseln – das ist eine Strategie der Exploration. Technisches Klettern hat einige der Elemente, die ihr für eure Arbeit braucht. Wenn ich klettere, gibt es eine Reihe von Faktoren, die ich berücksichtigen muß. Meine eigenen Fertigkeiten natürlich, den weiteren Kontext wie z.B. das Wetter: Erwischt mich ein Schneesturm, während ich in der Wand bin? Lieber nicht.

Judy: Wenn es nicht sein muß.

John: Ich muß in Betracht ziehen, wer mein Partner ist; ich muß wissen, daß er oder sie in der Lage ist, mich aus den Situationen herauszuholen, in die ich mich möglicherweise hineinbegeben kann, d.h. ich beziehe mögliche ungünstige Entwicklungen in die Planung ein. Ich muß auch das Wesen des Felsens in Betracht ziehen, auf den ich hinaufklettern werde.

Judy: ... es gibt nämlich ein Fülle verschiedener Felsen da draußen ...

John: ... und ich muß meine Route planen. Ich muß entscheiden, welche Route ich versuchen will, insbesondere wenn sie nie zuvor bestiegen worden ist, wenn es eine Erstbesteigung ist. Und heutzutage macht man eine Menge Erstbesteigungen. Ich muß irgendwie das Risiko mit meiner Fähigkeit abwägen, wieder von dem Felsen herunterzukommen. Ich bin sehr gut darin Routen zu planen und ich bin sehr gut darin Risiken einzugehen – in dem Sinne, daß ich entscheiden kann, welches Maß an Risiko für meine Fertigkeiten und für meinen Partner und die Ausrüstung, die ich trage, das Material, das mich beim Klettern unterstützt, akzeptabel ist. Ihr wählt ein Maß an Risiko, so daß ihr im schlimmsten Fall lebend wieder herauskommt. Doch wie ich Larry gestern gesagt habe, es gibt ernste Gefahren; ich bin z.B. nur einmal auf einen Gletscher geklettert und ich bin mir nicht sicher, ob ich es je wieder tun werde.

Judy: Eis bewegt sich mehr als Fels.

John: Ich konnte das Knarren des Gletschers spüren, als ich mit den Steigeisen an dieser senkrechten Wand hing, diese Krallen an meine Stiefel geschnallt, mit einem Eispickel an jeder Hand. Ich konnte spüren, wie die ganze Umgebung – der Kontext, in dem ich mich befand – knarrte. Und das löste sehr, sehr tiefsitzende Programme in mir aus. *(Lachen)*

Judy: Das ist der Grund, warum ich meinen Urlaub in Mexiko verbringe. *(Lachen)*

John: Jeder zieht irgendwo eine Grenze. Es gibt da einen Mann namens John Bacher, der klettert solo. Er macht einige der schwierigsten Aufstiege in der Welt, Routen, die vor zwanzig Jahren niemand machen konnte; und er macht sie solo, ohne Seil. John Bacher und ich betreiben nicht den gleichen Sport. Das, was er macht, ist ein ganz anderer Sport. Ich will sagen, es gibt da einen Unterschied. Ich stelle keine Bewertung an, ich sage nur es ist unglaublich, diesem Mann bei dem zuzusehen, was er macht. Und ihr werdet mich nicht da oben in seiner Nähe finden. Das ist eine Entscheidung, die ich getroffen habe. Es ist eine Grenze, die ich gezogen habe. Er kann sich nur einen Fehler leisten. Und meine Lernstrategie ist, so viele Fehler wie möglich zu machen, um Feedback von der Welt zu bekommen. *(Lachen)* Das ist keine angemessene Strategie für das Klettern, wenn man solo ist.

Es gibt hier eine Reihe interessanter Balancen. Ihr müßt euch in einem bestimmten Rhythmus bewegen. Ich erlebe z.B. eine Veränderung meiner perzeptuellen Wirklichkeit, wenn ich von der Ebene in das Land der Senkrechten komme, vor allem, wenn ich auf dem Felsen übernachtet habe und direkt aus einer Bergnische in der Wand heraus weiterklettere. Ich habe das Flachland verlassen. Wenn dieser Wechsel stattfindet, sind in dieser Welt horizontale Linien wie z.B. Felsvorsprünge nicht wohlgeformt; in einem Maße nicht wohlgeformt für mich, wie sie für die BaMbuti sein müsen, sobald dieser Wechsel vollzogen ist. Das trifft nicht nur in einem direkten perzeptuellen Sinne zu, es stimmt auch „objektiv“ gesehen. Denn wenn ich mich in der vertikalen Welt bewege, will ich, wenn ich falle, nur in der Luft fallen.

Judy: Ihr möchtet nicht auf diesen Vorsprung unter euch fallen.

John: Wenn ich in der Höhe falle und fehlerlos in meiner Absicherung bin, die Haken fest in den Ritzen im Felsen sitzen und wenn diese so halten wie sie sollen, kann ich weiterklettern. Wieviel Absicherung wollt ihr nun, wenn ihr klettert? Nun, wenn ihr jeden Meter oder alle fünf Meter etwas einsetzt, werdet ihr langsamer und dann muß der zweite hinter euch die Haken wieder herausnehmen, die ihr eingesetzt habt, was den Prozeß noch weiter verlangsamt.

Judy: Es empfiehlt sich, gute Ausdauer zu haben …

John: … weil ihr auf einer vertikalen Wand seid und eine gewisse Menge an Kraft braucht und ihr müßt es geschafft kriegen. Ihr könnt nicht Halt machen und bummeln.

Es gibt kein Herumlungern in einer senkrechten Wand.

Judy: Ich möchte euch davon erzählen, wie John einmal zu dieser Stelle in einem Felsen kletterte, die er als „glatt, rund und unmöglich" bezeichnete.

John: Es gab keine Kanten. Und es waren ungefähr 85 bis 90°, d.h. der Fels war so senkrecht wie er nur sein kann.

Judy: Geoffrey huscht also diesen Abschnitt hoch ...

John: Er huschte nicht; er mußte daran arbeiten.

Judy: Er kommt also hinauf – John kann ihn zu diesem Zeitpunkt noch nicht sehen – und singt Cowboy-Lieder und wartet darauf, daß John seinen Weg hinauffindet. John sagte später, daß er jeden nur möglichen Weg versucht habe; er hat überall auf dem Felsen gesucht. Es war nicht möglich. Doch gleichzeitig wußte er, daß es möglich war, weil es jemand gerade gemacht hatte. Schließlich sagte er: „Geoff, gibt mir einen Tip, nur einen kleinen Tip, irgend etwas", und Geoff antwortet: „Bedenke die Implikationen des Wortes ‚kriechen'." Man muß mit dem ganzen Körper Griffigkeit erreichen. Es war eine Art Salamander-Bewegung. Reine zweite Aufmerksamkeit; es gab keinen Raum für ...

John: ... irgend etwas außer erster Aufmerksamkeit, die in den notwendigen Feedbackkreisen konzentriert war – fast so, als sei es eine phylogenetische Regression auf eine reptilische oder amphibische Stufe gewesen – *(Lachen),* um zu dieser Art von Bewegungen zu kommen, die ich brauchte, um ohne Griffe diese senkrechte Wand hinaufzukommen. Es war ein ungefähr fünf Meter langer Abschnitt.

Viola Legeres Idee der Lifelines ist sehr wichtig. Ihr könnt nicht zu den Zweite Aufmerksamkeits-Feedbackkreisen gehen, die notwendig sind, um etwas Unmögliches, oder fast Unmögliches zu erreichen, solange ihr nicht bereits den weiteren Kontext eingeschätzt habt und Arrangements getroffen habt, um euch, wenn nötig, zurückzuziehen. Das ist der Grund, warum ihr angebunden seid und Absicherung in der Wand verwendet. Ihr habt die Verantwortung dafür, den weiteren Kontext zu arrangieren, innerhalb dessen ihr dann diese Art der Commitments treffen könnt. Und wenn ihr in einer dieser beiden Weisen nicht ausgeglichen seid, wenn ihr es versäumt fehlerlos zu sein, was das Bestimmen der Route in erster Aufmerksamkeit angeht, was das

Einschätzen der Risiken in eurem Tanz mit zweiter Aufmerksamkeit angeht, dann werdet ihr nicht die Freiheit haben, die notwendig ist, um diese unmöglichen Dinge zu tun. Die andere Sache, die in dieser Art des Wechsels perzeptueller Filter nützlich ist, und von der ich möchte, daß ihr sie heute erforscht, ist folgende: Wenn ich klettere – wenn ich im Gleichgewicht bin und in erster Aufmerksamkeit die Route geplant habe und meine Absicherung fehlerlos benutze, ohne zu übertreiben, und ich weiß, schlimmstensfalls, schlimmstensfalls, schlimmstensfalls, falle ich in der Luft anstatt auf Vorsprünge – alles ist in Ordnung, ich bin in Ordnung, die Welt ist in Ordnung. Es gibt keinen Unterschied zwischen mir und der Welt. Der Felsen und ich sind eins.

Ich tanze, ich klettere nicht; ich tanze, und meine Bewegungen haben Rhythmus. Und wenn ich nach oben schaue, um die nächste Bewegung zu bestimmen, kann ich den Felsen an den Stellen leuchten sehen, wo meine Hände und Füße hin sollen. Und wenn ich nach einem winzigen Halt greife, um Gleichgewicht zu haben, wird dieser Halt für meine Finger größer, sobald ich meine Position verändere. Die Welt bestätigt, daß ich ihr gegenüber eine korrekte Position habe, indem sie mir mehr gibt als da war, bevor ich danach griff.

Alan: In diesem Fall hat sich die Welt verändert; es war nicht nur eine perzeptuelle Veränderung.

John: Eine interessante Ambiguität. Und das ist ein Teil des Bogens, mit dem wir uns hier beschäftigen. Auf einer tiefen epistemologischen Ebene weiß ich die Antwort auf diese Frage nicht, aber ich kenne die direkte Erfahrung und das ist es, worum es heute Morgen geht.

Timothy Gallway hat ein wunderbar effektives und einfaches Verfahren zusammengestellt, um perzeptuelle Filter zu entwickeln – die speziell dafür entwickelt sind, bestimmte perzeptuelle Motorfähigkeiten zu optimieren. Er hat dieses Verfahren mit Erfolg für Skifahren, Golf- und Tennisspielen eingesetzt. Es ist ein Teil des – wie ich es nenne – Gallway-Formats. Alle diejenigen von euch, die Schwierigkeiten dabei hatten, NLP-Muster zu übersetzen, wie z.B. physiologische „States of Excellence“, oder Ressourcen der persönlichen Geschichte für konkrete Aufgaben zu benutzen, sollten Gallway lesen. Hervorragende Arbeit – effektiv und einfach – nicht leicht, täuscht euch da nicht, sondern einfach. Bedenkt den Inhalt von Gallways Formaten – er will das Tennisspiel einer Person optimieren („The Inner Game of Tennis“). Er stellt den

Lernenden in den Kontext und läßt ihn spielen. Er beobachtet genau und läßt den Tennisspieler solange weitermachen, bis er einen Abfall in der Qualität seines Spiels entdeckt – an genau diesem Punkt unterbricht er ihn mit einer Berührung und mit der Frage: „Was versuchen Sie zu erreichen?“ Antwort: „Ich versuche X.“ X könnte dabei alles Mögliche bedeuten, angefangen damit, den Schläger vollkommen senkrecht zu halten, wenn der Ball getroffen wird, oder das Gewicht ganz auf die Fußballen zu verlagern. Antwort von Gallway: „OK, hören Sie damit auf, X erreichen zu wollen und spielen Sie einfach nur Tennis.“ Gallway hat ganz richtig bemerkt, daß „versuchen“ ein Label ist, das einen Zustand höherer muskulärer Anspannung und verstärkten inneren Dialogs bezeichnet – zwei Faktoren, die einen Leistungsabfall garantieren. Die einfache Anweisung, „nicht weiter zu versuchen“, befreit den Spieler aus dem Versagens-Modus des „Versuchens“ und befreit die erste Aufmerksamkeit – beseitigt den inneren Dialog – und von diesem doppelten Joch des inneren Dialogs und der muskulären Spannung befreit, verbessert sich für viele das Spiel deutlich. Für einige Spieler ist die Anweisung, nicht weiter zu „versuchen“ nicht ganz effektiv – daher ist die zweite Intervention in der Hierarchie notwendig, die implizit durch das Gallway-Format spezifiziert wird.

Nehmen wir einmal an, Gallway arbeitet mit einem Schüler an dessen Vor- und Rückhand von der Grundlinie. Seine zweite Intervention würde darin bestehen, daß er eine Reihe von Bezugspunkten in der äußeren Welt wählt, die sowohl für ihn, den Trainer, wie auch für den Spieler wahrnehmbar und die für die erfolgreiche Ausführung der Schläge notwendig sind. Das ist der Ursprung des „*bounce-hit*“ genannten perzeptuellen Filters. Er läßt den Spieler „*bounce*“ sagen, wenn der Ball, wenn er den Ball im Flug aufspringen sieht, und „*hit*“, sobald die Bespannung des Schlägers und der Ball sich berühren. Wie Gallway berichtet, ist es oft der Fall, daß die Berichte des Spielers über diese zwei Bezugspunkte und seine persönliche Wahrnehmung nicht miteinander übereinstimmen. Das heißt, der Spieler ist oft nicht in Übereinstimmung mit den Ereignissen in der realen äußeren Welt, so wie sie von Gallway wahrgenommen werden. Indem er die Wahrnehmungen und die Berichte des Spielers von den Ereignissen in der äußeren Welt mit seinen Wahrnehmungen dieser gleichen Bezugspunkte in Übereinstimmung bringt, verbessert sich ausnahmslos das Spiel des Schülers. Diejenigen von euch, die in der NLP-Technologie geübt sind, haben zweifellos bemerkt, wie schlau diese Intervention Gallways ist. Mit einem einzigen Schritt unterbricht er erfolgreich den inneren Dialog – der auditive Kanal ist damit beschäftigt, „*bounce*“ und „*hit*“

zu sagen –, er führt den Spieler von einem Zustand geteilter Aufmerksamkeit – sein Fokus ist geteilt zwischen innerem Dialog und äußeren Ereignissen – auf einen einzelnen koordinierten Fokus, die Bewegung des Balles, und arrangiert eine respektvolle und angemessene Arbeitsteilung zwischen erster und zweiter Aufmerksamkeit – das *Tonal* erblickt den Bezugspunkt, inventarisiert es in *Real Time* und entspannt sich dann und übergibt an das *Nagual*, in dem die Stärke, das Timing und die Anmut bereitstehen und warten, die für einen guten Schlag von der Grundlinie notwendig sind. Das für unsere Zwecke Wichtige hier ist das bounce-hit-Format; es ist ein Prototyp für die Konstruktion perzeptueller Filter.

Übung: Wechseln perzeptueller Filter

John: Versteht ihr den Zweck der folgenden Übung? Es geht darum, auf fehlerlose Weise – in einem Tanz zwischen erster und zweiter Aufmerksamkeit – Arrangements zu treffen, um zu einem perzeptuellen Filter in Nähe der Peripherie zu gehen und den Wert einiger dieser Filter zu verändern, die tief in euch sind – über zweite Aufmerksamkeit hinaus, entlang der afferenten oder efferenten Nerven, so daß ihr eine Klasse sensorischer Verzerrungen habt. Die Frage danach, was ihr seht und fühlt und hört und spürt und ob es die Welt ist, die sich ändert oder ob sich eure perzeptuellen Filter verändern – vergeßt nicht, daß das eine Trennung ist, die ihr nicht zu akzeptieren braucht. Es könnte sein, daß ihr, indem ihr eure Wahrnehmungsfilter verändert, Informationen über Unterschiede, die immer schon da waren, auf diesem Wege kommen laßt. Ich würde also für den Moment sagen, daß ihr nicht soweit seid die Frage zu beantworten, die Alan gestellt hat, weil ihr keine angemessene Erlebnisgrundlage habt, um diese Möglichkeiten zu erforschen. Ihr habt keine ausreichende Datenbasis, was die direkte Zweite-Aufmerksamkeits-Erfahrung des Filterwechselns betrifft, um zu entscheiden, ob ihr die Filter auf eine Weise wechselt, die es Informationen über Unterschiede, die immer schon da waren, aber blockiert wurden, um die Stabilität eurer gewohnten Weltbeschreibung aufrechtzuerhalten – also eure homöostatischen Zentren zu schützen –, erlauben hereinzukommen oder ob sich tatsächlich die Welt ändert.

Judy: Nun gibt es mehrere Wege, wie man das erreichen kann. Ich möchte euch einige Empfehlungen geben und euch dann die Arrangements treffen lassen. Es liegt eine gewisse Weisheit in dem, was ihr bisher an Vorkehrungen getroffen habt. Es ist nun Zeit sie zu nutzen. Die Brillen können als Annäherung gebraucht werden. Ich habe Karens Brille aufgesetzt und die Werte in allen Systemen haben sich verändert – wie vorauszusehen war. Ich habe gemerkt, wieviel Anstrengung es mich gekostet hat, mein gewohntes Sehfeld wiederherzustellen, indem ich meine Augenmuskeln bewegte. Es ist ein interessantes Maß für den Unterschied zwischen meinen und deinen Filtern. Es gibt noch andere Wege, diesen Effekt zu erreichen.

John: Diejenigen von euch, die sich mit offizieller Trancearbeit auskennen, die übrigens, wie ihr wissen solltet, veraltet ist ... *(Lachen)* Der Begriff der Tranceinduktion ist eure Fähigkeit, die Sicherheitsarrangements in erster Aufmerksamkeit zu treffen, in der Art Viola Legeres, und euch dann euren Teil-Feedbackkreisen zu committen – erste Aufmerksamkeit mit Zweite-Aufmerksamkeit-Teil-Feedbackkreisen zu identifizieren. Das macht den Begriff veränderter Bewußtseinszustände zu einer Variable, über die ihr Kontrolle habt. Einige von euch sind mit dem Ritual der Hypnose vertraut. Und Rituale sind nicht zu vernachlässigen. Sie können einen Zustand herstellen, in dem außergewöhnliche Dinge passieren können.

Judy: Gregory sprach im Zusammenhang von Spiel über Rituale; er sagt, wenn alle Schritte allen Beteiligten bekannt sind, so daß es keine Unbekannten gibt, ist es ein Ritual. Wenn wir in der kybernetischen Schleife, zwischen Amber und mir z.B., eine Reihe von Interaktionen durchlaufen und sie weiß, was ich tun werde, und ich weiß, was sie tun und sagen wird, wenn alles bekannt ist, dann nennt man es ein Ritual.

John: Der Tanz, den wir heute nachmittag aufführen werden und den wir in den letzten paar Tagen eingeübt haben, kommt einem Ritual nahe, weil wir genau wissen, welche Schritte wir durchlaufen werden. Beachtet jedoch, daß auch wenn alles bekannt ist, das nicht bedeutet, daß es nicht nützlich ist.

Judy: Bateson sagt, es kann charakterbildend sein.

John: Es kann die Grundlage von Fertigkeit sein. Es kann ein direkter Zugang zu veränderten Bewußtseinszuständen sein, die sonst schwer zu erreichen sind.

Ich bin von Jesuiten ausgebildet worden. Ich habe großen Respekt vor ihrer Denkfähigkeit. Sie sind fehlerlos in erster Aufmerksamkeit. Wir haben mit einigen befreundeten Jesuiten den Begriff des Rituals diskutiert und das Faszinierende war, daß sie erkannten, daß es in der Vorbereitung zur Priesterweihe einen älteren Jesuiten gibt, der für ihre Ausbildung verantwortlich war – ihr Trainer. Und während sie diese Liturgie durchliefen, insbesondere das Ritual der Messe, übten sie bestimmte physiologische Positionen und Bewegungen in Reihenfolge, und der ältere, erfahrenere Jesuit bewertete die Bewegungen und ließ sie diese immer wieder wiederholen, bis er zufrieden war. Und welches Kriterium verwandte er zur Beurteilung? Ob diese Bewegungen, der Gebrauch der Stimme, die Haltungen, die Atmung den gewünschten Zustand der Reverenz in dem Practitioner, dem jüngeren Priester bewirkten und ihn zu einem angemessenen Identifikations-Modell für die Gemeinde machten.

Wenn wir zusammen singen oder zusammen tanzen, könnt ihr merken, was es bewirkt; die japanische Sitte, an manchen Arbeitsplätzen als Anfangsritual zusammen Atem- und Bewegungsübungen zu machen, hat eine powervolle gemeinschaftsstiftende Wirkung, um die zweite Aufmerksamkeit einer großen Gruppe von Menschen zu koordinieren.

Judy: Es ist auch interessant sich zu überlegen, wo in unserem eigenen Verhalten Rituale sind, in unseren Schleifen mit anderen Menschen, und zu beurteilen, ob wir mehr Unbekannte darin wollen oder nicht.

John: Diane hat erzählt, daß es tatsächlich Bewegungen gibt, die klassisch ausgebildete Dirigenten lernen. Das sind Standardbewegungen. Wenn sie dirigiert, verwendet sie keine dieser Bewegungen. Meine Antwort war: „Du tust es nicht, weil du eine Künstlerin bist. Du hast dein eigenes Ritual gefunden."

Judy: Sie hat die Regeln bereits gelernt und kann sie nun beugen; und sie weiß, wie sie sie auf wohlgeformte Weise beugen kann.

John: Wenn ihr also alte Rituale verwenden wollt, wie z.B. hypnotische Rituale, könnt ihr euch z.B. gegenübersetzen und ausmachen, wer A und wer B ist. Trefft Erste Aufmerksamkeits-Arrangements, richtet alle Rettungsleinen ein und macht ein Commitment. A geht zu einer Klasse innerer oder äußerer Erfahrungen. Ich würde es vorziehen, wenn es äußere wären. Wenn Robert und ich es zusammen machen würden, würde er z.B. herumgehen und ich würde in zweite Aufmerksamkeit gehen und zu Robert werden, indem ich so gehen würde wie Robert. Wir könnten uns tief in die Augen schauen und er könnte in tiefe Bereiche seines Geistes gehen – zweite Aufmerksamkeit – und ich könnte ihm durch unsere Kommunikation folgen, sowohl visuell wie taktil, indem wir zusammen atmen. Wir könnten eine dieser gemeinsamen nonverbalen Tranceinduktionen verwenden, einige von euch haben in anderen Seminaren damit herumgespielt. Ich könnte in einer Dreiergruppe damit spielen. Ihr merkt, daß es eine Menge Flexibilität in dieser Übung gibt. Nehmen wir an, Tom wollte Robert werden oder umgekehrt. Aus einer dritten Wahrnehmungsposition – der äußeren Position – kann ich ohne weiteres vergleichende Beurteilungen anstellen, die es mir erlauben, Toms Körper solange zu formen, bis er in genau der gleichen Position ist wie Robert – einige Beurteilungen also, die er aus seiner eigenen perzeptuellen Position nur schwer treffen könnte. Ich könnte also z.B. darauf bestehen, daß sie gemeinsam atmen – die Grundlage für Empathie.

Ich habe z.B. viele Krankenschwestern getroffen, die in dem üblichen Sinne als medial veranlagt gelten würden. Sie haben die Fähigkeit entwickelt, ihr Selbst auf Patienten auszudehnen. Sie treffen nicht immer eine glückliche Wahl, wenn es darum geht zu entscheiden, wann sie das tun, aber sie können es tun. Und sie können, wie Erickson es auch konnte, Dinge über die persönliche Geschichte einer anderen Person erfahren, die sie eigentlich nicht wissen dürften. Das ist Inhalt. Darüber rede ich nicht. Ich rede darüber, in die Feedbackkreise einer anderen Person hineinzugehen, in dem Sinne, daß man lernt, wie sie Inhalte verarbeitet; ich rede davon, wie das eure Welt tiefgreifender verändern wird als jede andere Identifikation, d.h. etwas über den Inhalt ihrer Erfahrungen zu lernen. Als Nebenwirkung werdet ihr möglicherweise Dinge über sie erfahren, die ihr eigentlich nicht wissen dürftet, soweit der Austausch von Informationen betroffen ist. Aber das ist nicht die logische Ebene, auf der ihr einsteigt. Ihr steigt auf der logischen Ebene der Verarbeitung und der perzeptuellen Filter ein, weil ich möchte, daß ihr die Werte eurer perzeptuellen Filter ändert und zwar so nah an der Peripherie, wie es euch möglich ist.

Es gibt einen Zwischenschritt, den ich einige von euch bitten möchte zu machen, um mir dann später darüber zu berichten. Und der besteht darin, daß wenn Beziehung – wie in Rosalies Gedicht von heute Morgen und in dem Artikel von Gregory, den ich vorgelesen habe – das Organisationsprinzip ist, ihr dann ein Format verwenden könnt, bei dem ihr euch eine Beziehung aussucht, wie z.B. die Beziehung „über“ die Beziehung, die durch das Wort „über“ im Englischen ausgedrückt wird; das Wort „über“ ist nicht die Beziehung, es ist das Wort in erster Aufmerksamkeit. Und nun geht ihr zu den Zweite-Aufmerksamkeits-Feedbackkreisen und beginnt Dinge zu entdecken, die mögliche Relata dieser Beziehung sind. Ihr haltet die Beziehung konstant und macht etwas, wie „träumt den Traum und träumt ihn noch einmal und träumt ihn noch einmal“, und identifiziert einige der Dinge, die in dieser Beziehung sein können. Das ist es, was Rosalie heute Morgen getan hat; es war Kunst. Also für „über“: Himmel und Boden. Klippen und Flüsse. Vogel und Schlange. Eure Aufgabe besteht natürlich darin, wenn ihr in dem Feedbackkreis seid, zu bemerken, was ähnlich und was verschieden ist … Ich würde euch sogar empfehlen, sie zu imitieren, d.h. die gleichen Beziehungen in euch selbst herzustellen, denn euer Partner zeigt euch etwas über seine oder ihre Organisation zweiter Aufmerksamkeit, was in der Tat die Art und Weise ist, wie er den Prozeß vollzieht. Das ist so etwas wie eine Zwischenstation auf dem Weg zu den perzeptuellen Filtern an der Peripherie, von der ich möchte, daß ihr sie besucht. Das könnte auf eurem Weg recht interessant werden. Wir sehen uns in einer Stunde wieder. Viel Spaß auf eurer Reise.

Pause

Judy: Wie ging's?

John: Danke, daß ihr ihre Frage nicht beantwortet habt. Ihr habt den Test bestanden. Ihr seid jetzt alle zertifiziert darin, daß ihr wißt, wann ihr zweite Aufmerksamkeit anstatt erster Aufmerksamkeit gebrauchen sollt. Die Grundlage jeder ästhetischen Kunst ist Fertigkeit. Und ihr müßt lernen, eure zweite Aufmerksamkeit in Bereiche auszudehnen, von denen ihr im Moment noch nicht einmal wißt, daß es sie gibt. Der einzige Weg, den ich kenne, auf dem ihr dorthin gelangen könnt, besteht darin, ein Commitment zu machen. Zweite Aufmerksamkeit, ich fordere dich auf, ein tägliches Commitment zu machen. Ihr werdet z.B. nie wieder warten können; ihr müßt die Zeit jetzt auf die disziplinierteste und fehlerloseste Weise nutzen …

Judy: … auf die effektivste Weise …

John: ... und das ist ein Commitment; aufgrund des Vertrauensvorschusses, den wir beide uns über die letzten fünf Tage verdient haben, schuldet ihr uns zumindest das – und ich behaupte noch mehr. Es gibt Welten über Welten da draußen.

Judy: Das war euch bekannt.

John: Die Stadt ist eine wirklich merkwürdige Umgebung, doch selbst hier gibt es geheimnisvolle Dinge, wenn ihr das Verständnis und die Sensibilität habt sie zu bemerken. Identifikation mit einem anderen lebenden System. Sehr tiefreichend.

Jonglieren

John: Die Jonglier-Aufgabe für heute: *(demonstriert die ersten Jonglierbewegungen)* Am ersten Tag haben wir das gemacht, stimmt's? Ja, Marne.

Marne: Wenn man Jonglieren lernt, gibt es einen unbeliebten Schritt, den ich wertvoll finde. Er heißt „Fallenlassen" – das ist der erste Schritt.

John: Du läßt den Ball absichtlich ...

Marne: ... fallen.

John: Am zweiten Tag haben wir das gemacht. Bis zum letzten möglichen Moment warten, den Wurf so gleichmäßig wie möglich machen – natürlich in beide Richtungen. In den nächsten zehn Minuten, wenn ihr euch drei von diesen Bällen besorgt habt und jongliert, möchte ich euch bitten, die Schritte der vergangenen Tage durchzugehen. Ich möchte, daß ihr mit dem ersten Tag beginnt und die Bewegungen des ersten Tages macht, bis ihr mit der Feinabstimmung dieser Feedbackkreise zufrieden seid. Dann möchte ich, daß ihr zu den Bewegungen des zweiten Tages übergeht und in beiden Richtungen arbeitet. Wenn ihr zum dritten Tag kommt und irgendwelche Schwierigkeiten habt, möchte ich, daß ihr aufhört und wieder zum zweiten Tag zurückgeht. Wenn ihr Schwierigkeiten mit dem zweiten Tag habt, geht wieder zum ersten zurück. Es sind nur drei Schritte. Beachtet die Beziehung; eure Augen sollten auch hier wieder besser sein. Denkt daran, daß das vor einhundert Jahren als Magie galt, weil die Menschen keine angemessenen visuellen Scanning-Muster hatten, um zu merken was vor sich ging. Achtet auf das, was ich hier mache. Eure Aufgabe besteht darin, eine Schablone dafür zu machen, weil wir in einem Moment den dritten Ball nehmen werden. Ich möchte, daß ihr seht, was ich mache, wenn es drei Bälle gleichzeitig sind. Fragen? Gut. Ihr habt den Test bereits bestanden. *(Lachen)* Denkt daran, der Trick besteht darin, die „Welt anzuhalten". Findet den Zustand, stimmt die Feedbackkreise ab, erster Tag, zweiter Tag, und dann der letzte Schritt. Viel Spaß mit dem Jonglieren. Kommt in zehn Minuten wieder.

Übung

John: Denkt bitte daran, was eure Glaubenssätze in bezug auf die Möglichkeit waren, in diesen fünf Tagen Jonglieren zu lernen, und beachtet den Unterschied in eurer Lernfähigkeit, wenn ihr eure Aufmerksamkeit verändert. Nächste Bemerkung: Es passieren noch eine Reihe interessanter Dinge. Es gibt noch Leute, die sich das schwer machen, weil sie folgendes machen ... *(Demonstriert einen unangemessenen Zustand und unangemessenes Verhalten.)* Das ist schwer. Ihr habt zwei gleichzeitig in der Luft.

Judy: Achtet darauf, daß nur ein Ball in der Luft ist, wenn ihr das macht.

John: *(demonstriert)* Ich würde euch nie etwas Schwieriges beibringen. *(Lachen)* Im ernst. Wir haben nur einfache Dinge unterrichtet. Das bedeutet nicht, daß sie leicht auszuführen sind, aber es bedeutet, daß sie einfach sind in dem Sinne, daß jeder sie mit den angemessenen Veränderungen in seiner Aufmerksamkeit und etwas persönlichem Commitment zum Üben erreichen kann. Wenn ihr euch also erinnert, geht es darum, jeweils die geringste Zahl an Bällen in der Luft zu haben ... schaut euch an, wieviel Zeit ich dann dafür habe. Wenn ihr nun aber zwei gleichzeitig werft, dann ist das etwas mehr als ich schaffen kann. Vielleicht ist das etwas, das ihr euch als Herausforderung stellen wollt. Diejenigen von euch, die daran Interesse haben, können natürlich kleine Tricks machen, stimmt's? *(demonstriert einen Jongliertrick)*

Judy: Dann könnt ihr zu anderen Formen des Jonglierens übergehen, wie z.B. Jonglieren mit Kegeln.

Antonio: Man kann es auch mit fünf machen. Ich kenne einen Mann, der in meiner Heimatstadt Orangen verkauft und der es mit fünf Orangen macht und sich überhaupt nicht darum zu kümmern scheint, was er macht.

Judy: Das könnte er sich auch nicht leisten.

John: Ich möchte vorschlagen, daß einige Teile eurer Feedbackkreise jetzt gezielt in zweiter Aufmerksamkeit die Positionen übernehmen, die Judith einnimmt, die ich einnehme, George einnimmt und alle die anderen hier einnehmen. Die Integrität eurer Feedbackkreise ist von äußerster Bedeutung, wenn diese Arbeit hier Wirkung über diese fünf Tage hinaus haben soll.

Denkt auch daran, wenn ihr nach Hause zurückkehrt, das mit einiger Sensibilität zu machen. Satelliten kommen nicht einfach geradenwegs hinein, sie prallen an der Atmosphäre ab und werden etwas langsamer. Wenn sie geradenwegs hineinstoßen, verbrennen sie, und ich glaube, bei der Geschwindigkeit, mit der ihr euch jetzt bewegt ... Seid respektvoll den Menschen gegenüber, mit denen ihr wieder in Kontakt treten werdet – in dem Sinne verbundener Feedbackkreise, die zu größeren Geistes-Aggregaten werden.

Wenn ihr die Bedeutung von Weisheit und Ästhetik würdigt, die der Rahmen für alles sind oder waren, was wir hier gemacht haben, dann werdet ihr verstehen, wie vorsichtig ihr den Kontakt mit den verschiedenen Teilen der Welt wieder aufnehmen müßt, zu denen ihr zurückkehrt. Aber wiederholt nie den Fehler – und ich appelliere an eure zweite Aufmerksamkeit – darauf zu bestehen, zu glauben, daß etwas, das ihr in erster Aufmerksamkeit verstehen könnt, mehr sei als nur ein kleiner Bruchteil eurer persönlichen Alternativen, welche selbst nur ein kleiner Bruchteil der menschlichen Möglichkeiten sind, die in jedem von euch existieren.

Judy: Hört, hört.

John: Die wichtigsten Beiträge, außer denen von euch, von mir und Judith sind die der Leute, die wir bereits erwähnt haben: Gregory Bateson, ein hervorragender Denker, ein Meister der ersten Aufmerksamkeit, aber auch ein Künstler, der immer wußte, daß die Weisheit in der zweiten Aufmerksamkeit liegt; Carlos Castaneda, der seine Erfahrungen mitteilt, während er in eine andere Wirklichkeit eingeführt wird, der der Yaqui-Indianer; das Turnbull-Material, welches ein so powervolles Beispiel traditioneller Kulturen und der Bedeutung leidenschaftlicher Teilnahme gibt; und natürlich unser Fest heute nachmittag, bei dem wir, wie jeden Nachmittag bisher, in die kongolesische Wirklichkeit eingeführt werden. Wir haben uns an jede dieser Personen gewandt mit der Bitte um ein letztes Wort, einen Rat, eine Empfehlung dafür, wie ihr weitermachen könnt. Und ich spreche nicht leichthin, wenn ich sage, daß von all den Personen, die ich kenne, ihr diejenigen seid, die am besten dafür vorbereitet sind, einige der Ziele zu erreichen, die Gregory für diese Metawissenschaft Epistemologie gesetzt hat.

Gregory Bateson – ich habe heute morgen eine Stelle vorgelesen, die mit den folgenden Sätzen endete:

> Leider haben diese Abstraktionen, die auf Beziehungsmuster verweisen, Namen erhalten, die gewöhnlich so behandelt werden, als seien die „Empfindungen" im wesentlichen durch Quantität und nicht durch ein präzises Muster gekennzeichnet. Das ist eine der unsinnigen Beiträge der Psychologie zu einer verzerrten Erkenntnistheorie.[12]

Er fährt fort:

> All dies zeigt, daß die Gedanken des Primärprozesses und die Vermittlung solcher Gedanken an andere in einem evolutionären Sinne archaischer sind als die bewußteren Vorgänge der Sprache usw. Das hat Implikationen für die ganze Ökonomie und die dynamische Struktur des Geistes. Samuel Butler war vielleicht der erste, der gezeigt hat, daß das, was wir am besten wissen, auch das ist, dessen wir uns am wenigsten bewußt sind, d.h., daß der Prozeß der Gewohnheitsbildung ein Absinken des Wissens auf weniger bewußte und archaischere Ebenen ist. Das Unbewußte enthält nicht nur die schmerzhaften Angelegenheiten, die das Bewußtsein lieber nicht genau untersucht, sondern auch vieles, was so vertraut ist, daß wir es nicht überprüfen müssen. Gewohnheit ist daher eine wichtige Ökonomie des bewußten Denkens. Wir können Dinge tun, ohne bewußt über sie nachzudenken. Die Fertigkeit eines Künstlers oder vielmehr seine Demonstrationen einer Fertigkeit, wird zu einer Botschaft über diese Teile seines Unbewußten ...
>
> Aber die Sache ist nicht ganz so einfach. Einige Typen des Wissens können normalerweise in unbewußte Ebenen versenkt werden, aber andere Typen müssen an der Oberfläche bleiben. Grundsätzlich können wir es uns leisten, diejenigen Formen des Wissens zu versenken, die ohne Rücksicht auf Veränderungen in der Umgebung wahr bleiben, aber wir müssen all jene Verhaltenskontrollen an einer zugänglichen Stelle behalten, die in jedem Einzelfall modifiziert werden müssen.[13]

John: Ihr seid einen Schritt darüber hinaus gegangen. Ihr habt Funktionen definiert, strukturiert und geschaffen – so wie z.B. „Selbst" –, die es euch erlauben, mit erster Aufmerksamkeit auf diese Weise zu denken. Ihr habt Möglichkeiten, die er nicht repräsentiert hatte.

Der Löwe kann die Aussage in sein Unbewußtes versenken, daß Zebras seine natürliche Beute sind, aber im Umgang mit irgendeinem besonderen Zebra muß er in der Lage sein, die Bewegungen seines Angriffs so abzuwandeln, daß sie mit dem besonderen Terrain und den besonderen Fluchttaktiken des besonderen Zebras übereinstimmen.

Die Ökonomie des Systems treibt Organismen in der Tat dahin, diejenigen Grundregeln der Beziehung ins Unbewußte zu versenken, die immer wahr bleiben, und die pragmatischen Anforderungen besonderer Fälle im Bewußtsein zu belassen.

Die Prämissen können, ökonomisch gesehen, versenkt werden, aber besondere Schlußfolgerungen müssen bewußt bleiben. Auch wenn das „Versenken" zwar ökonomisch ist, so hat es doch seinen Preis …[14]

… nach Bateson der „Preis der Unzugänglichkeit". Ihr habt bewiesen, daß das in der Epistemologie, die ihr arrangiert habt, nicht der Fall ist.

Da die Ebene, auf welche Dinge versenkt werden, durch bildliche Algorithmen und Metaphern charakterisiert ist, wird es für den Organismus schwierig, die Matrix zu überprüfen, aus der seine bewußten Schlußfolgerungen hervorgehen. Umgekehrt können wir feststellen, daß das *Gemeinsame* einer besonderen Behauptung und einer entsprechenden Metapher von einer Allgemeinheit ist, die sich für die Versenkung eignet.[15]

Wie ich bereits zuvor gesagt habe:

(Es wird) manchmal gesagt, daß die Verzerrungen der Kunst (sagen wir van Goghs „Stuhl") unmittelbar für das stehen, was der Künstler *„sieht"*. Beziehen sich solche Behauptungen auf das „Sehen" im einfachsten physischen Sinne (das z.B. durch eine Brille verbessert werden könnte), dann nehme ich an, daß sie Unsinn sind. Hätte van Gogh den Stuhl nur in dieser ungestümen Weise sehen können, dann wäre es seinen Augen nicht gelungen, ihn bei der sehr genauen Anordnung der Farbe auf der Leinwand richtig anzuleiten. Und umgekehrt hätte van Gogh auch eine photografisch genaue Abbildung des Stuhls auf der Leinwand in der ungestümen Weise gesehen. Er hätte keine Notwendigkeit gesehen, das Gemälde zu verzerren.

Aber angenommen, wir sagen, daß der Künstler heute malt, was er gestern sah – oder daß er malt, wovon er irgendwie weiß, daß er es sehen *könnte*. „Ich sehe so gut wie Sie – aber merken

Sie, daß diese andere Weise, einen Stuhl zu sehen, als eine menschliche Potentialität existiert? Und daß diese Potentialität immer in jedem von uns steckt?" Zeigt er Symptome, die er haben könnte, weil das ganze Spektrum der Psychopathologie für uns alle möglich ist?

Intoxikation durch Alkohol oder Drogen kann uns dazu verhelfen, eine verzerrte Welt zu sehen, und diese Verzerrungen können darin faszinierend sein, daß wir sie als *unsere eigenen* erkennen. In vino pars veritatis. Wir können gedemütigt oder erhöht werden, wenn wir erkennen, daß auch dies ein Teil des menschlichen Selbst, ein Teil der Wahrheit ist. Aber Intoxikation steigert nicht die Fertigkeit – bestenfalls kann sie die vorher erlernte Fertigkeit freisetzen.

Ohne Fertigkeit keine Kunst. ...

Oben wurde festgestellt, daß das Bewußtsein notwendig selektiv und partiell ist, d.h. daß der Inhalt des Bewußtseins bestenfalls einen kleinen Teil der Wahrheit über das Selbst ausmacht. Wird aber dieser Teil in irgendeiner systematischen Weise *selektiert*, dann ist sicher, daß die Teilwahrheiten des Bewußtseins als Gesamtheit eine Verzerrung der Wahrheit irgendeines größeren Ganzen sein werden.

Im Falle eines Eisbergs können wir von der Spitze darauf schließen, was für ein Stoff sich unter der Oberfläche befindet; diese Art des Extrapolierens gilt aber nicht für den Inhalt des Bewußtseins. Es ist nicht bloß der selektive Charakter der Vorliebe, durch welche sich die Skelette in Freuds Unbewußtem ansammeln, die solche Extrapolationen unzutreffend macht. Eine solche Selektion ... würde nur den Optimismus fördern.

Was ernstzunehmen ist, ist der Querschnitt durch die Kreislaufstruktur des Geistes. Wenn der gesamte Geist, wie wir annehmen müssen, ein integriertes Netzwerk (von Aussagen, Bildern, Prozessen, Nervenkrankheiten oder ähnlichem – je nach der bevorzugten wissenschaftlichen Terminologie) ist, und wenn der Inhalt des Bewußtseins nur eine Auswahl verschiedener Teile und Lokalitäten dieses Netzwerks ist, dann ist die bewußte Auffassung des Netzwerks als ein Ganzes eine ungeheuerliche Leugnung der *Integration* dieses Ganzen. Bei einem Schnitt durch das Bewußtsein sind, was über der Oberfläche erscheint, Kreislauf*bögen* und nicht entweder die gesamten Kreisläufe oder die größeren vollständigen Kreisläufe von Kreisläufen.[16]

Ihr könnt jetzt mehr. Darum ist es bei diesem epistemologischen Unternehmen gegangen.

Was das unbewaffnete Bewußtsein (unbewaffnet durch Kunst, Träume und ähnliches) niemals richtig einschätzen kann, ist die *systemische* Natur des Geistes.

Diese Vorstellung läßt sich gut durch eine Analogie veranschaulichen: Der lebende menschliche Körper ist ein komplexes kybernetisch integriertes System. Dieses System ist viele Jahre lang von Wissenschaftlern – meistens Medizinern – erforscht worden. Was sie jetzt über den Körper wissen, läßt sich sehr wohl mit dem vergleichen, was das unbewaffnete Bewußtsein über den Geist weiß. Als Ärzte hatten sie Ziele: dies und jenes zu heilen. Ihre Forschungsbemühungen konzentrierten sich daher (wie sich die Aufmerksamkeit auf das Bewußtsein konzentriert) auf die kurzen Kausalketten, die sie mit Hilfe von Medikamenten oder anderen Eingriffen manipulieren konnten, um mehr oder weniger spezifische und identifizierbare Zustände oder Symptome zu korrigieren. Immer, wenn sie eine wirksame „Heilmethode" für etwas entdeckten, hörte die Forschung in diesem Bereich auf und die Aufmerksamkeit richtete sich auf etwas anderes. Wir können jetzt die Kinderlähmung verhüten, aber niemand weiß wesentlich mehr über die systemischen Aspekte dieser faszinierenden Krankheit. Die Forschung auf diesem Gebiet hat aufgehört oder wird bestenfalls darauf beschränkt, die Impfstoffe zu verbessern.

Aber ein Haufen Tricks zur Heilung oder Verhütung einer Reihe von spezifizierten Krankheiten ergibt keine umfassende *Einsicht*. Die Ökologie und das Bevölkerungswachstum der Gattung sind gewaltsam unterbrochen worden; Parasiten wurden immun gegen Antibiotika; die Beziehung zwischen Mutter und Neugeborenem ist nahezu zerstört worden; und so weiter.

Normalerweise treten Irrtümer immer dann auf, wo die veränderte Kausalkette Teil einer großen oder kleinen Kreislaufstruktur eines Systems ist. Und der Rest unserer Technologie (von der die Medizin nur ein Teil ist) verspricht, den Rest unserer Ökologie zu zerschlagen.

Worauf es mir jedoch in diesem Papier ankommt, ist nicht ein Angriff gegen die Medizin, sondern die Darlegung einer unausweichlichen Tatsache: daß eine bloß zweckorientierte Rationalität, die ohne Rücksicht auf Phänomene wie Kunst, Religion, Traum und ähnliches verfährt, notwendig pathogen und lebenszerstörend ist; und daß ihre Virulenz besonders aus dem Umstand folgt, daß Leben auf eng ineinandergreifenden *Kreisläufen* von Zufälligkeiten beruht, während das Bewußtsein nur so kurze Bögen solcher Kreisläufe erkennen kann, wie sie die menschlichen Zwecke festlegen können.

Mit einem Wort, das bloße Bewußtsein muß den Menschen immer in der Art von Dummheit einbeziehen, der sich die Evolution schuldig machte, als sie den Dinosauriern die Common Sense-Werte eines Rüstungswettlaufs aufzwängte. Sie hat ihren Fehler unausweichlich eine Million Jahre später bemerkt und diese vernichtet. Bloßes Bewußtsein muß immer zum Haß neigen; nicht nur, weil es guter *Common Sense* ist, den anderen auszumerzen, sondern auch aus dem tieferen Grund, daß das Individuum, welches nur Kreislaufbögen sieht, ständig überrascht und notwendig verärgert ist, wenn seine sturen Maßnahmen zurückwirken und den Erfinder peinigen.

Verwendet man DDT, um Insekten zu töten, so kann es einem gelingen, die Insektenpopulation so weit zu reduzieren, daß die Insektenfresser verhungern werden. Dann braucht man noch mehr DDT als vorher, um die Insekten zu töten, die nicht mehr von den Vögeln gefressen werden. Wahrscheinlicher ist aber, daß man in der ersten Runde die Vögel ausrotten wird, welche die vergifteten Insekten fressen. Rottet das DDT die Hunde aus, dann wird man mehr Polizei brauchen, um der Einbrecher Herr zu werden. Die Einbrecher werden sich besser bewaffnen und geschickter vorgehen … und so fort.

In einer solchen Welt leben wir – einer Welt von Kreislaufstrukturen –, und Liebe kann nur überleben, wenn die Einsicht (d.h. ein Sinn oder eine Anerkennung für die Tatsache der Kreislaufstruktur) eine wirksame Stimme hat.

Das bisher Gesagte legt Fragen zu jedem besonderen Kunstwerk nahe, die sich etwas von denen unterscheiden, die üblicherweise von Anthropologen gestellt worden sind. Die „Kultur- und Persönlichkeitsschule“ zum Beispiel hat in ihrer Tradition Kunstwerke und Rituale als Muster oder Stichproben verwendet, um besondere psychologische Themen oder Zustände aufzudecken.

Die Frage lautete: Sagt uns die Kunst etwas über die Person, die sie gemacht hat? Wenn aber die Kunst, wie oben behauptet, eine positive Funktion für die Beibehaltung dessen hat, was ich „Einsicht“ nannte, d.h. für die Korrektur einer zu stark zweckorientierten Lebensauffassung und die Durchsetzung einer mehr systemorientierten Sicht, dann wird die an das gegebene Kunstwerk zu stellende Frage lauten: Welche Formen der Korrektur an der Richtung der Einsicht würden erreicht, wenn man dieses Kunstwerk herstellte oder sähe oder an ihm teilhätte?

Die Frage wird dann eher dynamisch als statisch.[17]

Judy: (liest aus Carlos Castanedas „Reise nach Ixtlan“, Kapitel 8: Die Routine des Lebens unterbrechen)

Wir brachten den ganzen Vormittag damit zu, einige Nagetiere zu beobachten, die wie flinke Eichhörnchen aussahen. Don Juan nannte sie Wasserratten …

Ich war ganz davon in Anspruch genommen, sie zu beobachten; für einen Jäger wäre es ein guter Tag gewesen, denn ich entdeckte sehr viele dieser Tiere. Und schließlich konnte ich fast jedes Mal ihre Bewegungen voraussagen.

Dann zeigte mir Don Juan, wie man Fallen baut, um sie zu fangen. Er erklärte, daß ein Jäger sich Zeit für die Beobachtung ihrer Freßplätze und Schlupfwinkel nehmen muß, um entscheiden zu können, wo er seine Fallen aufstellen soll; er muß sie dann in der Nacht aufstellen, und am nächsten Tag brauchte er die Nager nur noch aufzuscheuchen, damit sie in seine Fangvorrichtung hineinrennen.

Wir suchten einige Stöcke zusammen und begannen, die Falle zu bauen. Ich hatte meine beinahe fertig und war gespannt, ob sie funktionieren würde, als Don Juan plötzlich innehielt, auf sein linkes Handgelenk schaute, als sehe er auf die Uhr, obwohl er nie eine besessen hat, und sagte, daß es nach seinem Chronometer Mittagszeit sei. Ich hielt gerade eine Gerte in der Hand, die ich zu einem Reifen biegen wollte. Automatisch legte ich sie zu den übrigen Jagdutensilien auf den Boden.

Don Juan sah mich neugierig an. Dann ahmte er den heulenden Ton einer Fabriksirene nach, die zur Mittagszeit bläst. Ich lachte. Sein Sirenenton war perfekt. Ich ging auf ihn zu und stellte fest, daß er mich anstarrte. Bedächtig schüttelte er den Kopf.

„Ich will verflucht sein", sagte er.

„Was ist los?" fragte ich.

Wieder ahmte er den langen klagenden Ton einer Fabriksirene nach. „Die Pause ist um", sagte er. „Geh wieder an die Arbeit."

Einen Augenblick war ich verblüfft, aber dann meinte ich, er machte Witze, vielleicht weil wir tatsächlich nichts hatten, um eine Mahlzeit zuzubereiten. Ich war ganz von den Nagetieren in Anspruch genommen gewesen und hatte vergessen, daß wir keinen Proviant hatten. Ich nahm die Gerte wieder auf und versuchte, sie zusammenzubinden. Im nächsten Augenblick blies Don Juan seine „Sirene" erneut.

„Feierabend", sagte er.

Er blickte auf seine Phantasie-Uhr, sah mich an und zwinkerte mir zu.

„Es ist fünf Uhr", sagte er mit der Miene eines Menschen, der ein Geheimnis verrät. Ich glaubte, er sei der Jagd plötzlich überdrüssig und wollte die ganze Sache plötzlich abblasen. Ich warf einfach alles hin und fing an, mich für den Aufbruch vorzubereiten. Ich sah ihn nicht an. Ich nahm an, daß er ebenfalls seine Sachen zusammensuchte. Als ich fertig war, blickte ich auf und sah ihn ein paar Meter entfernt mit gekreuzten Beinen sitzen.

„Ich bin fertig", sagte ich. „Wir können jederzeit gehen."

Er stand auf und kletterte auf einen Felsen. Dort stand er, etwa zwei Meter über dem Boden, und sah mich an. Er legte die Hände seitlich an den Mund und brachte einen langen, durchdringenden Ton hervor. Es klang wie eine überdimensionale Fabriksirene. Er drehte sich einmal im Kreis herum, wobei er diesen klagenden Ton ausstieß.

„Was tust du da, Don Juan?" fragte ich.

Er sagte, er gebe der ganzen Welt das Zeichen zum Heimgehen. Ich war völlig durcheinander. Ich konnte mir nicht klar werden, ob er Spaß machte, oder ob er schlicht den Verstand verloren hatte. Ich beobachtete ihn aufmerksam und versuchte das, was er da tat, mit irgend etwas in Verbindung zu bringen, was er vorhin gesagt hatte. Wir hatten den ganzen Vormittag kaum miteinander gesprochen, und ich konnte mich an nichts Wichtiges erinnern.

Don Juan stand immer noch auf dem Felsen. Er sah mich an, lächelte und blinzelte mir wieder zu. Plötzlich erschrak ich. Don Juan legte die Hände beidseitig an den Mund und ließ wieder einen langen sirenenartigen Ton erklingen. Er sagte, es sei acht Uhr morgens, und ich solle mein Arbeitszeug bereithalten, denn es liege ein langer Tag vor uns.

Nun war ich vollends verwirrt. Binnen Sekunden mündete meine Furcht in den unwiderstehlichen Wunsch, vom Schauplatz zu fliehen. Ich glaubte, Don Juan sei verrückt geworden. Ich wollte gerade davonlaufen, als er vom Felsen herabglitt und lächelnd auf mich zukam.

„Du hältst mich für verrückt, nicht wahr?" sagte er.

Ich sagte, er habe mir mit seinem unberechenbaren Verhalten sinnlose Angst eingejagt.

Er entgegnete, wir seien jetzt quitt. Ich verstand nicht, was er damit meinte. Ich überließ mich ganz dem Gedanken, daß seine Handlungen ganz und ganz verrückt erschienen. Er erklärte, er habe absichtlich versucht, mir durch die Wucht seines unvorhersehbaren Verhaltens einen gehörigen Schreck einzujagen, weil ich selbst ihn durch die Wucht meines vorhersehbaren Verhaltens um den Verstand brächte. Meine Routinegewohnheiten seien ebenso verrückt wie sein Nachahmen der Sirene.

Ich war entsetzt und versicherte, daß ich wirklich keinerlei Routine hätte. Ich sagte ihm, ich sei eher der Meinung, daß mein Leben ziemlich chaotisch sei, gerade, weil es mir an gesunder Routine fehlte.

Don Juan lachte und forderte mich durch ein Zeichen auf, mich neben ihn zu setzen. Wieder hatte die ganze Situation sich rätselhaft verändert. Meine Furcht war geschwunden, sobald er zu sprechen angefangen hatte.

„Worin besteht meine Routine?" fragte ich.

„Alles, was du tust, ist Routine."

„Trifft das nicht auf uns alle zu?"

„Nicht auf alle. Ich tue nichts aus Routine."

„Wodurch wurde dies alles ausgelöst, Don Juan? Was habe ich gesagt oder getan, das dich zu dem Verhalten von eben veranlaßt hat?"

„Du machtest dir über das Mittagessen Sorgen."

„Ich habe nichts dergleichen gesagt; wie konntest du wissen, daß ich mir um das Essen Sorgen machte?"

„Du sorgst dich jeden Tag gegen Mittag um das Essen, und gegen sechs Uhr abends und gegen acht Uhr morgens", sagte er mit boshaftem Grinsen. „Du sorgst dich zu diesen Zeiten auch dann um das Essen, wenn du nicht hungrig bist. Ich brauchte nur meine Sirene zu blasen, um dein Routinedenken deutlich zu machen. Dein Denken ist darauf trainiert, nach einem Signal zu arbeiten."

Er sah mich fragend an. Ich konnte mich nicht verteidigen.

„Jetzt bist du drauf und dran, die Jagd zu einer Routine zu machen", fuhr er fort. „Du hast bereits deinen Rhythmus bei der Jagd gefunden. Du sprichst zu einer bestimmten Zeit, du ißt zu einer bestimmten Zeit, und du schläfst zu einer bestimmten Zeit ein."

Ich wußte nichts zu sagen. Was Don Juan als meine Eßgewohnheiten beschrieben hatte, war das Schema für alle Dinge in meinem Leben. Dennoch war ich fest davon überzeugt, daß mein Leben weniger Routine war als das der meisten meiner Freunde und Bekannten.

„Jetzt weißt du sehr viel über die Jagd", fuhr Don Juan fort. „Du wirst ohne weiteres erkennen, daß ein guter Jäger vor allem eines weiß – er kennt die Routinegewohnheiten seiner Beute. Das ist es, was ihn zu einem guten Jäger macht. Wenn du dich daran erinnerst, wie ich vorging, als ich dich die Jagd lehrte, dann wirst du vielleicht verstehen, was ich meine. Zuerst lehrte ich dich, die Gewohnheiten des Jagdwildes zu beobachten, und dann prüften wir die Fallen auf ihr routinemäßiges Funktionieren. Diese Schritte sind die äußeren Formen der Jagd. Jetzt muß ich dich den letzten und bei weitem schwierigsten Schritt lehren. Vielleicht werden Jahre vergehen, bevor du sagen kannst, daß du ihn verstehst und daß du ein Jäger bist."

Don Juan machte eine Pause, um mir Zeit zu lassen. Er nahm den Hut ab und ahmte die Putzbewegungen der Nagetiere nach, die wir beobachtet hatten. Dies kam mir sehr spaßig vor. Sein runder Kopf ließ ihn wie eines dieser Nagetiere aussehen.

„Ein Jäger sein bedeutet nicht nur, das Wild in der Falle zu fangen", fuhr er fort. „Ein Jäger, der sein Salz wert ist, fängt das Wild nicht deshalb, weil er seine Fallen aufstellt oder weil er die Routine seiner Beute kennt, sondern weil er selbst keine Routine hat. Das ist sein Vorteil. Er ist ganz anders als die Tiere denen er nachstellt, die an feste Gewohnheiten und berechenbare Routinetricks gebunden sind. Er ist frei, beweglich, unberechenbar."

Was Don Juan mir da sagte, kam mir als willkürliche, irrationale Idealisierung vor. Ich konnte mir ein Leben ohne Routine nicht vorstellen. Ich wollte ihm gegenüber ganz aufrichtig sein und ihm nicht einfach zustimmen oder widersprechen. Ich glaubte, daß es für mich wie für jeden anderen unmöglich sei, das, was ihm vorschwebte, zu vollbringen.

„Ich gebe nichts auf das, was du glaubst“, sagte er. „Um ein Jäger zu sein, mußt du die Routine deines Lebens unterbrechen. Du warst geschickt bei der Jagd. Du hast schnell gelernt, und nun kannst du sehen, daß du genau wie deine Beute bist, leicht berechenbar.“

Ich bat ihn, sich genauer auszudrücken und mir konkrete Beispiele zu nennen.

„Ich spreche über die Jagd“, sagte er ruhig. „Darum befasse ich mich mit dem, was die Tiere tun; mit ihren Freßplätzen; damit, wo, wie und wann sie schlafen; wo sie ihr Nest bauen; wie sie laufen. Das sind die Routinegewohnheiten, die ich erkläre, damit du sie in deinem eigenen Wesen erkennst.

Du hast die Gewohnheiten der Tiere in der Wüste beobachtet. Sie fressen und trinken an bestimmten Plätzen, sie bauen an bestimmten Plätzen ihr Nest, sie hinterlassen auf bestimmte Art ihre Spuren. Tatsächlich kann ein guter Jäger alles, was sie tun, vorhersehen oder rekonstruieren.

Wie ich dir schon sagte, verhältst du dich meiner Meinung nach wie deine Beute. Einmal in meinem Leben hat auch mir jemand dasselbe gesagt. Du bist also in dieser Hinsicht nicht einmalig. Wir alle verhalten uns wie die Beute, der wir nachstellen. Das macht uns natürlich auch zur Beute für jemand oder etwas anderes. Nun muß ein Jäger, der all dies weiß, sich bemühen, nicht mehr selbst Beute zu sein. Siehst du nun was ich meine?“

Wieder brachte ich meine Meinung zum Ausdruck, daß sein Vorschlag undurchführbar sei.

„Es braucht Zeit“, sagte Don Juan. „Du kannst damit beginnen, daß du nicht jeden Tag um Schlag zwölf Uhr zu Mittag ißt.“

Er sah mich an und lächelte wohlwollend. Seine Miene war sehr spaßig und brachte mich zum Lachen.

„Es gibt bestimmte Tiere, die sich nicht fangen lassen“, fuhr er fort. „Zum Beispiel gibt es bestimmte Arten Rehe, denen ein Jäger vielleicht durch bloßes Glück einmal im Leben begegnet.“

Don Juan machte eine dramatische Pause und sah mich durchdringend an. Er schien auf eine Frage zu warten, aber mir fiel keine ein.

„Wodurch, glaubst du, sind sie so schwer aufzuspüren und so einzigartig?“ fragte er.

Ich zuckte mit den Schultern, denn ich wußte nichts zu sagen.

„Sie haben keine Routine“, sagte er im Ton einer Offenbarung.

„Das ist es, was sie zu magischen Wesen macht.“[18]

John: Einige von euch haben die Wahl das zu tun. Vielleicht genauso wichtig wie alles, was wir hier getan haben, ist es, ein Commitment zu machen, das sowohl von erster wie zweiter Aufmerksamkeit eingegangen wird und das ihr periodisch überprüfen werdet, die Arrangements, die hier getroffen worden sind und die ihr eingeübt habt, um für die Art von Fluß und Anmut und Freiheit zu sorgen, die den Jäger von dem Gejagten unterscheidet. Wenn ihr nun eine Zeit und einen Ort ausmachen oder euch verabreden wollt, eine Zeit und einen Ort auszumachen, um alleine losziehen zu können, möchte ich euch eine Beschreibung für das Zelebrieren des Lebens anbieten, einen Erfolg, den Carlos nach Jahren harter Arbeit in seiner Ausbildung als Jäger erreichte.

(liest aus Carlos Castanedas „Reise nach Ixtlan", Kapitel 13: Die Welt anhalten)

Sobald ich am nächsten Tag erwachte, begann ich, Don Juan Fragen zu stellen. Er hackte hinter dem Haus Feuerholz, Don Genaro aber war nirgends zu sehen. Er meinte, es gebe nichts zu besprechen. Ich wies ihn darauf hin, daß es mir gelungen sei, mich zu beherrschen und Don Genaros „Auf-dem-Boden-Schwimmen" zu beobachten, ohne irgendwelche Erklärungen zu wünschen oder zu verlangen, doch meine Zurückhaltung habe mir nicht geholfen, die Vorgänge zu verstehen. Ich erzählte ihm weiterhin, daß ich mich nach dem Verschwinden des Autos automatisch bemüht hätte, nach einer logischen Erklärung zu suchen, doch auch dies habe mir nichts genützt. Ich sagte Don Juan, daß dieses Beharren auf Erklärungen nichts sei, was ich mir eigenmächtig ausdachte, nur um Schwierigkeiten zu machen, sondern es sei mir so tief eingewurzelt, daß es alle anderen Erwägungen ausspielte.

„Es ist wie eine Krankheit", sagte ich.

„Es gibt keine Krankheiten", sagte Don Juan. „Es gibt nur ein Sich-Gehen-Lassen, und du läßt dich gehen, indem du versuchst, alles zu erklären. Erklärungen sind in unserem Fall nicht mehr nötig."

Ich bestand darauf, ich könnte nur unter den Bedingungen von logischer Ordnung und Verstehen funktionieren. Ich erinnerte ihn daran, daß ich während der Zeit unserer Verbindung eine drastische Veränderung meiner Persönlichkeit durchgemacht hätte und daß diese Veränderung nur unter der Voraussetzung möglich gewesen sei, daß ich mir die Gründe dafür erklären konnte.

Don Juan lachte leise. Lange sagte er kein Wort.

„Du bist sehr klug", sagte er schließlich. „Du kehrst dorthin zurück, wo du immer schon warst. Diesmal aber bist du am Ende. Du hast nichts mehr, wohin du zurückgehen kannst."

Don Juans Ton war freundlich, aber ungewöhnlich gleichgültig, und dies bewirkte, daß ich eine überwältigende Einsamkeit empfand. Ich brachte meine Traurigkeit zum Ausdruck. Er lächelte. Behutsam berührte er meine Hand.

„Wir beide sind Wesen, die sterben werden", sagte er sanft. „Wir haben keine Zeit mehr für das, was wir bisher taten. Jetzt mußt du all das *Nicht-Tun* anwenden, das ich dich lehrte, und *die Welt anhalten* ..."

Als ich am nächsten Morgen ankam, war Don Juan allein im Haus. Ich fragte ihn nach Don Genaro, und er sagte, er sei irgendwo in der Nachbarschaft, eine Besorgung machen. Sofort begann ich ihm von meinen ungewöhnlichen Erlebnissen zu erzählen. Er hörte mit sichtlichem Interesse zu.

„Ganz einfach, du hast *die Welt angehalten*", bemerkte er, nachdem ich meinen Bericht beendet hatte.

Wir schwiegen einen Augenblick ...

„Was gestern in dir aufhörte, das war das, was die Leute dir über die Welt gesagt haben. Sieh mal, die Leute sagen uns von der Geburt an, die Welt sei so und so beschaffen, und natürlich bleibt uns nichts anderes übrig, als die Welt so zu sehen, wie die Leute uns sagen, daß sie sei."

Wir sahen einander an.

„Gestern wurde die Welt so, wie die Zauberer dir sagen, daß sie sei", fuhr er fort. „In dieser Welt sprechen die Coyoten und, wie ich dir einmal erzählte, die Rehe und die Klapperschlangen und die Bäume und alle Lebewesen. Doch was ich möchte, ist, daß du sehen lernst. Vielleicht weißt du, daß das *Sehen* nur geschieht, wenn man zwischen die Welten schlüpft, zwischen die Welt der normalen Menschen und die Welt des Zauberer. Du bist jetzt gerade im Mittelpunkt zwischen den beiden Welten. Gestern glaubtest du, ein Coyote spreche zu dir. Jeder Zauberer, der nicht *sieht*, würde dasselbe glauben, aber einer der *sieht*, weiß, daß so etwas glauben nichts anderes heißt, als im Reich der Zauberer festgenagelt zu sein. Und auf der anderen Seite bedeutet nicht zu glauben, daß Coyoten sprechen, daß man im Reich der normalen Menschen festgenagelt ist."

„Meinst du, daß keine der beiden Welten, weder die der normalen Menschen, noch die der Zauberer, real ist?"

„Sie sind reale Welten. Sie können auf dich einwirken. Zum Beispiel hättest du den Coyoten fragen können, was immer du gern wissen wolltest, und er wäre gezwungen gewesen, dir eine Antwort zu geben. Das Traurige daran ist nur, daß Coyoten nicht vertrauenswürdig sind. Sie sind Gauner. Es ist dein Schicksal, daß du kein vertrauenswürdiges Tier zum Begleiter hast." ...

„Ich an deiner Stelle würde nie einem Coyoten trauen. Aber du bist anders als ich ..."[19]

Judy: Aus den „Forest People":

Eine Nacht wird in meiner Erinnerung besonders lebendig bleiben, denn ich glaube, daß ich in dieser Nacht gelernt habe, wie weit wir zivilisierten Menschen uns von der Wirklichkeit entfernt haben. Es war Vollmond und so dauerte das Tanzen länger als gewöhnlich. Kurz vor dem Schlafengehen stand ich vor meiner Hütte, als ich ein merkwürdiges Geräusch aus dem nahegelegenen *bopi* der Kinder hörte. Das überraschte mich, weil die Pygmäen in der Regel nachts keinen Schritt aus dem Hauptlager hinausgehen. Ich ging herüber, um zu sehen was los war.

Dort in der winzigen Lichtung, vom Silber des Mondscheins erhellt, stand der erfahrene Kenge, in ein Tuch gehüllt, mit Blättern geschmückt und einer Blume im Haar. Er war ganz allein, tanzte im Kreis, sang leise vor sich hin und schaute dabei in die Baumwipfel hinauf.

Kenge war der größte Charmeur in der Umgebung, und als ich ihm eine Weile zugesehen hatte, ging ich auf die Lichtung hinaus und fragte ihn scherzhaft, warum er alleine tanzte. Er hielt inne, drehte sich langsam herum und schaute mich an, als sei ich der größte Narr, den er je gesehen hatte; er war deutlich überrascht von meiner Dummheit.

„Aber ich tanze nicht allein“, sagte er. „Ich tanze mit dem Wald, ich tanze mit dem Mond.“ Dann, mit äußerster Gleichgültigkeit, wandte er sich von mir ab und setzte seinen Tanz der Liebe fort.[20]

Nachwort

Der Mensch der frühen Tage ... liebte sein schwarzes und weißes Vieh. Er führte sie immer selbst ins Feld hinaus, wählte das beste Weideland für sie und beschützte sie wie eine Mutter ihre Kinder, damit ihnen keine wilden Tiere nahe kommen und sie verletzten oder sie beunruhigen konnten. Abends brachte er sie zum Kraal zurück, versperrte den Eingang sorgfältig mit den stacheligen Zweigen und betrachtete sie zufrieden während er aß und dachte sich: „In der Frühe werde ich eine wundervolle Milch von ihnen bekommen." Eines Morgens aber, als er in seinen Kraal ging und erwartete, die Euter der Kühe voll und prall mit Milch vorzufinden, fand er sie zu seinem Erstaunen schlaff und leer. Er dachte voller Selbstvorwürfe, daß er ihr Weideland schlecht gewählt habe und führte sie zu besserem Gras. Er brachte sie abends heim und dachte wieder: „Morgen werde ich sicher mehr Milch haben als je zuvor." Doch am Morgen waren die Euter wieder schlaff und trocken. Zum zweiten Mal wechselte er ihr Weideland, doch wieder hatten die Kühe keine Milch. Verwirrt und mißtrauisch beschloß er, das Vieh die ganze Nacht hindurch zu bewachen.

Mitten in der Nacht sah er zu seiner Überraschung, wie ein aus feinen Fasern gewirktes Seil von den Sternen herabgelassen wurde; und an diesem Seil ließen sich, eine nach der anderen, die jungen Frauen der Himmelsmenschen herab. Er sah sie, schön und fröhlich, leise unter sich flüsternd und lachend, in den Kraal hineinhuschen und alle seine Kühe melken bis sie trocken waren. Empört sprang er hervor, um sie zu fangen, aber sie liefen so klug auseinander, daß er nicht wußte, in welche Richtung er laufen sollte. Schließlich gelang es ihm, eine von ihnen zu fassen; doch während er sie gejagt hatte, waren die anderen in den Himmel hinauf entkommen und hatten das Seil hinter der letzten hinaufgezogen, so daß er ihnen nicht folgen konnte. Doch er war zufrieden, denn die junge Frau, die er gefangen hatte, war die lieblichste von allen. Er machte sie zu seiner Frau und von diesem Augenblick an hatte er keinen Ärger mehr mit den Himmelsmenschen.

Seine junge Frau ging nun jeden Tag in die Felder hinaus, um für ihn zu arbeiten, während er das Vieh hütete. Sie waren glücklich und gelangten zu Wohlstand. Nur eine

Sache machte ihm Kummer. Seine Frau hatte, als er sie fing, einen Korb mit sich getragen. Er war so kunstvoll und so dicht geflochten, daß er nicht hineinsehen konnte, und er war oben immer mit einem Deckel verschlossen, der genau in die Öffnung paßte. Bevor sie einwilligte ihn zu heiraten, ließ seine Frau ihn versprechen, daß er nicht den Deckel von dem Korb nehmen und hineinsehen würde, bevor sie ihm die Erlaubnis dazu gegeben habe. Falls er es doch täte, würden sie beide von einem großen Unglück befallen. Doch als die Monate vergingen, begann der Mann sein Versprechen zu vergessen. Er wurde immer neugieriger, da er den Korb Tag für Tag in seiner Nähe sah, immer fest mit dem Deckel verschlossen. Als er eines Tages allein war, ging er in die Hütte seiner Frau, sah den Korb dort im Schatten stehen und konnte es nicht länger ertragen. Er riß den Deckel herunter und schaute hinein. Einen Augenblick stand er fassungslos da, dann brach er in Lachen aus.

Als seine Frau am Abend zurückkam, wußte sie sofort, was passiert war. Sie legte ihre Hand aufs Herz, schaute ihn mit Tränen in ihren Augen an und sagte: „Du hast in den Korb geschaut."

Er gestand es mit einem Lachen und sprach: „Du dumme Frau. Du dummes, dummes Geschöpf! Warum hast du so einen Wirbel wegen des Korbes gemacht? Es war überhaupt nichts darin."

„Nichts?" sagte sie und fand kaum die Kraft, um zu sprechen.

„Nichts", antwortete er mit Nachdruck.

Da wandte sie sich um, ging geradenwegs in den Sonnenuntergang hinein und verschwand. Sie wurde nie wieder auf der Erde gesehen.

Anmerkungen

Vorwort

1. Wir haben mehrere Variationen dieser Geschichte gehört. Der einzige Hinweis in der Literatur findet sich in John R. Ross' Doktorarbeit, die unter dem Titel „Infinite Syntax" veröffentlicht wurde (Ablex Publishing Co., Norwood, N.J., 1986), wo eine Version als „Die Fragestellung" (deutsch im Original; Anmerk. d. Übers.) erscheint. Ross weist darauf hin, daß es fragwürdig ist, ob sich diese Geschichte je zugetragen hat.

Erster Tag

1. *Bateson, G.*, Ökologie des Geistes. Suhrkamp, Frankfurt 1981, 182.
2. *Shakespeare, W.*, Macbeth, zweiter Akt, erste Szene.
3. *Lewontin, R.*, Adaption. In: Genetics. Einleitung von Cedric I. Davern. W.H. Freeman and Co., San Francisco 1981, 233-255.
4. *Lewontin, R.*, Adaption. In: Genetics. Einleitung von Cedric I. Davern. W.H. Freeman and Co., San Francisco 1981, 233-255.
5. *Blickerton, D.*, Creole Dialects. *Scientific American* 249, Januar 1983, 116-122.
6. *Tepilit Ore Saitoti*, The Worlds of a Masai Warrior. Random House, New York 1985.
7. *Turnbull, C.M.*, The Forest People. Simon & Schuster, New York 1961, 252-253.
8. *Turnbull, C.M.*, The Forest People. Simon & Schuster, New York 1961, 132-133.
9. Das Material über die !Kung San stammt aus mehreren Quellen, vor allem: *Lee, B.R.*, The !Kung San. Cambridge University Press, London 1979, und aus den Büchern von *Laurens van der Post* über die !Kung San.
10. *Heinlein, R.A.*, Stranger in a Strange Land. New York 1986.
11. *Storm, H.*, Seven Arrows. Ballantine Books, New York 1973.
12. *Roger Fisher* (persönliche Mitteilung).
13. *Carr, C.J.*, Patoralism in Crisis: the Dasanetch and their Ethiopian Lands. University of Chicago Press, Chicago 1977.
14. *Haley, J.*, Advanced Techniques of Hypnosis and Psychotherapy. Grune & Stratton, New York 1967.
15. *Bateson, G.*, Ökologie des Geistes. Suhrkamp, Frankfurt 1981, 571.
16. *Bateson, G.*, Ökologie des Geistes. Suhrkamp, Frankfurt 1981, 571 ff.
17. Das hier verwendete Material stammt aus: *Case, R.M.* (Hrsg.), Variations in Human Psychology. Manchester University Press 1985, 4. Kapitel.
18. *Tolman, E.*, Purposive Behavior in Animals and Men. Appleton Century, New York 1932.

19. *Watson, J.B.*, Behavior: An Introduction to Comparative Psychology. Henry Holt, New York 1915.
Watson, J.B., Behaviorism. University of Chicago Press, Chicago 1930.
20. *Gleitman, H.*, Place Learning. In: *Mc Gaugh, Weinberger & Galen* (Hrsg.), Psycho-Biology: The Biological Basis of Behavior. W.H. Freeman & Co., San Francisco 1966.

Zweiter Tag

1. *Castaneda, C.*, The Fire from Within. Simon & Schuster, New York 1984, 25 ff.
2. *Bateson, G.*, Ökologie des Geistes. Suhrkamp, Frankfurt 1981, 114.
3. *Castaneda, C.*, Tales of Power. Simon & Schuster, New York 1974, 231-233, 245, 247-248, 265.
4. *Muntz, W.R.A.*, Vision in Frogs. In: *Mc Gaugh, Weinberger & Galen* (Hrsg.), Psycho-Biology: The Biological Basis of Behavior. W.H. Freeman Co., San Francisco 1966.
5. *Castaneda, C.*, Journey to Ixtlan. Simon & Schuster, New York 1972, 71.
6. *Castaneda, C.*, The Fire from Within. Simon & Schuster, New York 1984, 29.
7. *Bateson, G.*, Ökologie des Geistes. Suhrkamp, Frankfurt 1981, 559.
8. *Heinzer, R., Eisasser, A.*, The Natural World of California Indians. University of California Press, Berkeley 1980.
Le Boeuf, B.J., Kaza, St., The Natural History of Ano Nuevo. The Boxwood Press, Pacific Grove 1983.
9. *Capoeira*: A Martial Art from the Streets and Jungles of Brazil comes North. In: *Co-Evolution Quaterly*, Sommer 1983, 122f.
10. *Polya, G.*, Patterns of Plausible Interference. Princeton University Press, Princeton 1960.
–, Induction and Analogy in Mathematics. Princeton University Press, Princeton 1954.
11. *Fisher, R., Ury, W.*, Getting to Yes. Penguin Books, Ltd., Middlesex/New York 1981.

Dritter Tag

1. *Castaneda, C.*, Tales of Power. Simon & Schuster, New York 1974, 126.
2. *Bateson, G.*, Ökologie des Geistes. Suhrkamp, Frankfurt 1981, 572.
3. *Castaneda, C.*, The Fire from Within. Simon & Schuster, New York 1984, 75 ff.
4. *Miller, A.*, The Magic Number Seven Plus or Minus Two. *American Psychologist*, 1956.
5. *Gleitman, H.*, Place Learning. In: *Mc Gaugh, Weinberger & Galen* (Hrsg.), Psycho-Biology: The Biological Basis of Behavior. W.H. Freeman & Co., San Francisco 1966.
6. *Taber, T.*, The Santa Cruz Mountain Trail Book. Oak Valley Press, San Mateo 1985, 10.

Vierter Tag

1. *Bateson, G.*, Ökologie des Geistes. Suhrkamp, Frankfurt 1981, 182.
2. *Lorenz, K.*, Studies in Animal and Human Behavior, Bde. 1 & 2. Harvard University Press, Cambridge 1970.

3. *Sheldrake, R.*, Biology: A New Science of Life. J.P. Tarcher Inc., Los Angeles 1980.
4. *Köhler, W.*, The Mentality of Apes. Harcourt, Brace & Co., New York 1927.
5. *Lorenz, K.*, Studies in Animal and Human Behavior, Bde. 1 & 2. Harvard University Press, Cambridge 1970.
6. *Köhler, W.*, The Mentality of Apes. Harcourt, Brace & Co., New York 1927.
7. *Schmidt-Nielsen*, The Desert Rat. Einleitung von Norman Wessels. W.H. Freeman, San Francisco, 30.
8. *Hilderbrand, M.*, How Animals Run. In: *Wessels, N.* (Hrsg.): Verterbrate Adaptions – Readings from *Scientific American*. W.H. Freeman, San Francisco 1968.
9. *Saussure, F. de*, Course in General Linguistics. Duckworth, London 1983.
10. *Bateson, G.*, Geist und Natur. Suhrkamp, Frankfurt 1982.

Fünfter Tag

1. *Bateson, G.*, Ökologie des Geistes. Suhrkamp, Frankfurt 1981, 196.
2. *Bandler, R., Grinder, J.*, Metasprache und Psychotherapie, Junfermann, Paderborn ^{8}1994, 13 ff.
3. *Bateson, G.*, Ökologie des Geistes. Suhrkamp, Frankfurt 1981, 196.
4. *Bateson, G.*, Ökologie des Geistes. Suhrkamp, Frankfurt 1981, 196.
5. *Bateson, G.*, Ökologie des Geistes. Suhrkamp, Frankfurt 1981, 197.
6. *Bateson, G.*, Ökologie des Geistes. Suhrkamp, Frankfurt 1981, 197.
7. *Bateson, G.*, Ökologie des Geistes. Suhrkamp, Frankfurt 1981, 197.
8. *Bateson, G.*, Ökologie des Geistes. Suhrkamp, Frankfurt 1981, 197.
9. *Bateson, G.*, Ökologie des Geistes. Suhrkamp, Frankfurt 1981, 197.
10. *Lorenz, K.*, The Evolution of Behavior. In: *Mc Gaugh, Weinberger & Galen* (Hrsg.), Psycho-Biology: The Biological Basis of Behavior, W.H. Freeman & Co., San Francisco 1966.
11. *Bateson, G.*, Ökologie des Geistes. Suhrkamp, Frankfurt 1981, 201.
12. *Bateson, G.*, Ökologie des Geistes. Suhrkamp, Frankfurt 1981, 197.
13. *Bateson, G.*, Ökologie des Geistes. Suhrkamp, Frankfurt 1981, 199.
14. *Bateson, G.*, Ökologie des Geistes. Suhrkamp, Frankfurt 1981, 199.
15. *Bateson, G.*, Ökologie des Geistes. Suhrkamp, Frankfurt 1981, 200.
16. *Bateson, G.*, Ökologie des Geistes. Suhrkamp, Frankfurt 1981, 203.
17. *Bateson, G.*, Ökologie des Geistes. Suhrkamp, Frankfurt 1981, 203 ff.
18. *Castaneda, C.*, Journey to Ixtlan. Simon & Schuster, New York 1972, 71-76.
19. *Castaneda, C.*, Journey to Ixtlan. Simon & Schuster, New York 1972, 246-247.
20. *Turnbull, C.M.*, The Forest People. Simon & Schuster, New York 1961, 272.

Literatur

Bandler, R., Grinder, J., Metasprache und Psychotherapie, Junfermann, Paderborn [8]1994, 13 ff.

Bandler, R., Grinder, J., Kommunikation und Veränderung. Junfermann, Paderborn [6]1994.

Bandler, R., Grinder, J., Patterns of Hypnotic Techniques of Milton H. Erickson, Vol. I. Meta Publications, Cupertino 1977.

Bandler, R., Grinder, J., Neue Wege der Kurzzeit-Therapie. Junfermann, Paderborn [11]1994.

Bandler, R., Grinder, J., Reframing. Junfermann, Paderborn [6]1995.

Bandler, R., Grinder, J. & Satir, V., Mit Familien reden. Pfeiffer, München 1978.

Bateson, G., Geist und Natur. Suhrkamp, Frankfurt 1982.

Bateson, G., Ökologie des Geistes. Suhrkamp, Frankfurt 1981.

Blickerton, D., Creole Dialects. *Scientific American* 249, Januar 1983, 116-122.

Capoeira: A Martial Art from the Streets and Jungles of Brazil comes North. In: *Co-Evolution Quaterly*, Sommer 1983, 122f.

Carr, C.J., Patoralism in Crisis: the Dasanetch and their Ethiopian Lands. University of Chicago Press, Chicago 1977.

Case, R.M. (Hrsg.), Variations in Human Physiology. Manchester University Press, 4. Kapitel.

Castaneda, C., Journey to Ixtlan. Simon & Schuster, New York 1972.

Castaneda, C., Tales of Power. Simon & Schuster, New York 1974.

Castaneda, C., The Eagle's Gift. Simon & Schuster, New York 1981.

Castaneda, C., The Fire from Within. Simon & Schuster, New York 1984.

Davern, C.I. (Hrsg.), Genetics. Readings from Scientific American. W.H. Freeman, San Francisco 1981.

Dilts, R. et al., Strukturen subjektiver Erfahrung. Junfermann, Paderborn [5]1994.

Fisher, R., Ury, W., Getting to Yes. Penguin Books, Ltd., Middlesex/New York 1981.

Gallway, W.T., The inner Game of Golf. Random House, New York 1979.

Gleitman, H., Place Learning. In: *Mc Gaugh, Weinberger* & *Galen* (Hrsg.), Psycho-Biology: The Biological Basis of Behavior. W.H. Freeman & Co., San Francisco 1966.

Grinder, J., Bandler, R., Therapie in Trance. Klett-Cotta, Stuttgart 1984.

Grinder, J., McMasters, M., Precision. Bonny Doon, 1980.

Haley, J., Advanced Techniques of Hypnosis and Psychotherapy. Grune & Stratton, New York 1967.

Heinlein, R.A., Stranger in a Strange Land. New York 1986.

Heinzer, R., Eisasser, A., The Natural World of California Indians. University of California Press, Berkeley 1980.

Jaynes, J., Der Ursprung des Bewußtseins durch den Zusammenbruch der bikameralen Psyche. Rowohlt, Reinbek 1988.

Köhler, W., The Mentality of Apes. Harcourt, Brace & Co., New York 1927.

Le Boeuf, B.J., Kaza, St., The Natural History of Ano Nuevo. The Boxwood Press, Pacific Grove 1983, 122 f.

Lee, B.R., The !Kung San. Cambridge University Press, London 1979.

Lewontin, R., Adaption. In: Genetics. Einleitung von Cedric I. Davern. W.H. Freeman and Co., San Francisco 1981.

Lorenz, K., Studies in Animal and Human Behavior, Bde. 1 & 2. Harvard University Press, Cambridge 1970.

Lorenz, K., The Evolution of Behavior. In: *Mc Gaugh, Weinberger* & *Galen* (Hrsg.), Psycho-Biology: The Biological Basis of Behavior. W.H. Freeman & Co., San Francisco 1966.

Mc Gaugh, Weinberger & Galen (Hrsg.), Psycho-Biology: The Biological Basis of Behavior. W.H. Freeman & Co., San Francisco 1966.

Miller, A., The Magic Number Seven Plus or Minus Two. *American Psychologist*, 1956.

Muntz, W.R.A., Vision in Frogs. In: *Mc Gaugh, Weinberger* & *Galen* (Hrsg.), Psycho-Biology: The Biological Basis of Behavior. W.H. Freeman & Co., San Francisco 1966.

Polya, G., Patterns of Plausible Interference. Princeton University Press, Princeton 1960.

–, Induction and Analogy in Mathematics. Princeton University Press, Princeton 1954.

Ross, J.R., Infinite Syntax. Ablex Publishing Co., Norwood 1986.

Saussure, F. de, Course in General Linguistics. Duckworth, London 1983.

Schmidt, R.F. (Hrsg.), Fundamentals of Neurophysiology. Springer, New York/Heidelberg/Berlin 1975.

Schmidt-Nielsen, The Desert Rat. Einleitung von Norman Wessels. W.H. Freeman, San Francisco, 30.

Sheldrake, R., Biology: A New Science of Life. J.P. Tarcher Inc., Los Angeles 1980.

Storm, H., Seven Arrows. Ballantine Books, New York 1973.

Taber, T., The Santa Cruz Mountain Trail Book. Oak Valley Press, San Mateo 1985, 10.

Tepilit Ore Saitoti, The Worlds of a Masai Warrior. Random House, New York 1985.

Tolman, E., Purposive Behavior in Animals and Men. Appleton Century, New York 1932.

Turnbull, C.M., The Forest People. Simon & Schuster, New York 1961.

Watson, J.B., Behaviorism. University of Chicago Press, Chicago 1930.

–, Behavior: An Introduction to Comparative Psychology. Henry Holt, New York 1915.

Wessels, N. (Hrsg.), Verterbrate Adaptions – Readings from *Scientific American*. W.H. Freeman, San Francisco 1968.

Leslie Cameron-Bandler
David Gordon
Michael Lebeau
Die
EMPRINT
Methode
Ein Handbuch zum
Ressourcen- und
Kompetenztraining